초를
아껴주는 정성을
만나보세요!

세상이 아무리 바쁘게 돌아가더라도 책까지 아무렇게나 빨리 만들 수는 없습니다.
인스턴트 식품 같은 책보다 오래 익힌 술이나 장맛이 밴 책을 만들고 싶습니다.
땀 흘리며 일하는 당신을 위해 한 권 한 권 마음을 다해 만들겠습니다.
마지막 페이지에서 만날 새로운 당신을 위해 더 나은 길을 준비하겠습니다.

테크 커리어

Own Your Tech Career

초판 발행 · 2023년 3월 31일

지은이 · 돈 존스
옮긴이 · 이미령
발행인 · 이종원
발행처 · (주)도서출판 길벗
출판사 등록일 · 1990년 12월 24일
주소 · 서울시 마포구 월드컵로 10길 56(서교동)
대표 전화 · 02)332-0931 | **팩스 ·** 02)323-0586
홈페이지 · www.gilbut.co.kr | **이메일 ·** gilbut@gilbut.co.kr

기획 및 책임편집 · 정지은(je7304@gilbut.co.kr) | **디자인 ·** 박상희 | **제작 ·** 이준호, 손일순, 이진혁, 김우식
마케팅 · 임태호, 전선하, 차명환, 박민영, 지운집, 박성용 | **영업관리 ·** 김명자 | **독자지원 ·** 윤정아, 최희창

교정교열 · 이미연 | **전산편집 ·** 박진희 | **출력·인쇄·제본 ·** 금강인쇄

▶ 잘못 만든 책은 구입한 서점에서 바꿔 드립니다.
▶ 이 책은 저작권법에 따라 보호받는 저작물이므로 무단전재와 무단복제를 금합니다.
  이 책의 전부 또는 일부를 이용하려면 반드시 사전에 저작권자와 (주)도서출판 길벗의 서면 동의를 받아야 합니다.

ISBN 979-11-407-0384-5 93000 (길벗 도서번호 080321)

정가 29,000원

독자의 1초를 아껴주는 정성 길벗출판사

길벗 | IT단행본, IT교육서, 교양&실용서, 경제경영서
길벗스쿨 | 어린이학습, 어린이어학

페이스북 · www.facebook.com/gbitbook

테크 커리어

Tech Career

돈 존스 지음
이미령 옮김

길벗

이 책은 언뜻 연관이 없어 보이는 몇 가지 사건이 교차하는 지점에서 비롯되었다. 나는 성공을 성취하고 다른 사람을 도울 수 있게 성장하는 방법을 주제로 독립 출판한 책, 『Be the Master』 5판을 준비하고 있었다. 기술 전문가를 비롯한 직장인이 비즈니스의 기초를 조금 더 쉽게 이해하는 데 도움을 주고자 독립 출판한 또 다른 책, 『Let's Talk Business』의 개정을 고민하는 중이기도 했다. 그러던 중 매닝Manning 출판사에서 기술 전문가의 경력 관리에서 기술 외적 측면을 다루는 새로운 '소프트 스킬' 서적을 출간하고 싶다는 연락을 받았다. 완벽한 타이밍이라고 느꼈다. 그 후 여러 번의 반복과 수정을 거쳐 이 책이 탄생했다.

'소프트 스킬'이라는 표현은 소통하기, 기업이 하는 활동 이해하기, 팀을 이루어 일하기, 리더십 기술 개발하기 등의 중요성을 간과하는 말이다. 이런 기술이 '하드 스킬'은 아닐지 모르나 알고 보면 대부분의 기업은 직원들이 최신 C#, 윈도 서버, 태블로Tableau를 아냐보다 **적절한 소프트 스킬을 갖추고 있냐**를 더 신경 쓴다. 하드 스킬은 훈련과 경험으로 개발할 수 있고 자격증 같은 다양한 방법으로 어느 정도 측정할 수 있다. 하지만 '소프트 스킬'은 기업의 분위기에 맞추고 측정하고 개발하기가 더 어렵다. 그런데도 다른 사람과 협업하는 능력은 어떠한 분야에서든 성공을 거두는 데 **가장** 중요한 기술임이 틀림없다.

이 책은 '소프트 스킬' 학습의 마무리 단계에 읽을 책으로 기획하지 않았다. 오히려 소프트 스킬을 배우기 시작하는 초반에 읽을 입문용 도서로 기획했다. 그래서 이 책은 여러분의 경력 전반에 걸쳐 집중하고 성장시키고 갈고닦아야 할 기술의 기반을 다질 방법을 제시한다. 이 책은 대체로 나의 경험, 또는 나와 가까운 친구와 동료의 경험을 바탕으로 했다. 그 방법이 이 책을 현실적이고 의미 있는 내용으로 채울 최고의 방법이라고 생각했기 때문이다.

기술 경력을 막 시작한 사람이든, 십 년 이상의 베테랑이든 나는 여러분이 이 책으로 가치 있는 관점, 생각해 볼 만한 새로운 화두, 경력 관리 레퍼토리에 포함할 만한 새로운 주제를 찾을 수 있으리라고 본다. 가장 중요한 건 이 책이 **여러분**의 경력이 여러분 본인의 것임을 강조한다는 점이다. **여러분**이 성공이란 어떤 모습인지 정의하고, **여러분**이 성공을 어떻게 성취할지 결정하며, 결국 **여러분**이 그 성공으로 혜택을 얻는다. 나는 이 책의 모든 내용을 **여러분**이 자신의 경력을 자기 주도적으로 이끌어갈 수 있게 구성하고자, 그리고 지시가 **아니라** 조언과 의견을 제공하고자 노력했다.

이 책을 즐겁게 읽으며 그 과정에서 여러분이 큰 성공을 거두기를 기원한다!

감사의 글

이 책을 집필하는 중에 이를 갈며 격렬하게 타이핑하는 나를 참아 준 친구와 가족, 그중에서도 특히 크리스와 도나반에게 감사 인사를 전하고 싶다.

이 책의 내용과 개요를 초기에 검토해 준 아드리안 베이에르츠, 빌 베일리, 보비 린, 캐머런 프레슬리, 크리스토퍼 비야누에바, 데이브 커런, 이르판 울라, 에드 로, 페르난도 코랄레스, 조 아이반스, 리 M. 코트렐, 마크-앤서니 테일러, 마르쿠스 브라쉬, 닐 크롤, 조지 오노프레이, 세르히오 고보니, 바실레 보리스, 워런 마이어스에게도 감사의 인사를 건네고 싶다. 이들 중 많은 분이 최종 원고에 반영된 귀중한 의견과 통찰을 제공해 주었다.

그리고 마지막으로 『Be the Master』, 『Let's Talk Business』를 포함한 기존 도서를 읽고 많은 피드백과 격려, 건설적인 비판을 해준 모든 독자에게 감사의 뜻을 전하고 싶다.

이 책은 개발자, 데이터 엔지니어, 네트워크 아키텍트, 시스템 운영자, 보안 전문가 등 기술 분야에서 경력을 쌓고 싶거나 이미 쌓고 있는 모든 사람을 위한 책이다. 가장 크고 명확한 혜택을 누리는 것은 업계에 막 입문한 사람이겠지만, 몇십 년의 경력을 지닌 사람도 향후 경력을 더 효과적으로 성장시키는 데 도움이 될 유용한 관점을 이 책에서 많이 발견할 수 있을 것이다.

일련의 보완적인 주제로 콘텐츠를 구성했으며, 각 장은 기본적으로 하나의 '소프트 스킬'이나 그와 관련한 주제를 다룬다. 어떤 순서로 읽어도 괜찮지만, 중요한 개념을 정의하고 공유하는 처음 세 개 장을 가장 먼저 읽는 걸 추천한다.

그리고 언제든 내 트위터 계정 @concentratedDon이나 웹 사이트 DonJones.com으로 연락하는 것을 환영한다!

성공을 어떻게 정의하든 성공적인 경력을 쌓으려는 모든 기술 전문가에게는 두 가지 구별되고 중첩되는 보완적인 기술 역량이 필요하다.

첫 번째 역량은 일상적인 업무를 완수하는 데 쓰는 **하드 스킬**이다. 프로그래밍 기술, 시스템 관리 기술, 네트워크 엔지니어링 기술, 보안 기술 등이 여기에 속한다. 이런 기술은 학교에서 집중적으로 가르치고, 일자리를 찾고 지원할 때 가장 많이 생각하는 기술이다.

두 번째 역량은 내가 **말랑말랑한 기술**이라 부르고, 업계에서는 더 일반적으로 **소프트 스킬**이라고 부르는 기술이다. 기술적 기량을 필요로 하지 않고 그 대신 인간적 기량에 더 집중하는 소통, 팀워크, 갈등 해결, 리더십 등의 기술이 여기에 속한다.

나는 기술 분야에서 이십 년 이상을 보내면서 최고의 기술 전문가와 그저 그런 전문가를 가르는 차이가 소프트 스킬이라는 걸 깨달았다. 최고의 기술 전문가는 뛰어난 기술적 지식만 갖춘 것이 아니라 업계 종사자, 고객, 직장 동료와 더욱 효과적으로 소통한다. 그들은 기술에 인간적인 면을 가져오며 이것이 그들을 성공으로 이끄는 큰 부분이다.

채용 사이트에서 채용 공고를 살펴보면 자바스크립트, HTML, 리눅스, 침투 테스트, 태블로, 시스코 등 일반적인 기술적 요구를 찾을 수 있을 것이다. 하지만 조금 더 깊이 들여다보면 회사에서 진짜 신경 쓰는 부분은 팀워크, 소통 능력 같은 대인관계 기술이라는 걸 알 수 있다. 종종 지원자의 이런 기술을 평가하기가 더 어려울 때도 있지만 이런 기술이야말로 건강하고 효과적인 팀을 만드는 열쇠다.

이 책은 십여 개의 소프트 스킬을 소개한다. 나는 대부분을 기술 전문가로 지냈기 때문에 이러한 기술을 기술 전문가의 관점에서 논하였다. 독자 중 일부는 숙달한 분이 있을 거라 생각해 장마다 기술 하나씩만 다루도록 구성하였으므로 건너뛰고 싶은 장은 쉽게 건너뛸 수 있다(다만 이미 여러분의 레퍼토리에 있는 기술에 속하는 내용일지라도 내가 제시하는 새로운 관점이 있을 가능성이 높다).

경력을 발전시키려면 숙달해 두는 게 좋은 비기술적인 하드 스킬도 소개한다. 정량화하고 반복할 수 있으므로 하드 스킬에 속하긴 하지만 기술과는 관련이 없는 기술들이다. 손익 계산서를 읽고 회사의 재정 상태를 가늠하는 방법, 채용 공고의 행간을 읽는 방법이 여기에 해당하는데 이런 기술은 수년 동안 내 경력에 백 배로 도움이 되었다.

나는 이 책을 최대한 전 세계 독자에게 의미 있는 내용으로 채우려고 노력했다. 내가 미국에 거주하는 까닭에 미국을 중심으로 설명한 사례도 일부 있지만, 그럴 때마다 내 관점이 제한적이라는 걸 인정하고 독자 스스로 현지 사정에 맞는 관점을 탐색하는 데 도움이 될 만한 내용을 제공하려 노력했다. 기저에 있는 원칙은 보편적이므로 자신이 거주 중인 국가에 적용되지 않는 일부 세부 사항이 근원적인 메시지를 이해하는 데 방해가 되지 않기를 바란다.

또한, 이 책의 관점이 온전히 내 관점이라는 점을 인정한다. 여러 해에 걸쳐 내 관점이 함께 일해 온 많은 이의 영향을 받아서 진화하고 변화하도록 매우 열심히 노력해 왔음에도 결국 내가 줄 수 있는 건 나 스스로의 경험을 통해 수집한 내용뿐이었다. 내 관점을 세상에 존재하는 유일한 관점이라거나 객관적으로 올바른 관점이라고 소개하려는 마음은 전혀 없다. 그 대신 독자 여러분이 내가 소개하는 내용을 기억했다가 자신의 삶에서 도움이 되는 순간에 활용하길 바랄 따름이다. 그리고 이 책이 이렇게 중요한 기술을 배우는 유일한 교재가 아니기를 바란다. 우리가 소프트 스킬이라고 부르긴 하지만 그렇게 명명한 까닭은 그저 정량화하고 측정하기 어려워서다. 이런 기술은 대단히 중요하다는 건 의심할 나위가 없다.

나는 여러분이 이 책을 어떻게 생각하는지 언제든지 나에게 연락하여 편하게 알려주길 바란다.

이 책을 읽어 줘서 고맙다.

네바다주 라스베이거스에서

돈 존스

지난 몇 년간 코로나바이러스감염증-19가 전 세계를 휩쓰는 사이 산업 전반의 디지털 전환이 가속화하면서 개발자의 '몸값'은 천정부지로 치솟았다. 근래에 와서는 한풀 꺾인 듯 보이지만 작년까지만 해도 '개발자 평균 연봉 1억 시대'라는 말이 나돌 정도였다. 청소년 희망 직업 순위에서 컴퓨터 공학자나 소프트웨어 개발자의 순위가 한 해가 다르게 상위로 올라서는가 하면, 수년 내에 초등학교와 중학교에서 코딩 교육이 의무화된다는 소식이 들려오고, 단기간 내에 취업할 수 있다고 홍보하는 코딩 부트캠프를 비롯한 코딩 교육기관이 우후죽순 생겨났다. 그야말로 개발자가 각광받는 세상이다.

이러한 시류에 발맞춰 꾸준히 늘어나는 개발자 지망생을 위해 개발자가 되는 데 도움이 될 방법을 알려주는 책이 시중에 많이 출간되고 있다. 하지만 개발자가 된 이후에 어떻게 살아야 할지를 이야기하는 책은 그에 비해 드문 편이다. 그런데 현실에서는 아직 IT 업계의 실상을 경험하지 못한 지망생은 물론이고, 이미 개발자로 어느 정도 경력을 쌓은 이들조차 하루하루 열심히 일하고 있는데도 연차에 맞는 실력을 키워 나가고 있는 것인지, 아니면 그저 연차만 채우고 있는 건 아닌지 두려울 때가 있다고 이야기한다.

저자는 이십여 년간 IT 업계에 종사하며 최고의 개발자와 평범한 개발자를 가르는 핵심이 오히려 '소프트 스킬'에 있다는 걸 깨달았다고 이야기한다. 어느 정도 연차가 차면 업무에 필요한 하드 스킬의 수준은 대체로 비슷하게 갖추는데 여기서 한 걸음 더 나아가 '소프트 스킬'을 겸비한 이들이 '성공'에 이른다고 말한다.

그런데 이 책이 말하는 성공이란 '다른 사람이 정의한 성공'이라는 목적지를 향한 경주에 등 떠밀리듯 휘말려 어영부영 앞으로 나가는 걸 의미하지 않는다. 저자는 잠시 멈춰서 자신이 원하는 인생을 정의하라고 권한다. 이렇게 원하는 인생을 정의하는 행위는 자기 인생을 이끌 내비게이션에 목적지를 입력하는 것과 같다. 그리고 성공 목표는 그 목적지에 도달하기까지 자신을 데려다 줄 운송 수단을 만드는 부품으로, 성공은 원하는 삶을 살기 위한 구체적인 목표의 집합으로 보아야 한다. 성공을 이렇게 정의하면 무턱대고 더 많은 것을 얻기 위한 무한 경쟁에 휩쓸리지 않고 자신의 경력을 자기 주도적으로 이끌 수 있다. 그래서 이 책의 원서 제목은 『Own Your Tech Career』, 즉 '자신의 기술 경력은 자신이 소유하라'다.

저자는 이러한 출발점에서 시작하여 개발자로 일해 온 오랜 세월 동안 깨우친 '소프트 스킬'을 총망라하여 이 책에 소개한다. 누구에게나 개인 브랜드가 존재하는 시대에 자신의 브랜드를 조금 더 똑똑하게 관리하는 법, 일자리를 얻는 데 실질적으로 가장 큰 뒷받침이 되는 인적 네트워크를 만들고 가꾸는 법, 세상에 쏟아져 나오는 많은 기술 중에 자신에게 가장 보탬이 될 기술을 선별하고 학습하는 법, 전문가다운 태도의 바탕이 되는 기본 원칙, 시간을 관리하고 원격 근무에 대처하는 법, 조직 내에서 맡은 역할에 맞게 다른 구성원들과 현명하게 협력하고 소통하는 법 등 다양한 주제를 다룬다. 각 주제를 다루면서 단순히 이론을 제시하는 데 그치지 않고 저자가 직접 겪은 사례를 함께 소개하고 있다는 것도 이 책의 장점이다.

'주니어' 개발자라는 말이 있다. 정식 명칭은 아니지만 주니어 개발자와 시니어 개발자 사이의 애매한 단계를 말할 때 사용한다. 이 말이 적잖이 사용되는 건, 개발자로 취업하고 경력 몇 년쯤 쌓은 후에도 여전히 자신의 경력을 고민하고 때론 헤매기도 한다는 방증일 것이다. 그 고민의 과정에 이 책이 조금이나마 도움이 되었으면 한다. 가이드가 필요한 초심자든, 아니면 지금껏 온 길을 한 번쯤 재정비하고 싶은 베테랑이든 저자의 안내에 따라 인생과 성공을 정의하고, 일터에서 갖춰야 할 소프트 스킬을 점검하며 자기 주도적으로 경력을 관리하는 개발자로, 매일 학습하는 사람으로 발전하는 기회로 삼기를 소망해 본다.

이미령

1장

자신의 경력을
소유하라

많은 사람이 **성공**이라는 단어를 보고 높은 급여나 중요한 직책을 떠올린다. 하지만 **성공**은 자신이 정의하고, 자신이 원하는 개인 생활을 지원해 줄 수 있는 경력을 나타내는 일련의 기준으로 봐야 한다. 경력 계획이란 그러한 경력을 성취할 계획이다.

1

일, 경력, 성공, 그리고 나 자신

여러분이 쉽게 이해할 수 있도록 우선 몇 가지 용어부터 정의하는 것으로 시작해 보자. **일**은 소프트웨어 개발자, 데이터 분석가, 시스템 관리자, 네트워크 엔지니어, 보안 전문가 등 여러분이 돈을 받기 위해 해야 하는 역할을 형성하는 집합이라고 정의하겠다. 일이란 고용주가 어떤 사람에게 보상을 제공하고, 그 사람이 요청된 일을 수행한다는 일종의 합의다. 여러분이 그 일을 하지 않으면 누군가가 할 것이다. 다시 말해 일은 **고용주**의 것이다. 즉, 일은 고용주가 책임지는 부분이 많다. 고용주는 필요한 도구를 제공하고, 어떤 업무를 수행해야 할지 알려주고, 그러한 업무를 수행할 때 준수해야 할 표준을 정의해야 한다.

반면 **경력**은 **여러분**의 것이다. 경력은 선택한 일을 얻고 유지하고 수행하는 데 필요한 모든 기술을 아우르며, 경력을 이어가는 동안 여러 다른 일을 할 수 있다. 여러분의 경력은 여러분이 책임진다. 경력의 방향은 여러분이 정할 수 있고, 현재 일의 범위를 벗어나는 모든 유지 비용도 여러분이 내야 한다.

그러므로 고용주는 일을 소유하고 여러분은 경력을 소유한다. 여러분이 C++로 작성한 사내 애플리케이션을 담당하는 소프트웨어 개발자라고 가정해 보자. 여러분은 이 업무를 어느 정도 해왔고 변화를 갈망한다. C++를 잘 다룬다고 해서 취업의 기회가 많이 주어지진 않는다는 점을 약간 걱정하는 동시에 (현명하게도) 아주 일반적이지 않은 언어를 다루는 동안 타성에 젖을까 우려한다.

웹 개발에 진짜 흥미를 느껴 고급 자바스크립트 프로그래밍 강의를 듣고 싶고, 웹 개발 콘퍼런스에 참석해 웹 애플리케이션에 쓰이는 온갖 다양한 기술도 익히고 싶다. 하지만 고용주가 그 강의나 콘퍼런스 비용을 내주지 않는다. 이럴 때 화를 내는 게 마땅할까?

나는 화를 내는 게 적절하지 않다고 생각한다. 웹 개발 강의나 콘퍼런스는 여러분의 일과 연결되지 않는다. 고용주가 여러분에게 돈을 지불하는 이유는 여러분이 C++ 프로그래머이기 때문인데, 웹 개발 강의나 콘퍼런스는 더 나은 C++ 프로그래머가 되는 데 아무 도움이 되지 않는다는 뜻이다. 그 강의는 여러분이 **자기 경력**을 위해 원하는 것이다. 여러분이 자기 경력에 속하는 일련의 기술을 확장하고 싶은 이유는 자신의 흥미를 충족하고 취업이나 이직 기회를 높이기 위해서다. 그러므로 그 강의나 콘퍼런스 비용은 고용주가 아닌 여러분이 내야 한다. 그러나 5장에서 이야기하겠지만, 하드 스킬을 확장하는 것은 경력 유지에서 중요한 부분이다. 그러니 비용을 본인이 부담해야 한다는 이유만으로 강의나 콘퍼런스를 포기하지 마라.

기술 경력을 '소유'하려면 비용이 많이 드는 것이 단점이다. 하지만 기술 경력을 소유할 때 누리는 확실한 장점도 있다. 바로 본인 몸값을 부를 때 도움이 된다는 것이다. 기술 경력은 여러분이 원하는 거의 모든 것을 성취할 강력한 수단이 될 수 있다!

그런데 경력을 어떻게 활용하는 것이 현명한 것일까?

2
자기 자신으로부터 시작하라

성인이 되고 얻은 첫 직장에 들어가서 그저 최선을 다하면 그만인 줄 사람이 너무 많다. 어떻게든 고용주에게 좋은 인상을 남긴다면 어느 정도 시간이 지난 후 승진을 제안받는다. 어쩌면 더 많은 급여, 더 좋은 직책을 비롯한 여러 혜택이 따라오는 더 좋은 일자리를 차지할 수 있을 정도의 경력을 쌓을 수도 있다.

별생각 없이 성공을 급여, 직책, 자신이 이끄는 팀 규모와 동일시하기 시작한다. 잠시 멈춰서 '이 모든 일을 하는 이유가 무엇일까?'라고 생각하는 일은 거의 없다. 나는 여러분이 지금 당장 그렇게 해보면 좋겠다. 잠시 멈춰서 생각해 보라. '이 모든 일을 무엇을 위해 하는 거지?'

여러분이 살고 싶은 인생은 어떤 인생인가? 일을 할 때 그리고 하지 않을 때 어떻게 시간을 보내고 싶은가? 세상에는 어떻게 기여하고 싶은가? 하고 싶은 취미나 경험은 무엇인가?

답을 떠올리는 데 그치지 말고, 자기 생각을 적어 보길 바란다. 생각을 종이 위에 펜이나 연필로 적는 행위는 그런 생각을 진지하게 받아들이고 결론을 기억에 남기는 데 도움이 된다.

이런 질문에 대한 답에서 여러분이 어떤 인생을 갈망하는지가 명확히 드러난다. 그래서 나는 이렇게 적은 글을 **인생 정의**라고 부른다. 여러분의 인생 정의는 다른 정의와 달리 여러분이 인생의 새로운 단계에 진입하거나 새로운 목표와 가치를 발견하면 변할 수 있다. 현재 내 인생 정의는 지금껏 내가 내렸던 정의와 똑같지 않다. 나이가 들고 가정을 이루고 관심사가 변하면서 내 정의도 바뀌었다. 그래도 괜찮다. 살아 있다는 게 그런 것이니까! 하지만 내가 인생에 대해 바라는 바를 글로 적어 기록하려고 노력했다. 이 정의를 해마다 다시 읽는다. 이런 인생 정의가 내 목적지라는 점에서 그렇게 하는 것이 내비게이션에 목적지를 입력하는 것과 약간 비슷하다고 본다. 내가 내 인생에 대해 바라는 바를 다시 생각해 봐야 할 일이 일어나지 않는 한, 목적지에 다다랐을 때 거기에 머물고 싶다.

그리고 한 가지, 여러분이 자기 인생 정의를 생각하고 작성하는 과정에 돌입하기 전에 말하고 싶은 것이 있다. 이 정의를 외부에서 자기 인생을 들여다보는 입장에서 쓰길 바란다. 우울해지는 말되, 마치 일종의 부고인 것처럼 이 정의를 작성한다고 생각하라. 돌이켜 볼 때 여러분이 자기 인생이 어떤 모습이길 바라는지 이 정의가 보여주어야 한다. 이렇게 작성하면 여러분의 가장 중요한 꿈, 목표, 욕망을 추출하는 데 도움이 된다. 내가 어떤 의미로 한 말인지 보여줄 수 있게 현재 내 인생 정의를 공유하겠다.

> 돈은 경험이 풍부한 기술 교육자였다. 그는 다른 사람들이 새로운 기술을 배우도록 도와준 덕분에 여러 커뮤니티에서 존경을 받았다. 그는 경험이 많은 비즈니스 리더였다. 그가 몸담았던 회사는 그들이 세운 계획을 실행할 때 그에게 의존했다. 또한, 팀원을 육성하여 새로운 리더로 성장시킬 때도 그에게 의존했다.

돈은 자신이 의미 있고 가시적이고 긍정적인 영향을 낼 수 있는 회사를 위해 일했다. 그 영향이 오로지 내부에서만 드러난다고 하더라도 말이다. 그리고 그는 그가 참여한 기술 커뮤니티의 리더였다. 커뮤니티를 만들고, 다른 사람들이 참여하도록 초대하고 격려하면서 커뮤니티를 성장시키고, 자신이 물러난 후에도 나머지 사람들이 커뮤니티를 성장시킬 수 있도록 도왔다.

그리고 존경받는 판타지 공상과학 소설 작가이기도 했다. 그의 작품이 스티븐 킹 수준의 성공을 거둔 것은 아니었으나 좋은 평가를 받았고 탄탄한 독자층을 확보했다.

그는 사람들이 기술을 통해 자기 인생을 끌어올릴 수 있다고 믿으며, 그러한 기술에 더 쉽게 접근할 수 있도록 길을 열어 주기 위해 상당한 노력을 기울였다. 그는 사회적 혜택을 받지 못하는 이들에게 전문 기술을 익힐 기회를 제공하는 비영리 조직을 설립했고 그 조직은 오래 지속되었다.

돈의 가족은 호화롭지는 않아도 편안하게 살았다. 그들은 조용한 곳에 '칩거하며 재충전할 수 있는' 자그마한 별장을 꾸릴 수 있었다. 휴가에는 새로운 나라를 방문하여 다양한 문화를 경험했다. 돈은 자신이 사고가 나더라도 가족이 부족함 없이 지낼 수 있게 대비해 두었다.

이는 내가 생을 마칠 때 내 삶이 이러하길 바라는 모습을 적은 내용이다. 나는 여러분이 이 인생 정의의 몇 가지 특징에 주목하면 좋겠다.

- 내 정의에는 돈money이 암시되어 있다. 성취하려면 분명히 돈이 필요한 몇 가지 항목이 포함되어 있다. 하지만 이 단계에서는 얼마가 들지 걱정하기보다 내가 원하는 것을 묘사하는 데 집중했다.
- 내가 하고 싶은 일의 유형을 묘사했다. 결국 일은 인생의 큰 부분이다. 대부분의 사람은 인생의 1/3을 일하는 데 쓴다. 만족스러운 일, 필요한 수입을 제공하는 일이 있는 게 나에게는 중요하다.
- 내 나이 쉰이 내일모레인데도 아직 달성하지 못한 항목이 포함되어 있다. 모든 목표를 달성하지 못할 수도 있지만 그러한 목표를 달성하기 위해 노력하고 있다.

- 시간이 들기 때문에 결국 내 직장 생활에도 어느 정도 영향을 미칠 개인 생활에 대한 항목도 몇 가지 포함했다. 일례로 나에게는 소설을 쓸 수 있는 자유 시간이 허락되는 일자리가 필요하다. 즉, 하루에 20시간씩 근무해야 하는 의욕이 넘치는 스타트업에서는 아마 일하지 않을 것이라는 뜻이다.

내 인생 정의는 내 '인생 내비게이션'에 들어갈 목적지다. 내가 하는 모든 일은 그런 목적지를 향해 가기 위해 하는 것이다. 내 인생 목표는 전부 이를 위한 것이다. 이것이 내가 아침에 일어나는 이유, 일하는 이유, 살아가는 이유다.

꼭 종이에 적어라

인간의 인지, 즉 우리가 생각하고 배우는 방식은 감각에 크게 의존한다. 더 많은 감각이 관여하는 경험일수록 그 결과로 만들어지는 기억이 뇌에 더 강력하게 더 오래 지속된다. 어린 시절에 대한 기억이 그토록 강력한 이유도 여기에 있다. 냄새, 소리, 눈에 담긴 풍경, 추로스의 맛까지도 모두 더해져서 기억에 남는 디즈니랜드의 추억을 이룬다.

키보드로 컴퓨터에 입력할 때는 많은 감각이 관여하지 않는다. 촉각뿐 아니라 시각도 우리가 하는 일을 거의 기록하지 않는다. 단어들은 그저 화면 위로 흘러간다. 그럴 수밖에 없기 때문이다.

하지만 여러분이 인생 정의를 종이에 적는 동안에는 여러분의 뇌가 심도 있고 주의 깊게 관여한다. 조금 더 깊게 생각해야 하고 자신이 적은 단어들이 마음에 각인되어야 하기 때문이다. 그리고 그 단어들이 항상 기억에 남아 자신이 그 모든 일이 무엇을 위해 하는지 잊지 않게 해준다.

이것이 내가 지난 수년간 좋은 공책에 잘 깎은 연필로 인생 정의를 적어 온 이유다. 이 책의 원고를 컴퓨터에 입력하는 지금도 공책의 가죽 표지 냄새를 떠올릴 수 있고, 종이 위에 연필로 끄적이는 촉감과 소리, 손이 종이 위로 움직이는 감각을 느낄 수 있다. 그러한 감각적 기억은 내 인생 정의의 핵심 요소를 즉시 상기시킨다. 내가 쓴 인생 정의는 내 의식에 깊이 아로새겨져 있으므로 인생 정의를 상기시키기 위해 일기장을 가지러 갈 필요조차 없다. 그 문구들은 당연하게도 내가 항상 가장 쉽게 떠올릴 수 있는 기억이다.

이제 나는 내 인생 정의, 즉 내비게이션의 목적지를 내 앞에 확고히 두고 그곳에 가기 위해 무엇이 필요한지 알아내야 한다.

3
여러분이 생각하는 성공은 어떤 모습인가

내가 생각하는 성공은 간단하다. 내가 원하는 인생을 사는 데 필요한 모든 것을 가리킨다. 성공은 말 그대로 내가 꿈꾸고 정의한 삶을 이루는 데 필요한 것을 나열한 글머리 기호들의 목록이다. 인생 정의가 '인생 내비게이션'에 들어갈 목적지라면 성공은 나를 목적지에 데려다 줄 운송 수단을 만드는 데 필요한 모든 부품을 가리킨다.

따라서 성공은 내가 끊임없이 추구해야 할 대상이 아니라 차근차근 지향하며 노력할 수 있는 측정 가능한 목표의 집합이다. 나는 목표에 도달했을 때 내가 도달했다는 사실을 알 것이고, 그 시점에는 성공을 계속 키우는 것이 아니라 유지하기만 하면 된다. 나는 끝없이 더 많은 것을 얻기 위해 무한 경쟁을 하고 있다고 느낀 적이 없다. 그 대신 나는 내가 원하는 삶을 살게 해줄, 성취할 수 있는 구체적인 목표를 추구한다.

나는 인생 정의를 적을 때 성공 정의도 함께 적었다. 성공 정의를 만들 때 보통 인생 정의로 시작한다. 그리고 글머리 기호의 목록을 만들어서 인생 정의라는 결과를 달성하는 데 필요한 것을 묘사하는 성공 정의 항목을 추가

한다. 내 인생을 본 누구나 목표 달성 여부를 알아볼 수 있게 성공 정의 항목을 최대한 객관적으로 측정하게 만들려고 노력한다. 항상 그렇게 할 수 있는 것은 아니다. 어떤 항목, 특히 정량적인 항목은 늘 조금 더 주관적이다. 그래도 괜찮으니 최대한 객관성을 유지하려고 노력하라. 예컨대 내가 생각하는 훌륭한 휴가는 쉽게 정량화할 수 없다. 심지어 해마다 조금씩 달라진다. 범위나 지침 정도만 생각할 수 있지만 그래도 괜찮다. 다음은 내가 인생 정의에서 가져온 목표 일부를 활용해서 만든 성공 정의의 예다.

돈은 경험이 많은 비즈니스 리더였다. 그가 몸담았던 회사는 그들이 세운 계획을 실행할 때 그에게 의존했다. 또한, 팀원을 육성하여 새로운 리더로 성장시킬 때도 그에게 의존했다.

- 최소 이사나 부사장 이상의 직책
- 자기 직속 부하 직원을 거느린 사람들이 포함된 조직의 조직장
- 내부 인사를 승진시키는 것으로 알려진 회사

돈은 존경받는 판타지 공상과학 소설 작가이기도 했다. 그의 작품이 스티븐 킹 수준의 성공을 거둔 것은 아니었으나 좋은 평가를 받았고 탄탄한 독자층을 확보했다.

- 주말 근무나 야간 근무 없이 일과 삶이 적절히 균형을 이루는 직장
- 대화 부분은 편하게 쓰기 어려우므로 등장인물끼리 나누는 대화가 포함되지 않는 단편 소설을 출판해야 한다.
- 자비 출판할 생각이므로 마케팅과 그에 따른 예산을 생각해야 한다.

돈은 사람들이 기술을 통해 자기 인생을 끌어올릴 수 있다고 믿으며, 그러한 기술에 더 쉽게 접근할 수 있도록 길을 열어 주기 위해 상당한 노력을 기울였다. 그는 사회적 혜택을 받지 못하는 이들에게 전문 기술을 익힐 기회를 제공하는 비영리 조직을 설립했고 그 조직은 오래 지속되었다.

- 미국에서 비영리 조직을 설립할 방법을 알아야 한다.
- 비영리 조직의 운영 예산을 확보하고 자선 활동을 할 수 있게 기술 커뮤니티의 수익으로 비영리 조직에서 가치를 창출할 방법을 찾아야 한다.
- 기술 콘퍼런스 개최
- 기술 콘퍼런스에서 거둔 이익으로 조직을 운영한다.
- 고객층을 확보할 수 있게 기존 기술 교육 비영리 조직과 협력한다.

돈의 가족은 호화롭지는 않아도 편안하게 살았다. 그들은 조용한 곳에 '칩거하며 재충전할 수 있는' 자그마한 별장을 꾸릴 수 있었다. 휴가에는 새로운 나라를 방문하여 다양한 문화를 경험했다. 돈은 자신이 사고가 나더라도 가족이 부족함 없이 지낼 수 있게 대비해 두었다.

- 연간 총 150,000달러가 필요하다[*].
- 딕시 국유림Dixie National Forest[†] 근처(차로 3시간 거리) 오두막집에 대한 합리적인 수준의 담보 대출 포함
- 장기 상해 보험 포함
- 정기 생명 보험 포함
- 금융 전문가의 제안에 따라 퇴직 연금 포함
- 연간 휴가 예산 포함

다소 단순화한 사례이기는 하다. 하지만 쉽게 측정할 수 있는 객관적인 항목(임의의 숫자를 넣은 급여 계산 항목)과 더불어 조금 주관적인 일부 항목도 강조하고자 했다. 일부 항목은 확실히 희망 사항이다. 이 글을 쓰는 현재도 아직 달성하지 못했으니 말이다.

인생 정의를 바꾸거나 실제 내 삶이 변하지 않는 한 성공 정의의 항목을 바꾸지 않는다는 점을 기억하라. 예컨대 아무 이유 없이 희망 급여를 높여서 적지 않는다. 그 대신 직장에서 더 많은 돈을 받아야 한다고 느낀다면

---

[*] 역주 2023년 2월 기준으로 한화 약 1억 8천만 원이다.
[†] 역주 유타 주가 보호하고 관리하는 산림이다.

이유가 무엇인지 살펴본다. 생활비가 더 필요해졌나? 양육비가 더 필요한가? 예산보다 돈을 더 많이 썼나? 이유가 무엇이든 더 많은 급여를 정당화하기 위해 내 인생 정의에서 무엇을 바꿔야 하는지 정해야 한다. 필요 이상으로 외식을 더 많이 한 결과 식비 지출이 늘었다면? 그렇다면 외식을 줄여야 할지 모른다. 반대로 외식이 좋아서 계속하고 싶다면 그에 맞추어 인생 정의를 수정해야 한다.

　성공은 나의 인생을 지지하기 위해 존재한다. 있어야 할 이유를 모른다면 그 어떤 것도 성공 정의에 넣을 수 없다. 그러면 닥치는 대로 더 높은 급여를 추구하거나 명예를 얻고자 무의미하게 직책을 좇는 것을 막을 수 있다. 내 경력을 어떻게 활용하든 내 인생에 필요해서 하는 것이다. 성공 정의의 항목을 그렇게 정의해야 경력 계획을 세우기 시작할 수 있다.

4

바로 지금 경력 계획 세우기

인생 정의가 내비게이션에 입력할 목적지이고 성공 목표가 목적지에 데려다 줄 운송 수단의 부품이라면 경력 계획은 내비게이션이 알려주는 경로다. 그 경로를 따라가면 목적지에 도달할 것이다.

그러나 좋은 경력 계획이 있으면 전체 경로를 처음부터 알 필요가 없다. 여정의 바로 다음 몇 단계를 생각하고 계획을 세우면 된다. 최종 목적지인 인생 정의를 향해 꾸준히 가는 한 결국 목적지에 도달할 것이다.

나는 인생 정의의 구성 요소를 뒷받침하는 성공 정의의 항목을 살펴보는 것으로 경력 계획을 세우기 시작했다. 도달하리라 상상하기 어려운 성공 목표도 몇 가지 있다. 25세인데 회사 부사장을 꿈꾼다? 아마 어려울 것이다. 그 대신 나는 달성할 수 있거나, 아니면 적어도 거기에 이르는 경로를 볼 수 있는 항목에 집중한다. 20년 넘는 세월을 돌이켜 보면 (그리고 모든 것을 기록한 공책을 찾아보면) 다음과 같은 내용을 볼 수 있다.

돈은 경험이 많은 비즈니스 리더였다. 그가 몸담았던 회사는 그들이 세운 계획을 실행할 때 그에게 의존했다. 또한, 팀원을 육성하여 새로운 리더로 성장시킬 때도 그에게 의존했다.

- 최소 이사나 부사장 이상의 직책
- 자기 직속 부하 직원을 거느린 사람들이 포함된 조직의 조직장
- 내부 인사를 승진시키는 것으로 알려진 회사

맞다. 서른 무렵의 나는 확실히 이사나 부사장 직책을 맡을 정도로 경험이 많진 않았다. 하지만 그때쯤에는 작은 팀을 이끌고 있었고 비즈니스 운영이 무엇인지 이해하기 시작했다. 그래서 이사직, 특히 나를 더 나은 비즈니스 리더로 만드는 데 투자할 생각이 있는 회사의 이사직을 맡는 데 주력했다. 구직 활동에 집중한 결과, 당시 다니게 된 회사에 자리를 찾을 수 있었다. 급여는 원하는 만큼 오르지 않았지만 목표를 향해 가는 데 필요한 경험을 얻는 데 더 집중했다.

차근히 성공 정의 항목에 하나씩 체크 표시하며 목표를 향해 가는 방법, 이것이 바로 경력 계획이다. 지금 달성할 수 있는 항목에 집중하고 나머지 항목은 달성하기 위해 무엇이 필요한지부터 조사하라. 가령 나는 구인 게시판에서 꽤 많은 시간을 보내며 이사나 부사장직 후보에게 요구하는 조건이 무엇인지 알아보았다. 그래서 다음과 같은 자격이 필요하다는 것을 알게 되었다.

- 팀 인원수에 상관없이 팀을 관리한 경력 10년 이상
- 재정적 책임이나 결과에 대한 책임을 지는 직위를 맡은 경력 5년 이상
- 4단계 이상의 계층으로 구성된 팀을 관리할 능력
- 임원진까지 관리한 경험

그런 자격은 갖추지 못했지만 거기에 이르는 길은 보이기 시작했다. 작은 팀으로 시작해서 상사에게 책임을 나눠 달라고 요구하고 회사 임원진 앞에서 가끔 발표하겠다고 요청하면 된다는 생각이 들었다. 다시 말하지만 이 모든 목표를 달성하려면 나에게 투자할 사람을 위해 일해야 했기에 정확히 그 방향으로 구직 활동을 했다.

채용 공고를 꼼꼼히 살펴보는 것은 경력 계획을 만드는 훌륭한 방법이다. 인생의 어떤 단계에 다다르자 내 다음 행보는 급여 인상이어야 한다는 생각이 들었다. 엄청난 인상이 필요한 건 아니었지만 당시 직장에서 받을 수 있는 급여로는 거의 최고액을 받고 있었다. 사실 당시 내가 있던 분야에서는 더 많은 돈을 제안받을 가능성이 적다는 것을 깨달았기 때문에 시스템 관리에서 소프트웨어 개발로 분야를 바꿔야 했다. 와, 얼마나 무서웠는지 모른다. 당시 고용주는 나에게 필요한 교육비를 내줄 이유가 없었기에 내가 그 비용을 내야 했다. 그렇지만 해냈다. 결국은 선임 웹 개발자로 취직해서 작은 팀을 이끌게 되었고 그 덕에 내 리더십 목표로 향하는 정상 궤도에 돌입했다.

확실히 그 과정은 시간이 좀 걸렸다. 인생은 긴 여정일 수도 있다. 하지만 46세에 마침내 부사장 자리에 올랐다. 경력 계획이 효과를 낸 것이다.

5

실천 과제

이 책은 장별로 실천 과제를 제공한다. 이는 각 장에서 다루는 소프트 스킬을 통달하는 데 도움이 되므로 실천해 보기를 강력히 추천한다.

예상했겠지만, 이 장에서는 종이 공책과 연필(펜이 좋다면 펜도 괜찮다)을 가져와서 인생 정의와 성공 정의, 그리고 경력 계획의 첫 단계를 적어 보길 바란다. 가족, 친구와 함께 해보자. 이들은 여러분의 인생을 같이하는 사람들이므로 여러분의 인생 정의에 등장해야 한다.

- 인생 정의를 적는 것으로 시작하라. 여러분이 누구이고, 현재 자신이 인생의 어느 단계에 있는지를 고려하여 앞으로 무엇을 할 수 있을지 상상해 보라. 이 정의를 인생의 마지막 지점에서 하는 회고로 생각하기 어렵다면 현재 자기 인생에서 가치 있는 것이 무엇이고, 자기 인생의 가까운 미래에 무엇을 원하는지에 집중하라. 명확한 목표가 있다면 그것도 적어 보자.
- 성공 정의로 넘어가라. 인생 목표를 달성하기 위해 어떠한 경력이 필요한가? 수학이 필요한 지점에서는 정확한 계산이 중요하다. 원하는 것을 얻기 위해 얼마를 벌어야 하는지 알아야 한다. 도달할 수 없는 수치로 보이면 인생 정의로 돌아가서 없어도 살 수 있는 것을 정하되, 인생/돈 방정식의 균형을 맞추도록 노력하라. 다시 말해 여러분이 원하는 인생을 무엇이든 그것을 위해 비용이 어느 정도 들지 적절한 추정치를 알아내야 한다.

- 마지막으로 경력 계획의 바로 다음 단계를 생각해 보라. 더 높은 급여를 받는 일자리를 찾는 것처럼 성공 정의의 한두 항목을 달성하기 위해 경력에서 변화를 줘야 할 몇 가지 부분은 무엇인가? 그에 대해 조사해 보고 다음 단계를 밟을 방법을 알아낸 후 그 단계를 실행하라.

2장

브랜드를 만들고
유지하라

코카콜라나 디즈니 등 주요 소비자 브랜드처럼 여러분이 좋아하는 브랜드를 생각해 보자. 그런 브랜드를 생각하면 떠오르는 기대가 있다. 여러분이 어떤 브랜드를 좋아하는 건 그런 기대가 존재하고 꾸준히 충족되기 때문이다. 다른 사람들이 여러분에게 기대하고 (또는 기대하게 만들고 싶고) 꾸준히 충족하는 것은 무엇인가? 경력을 위한 기회를 얻는 데 도움이 되는 긍정적인 기대인가? 다시 말해 여러분의 브랜드는 무엇인가?

간단히 말해 여러분의 브랜드는 잠재적인 고용주에게 여러분이 어떤 사람인지 말해 주며, 여러분에게 무엇을 기대할 수 있는지 알려준다. 그들은 여러분에 대해 보고 듣고 알게 되는 모든 것을 바탕으로 그런 브랜드를 만든다. 여기서 말하는 모든 것이란 개인적인 교류나 풍문부터 여러분이 활동하거나 참여한 SNS, 오픈 소스 프로젝트, 질의응답 웹 사이트에 이르기까지 온라인, 오프라인을 망라한다. 여러분의 브랜드는 고용주에게 여러분이 직장에 무엇을 제공할지 보여주므로 자신이 진짜 무엇을 제공하는지를 자기 브랜드에 잘 반영해야 한다.

1

브랜드 만들기: 청중을 파악하라

좋든 싫든, 브랜드를 적극적으로 관리하든 아니든, 여러분의 개인 브랜드는 존재한다. 여러분이 입사 면접에 옷을 입고 가는 방식도 브랜드의 일부다.

기업의 마케팅 부서는 마케팅 활동을 최대한 효과적으로 수행하기 위해 청중audience*을 정의하는 데 상당한 시간을 들인다. 예를 들어 게토레이Gatorade는 바카디Bacardi의 청중과는 완전 다른 청중에게 깊은 인상을 남기기 위해 노력할 것이다. 브랜드가 누구를 공략해야 하는지를 이해하는 것, 즉 그들이 누구이고 무엇을 신경 쓰는지 제대로 이해하는 것은 자기 청중에게 말을 거는 브랜드를 만드는 비법이다.

음료 같은 제품이라면 일반적으로 청중을 알아보고 배우는 것에서 브랜드 구축을 시작한다. 제품은 수요를 충족시키기 위해 존재하고, 수요는 청

---

* 역주 이 책에서는 직관적인 이해를 돕기 위해 '청중'으로 옮겼으나 일반적으로 '청중, 관중, 시청자, 독자, 관람객' 등을 의미하는 'audience'가 마케팅 분야에서는 온라인, 오프라인의 다양한 매체를 통해 메시지를 접하는 대상을 포괄적으로 일컫는 용어이며, 영어 단어 그대로를 음차 표기하여 '오디언스'라 옮기기도 한다는 점을 참고하기 바란다.

중이 정의한다. 제품의 판매 대상은 누구인가? 전체적인 제품 개발과 브랜드를 주도하는 것은 청중이다. 우리는 제품을 만들 때, 완성하려는 브랜드와 어울리는 일만 할 것이다. 예를 들어 연구를 통해 (무슨 이유에서든지) 운동선수가 밝은 색 음료에 끌린다는 것이 밝혀졌다면 운동선수가 청중인 음료는 밝은 색으로 만들면 된다. 아이들은 사탕 같은 단맛을 좋아한다. 노년층은 향수를 자극하는 제품을 더 좋아할 수 있다. 이렇게 청중의 동인을 파악하면 브랜드와 그 브랜드를 나타내는 제품을 만드는 데 도움이 된다.

브랜드를 소비하고 좋아하는 사람이라면 누구나 품는 기대의 집합, 이것이 **브랜드**가 의미하는 바다. 이러한 기대 때문에, 그리고 브랜드의 제품이 그 기대를 충족하기 때문에 사람들은 그 브랜드를 좋아할 뿐 아니라 충성심마저 보인다.

여러분에게도 브랜드가 있다. 바로 여러분의 개인 브랜드다. 앞서 언급한 기업 브랜드와 마찬가지로 여러분의 브랜드도 사람들, 즉 고용주나 동료, 업계 사람들에게 여러분에 대해 무엇을 기대해야 하는지 알려준다. SNS, 오픈 소스 프로젝트를 비롯한 기타 온라인에서의 활동 덕분에 여러분의 브랜드는 여러분이 상대를 만나기 전에 이미 노출된다.

여러분의 개인 브랜드에는 여러분이라는 제품이 이미 존재한다. 하지만 여러분이라는 사람을 바꾸는 것은 어려운 일이므로 개인 브랜드를 논할 때는 청중을 이해하는 것이 제품을 만드는 것과는 관련이 적다. 하지만 그래도 청중에게 무엇이 중요한지는 이해할 필요가 있다. 내가 이야기하는 '청중 이해하기'란 말이 어떤 의미인지를 예로 살펴보자.

Note ≡   예시는 맥락을 고려하여 보라

다음 예시는 각 산업에 대한 고정 관념을 바탕으로 만들었다. 각 산업이 예시에 등장하는 것과 비슷하다는 말을 하려고 하는 게 아니니 오해하지 말기를 바란다. 그저 청중을 이해한다는 개념을 설명하기 위해 단순한 예를 들었다고 생각하기 바란다.

200년 역사를 지닌 유서 깊은 은행을 생각해 보자. 임직원이 조끼까지 갖춰 입은 정장 차림으로 고층 빌딩에서 일하는 국립 은행이나 다국적 은행 같은 대형 은행 말이다. 이러한 회사에서 기술 전문가를 볼 때 가치 있게 여기는 요소는 무엇일까? 이들은 아마 말쑥하고 깔끔한 차림을 선호할 것이다. 어쩌면 꽤 보수적인 사람을 좋아할 수도 있다. 신뢰할 수 있고 불필요한 위험을 감수하지 않는 사람, 시간을 엄수하고 정보를 안전하게 보호해야 하는 이유를 이해하는 사람, 대규모 은행에서는 많은 부서 간에 의견을 조율해야 하므로 회의에 참석하는 것을 불편하게 여기지 않는 사람, 오래되고 검증된 기술을 사용하는 것을 꺼리지 않는 사람 말이다.

그리고 이제 막 새롭게 시작한 작은 사무실에 소수의 임직원이 있는 린 스타트업lean startup을 생각해 보자. 이 회사가 기술 전문가를 볼 때 가치 있게 여기는 요소는 무엇일까? 이들은 아마 일주일 내내 장시간 근무할 수 있는 의지를 높이 살 것이다. 고정 관념에서 벗어나 사고할 수 있는 조금 독특한 사람을 좋아할 수도 있다. 또는 업계 자기 분야에서 유명한 사람, 혁신가이자 리더로 여겨지는 사람을 좋아할 수도 있다.

보다시피 청중이 누구일지, 그들에게 가치 있는 것은 무엇일지 고려하는 것이 중요하다. 한 청중을 고를 필요는 없고 한 업계를 고를 필요도 없다. 잘하면 여러분의 브랜드가 다양한 청중의 마음에 들 수 있다. 하지만 관심을 끌고 싶은 회사나 사람이 무엇을 가치 있게 여기는지를 이해할 필요가 있다.

인정받는 대형 은행과 소규모 린 스타트업, 양쪽의 마음에 들려면 자신을 어떻게 브랜딩해야 할까? 내가 제공할 수 있는 가치는 무엇이고 그 가치를 한 브랜드로 간결하게 전달할 방법은 무엇일까?

- 아마 나라면 브랜드의 가시적인 부분에서는 최대한 기술에 집중할 것이다. 좋아하는 휴가지, 지지하는 정치인 같은 개인적인 정보는 덜어낸다. 내 브랜드에 그런 정보가 없다는 것을 회사가 신경 쓸 리도 없거니와 오히려 내 브랜드에 그런 정보가 포함된다는 이유로 관심을 접을 수도 있다.
- 내 작업을 보여주는 블로그 글쓰기, 오픈 소스 프로젝트 참여 등의 활동으로 커뮤니티에 많이 기여했다는 것을 보여준다. 동시에 내가 한 작업의 보안 측면에 특히 신중을 기한다. 예컨대 공개된 저장소에는 비밀번호를 올리지 않고, API 키를 노출하지 않는다. 보안에 모범적으로 신경 쓰는 모습을 보인다면 어떤 회사든 마음에 들어 할 것이다.
- SNS 프로필 사진 같은 곳에서는 단정하고 전문가다운 이미지를 갖춘다. 분홍색으로 염색한 머리는 스타트업에서는 용인되더라도 은행에서는 그렇지 않을 것이고, 염색하지 않은 머리는 은행뿐 아니라 스타트업에서도 싫어하지는 않을 것이다.

이러한 생각은 내가 취한 접근법을 반영한다. 나는 내 브랜드가 다양한 청중의 마음에 들기를 바란다. 즉, 여러 청중의 공통 분모를 찾아 개인 브랜드에 반영해야 한다는 뜻이다. 반대로 내가 하지 말아야 할 일도 분명히 있지 않을까? 이제 그 내용을 표로 정리해서 살펴보자.

표 2-1 해야 할 일과 하지 말아야 할 일

브랜딩 항목	해야 할 일	하지 말아야 할 일
눈에 보이는 브랜드(SNS, 링크)	기술을 비롯해 내 경력에 해당하는 모든 것, 고용주가 직원들이 직장에서 하기를 기대할 만한 활동에 집중한다.	정치와 같이 논쟁을 초래할 만한 주제를 논한다(직장에서도 그런 주제를 언급할 수 있다는 인상을 줄 수 있다).
기여, 업무 사례	블로그에 글을 쓰거나 코딩 작업에 참여하는 등 커뮤니티에 기여하는 사람으로 보이게 한다.	공개적으로 기여할 때 보안이나 개인 정보 보호 측면에서 나쁜 관행을 답습한다.
외모(SNS 사진 등)	전문가다운 단정한 인상으로 진짜 나를 보여준다.	몸담으려는 업계에서 적절해 보이지 않을 이미지를 드러낸다.

여러분의 생각은 전혀 다를 수 있다. 여러분은 공격적이고 흥미진진한 스타트업에서만 일하고 싶을 수 있다. 그렇다면 스타트업 고용주가 높이 사는 가치에 조금 더 정밀하게 브랜드를 맞출 수 있다. 여러분이 어떤 결정을 내려도 괜찮지만, 여러분의 결정은 브랜드에 영향을 미친다. 내가 든 예를 지시로 받아들이지 않길 바란다. 이는 내가 나를 위해 내린 결정일 뿐 여러분을 위해 내린 결정이 아니다.

핵심은 여러분의 브랜드가 하는 이야기를 듣는 사람에 따라 다르게 받아들인다는 것이다. 코카콜라를 '상쾌하고 활력을 주는 음료'로 보는 사람이 있는 반면, '지구에서 금지해야 할 지나치게 달콤한 정크 푸드'로 보는 사람도 있다. 코카콜라는 당연히 첫 번째 그룹에 노력을 집중하고, 두 번째 그룹을 과하게 걱정하지 않는다. 적어도 코카콜라가 코카콜라 브랜드를 어떻게 표현할지의 문제에서는 그러할 것이다. 그러므로 내 브랜드로 누구의 관심을 끌고 싶은지 정하고, 자신이 일하고 싶은 회사의 관심을 끌지 못할 때는 브랜드를 손보는 것이 좋다. 청중을 정의하고 이해하면 그들에게 무엇이 중요한지 파악할 수 있고, 그러면 자신을 그들에게 필요한 전문가로 마케팅할 수도 있다.

Note ≡ 있는 그대로의 자신을 보여주어도 괜찮다

분홍색으로 염색한 머리라는 표현은 일부러 넣었다. 자신이 진짜 누구인지 보여주는 부분이라면 브랜드에서 빼야 한다는 압박을 느끼지 않아도 된다. 여러분의 브랜드는 여러분이 직장에 무엇을 제공할지 반영해야 하고, 진정성이 있어야 한다. 그저 일부 고용주가 여러분의 브랜드를 좋아하지 않을 수 있다는 사실만 알아 두길 바란다. 항상 모든 사람을 만족시킬 수는 없지 않은가? 하지만 특정 머리 스타일을 하는 것이 여러분의 진짜 일부라면 그 때문에 여러분에게서 관심을 거두는 사람은 애초에 여러분을 데려갈 자격이 없으므로 그 부분을 고치지 않아도 된다. 나는 분홍색 머리가 정말 안 어울리지만 여러분은 정말 잘 어울릴 수도 있다. 이것이 내가 내 브랜드를 위해 내린 결정을 여러분이 따를 필요가 없는 이유다.

2

SNS와 브랜드

요즘은 SNS가 개인 브랜드에서 빼놓을 수 없는 핵심으로 자리잡았다. 구직 중이든 이미 직장에 다니고 있든 공개적으로 접근할 수 있는 여러분의 SNS 계정에서 어떤 일이 일어나는지가 중요하다. 동료, 고용주, 잠재적 고용주는 여러분의 SNS 활동을 보고 여러분이 정말 어떤 사람인지 알 수 있다. SNS는 그 사람의 있는 그대로의 모습을 가장 잘 드러내는 편이다. 다른 사람들은 여러분이 SNS에 게시한 것을 대체로 액면 그대로 받아들인다. 세상이 보기에는 여러분이 SNS에 올린 내용이 곧 여러분이다.

나는 전국에 흩어져 사는 십여 명의 친구들과 연락하고 소식이나 사진을 공유하기 위해 페이스북Facebook을 가끔 사용한다. 매우 오랫동안 알고 지낸 친구가 대부분이라 그들에게는 내 본모습을 보여줄 수 있다. 이 친구들만이 멕시코 여행 중에 술집에서 조금 취한 내 사진을 볼 수 있다. 사실 내 페이스북 프로필은 꽁꽁 잠겨 있다. 내 친구들도 내가 승인하지 않는 한 나를 태그할 수 없다. 페이스북은 내 개인 브랜드에 속하지 않으며 아무나 볼 수 없다.

반면 트위터Twitter는 내 업무 생활의 많은 부분을 차지한다. 블로그도 그렇다. 이런 곳은 업무와 관련한 이들과 관계를 맺는 곳이다. 거기에 올리는 콘텐츠에는 업무 생활, 커뮤니티 활동, 하는 일이 반영된다. 트위터(@concentratedDon)나 블로그(DonJones.com)는 현재 고용주나 잠재적 고용주가 얼마든지 봐도 좋다. 심지어 블로그에 올린 정치적 콘텐츠도 업무에 부정적인 영향을 주지 않는다. 정치적 불만을 늘어놓거나 정치적 적수를 공격하는 글이 아니라 주로 미국 정치 체제의 다양한 측면이 어떻게 작동하는지 설명하는 글이기 때문이다. 트위터에 올린 개인적인 글도 사무실에서 한가하게 이야기를 나눌 때 누구나 받아들일 법한 무해한 이야기다. 내 브랜드, 즉 직장에서의 내 모습을 트위터와 블로그에 반영하도록 열심히 노력한다.

자기다운 브랜드를 만들라

시간을 들여서 자신의 공개적인 브랜드를 적극적으로 관리하는 사람이라면(사실 누구나 관리해야 한다) 브랜드로 자신을 시각적으로 나타내라. 특히 SNS 프로필(자기 글 옆에 나타나는 작은 사진)에는 고양이, 가족, 추상적인 기하학 패턴, 좋아하는 슈퍼히어로의 로고 말고 본인 사진을 넣어라. 여러분이 여러분의 브랜드다. 그런 다른 것들이 아니라.

여러분의 공적인 브랜드가 존재하는 모든 곳에 똑같은 사진을 사용하라. 그 사진이 여러분의 모든 모습을 하나로 묶어 주고, 여러분의 브랜드를 경험하는 사람들이 그 모든 모습이 동일한 전체의 일부임을 인식하게 해준다.

사진을 업로드하려다가 이런 생각이 든다고 가정해 보자. '음, 여기에 딸 아이의 사진을 넣어서 내가 우리 딸을 얼마나 자랑스러워하고 사랑하는지 보여주고 싶은데?' 하지만 이는 여러분이 세상에 표현하려는 여러분 브랜드의 일부가 아니라 개인 생활의 일부로 보인다. 이 두 가지를 구별하라. 그런 프로필 사진은 개인적인 비공개 SNS에만 사용하라.

그리고 실명을 사용하라. 그렇게 해야 여러분이 온라인에서 사용하는 필명이나 별명 뒤에 숨지 않는 진짜라는 것이 드러난다.

내가 개인 생활과 업무 생활을 신중하게 분리한다고 해서 모두의 마음에 들기 위해 온라인에서 무색무취로 활동한다는 건 아니다. 내 콘퍼런스 강연에 참석하거나 강의를 본 사람이라면 악의 없는 풍자가 내 브랜드의 큰 부분이라고 이야기할 것이다. 나는 중요한 내용을 기억에 잘 남기기 위해 풍자를 전략적으로 사용하며, 이는 내 청중(내가 업무의 일환으로 소통하는 사람들)에게는 통하는 방법이다. 이러한 접근법을 좋아하지 않는 사람이 있다는 것도 알고 있고, 그런 사람은 내 브랜드와 별 관련이 없다. 그래도 괜찮다. 모두의 기대를 만족시킬 수는 없는 법이고 나에게 어떤 매력이 있다고 한들 그것이 보편적일 수 없다는 사실도 안다. 하지만 나는 시간을 들여서 내 청중을 파악했고, 그들에게 통하는 방법을 받아들이고 그 방법을 내 브랜드의 일부로 삼아도 괜찮다고 느낀다. 이는 내 방법이 모든 청중에게 통한다는 의미가 아니며, 그 또한 나는 괜찮다고 느낀다.

공개적인 SNS 발자취가 자신의 브랜드에 대해 어떤 이야기를 하는가? 아무 말도 하지 않는다면 사람들은 그저 자신이 본 모든 증거를 토대로 원하는 대로 추론할 것이다. 브랜드를 관리하지 않는 것은 브랜드가 없는 것과 다르다. 말했듯이 누구나 브랜드가 있다. 여러분의 브랜드가 아무 말도 하지 않는다면 사람들은 여러분이 공개적으로 활동하지 않는다고 결론지을지도 모른다. 어떤 청중은 그런 결론이 괜찮다고 생각할 수도 있고, 어떤 청중에게는 긍정적인 반향을 일으키지 못할 수도 있다.

내 브랜드의 SNS 소통은 주로 링크드인LinkedIn, 트위터, 블로그, 전문적인 내용에 집중하는 유튜브YouTube 채널, 다양한 기술 웹 사이트에 작성한 글로 이루어진다. 다른 활동은 소수의 친구와 가족에게만 공개하고 나머지 세상이 볼 수 없게 단단히 막았기 때문에 그 외 다른 SNS 흔적은 없다.

개인적인 페이스북 계정과 공적인 SNS를 연결하지 않았지만, SNS 전체를 차단하지는 않았다. 나는 SNS를 적극적으로 활용한다. 링크드인은 사실상 기술 전문가를 위한 SNS이기 때문에 링크드인을 사용한다. 트위터로 소통하는 청중이 있어서 트위터도 쓴다. 또한, 동영상을 활용해서 내 브랜드의 핵심 메시지를 강력하게 전달할 수 있는 유튜브도 사용한다. 잠재적 고용주나 현재 고용주가 나를 알고 싶다면 내 SNS를 참고하면 된다. 나를 알 수 있는 내용이 많이 있고 대부분은 내 브랜드 이미지에 잘 맞기 때문이다. 누군가 나에 대해 찾아볼 때 아무것도 발견하지 못하는 일은 없기를 바란다. 그러면 내 브랜드를 관리할 수 없다. 내가 SNS에 공개적으로 활동하지 않았다면 내 이미지가 오로지 고용주의 상상으로 만들어질 텐데 나는 그렇게 되는 것을 원하지 않는다.

또한, 나는 내가 공개적인 SNS에서 어떤 말을 반복하거나 공유하는지를 의식하고 있어야 한다. 내 트위터가 어떤 내용으로 채워지는지 궁금한가? 내가 여러 디즈니랜드 웹 사이트에서 읽은 뉴스가 대부분이고, 애플에 관한 약간의 루머가 곁들여진다. 나는 그런 소식을 좋아하기 때문에 나에게 그런 내용을 보여주도록 트위터를 학습시켰다. 그날의 정치적 이슈에 대해 꽤 신랄하게 비판하는 몇몇 코미디언의 트윗도 여기에 포함된다. 내가 그들의 모든 의견에 동의하는 건 아니지만, 그런 트윗을 즐겨 읽는다. 그렇다고 해서 그런 글을 리트윗하지는 않는다. 내 청중이 그런 의견을 재미있게 읽고 논의할 수도 있다고 생각하지만, 그래도 내가 그런 의견에 동의한다거나(내가 항상 동의하는 건 아니나, 동의하지 않을 때도 흥미를 느낄 수는 있다.) 내 트위터 콘텐츠가 경로를 이탈한다는 인상을 주고 싶지 않기 때문이다. 잠재적 고용주나 현재 고용주에게 직장에서 논란을 일으킬 사람으로 비치는 위험을 감수하고 싶지 않다. 그래서 다시 한번 묻는다. 여러분의 공개적인

SNS는 여러분의 브랜드에 대해 어떤 이야기를 하는가? 대상 청중이 그 이야기를 마음에 들어 하겠는가?

Note ≡ **주의**

자기 브랜드가 자신에 대해 어떤 이야기를 하는지 알아 두는 것은 언제나 도움이 된다. 특히 SNS를 신경 써라. 구직하기 전에 그렇게 하는 것이 매우 중요하다. 의사 결정을 할 때 SNS를 통해 전달되는 여러분의 공적인 브랜드를 고려하는 기업이 많기 때문이다.

3

브랜드는 멀리까지 도달한다

우리가 사는 세상이 좁다는 것을 잊지 마라. 나는 마크라는 동료와 일한 적이 있다. 그는 좋은 사람이었고 우리는 정말 잘 지냈다. 그는 회사에서 만나 인연을 맺은 몇 안 되는 지인 중 한 명으로, 서버 마이그레이션 작업에 문제가 생겼을 때처럼 최악의 상황에 처한 내 진짜 모습까지 본 사람이었다. 시간이 지나 나는 그와 함께 일하던 회사를 떠났고 그는 나보다 더 나중에 퇴사했다.

몇 년이 지나 나는 새로운 회사에 지원해서 면접을 보게 되었고 면접관 중 한 분이 나에게 던진 첫 질문은 이러했다. "디즈니랜드를 아주 좋아한다고 들었어요! 가장 좋아하는 곳이 어디인가요?"

SNS가 등장하기 훨씬 전의 일이었다. 전혀 모르는 사람이 내가 디즈니랜드를 좋아한다는 것을 알 방법이 없었다. 알고 보니 마크가 그 회사에서 일하고 있었다. 나보다 몇 달 전에 입사해서 그 자리에 나를 추천했고 나에 대해 조금 이야기한 것이었다.

다행히 마크가 이야기할 만한 나쁜 일은 거의 없었다. 우리는 업무와 관련하여 원활하게 소통했고 서로를 든든한 전문가로 보았다. 하지만 불현듯 '만약 내가 함께 일하기 정말 별로였다면 어땠을까?'라는 생각이 들었다. 마크는 내가 그 자리에 올 기회를 수월하게 망칠 수 있었을 것이다. 아마 면접조차 보지 못했을 것이다. 긍정적이든 부정적이든 우리의 관계는 나의 이직에 영향을 미쳤을 것이다.

이제 세상은 훨씬 더 좁아졌다. 브랜드가 도달하는 범위는 여러분의 생각보다 훨씬 더 넓다. 한 번도 만난 적 없는 사람이 이미 여러분의 이야기를 들어 보았거나 매우 적은 노력으로 여러분을 더 알아볼 수 있을 것이다. 이러한 브랜드 범위의 확장은 여러 측면에서 좋은 일이다. 이를 통해 다음 일자리나 다른 기회가 찾아올 수 있기 때문이다. 하지만 불리하게 작용하는 면도 분명히 있을 수 있다.

여기서 우리가 기억해야 할 메시지는 일하는 매 순간을 다음 승진, 취업, 계약 등을 위한 면접으로 여기라는 것이다. 오늘 여러분이 하는 모든 일은 미래에 여러분이 어떻게 평가받을지 영향을 미친다. 항상 유능한 전문가의 면모를 유지하는 것이 중요하다. 그래야 여러분의 개인 브랜드에 기술 전문가다운 모습이 긍정적으로 반영될 것이기 때문이다.

Note ☰   브랜드의 범위를 활용하라

3장에서 인적 네트워크를 꾸준히 형성하는 것을 경력의 일부로 활용해 브랜드 범위를 확장하는 활동에 대해 살펴볼 것이다. 그리고 4장에서는 커뮤니티에서 긍정적인 기여자로 활동하면 개인 브랜드가 얼마나 멋지게 빛나는지 살펴보겠다.

4

전문성과 브랜드

모든 채용 담당자가 입사 지원자에게 입사 제안을 건넬 때 가장 크게 걱정하는 것이 무엇인지 아는가? 그 지원자가 전문가인지 아닌지다. 전문가라는 말에는 팀 환경에서 다른 사람들과 함께 일할 수 있는 사람, 예의 바르며 효율적이고 효과적으로 일하는 사람, 일터를 더 나은 곳으로 만들 사람이라는 의미가 담겨 있다.

이런 부분은 면접에서 알아내기 어렵다. 그렇기 때문에 리크루터나 채용 담당자는 긍정적인 이야기만 해줄, 지원자 본인이 제시한 추천인 말고 진짜 추천인, 예를 들어 링크드인에 있는 동료나 SNS를 철저히 검토해 찾은 사람에게 지원자의 평판을 조회한다. 그들은 지원자에게 입사를 제안하기 전에 지원자를 알고 싶어 한다.

전문성은 브랜드의 중요한 부분이다. 매일 출근하여 임무를 완수하는 사람, 사람마다 의견이나 배경, 문화가 다르다는 것을 받아들이고 다른 사람들과 어울려서 일할 수 있는 사람, 시간을 효과적으로 관리하는 사람, 약속을 지키고 세부 사항에 주의를 기울이는 사람, 팀을 지지하는 일원이 될 수 있는 사람으로 기억되는 것이 좋다.

Note ≡ **성공한 기술 전문가의 특징을 파악하라**

6장에서 견고한 브랜드를 지지하고 만드는 데 도움이 되는 몇 가지 핵심적인 행동을 살펴보겠다.

단순히 전문성을 드러내는 것이 아니라 이를 브랜드의 일부로 만들 방법을 찾아야 한다. 블로그가 있는가? 기술 주제에 대한 글만 써야 한다고 생각하지 않아도 된다. 가끔 전문성이나 전문성의 한 측면, 자신이 생각하는 전문성이란 무엇인지에 대한 글로 쉬어 가라. 이 주제를 SNS에서도 다뤄라. 시간 관리법을 제안하거나 직장 사람들과 소통할 때 어려움을 어떻게 극복했는지 등을 공유하라. 여러분의 브랜드를 생각하면 여러분이 타인의 눈에 어떻게 보이느냐가 중요하며, 전문성을 갖추기 위해 고민하고 이를 위해 신중하게 노력하는 사람으로 보이는 것이 좋다. 이렇게 전문성에 집중할 때 자신에게 어떤 기회가 열리는지 알게 된다면 놀랄지도 모른다!

5

브랜드를 망치는 방법

브랜드를 망치는 방법은 많다. 이 장의 내용을 바탕으로 SNS에서 부적절한 행동하기, 전문가답지 못한 행동하기, 브랜드 청중을 잘못 이해하기 등몇 가지는 추측할 수 있다. 시간을 형편없이 관리한다고 소문이 나거나 게으르다고 여겨지는 것도 브랜드를 망치는 또 다른 방법이다. 실제로는 게으르지 않더라도 그런 평판이 있으면 브랜드는 망가진다. 전면적으로 또는 부분적으로 원격 근무를 하면서 관리자가 없을 때 빈둥거리거나 근무 시간에 연락이 안 되거나 전화나 이메일에 바로 답하지 않는, 형편없는 원격 근무자로 낙인 찍힌다면 브랜드에 흠집이 생긴다.

기억하기 쉬운데 실천하기는 어려운, 간단한 진리가 있다. **직장에서 하는 모든 일, 또는 업계 사람이나 고용주 앞에서 하는 모든 일은 여러분의 브랜드에 영향을 미친다.** 좋든 싫든 여러분에게는 본인의 브랜드가 있다. 사실 누구에게나 다 있다. 다른 사람이 우리를 인식하고 생각하는 방식이 곧 우리 브랜드인 것이다. 우리는 자기 브랜드를 통제하고, 경력을 쌓는 데 도움이 되는 긍정적인 브랜드로 만들 수 있으며 유지할 수도 있고, 아니면 망가지는 모습을 그냥 두고 볼 수도 있다.

업계 사람들과 고용주의 시야 안에서 하는 모든 행동은 여러분의 브랜드에 영향을 미친다. 지난 십 년 사이 SNS와 인터넷에 항상 연결된 채 살면서 '시야에 있다'는 표현이 나타내는 범위가 훨씬 더 넓어졌다. 페이스북에 올린 글 때문에 회사에서 징계를 받는다거나, 게을러 보인다는 소문 때문에 취업이 어렵다면 불공정하게 느껴질지 모른다. 하지만 우리가 사는 세상이 그러하다. 그래서 적극적으로 자신의 개인 브랜드를 관리하는 것이 그토록 중요한 것이다.

6

실천 과제

이 장에서는 본인의 브랜드를 평가해 보길 바란다. 누구에게나 자기 의도와 상관없이 개인 브랜드가 존재하며, 현재 상태를 평가해야 브랜드를 손봐야 할지, 한다면 어떤 부분을 수정해야 할지 알 수 있다. 이번 실천 과제에서는 다음과 같은 부분을 고민해 보기 바란다.

- **내 브랜드는 어디에 있을까?** 사무실에서 이루어지는 대면 접촉을 비롯해 SNS, 참여하는 기술 커뮤니티, 기타 온라인 활동을 포함하라.
- **내 브랜드는 어떤 이야기를 할까?** 개발자라면 알다시피 empty는 null과 같지 않다. 여러분의 브랜드는 무언가를 말한다. "이 사람은 활동이 별로 없는 것 같다."라는 말에 불과할지 모르지만 말이다. 다른 사람에게 자신이 어떤 인상을 풍기는지 알고 싶다면 업계 지인이나 동료에게 자신의 성과를 바탕으로 자신에게 어떤 기대를 품고 있는지 말해 달라고 부탁할 수 있다. 그들은 여러분이 어떻게 프로젝트를 처리하고, 팀에서 어떻게 협업하며, 업무에 어떤 태도로 임하리라 예상하는가? 익명으로 진행할 때 더 솔직한 이야기를 들을 수 있다고 생각하면 설문 조사를 익명으로 진행하라. 온라인에서 만난 사람에게 여러분이 온라인에 올린 글을 바탕으로 여러분에게 무엇을 기대하는지 물어보라. 이 실천 과제를 수행한 한 친구는 자신의 페이스북 친구 대부분이 그를 주로 정치에 관심 있는 사람으로 생각한다는 것을

알고 깜짝 놀랐다. 그가 페이스북에서 재공유한 콘텐츠가 정치 관련 사안이었기 때문에 페이스북에서 그의 주된 이미지가 그러했다.

- **내 브랜드는 내 성공 정의에 어떻게 기여하고 있을까?** 1장에서 작성한 자신의 성공 항목을 확인해 보자. 현재 여러분 브랜드의 어떤 측면이 여러분의 성공 항목에 도움이 되는가? 그리고 어떤 부분이 성공 항목을 망가뜨리는가?
- **내 브랜드가 내 성공에 더 큰 도움이 되기 위해 할 수 있는 일은 무엇일까?** 자신의 브랜드가 존재하는 모든 곳을 살펴보라. 만약 인생 정의에 기술 커뮤니티에 가치 있는 기여자가 되겠다는 항목이 있다면 실제 이를 실천하고 있는가? 여러분의 기여가 여러분의 브랜드를 기여자로 정의할 정도의 수준으로 이루어지고 있는가?

실천 과제를 마쳤다면 결과를 보면서 자신의 브랜드를 더 신중하게 관리할 방법이 있을지 생각해 보라. 자신의 성공 정의에 완벽히 부합하는 브랜드를 만들기 위해 변화를 꾀할 만한 부분은 무엇인가? 브랜드를 만들고 유지하겠다는 목표를 추가하도록 자신의 성공 정의를 수정해야 하는가?

더 읽을거리

- Mel Carson, 『Introduction to Personal Branding: 10 Steps Toward a New Professional You』(CreateSpace Independent Publishing Platform, 2016)
- Karen Kang, 『Branding Pays: The Five-Step System to Reinvent Your Personal Brand』(Branding Pays Media, 2013)
- Sandra Long, 『LinkedIn for Personal Branding: The Ultimate Guide』(Independently published, 2020)

3장

네트워킹하라

항상 연결된 세상에서는 인간 사이에 직접적으로 이루어지는 상호 작용의 가치를 놓치기가 쉽다. 하지만 그러한 상호 작용, 즉 네트워킹은 어떤 경력에서든 큰 가치를 지니며, 숙달하고 유지해야 할 대단히 중요한 소프트 스킬이다.

1

네트워킹을 해야 하는 이유

네트워킹networking은 자신이 일하는 분야의 다른 사람을 알아가는 과정이다. 최근 경험으로 배운 한 가지 슬픈 사실을 공유하겠다. 여러분이 온라인 채용 공고 여기저기에 원하는 만큼 이력서를 업로드할 수는 있겠으나, 아무리 지원 자격을 충분히 갖추고 있더라도 그중에서 답변을 주는 곳은 극히 일부일 가능성이 크다는 것이다. 모든 지원자 중 1등으로 합격할 정도로 AIArtificial Intelligence 알고리즘에 정교하게 맞춘 아주 훌륭한 이력서를 제출하더라도 인간이 여러분의 정보를 확인할 확률은 희박하다. 수천 개의 지원서를 받는 온라인 채용 공고가 대부분이어서 쉽게 눈에 띄기엔 경쟁자 수가 너무 많다.

이 책을 쓰면서 새로운 기술 일자리를 얻었거나 회사에서 승진했거나 사내 다른 팀으로 옮긴 수백 명과 대화를 나눴다. 이들 대부분은 내부에서 자신을 지지해 준 사람이 없었다면 그 자리를 절대 얻을 수 없었을 거라고 말했다. 업계 내 인적 네트워크가 이들의 이력서를 디지털 파일 더미에서 들어 올리고 채용 담당자의 주의를 환기하지 않았다면 면접조차 보지 못했을 것이다. 이것이 바로 '네트워킹을 해야 하는 이유'다.

지난 20년간 나의 인적 네트워크는 새로운 고객을 만날 때, 장기간 잡지에 기고할 때, 책을 계약할 때, 새로운 직장에 입사할 때, 콘퍼런스에서 강연할 때 도움이 되었다. 2020년 독립 출판한 내 책『Shell of an Idea: the Untold History of PowerShell(아이디어의 뼈대: 파워셸의 알려지지 않은 역사)』같은 몇몇 프로젝트는 인적 네트워크의 도움이 없었다면 시작조차 하지 못했을 것이다. 직업적인 면에서 나에게 일어난 거의 모든 좋은 일은 이러한 인적 네트워크의 도움을 받았다.

2장에서 이야기했듯이 나는 나 자신을 전문가 브랜드로 구축하기 위해 열심히 노력했고, 내 네트워크는 그 브랜드를 아는 사람들로 이루어진 그룹이다. 그 브랜드와 일치하는 삶을 살기 위해 노력했기에 나의 네트워크에 속하는 이들은 나에게 무엇을 기대해야 하는지 안다. 내가 무엇을 할 수 있는지 알 뿐 아니라 내가 어떤 가치를 제공할 수 있는지도 잘 안다. 나도 그들을 잘 안다. 우리의 관계는 거의 양방향에 가깝다. 지금껏 나는 내 네트워크에 속하는 사람이 새로운 인맥을 만들고, 더 많은 사람이 그들의 프로젝트에 관심을 갖도록 도왔다. 심지어 새로운 일자리를 찾는 것을 도와주기도 했다.

하지만 알아야 할 것이 있다. 네트워크는 오랜 시간을 들여야 만들어지고, 꾸준히 신경 써야 유지된다. 네트워크의 도움을 받기 일주일 전에 네트워킹을 시작하는 것은 의미가 없다. '목마르기 전에 우물을 파야 한다'는 말은 업무와 관련한 네트워크에 적용하기에 더없이 적절하다. 그런 네트워크를 만들려면 다음과 같은 사람이 되어야 한다.

- 자신이 속한 기술 분야에서 눈에 띄어야 한다.
- 업계 사람들에게 알려져야 한다.
- 작게나마 해당 분야에 가치 있는 기여를 하는 사람으로 여겨져야 한다.

이 장은 그러한 목표를 달성하는 데 도움이 될 몇 가지 팁과 방법에 집중하겠다.

2

디지털 소통의 문제점

　기술 전문가라면 기술을 이용하는 게 분명 편할 것이다. 요즘은 아주 사소한 일상 소통조차 기술에 의존하는 기업이 많다. 기업 내부에서는 슬랙Slack이나 마이크로소프트 팀스Microsoft Teams로 메시지를 주고받고, 기업 외부로 메시지를 보낼 때는 이메일을 활용한다. 친구, 가족과도 문자 메시지, 페이스북 등 디지털 수단을 통해 소통한다. 원격 근무자가 늘어나면서 그런 디지털 채널은 우리의 업무와 생활에서 중대한 역할을 하게 되었다.

　하지만 디지털 소통은 인간의 뇌가 소통하는 자연스러운 방법이 아니다. 예컨대 사무실에서는 오가다 마주쳐 대화하는 상황이 자연스레 끊임없이 생기는데, 원격 근무할 때는 그럴 기회가 없다는 것이 원격 근무자들의 불만 중 하나다. 우리는 사람이다. 돌아다니다가 다른 사람을 만나고, 의논하러 다른 사람 자리에 잠시 다녀오고, 점심을 먹거나 커피를 마시며 정보를 공유한다.

디지털 소통은 간혹 별다른 인상을 남기지 못한다. 1장에서 설명했듯이 인간의 뇌는 여러 감각이 관여할 때 더 강력하고 더 오래 지속하는 기억을 만든다. 텍스트를 읽을 때는 기껏해야 시각이라는 감각이 하나만 관여한다. 대면 접촉할 때는 시각, 청각, 후각이 관여할 텐데 디지털로 소통할 때는 우리 뇌에 이러한 모든 감각이 입력되지 않는다. 게다가 디지털 소통에서는 상대방의 몸짓 언어도 볼 수 없다. 몸짓 언어는 전체 소통 능력에서 엄청나게 중요한 부분을 담당할 뿐 아니라 우리 뇌가 다른 인간을 어떻게 인지하느냐에 있어서도 중요한 부분이다.

SNS를 통해 온라인으로도 어느 정도 네트워킹할 수 있다. 깃허브Github 저장소에서 기여자 간에 형성되는 관계도 네트워킹의 한 형태다. 하지만 그러한 네트워킹은 대면 네트워킹만큼 영향력을 내지 못하므로 원하는 영향력을 내려면 훨씬 더 많이 꾸준히 참여해야 한다.

요점은 간단하다. 디지털 소통에 전적으로 의존하여 네트워킹하지 마라. 일부는 대면으로, 아니면 적어도 그룹 영상 통화로 이루어져야 한다. 이렇게 네트워킹하려면 시간을 (어쩌면 돈도) 투자해야 할 것이다. 하지만 이런 활동은 필요할 때 도와줄 수 있는 네트워크를 형성하는 데 필수적이다. 또한, 다른 사람에게 여러분이 필요할 때 도와줄 기회를 얻기 위해서도 필수적이다.

3

대면 네트워킹을 위한 아이디어

대면 네트워킹은 다양한 규모로 이루어질 수 있다. 성격이 내성적인 편이라면 처음에는 소규모 행사가, 아니면 직접 조직한 행사가 더 편할 수 있다. 그 후에 차차 행사 규모를 키울 수 있다. 다음은 처음에 참고하면 좋은 몇 가지 아이디어다.

- **사내에서 네트워킹하라.** 여러 팀에서 자신과 같은 역할, 또는 비슷한 역할을 하는 직원을 찾아라. 예컨대 사내에 있는 프런트엔드 웹 개발자를 모으는 것이다. 근무 시간이 끝난 후 모두가 만나 격식에 얽매이지 않고 자신을 소개하고 어떤 일을 하는지 의논할 수 있는 모임을 열어라.
- **자기 분야와 관련 있는 사용자 그룹을 찾아라.** 퇴근 후 다른 일을 하는 데 시간을 더 들이기가 힘들더라도 최선을 다하라. 모인 사람 모두가 앉아서 강의만 듣다가 끝나지 않게 서로 만나서 대화할 시간을 만들어라.
- **지역 콘퍼런스 같은 행사를 고려하라.** 예를 들어 마이크로소프트 SQL 커뮤니티에서는 SQL 토요 행사가 활발하게 이루어진다. 이런 행사는 대개 참가 비용이 별로 비싸지 않고 하루 일정으로 진행된다. 이런 행사는 네트워킹하기 좋다.

- **소규모, 중간 정도 규모의 콘퍼런스에 참석하라.** 주로 자원봉사자나 중소기업이 진행하는 중간 정도 규모의 콘퍼런스는 IT 대기업이 개최하는 2만 명 규모의 빅람회에 비해 비용도 저렴하고 부담도 적다. 또한, 소규모 콘퍼런스에서는 네트워킹에 쉽게 접근할 수 있는 기회가 더 많다. 커뮤니티가 주최하고 주로 자원봉사자들이 진행하는 행사는 자주 참석하는 이들이 서로 친분이 있기 때문에 처음 참석한 사람도 접근하기 조금 더 쉬울 수 있다.

여러분이 소규모 지역 행사를 직접 지휘할 방법이 있다는 것도 잊지 마라. 거주하는 지역에 사용자 그룹이 없다면? 직접 만들어라. 지역 도서관에서 회의 장소를 무료로 제공할 수도 있고, 지역에 있는 IT 교육 회사가 그날의 수업이 끝난 후 교실을 무료로 제공할 수도 있다. 트위터, 링크드인 등 SNS로 홍보하라. 처음에는 몇 명뿐일 수 있지만 꾸준히 한다면 도움이 되는 강력한 무언가를 만드는 데 도움을 주고 참여한 사람들에게 꽤 좋은 인상을 남길 수 있다.

4

온라인 네트워킹을 위한 아이디어

이 장의 앞부분에서 이야기했듯이 온라인 네트워킹은 유효하고 필요하지만, 대면 네트워킹보다 더 어렵고 더 꾸준한 노력이 필요하다. 사람들이 모이는 방식이 각각 다르기 때문에 인적 네트워크의 다양성을 높이기 위해 나는 두 방식 모두 활용하려고 한다.

온라인 행사에서는 대면 행사의 환경과 효과를 재현하려고 노력한다.

- 온라인이나 가상의 사용자 그룹 회의에는 초청한 발표자가 있는 경우가 많고 한 시간 정도를 들여 새로운 것을 배우기 좋다. 다만 모든 참여자가 네트워킹에 집중하는 것은 아니다. 소그룹으로 나뉘어 대화하며 서로를 알아갈 기회를 주는 사용자 그룹을 찾아보라. 아니면 그러한 소그룹 모임의 기회를 제공할 의향이 있는 가상의 사용자 그룹을 알아보라. 줌Zoom 같은 온라인 회의 서비스는 이러한 목적으로 가상의 소그룹 회의실을 제공하고 참석자를 임의로 방에 배정해 주기도 한다. 이는 옛 친구와 재회하고, 새로운 친구도 사귈 좋은 방법이다.
- 온라인 콘퍼런스는 훌륭한 학습 기회를 제공하는 대신 가상의 사용자 그룹처럼 네트워킹보다 정보 전달에 집중할 때가 있다. 새로운 사람을 만날 수 있는 네트워킹 기회를 제공하는 그룹을 찾아보라.

기술 그룹이 많이 이용하는 밋업(Meetup.com) 같은 웹 사이트는 흥미를 끄는 대면 행사, 온라인 행사 둘 다 발견할 수 있는 좋은 장소다. 링크드인이나 페이스북은 청중과 소통하기에 편리한 곳이지만 네트워킹하기 적합한 장소라고 보긴 어렵다. 전 세계가 보고 있는, 제한된 글자 수만 사용하는 환경에서는 '네트워킹'을 하는 것이 불가능하다. 네트워킹은 대규모로도, 단편적으로도 이루어지지 않는다. 2장에서 이야기했듯이 SNS는 브랜드를 만들고 유지하는 데 도움이 될 뿐 강력하고 전문적인 인맥을 만드는 방법이 아니다.

그러나 행사는 온라인 네트워킹을 진행하는 유일한 방법이 아닐뿐더러 집에 머물며 네트워킹하는 가장 광범위한 방법도 아니다. 다음과 같이 몇 가지 다른 아이디어를 소개하겠다.

- **자기 전문 분야의 질의응답 웹 사이트에서 열심히 활동하라.** 스택 오버플로(Stack Overflow.com) 같은 일반적인 기술 사이트도 좋고, 자원봉사자 그룹이 특정 주제로 운영하는 사이트도 좋다. 친절하고 도움이 되는 정확한 답변을 제공하는 사람으로 이름을 알려라. "구글에서 검색하면 나올 텐데요."와 같은 말은 절대 하지 마라. 적시에 답할 수 있게 사이트를 매일 확인하라. 답변이 달린 질문이라고 해도 맥락이나 설명을 추가하거나, 대안이나 배경이 되는 정보를 제공하여 사람들을 도울 수 있다.
- **자신에게 의미가 있는 오픈 소스 소프트웨어 프로젝트에 기여하라.** 사용 중인 오픈 소스 프레임워크가 있다면 코드 리뷰, 교정, 문서 작성 등의 활동으로 기여하는 건 어떨까? 꼭 새 코드를 작성해야만 소프트웨어 커뮤니티를 도울 수 있는 건 아니다.
- **SNS에서 주요 해시태그를 팔로우하라.** 나는 #PowerShell을 팔로우한다. 해시태그를 팔로우하면 도움이 필요한 사람을 찾고 도와서 이름을 알릴 수 있다.
- **블로그를 시작하라.** 블로그는 기술 커뮤니티에 기여하는 누구나 잘 아는 방법이지만, 블로그에 꾸준히 글을 쓸 수 있어야 한다. 일주일에 글을 하나씩 올리는 것이 내 목표인데 가끔은 하루 만에 한 달 치 글을 쓰기도 한다. 쓰려던 주제를 이미 누군가가 블로그에 썼다고 해서 여러분은 쓰면 안 된다는 법은 없다. 여러분의 고유한 관점이 다른 블로거가 쓴 글

을 못 본 사람에게 도움이 될 수도 있다. 독자층을 확보하려면 블로그 글을 워드프레스닷컴 (WordPress.com)이나 미디엄(Medium.com)처럼 좋은 블로그 플랫폼에서 공개하라. 단 블로그는 일방적이라는 것을 기억하라. 블로그는 진정한 네트워킹이 아니다. 그래도 여러분을 알고 여러분의 브랜드를 보는 청중을 늘리는 한 가지 방법이므로 전체적인 네트워킹 전략의 중요한 부분임은 분명하다.

Note ≡ **온라인에서 자기 자신으로 활동하라**

온라인 프로필에 가능한 한 자신의 실제 사진과 실명을 사용하는 것이 중요하다. 그렇지 않으면 제대로 하는 네트워킹이 아니다. 그것이 2장에서 이야기한 브랜딩의 기초다.

5

네트워킹 에티켓

여러분이 네트워킹을 통해 언제 어디에서 만난 사람이든지 그 사람은 여러분의 전문가 브랜드의 청중이 된다. 여러분은 당연히 자신과 관계를 맺은 상대가 긍정적인 경험을 하길 바랄 것이다. 이제 여러분의 브랜드에 도움이 되도록 상호 작용하는 몇 가지 팁을 함께 살펴보자.

대면 네트워킹

대면 네트워킹은 몸짓 언어, 표정, 어조를 포함한 인간의 모든 행동을 활용하기 때문에 아주 영향력이 강력한 네트워킹 방식이다. 누군가를 직접 마주하는 것은 온라인보다, 심지어 영상 통화보다도 정신적으로 훨씬 더 강한 인상을 남기므로 좋은 첫인상을 남기는 것이 중요하다.

외모

보이는 모습에 신경 쓰고 참여할 활동에 적합한 차림을 하라. 업무와 관련한 공식 자리라면 전문가다운 복장에 깔끔하고 단정한 차림이 가장 좋다. 주말에 함께 달리기를 하는 편안한 모임이라면 달리기에 맞는 복장을 입는 것이 좋다. 어떤 자리든 상황에 맞는 옷을 입는 것이 중요하다.

전문가다운 복장의 정의조차도 거주하고 일하는 지역이 어디냐에 따라 달라진다. 내가 살고 있는 미국 서부 해안 지역에서는 대기업 소프트웨어 엔지니어의 업무상 점심 약속이라면 카키색 바지에 골프 셔츠 정도가 적당하다. 하지만 같은 사람이 동부 해안 지역의 대형 은행에서 근무하게 된다면 정장이 적당할 것이다. 편안한 차림을 선호하기로 유명한 북서 태평양 지역의 마이크로소프트 캠퍼스에서는 티셔츠, 반바지, 슬리퍼를 입은 사람들과 업무상 점심 식사를 한 적도 있다. 거기에서는 그 차림이 누구에게나 적합했다. 거주하는 지역이나 일하는 분야의 사람들이 어떤 옷을 입는지 살펴보라. 그것이 자신이 처한 상황의 사회적 규범을 이해하는 가장 좋은 방법이다.

몸짓 언어

가족이나 친구와 있을 때 자신의 몸짓 언어에 집중하여 네트워킹을 연습하라. 다른 사람을 미소로 반기거나 상황에 맞다면 정중하게 악수를 나눠라. 서 있을 때는 손을 호주머니에 넣거나 팔짱을 끼지 말고 자연스럽게 옆으로 늘어뜨려라. 상대가 누구든 눈을 맞추며 대화하라. 몇 명이 모여서 대화하는 중이라면 모인 이들과 두루 눈을 맞춰라. 또한, 서 있을 때 뻣뻣해 보이지 않게 바른 자세를 취하라. 이러한 몸짓과 자세를 전부 갖췄을 때 주의를 기울여 대화에 참여하고 있다는 인상을 준다.

아이스 브레이킹: 대화를 시작하는 방법

대면 네트워킹에서는 적절한 대화 주제를 선택하는 것이 관건이다. 나는 농담에 매우 서툰 데다 누군가를 불쾌하게 만들 위험도 있기 때문에 농담은 피하려 한다. 게다가 내가 아는 농담이란 대체로… 그냥 전문가들 앞에서 하기에는 그다지 적절하지 않은 정도라고 해두자.

하지만 그래도 아이스 브레이킹을 하거나 소그룹 대화에 참여할 방법이 필요하다. 나는 그룹에 있는 다른 사람들이 공감할 만한, 직장 생활에 얽힌 짧은 일화를 들려주곤 한다. 이러한 일화는 미리 준비해서 친구들에게 들려주며 연습까지 한다. 무언가 하다가 실패한 이야기를 몇 가지 준비하되 그 상황을 통해 무엇을 배웠는지도 꼭 함께 이야기한다. 다른 사람들이 나에게 이런 실패담을 들려주었을 때 그들이 인간적으로 느껴졌기에 나도 똑같이 해보고 싶었다. 데이터베이스 관리자들과 함께 있다면 예전에 내가 데이터베이스 관리 업무를 했던 기억을 바탕으로 이런 이야기를 들려줄 수 있을 것이다.

최적화 이야기를 하셔서 하는 말인데, 전 한동안 부동산 회사와 일했어요. 부동산 목록이 전부 담긴 어마어마하게 큰 데이터베이스가 있었어요. 지금껏 목록에 넣었던 모든 부동산을 포함해서 전 세계에 소유하고 있는 수백만 개 부동산을 다뤄야 했어요. 테이블을 설계하면서 완전히 정규화하기로 했죠. 그런데 알고 보니 주소가 정말 복잡한 거예요. 일단 도로 번호랑 '도로'나 '거리' 같은 도로 명칭을 알아야 하고, 북쪽, 남쪽 같은 방향이 이름 앞이나 뒤에 붙기도 하거든요. 그러다 보니 필드가 11개나 되는 거예요! (이야기가 어떻게 흘러갈지 예상이 되어서인지 사람들의 눈이 조금 커졌다.) 그래서 방위뿐 아니라 '도로, 거리' 같은 명칭 목록 등 모든 것을 정규화했기 때문에 주소를 검색할 때마다 테이블 9개를 조인해야 했어요. 성능이 엉망일 수밖에 없었어요. 그때 바로 역정규화를 배운 거죠. (그리고 난 멋쩍은 표정을 지어 보였다.)

대면 네트워킹을 막 시작한 시점이고 조용히 있는 것이 성격에 더 맞는다면 대화에서 조금 조용히 있어도 괜찮다. 그 대신 다른 사람들이 어떻게 네

트워킹하는지 공부하는 시간으로 삼아라. 그들을 관찰하다 보면 상황마다 어떻게 하는 게 적절한지 파악하고 다음 모임에서 더 적극적으로 참여할 준비를 하는 데 도움이 될 것이다.

명함

상황에 맞는다면 자신을 소개하면서 명함을 교환하라. 그렇다고 모든 사람에게 명함을 나눠 줄 필요는 없다. 선거 유세하듯이 명함을 나눠 주는 행동은 네트워킹이 아니라 마케팅에 가깝게 느껴진다. 추후 다시 나눠야 할 이야기가 있다면 상대의 명함 뒤에 메모를 남겨도 괜찮을지 물어보라. 그렇게 하면 상대의 명함을 함부로 더럽히는 사람이라기보다 상대가 한 말을 기억하려고 적극적으로 노력하는 사람으로 비칠 것이다.

링크드인 활용하기

링크드인은 비즈니스맨을 위한 최고의 SNS 플랫폼일 것이다. 그래서 나는 페이스북이나 트위터보다 링크드인을 강조한다. 하지만 여기에 언급한 팁은 다른 SNS 플랫폼에도 꽤 잘 적용될 것이다.

- 나는 직접 대화를 나누고 싶지 않은 사람과는 1촌을 맺지 않는 편이다. 1촌을 아무에게나 수락하는 건 마치 "제 사무실에 들어온 걸 환영해요. 하지만 저는 계속 당신을 무시할 겁니다."라고 말하는 것이나 다름없고 나는 내 전문가 브랜드에 그런 인상을 남기고 싶지 않다. 알고 보니 누군가가 스팸을 보내는 사람이었다면 그저 "제가 링크드인을 사용하는 방식과 거리가 머네요. 시간을 내 주셔서 감사하지만 이쯤에서 그만했으면 합니다."라고 메시지를 보낼 수 있다. 그리고 연결을 끊는 등 적절한 조처를 한다. 하지만 1촌을 수락할 때는 선의로 보낸 메시지라 추정하고 항상 메시지에 답하려고 노력한다.

- 나는 트위터와 링크드인을 활용하여 새 책, 블로그의 새 글, 팟캐스트의 새 에피소드, 관심 있는 콘퍼런스, 내가 활용한 코드 프로젝트 등 내가 한 일과 커뮤니티에서 본 일을 홍보한다. 그러면 내가 한 일뿐 아니라 다른 사람이 한 일도 홍보할 수 있다. 다른 사람의 일을 자세히 설명하는 것은 그 내용들도 내 전문가 브랜드에 포함하고 싶기 때문이다. 앞서 이야기했듯 이 개인적인 이야기는 피하고 일과 관련한 글에 집중하는 편이다.
- 나는 함께 일한 적이 없는 누군가에게 먼저 1촌 맺기 요청을 보낼 때는 그 이유를 간단히 적 은 메모도 함께 보낸다. "당신의 블로그를 구독 중인데 업무적인 관계를 꼭 맺고 싶어서 요 청합니다." 정도로 간단하더라도 메모가 있으면 내 의도를 전달하는 데 도움이 된다.
- 다른 사람의 글에 댓글을 달 때 내 규칙은 이렇다. 반드시 피드백을 달라고 명시적으로 요 청받은 것이 아닌 이상, 해줄 만한 좋은 말이 없을 때는 아무 말도 하지 않는다. 다른 사람을 비방하려는 사람은 내가 아니어도 충분히 많으므로 나까지 보탤 필요는 없다.

여러분이 인터넷상에서 한 모든 행동이 여러분 브랜드의 일부가 된다는 것을 기억하라. 나중에 삭제할 수는 있지만 그 사이 누군가가 이미 저장했 을 것이라고 가정하는 편이 안전하다. 온라인에서 일어난 일은 온라인에 머 문다. 영원히.

6

자신 있게 네트워킹하기

온라인이든 대면이든 네트워킹 그룹이나 행사의 소그룹에 있을 때 어떤 말이나 행동을 할 것인가? 낯선 사람과 대화하는 것이 누구에게나 편한 것은 아니다. 다음은 더 자신 있게 효과적으로 네트워킹하는 몇 가지 팁이다.

- **자신의 브랜드가 무엇인지 이해하고, 다른 사람과 상호 작용하는 매 순간 그 브랜드를 대표하라.** 여러분이 어떤 때는 열심히 참여하고 도움이 되는 기술 커뮤니티 구성원처럼 비치다가, 상황이 바뀌면 다른 사람의 흉을 보는 험담꾼처럼 군다면 사람들에게 좋은 인상을 남길 수 없다. 그러면 사람들이 여러분의 인맥이 되려 하지 않을 것이다.

- **자신을 간략히 소개할 말을 준비하라.** 자신이 누구이고 무슨 일을 하는지 두어 문장으로 정확히 묘사할 수 있어야 한다. 적극적으로 일자리를 구하는 중이라면 어떤 일자리를 원하는지 간단명료하게 이야기할 수 있어야 한다.

- **콘퍼런스나 사용자 그룹 같은 곳에서 낯선 사람에게 다가가 자신을 소개하는 것에 익숙해져라.** "안녕하세요. 제 이름은 돈이고 파워셸PowerShell 업무를 많이 합니다. 성함이 어떻게 되세요?" 정도의 인사를 자신 있게 건네는 건 대화를 시작하는 간단한 방법이다.

- **내성적인 사람이라면 억지로라도 대면 네트워킹을 하는 것이 좋다.** 끝날 때는 기운이 빠질 것을 각오하고 충분한 에너지를 가지고 네트워킹 행사에 참석해 보라. 그렇게 노력할 만한 가치가 있다.

- **질문하라.** 인간은 본인 이야기만 늘어놓기보다 다른 사람이나 조직에 관심을 보이는 사람과 더 빠르고 깊게 관계를 맺는 경향이 있다. 네트워킹은 다음과 같은 질문을 던져서 정보를 얻을 좋은 기회다.

  - "현재 재직 중인 회사에서 일하는 건 어떠세요?"
  - "지금 맡고 계신 역할을 하려면 어떤 자격을 갖춰야 하나요?"
  - "이전에는 어떤 역할을 하셨는지 여쭤 봐도 괜찮을까요?"
  - "현재 경력 목표를 특정 방향으로 설정하셨나요?"

- **누군가 자신을 소개하면 그들의 이름을 따라 말해 보라.** ("제이슨 님, 만나서 반가워요!") 그 순간을 별생각 없이 흘려보내지 말고 집중하여 기억하라. 자신의 뇌가 그 사람의 이름과 얼굴에 주의를 기울이게 하고 연결을 만들기 시작하는 것이 핵심이다. 그 이름을 뇌리에 더 강하게 새길 수 있게 이어지는 대화에서 그 이름을 몇 차례 사용하라. ("제이슨 님, 어떤 일을 하시는지 여쭤 봐도 될까요?") 사람들의 이름을 기억하는 데 도움이 되는 팁이다. 상대의 이름을 잘 기억하는 건 언제나 좋은 인상을 남긴다.

- **명함을 나눠 주는 것보다 모으는 것에 더 신경 써라.** 누군가와 대화를 나눈 후 대화 내용을 상대의 명함 뒤에 간단히 적어라. 행사가 끝난 후 만난 각 사람에게 간단한 이메일을 보내서 대화를 나눌 수 있어서 감사했고 다시 만날 날을 고대하겠다고 이야기하라.

- **도움의 손길을 내밀어라.** 자신을 긍정적으로 보게 하는 가장 좋은 방법은 상대를 돕는 것이다. 상대가 기술적인 문제를 겪고 있다면 나중에 온라인에서 만나서 함께 작업해 볼 것을 제안하거나 그 자리에서 노트북을 꺼내서 함께 살펴보라. 구직 중인 상대에게는 채용 공고를 함께 찾아보겠다고 제안하라. 여러분의 도움을 받은 사람 대부분은 후일 기꺼이 여러분을 도우려 할 것이다.

- **마지막으로 연락을 이어갈 계획이 있다는 것을 확실히 알리는 것이 매우 중요하다.** 같은 분야에서 일하는 사람들을 만났다면 한 달에 한 번 모임을 만들어 각자 하고 있는 일을 이야기하고 문제를 공유하고 해결책을 제시해 볼 기회를 갖는 건 어떨까? 의미 있고 도움이 되는 방식으로 다시 연락할 기회를 만들어라. 여러분의 인맥이 기여하는 오픈 소스 프로젝트에 참여해서 여러분도 기여하라. 코드 리뷰나 문서 교정이라도 도움이 된다.

7

실천 과제

이 장에서는 네트워킹 계획을 세워 보라.

- '매월 새로운 사람 3명 만나기', '대면 행사에 참석해서 좋은 인맥 5명 만들기' 같은 월간 네트워킹 목표를 설정하는 것으로 시작하라. 양보다 질에 집중하라! 기존 인맥을 유지하고 이어 나가기 위한 목표도 포함해야 한다는 점을 잊지 마라.
- 이미 참여하고 있는 네트워킹 활동을 평가하라. 어떻게 시작했고 목표를 달성하는 데 어떤 도움이 되는가? 앞으로도 똑같은 방식으로 하겠는가? 아니면 하던 방식을 바꾸겠는가?
- 네트워킹 목표를 달성하기 위해 시도해 보고 싶은 새로운 네트워킹 활동을 알아내라. 새로운 활동의 효과를 제대로 평가하려면 적어도 3~6개월은 해봐야 한다.

나장

기술 커뮤니티의
일원이 되어라

장담컨대 여러분은 기술 커뮤니티의 수혜자일 것이다. 스택 오버플로에 질문을 올리고 답변을 받았든, 블로그 포스트에서 새로운 기법에 대해 배웠든, 어떤 기술에 대해 헷갈리던 부분을 유튜브 동영상이 말끔히 해소해 주었든, 우리는 모두 커뮤니티의 도움을 받아 왔다. 하지만 진짜 성공적인 기술 경력을 쌓으려면 커뮤니티가 제공하는 것을 소비하는 것만으로는 부족하다. 여러분도 그 일원이 되어야 한다.

1

커뮤니티가 경력에 지니는 가치

내가 **기술 커뮤니티**라는 표현을 쓸 때는 전 세계 사람이 오프라인으로든 온라인으로든 공유하는 공간에 모여서 이룬 그룹을 가리킨다. 이들은 정보를 공유하고 업무적인 관계를 형성하고 서로를 지원한다. 자신들을 '소개'하는 웹 사이트를 만들지 않아서, 존재하는지 알기 어려운 기술 커뮤니티도 많다. 이런 커뮤니티는 다소 짧은 기간 존재하며 이들의 활동은 수많은 온라인, 오프라인 포럼 전역에 걸쳐 일어난다.

내가 오랜 기간 몸담았던 파워셸 커뮤니티를 예로 들겠다. 이 커뮤니티의 흔적은 트위터(#PowerShell로 검색해 보라)나 PowerShell.org, PowerShellMagazine.com 같은 웹 사이트, 개인 기여자가 만든 수백 개의 블로그, 파워셸 서밋PowerShell Summit 같은 콘퍼런스, 매달 만나는 많은 온라인, 오프라인의 사용자 그룹에서 확인할 수 있다. 이 커뮤니티의 중앙 허브는 없지만, 그 흔적을 따라가 보면 익숙한 얼굴이 많이 눈에 띈다. 애덤 드리스컬Adam Driscoll, 미시 야누스코Missy Januszko, 크리시 르메르Chrissy LeMaire, 제임스 페티James Petty, 마이크 카나코스Mike Kanakos, 제프리 힉스

Jeffery Hicks, 얀 에길 링Jan Egil Ring, 토비아스 웰트너Tobias Weltner, 제이슨 헬믹Jason Helmick 등의 이름이 같은 곳에서 많이 보인다. 이들은 기술 뉴스에 대한 글을 올리고, 사용자 그룹 모임을 알리고, 질의응답 포럼에서 질문에 답하고, 콘퍼런스에서 강연한다. 이렇게 흔히 보이는 이름 주변으로 잘 보이지 않는 거대한 군중이 모인다. PowerShell.org의 질의응답 포럼에 접속하면 맷 블룸필드Matt Bloomfield, gorkkit, kvprasoon, 더그 마우러Doug Maurer 같은 이름과 닉네임이 보일 것이다. 마이크 로빈스Mike Robbins, 케빈 마켓Kevin Marquette, 조너선 메드Jonathan Medd 같은 사람이 쓴 블로그 글도 눈에 띌 것이다.

이들 중 자신이 커뮤니티 리더라고 생각하는 사람은 극소수겠지만, 사실은 이들이 리더다. 이들은 다른 이들을 돕고 사용자 그룹 모임을 조직하고 콘퍼런스 개최를 자원하고 유튜브에서 무료로 볼 수 있는 동영상을 녹화하는 사람들이다.

파워셸 커뮤니티에서 눈에 띄는 거의 모든 이름이 똑같은 출발선에서 시작했다. 이들도 질의응답 포럼에 질문을 올리고 블로그 글을 읽고 동영상을 보았다. 이들도 대부분 이미 존재하는 커뮤니티에 와서 정보의 소비자, 커뮤니티의 수혜자로서 참여하기 시작했다. 하지만 시간이 흐르자 이들은 자신이 받은 도움에 보답하기로 결심했다. 이들은 질문을 올리는 데 그치지 않고 질문에 답해 주기 시작했고 자기 블로그에 글을 쓰기 시작했으며 콘퍼런스, 사용자 그룹, 온라인 모임 개최도 자원하기 시작했다. 자신이 도움을 받은 다른 이들의 기여에서 영감을 받아서 **보답하고** 싶어 했다.

그리고 이러한 보답은 이들의 경력에 상당한 도움이 되었다. 그중 몇몇은 커뮤니티 기여로 마이크로소프트의 눈에 띈 덕에 현재 마이크로소프트 파워셸 팀에서 일한다. 나머지 사람들도 이토록 자발적이고 타인을 도울 수 있는 가치를 높이 평가한 고용주를 만나 더 높은 직책이나 새로운 일자리를 얻었다. 무엇보다 커뮤니티에 참여하고 타인을 도와줌으로써 커뮤니티는 멋진 네트워크를 결성했다. 이러한 네트워크는 설명하기 어려운 방식으로 이들의 경력을 지원하고 확장한다. 이들 대부분은 일자리가 필요할 때 트위터에 글 하나만 올려도 며칠 이내에 추천이나 소개, 심지어 제안도 받을 것이다.

커뮤니티 대 네트워크

커뮤니티와 **네트워크**의 개념과 목적은 겹치는 부분이 많아서 둘이 어떻게 다른지, 각각에 어떤 목적이 있는지 알아 두면 좋다.

커뮤니티는 여러분이 참여하는 그룹이다. 여러분은 커뮤니티에서 정보를 소비한다. 여기에서 한 걸음 더 나아가 커뮤니티에 새로운 정보를 준다면 이상적일 것이다. 앞서 이야기했듯이 코드 기여하기, 질문에 답하기, 가르치기 등의 활동이 이에 해당된다. 아마 여러분은 커뮤니티의 모든 구성원을 다 알지 못할 것이다. 그중에는 아직 수동적으로 정보를 소비하며 기여자가 되기 위해 노력하는 이들도 있기 때문이다. 커뮤니티는 보통 공개적으로 드러나며, 누구나 쉽게 참여할 수 있다.

네트워크는 여러분이 스스로를 위해 만들어 나가는 소규모 그룹이다. 이 그룹은 여러분이 개인적으로 알고 지내며, 많은 직업적인 목표를 공유하는 사람들로 구성된다. 이들은 일자리 추천이나 경력에 대한 조언 등 더 개인적인 수준에서 서로 의지한다. 업무적으로 맺은 네트워크는 공개된 커뮤니티에 비해 잘 드러나지 않는다.

여러분이 떠올릴 수 있는 기술이라면 무엇이 되었든, 시간과 장소에 관계없이 이러한 기술 커뮤니티가 반드시 존재할 것이다. 기술 외에도 다양성, 경력 성장을 비롯해 이와 유사한 주제의 공통 관심사를 위한 커뮤니티도 있다. 여러분은 이미 이들과 상호 작용하고 있을 가능성이 높다. 여러분이 질의응답 웹 사이트에 올린 질문에 답한 사람이 더 큰 커뮤니티의 일원일 수 있고 어쩌면 여러분 자신도 그 커뮤니티의 일원이라는 것을 여러분이 깨닫지 못했을 뿐이다.

우리 업계에 대해 솔직해지자. IT 벤더사나 오픈 소스 프로젝트는 그 누구도 따라잡을 수 없는 너무 빠른 속도로 새로운 기술을 쏟아내고 있으며 문서는 점점 더 얇아지고 있다. 모두가 그날 하루를 잘 버텨내는 유일한 방법은 자신과 똑같은 다른 얼간이의 도움을 받는 것이다. 우리는 인터넷으로 검색하고 질문을 올리고 유튜브를 검색한다. 그리고 필요할 때 언제든지 찾아볼 수 있게 참석하지 못한 콘퍼런스의 강연이 녹화되어 있기를 희망한다. 요즘은 커뮤니티가 없다면, 즉 **서로**가 없다면 우리 모두 제대로 할 수 있는 일이 별로 없을 것이다.

그런 커뮤니티에서 나오는 정보를 소비하기만 할 수도 있다. 수동적인 참여자가 되는 것도 가능하다는 뜻이다. 다른 사람이 올린 질문을 읽고 동영상을 보고 사용자 그룹 모임에서 눈에 띄지 않게 숨어 있을 수 있다. 자연에는 돌려주지 않고 소비만 하는 유기체를 가리키는 단어가 있다. 바로 **기생충**이다. 이 단어는 분명히 부정적인 의미로 많이 쓰이며, 자신이 그런 유기체라고 생각하는 것은 불쾌한 일이다. 다행히 기술 커뮤니티에는 더 나은 일을 할 수 있는 쉬운 방법이 있다.

여러분은 **기여**할 수 있다.

2

그렇다, 여러분은
기여할 자격이 있다

'기여'에 대한 이야기는 내가 늘 하는 이야기라서 지난 몇 년 동안 나에게 이 이야기를 들은 기술 전문가만 해도 수만 명은 될 것이다. 이 이야기를 듣고, 거의 반사적으로 나오는 반응은 대개 두 유형으로 나뉜다.

- "아, 저는 기여할 수 있는 게 없어요. 이제 막 시작했거든요."
- "아, 진짜 저는 기여할 시간이 없어요."

두 경우 모두 이런 태도를 내비친다면 자신을 모욕하는 것이나 다름없다. 첫째, 아마 가치 있는 기여의 범위가 얼마나 넓은지 고려하지 않았을 것이다. 어쩌면 블로그를 읽으며 도움을 받았지만, 자신이 블로거가 되는 상상을 할 수 없었을지도 모른다. 아니면 커뮤니티가 주최한 콘퍼런스가 제공하는 엄청난 가치를 누리면서도 스스로 콘퍼런스를 개최해야겠다는 이유와 방법을 떠올리지 못한 것일 수도 있다. 시야를 넓혀라. 자신이 높이 평가하는 방식으로 기여할 수 없다고 해서 타인이 높이 평가하는 방식으로 기여할 수 없다는 뜻은 아니다.

둘째, 어쩌면 가면 증후군imposter syndrome을 약하게 앓고 있는 것일지도 모른다. 가면 증후군이란 자기가 가장 능력 없는 사람이고 사람들의 이목을 끌었다가는 다른 모두가 자신의 실체를 알아챌 거라고 생각하는 해로운 감정을 말한다. 하지만 커뮤니티에서는 무엇이든 충분히 좋다. 어떤 기술로 어떤 작업을 하는 방법을 막 깨달았다면 그에 대해 블로그 글을 쓰는 건 어떨까? 다른 100명이 이미 그렇게 했더라도 상관없다. 여러분의 관점은 유일무이하고 가치가 있으며 비슷한 상황에 있는 누군가에게 도움이 될 수도 있다. 자신의 기여가 자신이 우러러보는 사람들에게 깊은 인상을 남길 필요는 없다. 그저 누군가에게 가치가 있으면 된다. 여러분의 기여가 도움이 될, 여러분보다 경험이 적은 누군가는 항상 있기 마련이다.

셋째, 여러분에게는 기여할 시간이 있다. 다른 사람의 기여를 소비할 시간이 있다면 자신이 받은 선행을 다른 이에게 나누고 도울 시간을 내야 한다. 거의 모든 기술 커뮤니티가 본인의 여유 시간을 여러분을 돕는 데 쓴 자원봉사자 덕분에 존재한다. 여러분은 다른 이를 돕는 것으로 그들에게 진 빚을 갚아야 한다. 기여할 수 있는 일의 범위가 얼마나 넓은지 생각한다면 장담컨대 여러분이 할 수 있는 일이 있을 것이다.

그러므로 다음과 같은 사실을 제발 인정하라. 여러분은 기여할 자격이 있고, 여러분의 기여는 필요하고 가치가 있으며, 이미 여러분에게 상당한 도움을 준 세상에 시간을 내서 보답할 수 있다.

3

기여하고 참여할 방법

나는 평소에는 글머리 기호를 목록으로 길게 적는 것을 좋아하지 않는다. 그러나 이번에는 여러분이 속해 있는 여러 기술 커뮤니티에 가치를 기여할 방법이 얼마나 많은지 제대로 알려주고 싶었다. 뻔한 방법도 있지만 덜 뻔한 방법도 포함했는데, 덜 뻔한 방법도 뻔한 방법 못지않게 필요하고 가치가 있다.

시간을 들여서 전체 목록을 훑어보라. **커뮤니티**와 **기여**가 무엇을 의미하는지 생각의 범위를 넓히는 데 도움될 것이다.

- **블로그 운영**: 한 가지 문제를 해결한 방법에 대한 짧은 글조차 굉장히 유용하다. 블로그가 없다고? 블로그는 무료이고 많은 플랫폼에서 쉽게 시작할 수 있다. 구성원들이 블로그를 운영하는 커뮤니티도 찾아보라. 그런 커뮤니티에서는 여러분 블로그의 도움을 받을 수 있는 사람들과 더 가깝게 지낼 수 있을 것이다.
- **동영상**: 특정한 작업을 수행하는 방법을 보여주는 짧은 데모 영상은 언제나 유용하다. 인기있는 동영상 플랫폼으로는 유튜브와 비메오Vimeo가 있고 수고해서 만든 결과물은 SNS로 홍보할 수 있다.

- **사용자 그룹**: 사용자 그룹을 조직하고 초청할 연사를 찾고 홍보하는 일을 도우라.
- **질의응답**: 자신이 구사하는 기술에 부합하는 사이트를 한두 개 찾아서 참여하라. 답변이 이미 올라와 있다고 해도 여러분이 다른 사람의 답변에 새로운 관점, 선택지, 설명을 추가할 수 있다.
- **번역**: 블로그, 동영상, 오픈 소스 전자책은 해당 콘텐츠가 작성된 원어를 이해하지 못하는 모든 사람에게 도움이 될 수 있다. 구사하는 외국어가 있다면 저자에게 연락해 청중을 넓힐 수 있게 현지화해도 되는지 문의하라.
- **오픈 소스 프로젝트**: 코드 기여라는 뻔한 방법 외에도 다른 방법은 많다. 대부분의 프로젝트는 다음과 같은 부분에 도움이 시급하다.

  - 문서 업데이트 및 수정
  - 단위 테스트
  - 현지화
  - 분쟁 조정
  - 풀 리퀘스트_{pull-request} 리뷰

- **팟캐스트**: 직접 운영할 준비가 되지 않았다면 출연자 일정 조정이나 대본 작성 같은 부분을 도울 수 있는 팟캐스트를 찾아보라.
- **콘퍼런스**: 꼭 새로운 콘퍼런스를 주최할 필요는 없으므로 기존 콘퍼런스를 돕겠다고 자원하는 것도 좋은 생각이다. 콘퍼런스에서는 대개 자질구레한 일을 도울 사람, 등록 담당자, 패널 관리자 등 다양한 역할이 필요하다.
- **오픈 소스 도서**: 원한다면 책을 써도 좋지만 교정, 번역, 사실 확인 등 기타 업무를 돕는 방식으로도 기여할 수 있다.
- **홍보**: PowerShell.org에서는 한 주간 올라온 주목할 만한 글 목록을 모아둔 In Case You Missed It(놓친 소식 따라잡기) 주간 요약 기능이 인기 있다. 다른 사람의 이야기를 강조해서 들려주고 커뮤니티 구성원을 새로운 사람, 새로운 기여와 연결하는 데 도와준다. 파급력이 크지 않더라도 자신의 SNS, 블로그를 비롯해 자신이 속해 있는 다른 그룹을 활용해서 소문을 퍼뜨릴 수 있다.

언젠가 파워셸 서밋summit에서 마무리 질의응답 및 패널을 맡은 적이 있다. 내가 패널로 있는 동안 Iron Scripter 코딩 콘테스트를 개최했는데 한 참석자가 이를 연례행사로 만들자고 제안했다. "지역 행사로 조직해서 더 많은 사람이 참여하게 하면 좋을 것 같아요. 지역 행사의 우승자는 다음 서밋에서 결승에 참여할 수 있게 참가비 할인이나 무료 초청 혜택을 줘도 좋겠네요."

나는 열렬히 호응하며 이렇게 말했다. "아주 훌륭한 의견이네요. 의견을 낸 분이 맡아서 해보세요."

모두가 웃었고 박수를 치는 사람도 있었지만, 내가 한 말에는 단순한 농담 이상의 의미가 있었다. 업무적인 인맥을 만들고 기술을 발전시키고 상부상조할 수 있게 커뮤니티가 함께할 수 있는 일은 많다. 하지만 누군가 나서지 않으면 그런 일은 일어나지 않는다. 주위를 둘러보며 자신에게 이로운 일을 누군가 해주기를 바라지 마라. 여러분이 직접 하라. 자신과 다른 사람에게 이롭도록.

4

커뮤니티 에티켓

네트워킹과 마찬가지로 기술 커뮤니티에 참여할 때도 따라야 할 일반적인 에티켓이 있다. 이러한 에티켓을 지키면 자신의 전문가 브랜드로 긍정적인 인상을 남기고 커뮤니티에서 더 가치 있는 구성원으로 인정받을 수 있다.

질의응답 웹 사이트에서

질의응답 웹 사이트는 특별한 SNS다. SNS를 써 본 사람이라면 매우 긍정적인 행태와 매우 부정적인 행태, 모두를 보았을 것이다. 나는 다른 많은 질의응답 사이트에서 압도적으로 많은 부정적인 행태를 보고 PowerShell. org를 시작하기로 결심했다. 파워셸을 다루는 사람들에게 더 나은 경험을 제공하고 싶었기 때문이다. 질의응답 사이트에서 드러나는 여러분의 행동이 여러분이 전문가로서 구축한 브랜드의 매우 큰 부분 차지한다는 것을 유념하고 자기 브랜드에 도움이 되도록 행동하라.

- **질문만 던지고 절대 답변하지 않는 사람이 되지 마라.** 다른 사람이 올바른 답변을 올린 질문이라 해도 설명을 추가하거나 다른 접근법을 제시하는 등 기여할 방법이 많다.
- **상대를 무시하거나 모욕하는 답변을 달지 마라.** "구글에서 검색은 해본 건가요?" 같은 표현을 삼가라. 상대의 의도가 긍정적일 것으로 가정하라. 그리고 질문자도 구글에서 검색해 보았으나 필요한 답변을 얻지 못해서 질문했을 것이라고 가정하라. 답할 수 없거나 답하기 싫다면 아무 말도 하지 마라.
- **전문가답지 않은 부정적인 태도를 보이지 마라.** 마치 사무실에 있는 것처럼. 메시지를 보내는 사람과 실제 함께 있는 것처럼 행동하라. "멍청한 답변이네요." 같은 말은 실생활에서나 온라인에서나 용납되지 않는다. 의견이 다를 때는 "그 답변의 이런 부분에는 동의하지 않습니다. 이유를 설명하자면 이렇습니다." 같이 표현하는 것이 훨씬 더 전문가답다.
- **최대한 완벽한 답변을 제시하도록 노력하라.** 질문 작성자에게 다음 질문을 던져라. 필요할 때는 문서 등의 자료 링크를 추가하라. 해법을 제안하는 사람이 되는 것은 어떤 전문적인 브랜드나 추구할 만한 목표다.

오픈 소스 프로젝트에서

오픈 소스 프로젝트에 참여하는 것은 커뮤니티와 관계를 맺고 자기 브랜드를 긍정적으로 드러내고 차별화하는 훌륭한 방법이다. 참여할 때 지켜야 할 규칙만 잘 기억하라.

- 대부분의 프로젝트에는 참여 방법을 설명하는 문서가 있다. 문서의 규칙을 따르라.
- 이슈를 등록하고 질문에 답하는 등 프로젝트와 관련한 행동을 할 때 바로 앞 내용인 '질의응답 웹 사이트에서'에서 언급한 질의응답 웹 사이트에 대한 모든 팁을 고려하라.
- 이슈 등록 시 프로젝트 관리자가 요청하는 모든 정보를 제공하라. 재현 방법, 스크린샷, 예시 코드 등 유용하다고 언급된 것은 그게 무엇이든 빠뜨리지 마라. 글을 올리기 전에 자신이 등록하려는 이슈가 이미 발생해서 해결된 적 있는지 과거의 이슈를 꼼꼼히 확인하라.

- 코드를 제공할 때 기존의 명명 규칙, 코딩 패턴 등 그 프로젝트가 따르는 기타 관행을 파악하고 따르고 있는지 확인하라. 문서로 된 관행뿐 아니라 기존 코드에 암시된 관행도 따라야 한다. 관리자가 수월하게 업무를 진행할 수 있게 코드를 철저히 테스트하고 필요에 따라 단위 테스트를 작성하고 좋은 코딩 시민답게 행동하라.

5

실천 과제

이 장에서는 자신이 이미 참여하고 있는 기술 커뮤니티를 둘러보길 바란다. 질의응답 사이트, 블로그를 비롯한 웹 사이트일 수도 있고 사용자 그룹, 콘퍼런스 같은 모임일 수도 있다. 이러한 모든 커뮤니티를 염두에 두고 다음 질문에 대해 생각해 보라.

- 그 커뮤니티의 리더는 누구인가? 굵직하게 기여하고 참여하는 눈에 띄는 인물이 있는가? 그들이 하는 일 중에 자신도 할 만한 일은 무엇이 있는가?
- 사람들이 그러한 커뮤니티에서 얻는 가치는 무엇인가? 교육? 지원? 네트워킹 기회?
- 즉시 기여할 수 있는 곳은 어디인가? "다른 사람들이 이미 모든 것을 하고 있어서 내가 기여할 수 있는 건 없어요!"라며 바로 포기하지 마라. 사실 할 수 있다는 것을 여러분 스스로도 분명히 알 것이다.
- 기여 일정을 만들라. 기술 커뮤니티에 정기적으로 기여할 계획을 세우라. 매일 할 필요는 없지만 경력을 생각한다면 적어도 한 달에 몇 번은 참여하라. 일정을 만들고 캘린더에 입력하고 실천하라.

5장

최신 기술, 의미 있는 기술을 익혀라

기술의 세계가 끊임없이 움직이고 변한다는 건 이미 잘 알려진 사실이다. 그렇기에 이 세계에서 살아남으려면 변화에 발맞춰 경력에 필요한 기술을 발전시켜야 한다는 것도 잘 알고 있을 것이다. 이는 사용하는 기술의 진화에 따라 기술을 업데이트해야 할 뿐 아니라 경력에 영향을 미치는 새롭고 의미 있는 기술에 대한 최신 정보를 알아야 한다는 뜻이다.

1

최신 기술 vs 의미 있는 기술

나는 내 기술을 단순히 현재 하는 일이 아닌, 전체적인 경력의 관점에서 생각하려고 노력한다. 그 말인즉, 고용주가 나에게 요구하는 최신 기술과 내 경력을 생각할 때 시장에서 요구하는 의미 있는 기술이 다를 수 있다는 뜻이다. 일반적으로 후자가 더 광범위하다.

나는 IT 업계에 입문한 초기에, 요즘은 IBM i 시리즈*라고 알려진 IBM AS/400 중급 컴퓨터의 시스템 운영자였다. 이 시스템을 운영하려면 OS/400의 명령 언어를 다루고, IBM이 컴퓨터 운영 체제에 적용하는 다양한 변경 사항과 하드웨어 수준의 변화에 적응하는 등 지속적으로 발전하고 최신 상태로 유지해야 할 특정 업무 기술을 갖추고 있어야 했다. 그리고 나를 수업에 보내고 책을 사 주면서 내가 최신 기술을 배우고 사용하도록 도울 책임은 당시 내 고용주에게 있었다.

하지만 AS/400은 컴퓨터 운영자의 세계에서 장래가 보이지 않는 기기였다. 성장이 멈춘 분야여서 사람들은 AS/400 구입을 꺼렸다. 사실 더 적은

---

* **역주** 시스템 i라고 부르기도 한다.

비용으로 더 높은 경쟁력을 낼 신기술을 탑재한 새로운 경쟁 제품들이 출시되고 있었기 때문에 AS/400에 거의 전적으로 의존하는 것은 결국 회사 경쟁력에도 이로울 리 없었다. 그 회사에서 40년간 근근이 내 생계를 이어갈 수도 있겠으나, 그랬다가는 AS/400 분야가 다른 분야에 비해 상대적으로 일자리가 거의 없기 때문에 오랫동안 AS/400을 운영하는 것 외에는 아무것도 하지 못하고 내 수입을 그 회사에 완전히 의존해야 했을 것이다. 실제 내 고용주도 나중에는 결국 경쟁 제품 중 하나를 구매하고 AS/400을 폐기했다. 나에게 시장에서 별 의미가 없는 기술밖에 없었다면 끔찍할 뻔했다! 새 일자리를 구하기 위해 더 의미 있는 신기술을 빠르게 익히느라 애먹었을 것이 분명하다.

그래서 경력 기술의 첫 번째 축은 고용주가 요구하는 기술을 최신으로 유지하는 것이다. 두 번째 축은 자신의 경력과 관련한 기술 역량을 의미 있게 유지하는 것이다. 경력과 관련한 기술 역량은 고용주가 요구하는 기술 역량보다 범위가 넓고, 이를 유지하기 위해 상당한 시간과 돈을 개인적으로 투자해야 하는 경우가 많다. 어느 시점이 되면 이전부터 쓰던 기술을 고수하는 것이 회사의 경쟁력을 해치는데도 고용주는 그 기술을 계속 유지하고 싶어 한다. 그렇다고 해도 여러분은 경쟁이 치열하고 끊임없이 변화하는 시장에서 자신의 경력을 의미 있게 유지해야 한다.

이를 도표로 표현하면 그림 5-1과 같다. 학습할 때 노력을 어디에 집중할지 정하는 데 도움이 될 것이다.

그림 5-1 **경력 기술을 도식화하기**

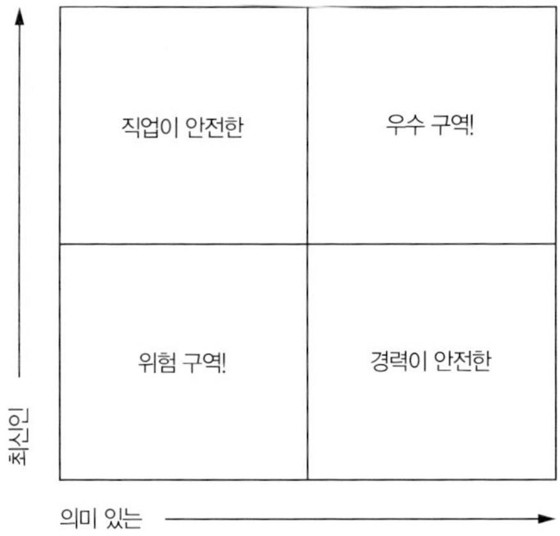

직업이 안전한	우수 구역!
위험 구역!	경력이 안전한

세로축: 최신인
가로축: 의미 있는

나는 내 기술을 네 가지 구역으로 분류한다.

- **직업이 안전한** 기술은 최신 기술이다. 즉, 현재 일자리는 유지할 수 있지만, 업계의 다른 회사에서는 의미가 없을 수 있다. 이러한 기술은 현재 상태를 지키기 위해 현재 일자리를 유지할 수 있을 정도로 관리하되 그 이상 투자하지 않는 기술이다.
- **경력이 안전한** 기술은 업계에서 매우 의미 있는 기술이지만, 일자리를 얻을 정도의 최신 지식이 나에게 없을 수 있으며, 현재 내 일자리에서는 필요하지 않을 수도 있다. 필요할 때 최신 정보를 빠르게 익힐 방법을 알아 두긴 하지만, 적극적으로 집중하지 않는 기술이다.
- **위험 구역**의 기술은 일자리를 유지할 정도로 최신도 아니고 업계에서도 의미가 없는 기술이다. 이러한 기술도 익혀야 하지만, 내가 하는 일에 필요한 만큼만 알면 된다. 그 수준 이상으로 능숙할 필요는 없다.
- **우수 구역**의 기술은 업계에서 의미가 있으며, 최신 지식을 갖추고 있는 기술이다. 이러한 기술은 현재 직장에서도 사용할 수 있고 필요할 때 다른 직장에서도 사용할 수 있는 이상적인 기술이다.

내 기술을 도표에 표시한다면 다음과 같다(그림 5-2).

그림 5-2 도표 채우기

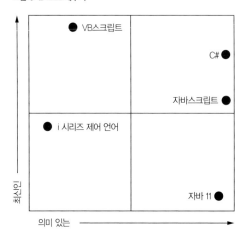

이를 반영하여 세운 내 학습 계획은 이러하다.

- 나는 VB스크립트를 잘 다루지만, 더 이상 업계에서 의미가 없으므로 이 기술을 학습하는 데 시간을 많이 들이지 않을 것이다.
- i 시리즈 제어 언어도 더 이상 의미가 없고 예전만큼 최신 정보를 파악하고 있지 않다. 현재 직장에서 더 배우라고 한다면 배우겠지만, 그렇지 않은 한 이 기술에 집중하지 않을 것이다.
- C#, 자바스크립트는 매우 의미가 있으며 업계 동향에 발맞춰 내 기술도 최신으로 유지하고 있다. 이 기술은 내가 새로운 일자리를 얻는 데 도움이 되는 내 강점이다. 여가 시간에 커뮤니티 프로젝트에 참여해서라도 이 기술을 계속 사용하고 싶다. 설사 내 현재 직장에서 요구하지 않더라도 말이다.
- 자바 11은 매우 의미 있는 기술이지만, 나에게는 익숙하지 않다. 아마 그래도 괜찮을 것이다. 자바 11은 내가 추구하는 방향에 있는 기술은 아니지만, 경력 발전에는 도움이 될 수 있다. 이 기술에 대해서는 신중하게 고려해 볼 필요가 있다.

고용주가 요구하는 기술을 최신으로 유지하는 것은 고민할 여지가 없다.

세상에는 다양한 교육 매체가 있고(이 장의 후반부에서 그중 일부를 다루겠다) 고용주와 나에게 도움이 되겠다고 생각하는 것이라면 어떤 매체든 활용할 수 있다. 보통은 내가 이런 최신 기술을 원활하게 배우고 유지할 수 있도록 고용주가 비용을 부담한다.

나는 내 경력 기술을 의미 있게 유지하는 데 어려움을 겪었다. 의미 있다는 말이 어떤 의미인지 파악하는 것은 어려울 수 있다. 그래서 이제 그 이야기를 하려고 한다.

2

무엇이 의미 있는가

여러분의 경력을 (그리고 여러분을) 폭넓은 세계 시장에서 의미 있게 유지하는 데 필요한 기술은 무엇일까? 여러분의 경력은 여러분의 것이고, 오로지 여러분의 성공을 위해 존재하므로 **의미 있다**는 말의 뜻을 파악할 수 있는 것은 여러분뿐이다. 그 과정은 자신이 고용주를 위해 어떤 문제를 해결하는지 이해하는 데서 시작한다. 네트워크 유지보수를 담당하는가? 전용 데스크톱 애플리케이션을 작성하는가? 웹 애플리케이션을 만드는가? 서버가 제대로 작동하도록 유지시키는가? 여러분이 해결해야 하는 영역이 무엇이든 거기에 집중해야 한다. 요즘은 진정한 의미의 전천후 엔지니어가 거의 없기 때문에 자신이 해결할 수 있는 문제 영역에 집중하는 것이 좋다.

> **Note ☰   문제 영역을 완전히 바꿀 수 있다**
>
> 예컨대 네트워크 엔지니어는 절대 소프트웨어 개발자가 될 수 없다는 의미로 한 말이 아니다. 틀림없이 그렇게 할 수 있다! 다만, 문제 영역을 바꾸는 시점에 자신의 전문 분야를 비롯해 경력의 여러 면이 변화한다. 생각보다 큰일이고 이 장에서 다룰 만한 내용은 아니다.

자신이 속한 문제 영역을 확인할 때는 그 영역의 시장 동향을 살펴봐야한다. 요즘 채용 시장에서 인기 있는 기술은 무엇인가?

이 질문에 답하는 한 가지 방법은 자신의 인적 네트워크를 이용하는 것이다. 다른 회사에서 일하는 업계 사람들과 나누는 대화는 업계 분위기를 폭넓게 파악하는 데 분명히 도움이 된다.

나는 전국, 심지어 전 세계의 구인 목록을 둘러보며 시야를 넓힌다. 가능한 한 넓은 시야를 확보하기 위해 다양한 채용 공고 웹 사이트를 최대한 활용한다. 하지만 새로운 유행의 영향을 과하게 받지 않도록 노력한다. 예를 들어 구글이 또 다른 자바스크립트 프로그래밍 프레임워크를 출시했다는 이유만으로 시간을 들여 그 기술을 배워야 한다고 느끼지 않는다. 대신 그 신기술이 시장에 어떤 방식으로 침투하는지를 확인한다. 채용 공고에서 그 기술을 요청하는 사람이 많아지는지를 보고 최신 정보를 갖춰야 할지 파악한다.

나는 멋진 신기술 대신 채용 공고에 반복적으로 등장하는 기술을 찾아본다. 어떤 기술을 갖춘 사람을 많이 고용한다는 건 당연히 그 기술이 현재 시장에서 의미 있다는 뜻이다. 솔직히 내 접근법을 따르면 유행에 살짝 뒤처질 수도 있다. 고용주가 어떤 기술을 채택할 것인지 예측하기보다 그들이 채택할 때까지 기다리는 방법이기 때문이다. 하지만 내 접근법은 내가 배워야 하는 모든 것을 내 경력을 발전시킬 가능성이 있는 적정한 수준으로 제한할 수 있는 유일한 방법이다.

능숙해지는 정도면 충분하다

고용주가 채용 시 요구하는 모든 기술을 전문가 수준으로 다룰 필요는 없다는 걸 인식하는 게 중요하다. 첫째, 그러한 기술들의 적당한 부분 집합을 선택하는 것이 더 효과적이며 둘째, 자신이 선택한 기술에 대해 기본 숙련도와 강력한 학습 근육만 갖추면 되기 때문이다.

나는 내가 보유한 기술의 폭과 깊이를 시각화하여 내가 아는 것과 알아야 할 것을 구분하는 방법을 선호한다. 이 접근법은 마크 리처즈Mark Richards, 닐 포드Neal Ford가 만든 지식의 피라미드와 궤를 같이한다. 지식의 피라미드(http://mng.bz/eMBJ)는 이제 기술 분야의 많은 사람이 잘 알고 있고, 그림 5-3처럼 생겼다.

그림 5-3 지식 피라미드

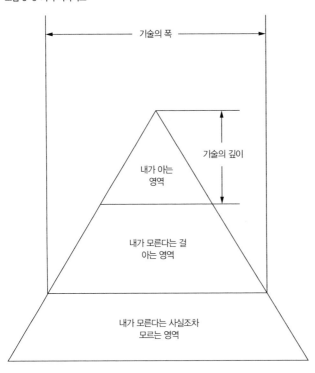

우선 어떠한 기술에서든 여러분이 어떻게 다룰지 아는 영역, 즉 관련 지식을 보유하고 있는 영역이 있다. 그 영역이 해당 기술에 대한 여러분의 기술적 깊이다. 기술에 따라 기술적 깊이가 깊은(피라미드의 넓은 면적을 차지하는) 경우도 있고, 깊이가 얕은(피라미드의 좁은 면적만 차지하는) 경우도 있다. 그다음으로는 존재한다는 건 알지만 수행하는 데 자신이 없는 영역도 있다. 일반적으로 더 넓은 면적을 차지하는 이런 영역이 여러분의 기술적 폭을 나타내는 부분이자, 시간을 들이면 능숙해질 수 있는 부분이다. 마지막으로 자신이 모른다는 것조차 모르는 영역, 즉 여러분의 예상을 벗어나는 부분도 존재한다. 여러분이 전문적으로 다루는 기술이라면 마지막 영역의 면적이 꽤 작을 수 있다. 지식 피라미드에 대한 내 목표는 다음과 같다.

1. 일자리를 얻거나 유지하기 위해 기술의 깊이를 깊게 갖춰야 하는 기술을 알아낸다.

2. 일자리를 얻거나 유지하기 위해 알아야 하는 기술을 알아낸다.

3. 1, 2번에서 알아낸 기술과 그 구성 요소를 익힌다. 기술을 익히는 동안 두 번째 단계에 해당하는 '내가 모른다는 걸 아는 영역'에 대한 지식과 기술을 많이 습득할 것이고, 이러한 지식과 기술을 더 능숙하게 사용하는 것을 목표로 삼을 수 있다.

2번이 어렵다. 한 가지 특정한 작업을 수행하기 위해 자바스크립트나 파워셸, 마이크로서비스microservice*에 대해 내가 구체적으로 알아야 하는 것은 무엇인가? 이 문제에 답을 얻기 위해 업계 기준을 이용하는 것도 하나의

---

* **역주** 한 애플리케이션을 느슨하게 결합된 여러 서비스로 구성하는 소프트웨어 설계 기법이다.

방법이다. 자격증, 나노디그리nanodegree*를 비롯한 외부 기준을 활용하면 자신에게 맞는 1번을 정의하고, 어디에 집중해야 하는지 파악하는 데 도움이 된다. 기술 업계에는 IT 운영처럼 자격증이 많은 분야도 있고, 개발처럼 인증이 적은 분야도 있다. 그래도 어떤 분야이든 샅샅이 뒤져 보면 자격증 같은 기준을 많이 찾을 수 있다. 플루럴사이트Pluralsight의 스킬 IQSkill IQ처럼 평가를 제공하는 교육 기관도 있고, 나노디그리 등을 제공하는 기관도 있다.

  숙련도를 보는 또 다른 방법으로는 피라미드의 '내가 아는 영역'의 지식 수준을 검사하는 방법이 있다. 누구나 강력하게 구사하는 기술과 그저 그런 수준으로 구사하는 기술이 있다. 이렇게 우리의 숙련도를 평가하는 방식은 때로 T자형 기술 역량T-shaped skill set이라고 부르며 그림 5-4에서 확인할 수 있다.

그림 5-4 기술의 폭과 깊이를 바라보는 T자형 기술 역량

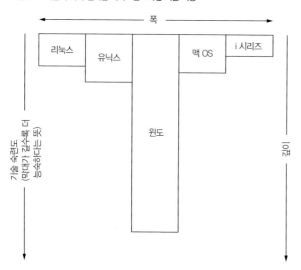

---

* 역주 온라인 교육 기관인 유다시티Udacity가 2014년 개설한 온라인 교육 프로그램으로, 특정 세부 기술 분야에 관한 교육 과정을 이수하면 자격증을 수여한다. 요즘은 이러한 개념을 차용하여 실무에서 필요한 미세 분야에 대한 단기 교육 과정을 개설하는 기관이 늘어나는 추세다.

T자형 도표는 피라미드를 보는 다른 방식에 불과하다. 한 가지 기술이 아니라 여러 기술을 평가한다는 점에서만 차이가 있다. 윈도처럼 '내가 아는 영역'이 큰 기술은 기술의 깊이가 깊으니 T자형 도표에서는 막대 길이가 더 길게 표시된다. 내가 조금이라도 아는 모든 기술을 도표상 막대로 나타낼 수 있고, 그 기술들에 대한 기술적 폭도 나타낼 수 있다. 나 같은 경우, 필요하다면 리눅스, i 시리즈처럼 기술적 깊이가 얕은 기술의 깊이를 늘릴 수 있다. 바로 이럴 때 산점도scatter graph의 사분면이 유용하게 쓰인다. 나는 현재 내 지식이 얕지만 시장에서는 매우 의미 있는 기술을 집중적으로 학습하고 싶기 때문이다.

어디에 집중할 것인가

자신이 잘 아는 기술과 그렇지 못한 기술을 구분하는 것, 그리고 시장에서 어떤 기술이 의미 있는지, 일하는 데 필요한 기술은 무엇인지 살펴보는 것은 어디에 더 집중하여 학습해야 하는지를 파악하는 출발점이다.

학습 시간의 일부 또는 전부를 자신이 맡은 직무 역할에 따라 업계 전반에서 의미를 지니는 주제에 집중할 수도 있다. 이 방법을 쓸 때는 적절한 수준으로 유지하고 싶은 기술들이 중첩되는 부분 집합을 골라 먼저 시작하라. 어느 기술 분야든지 여러 선택지가 경쟁하므로 고르기 어려울 수 있기 때문이다. 다양한 분야에서 가져온 몇 가지 예를 소개하자면 다음과 같다.

- **소프트웨어 개발자**: 자바Java, C#, 자바스크립트, 파이썬Python, PHP 등 수백 가지 언어
- **시스템 관리자**: 윈도, 리눅스Linux, 유닉스UNIX, 그리고 과거의 메인프레임, 미드레인지 OS 등의 운영 체제

- **네트워크 엔지니어**: 시스코Cisco, 주니퍼Juniper, 아루바Aruba를 비롯한 여러 기업의 제품군
- **데이터베이스 관리자**: 마이크로소프트 SQL 서버, 오라클Oracle, MySQL, Postgre SQL을 포함하는 수십 가지 선택지

이 모든 기술은 중요하고 인기가 많으며, 이러한 기술을 가진 직원을 채용하는 고용주도 많을 것이다. 그렇다면 여러분은 어떻게 선택해야 할까? 이 모든 기술의 전문가가 되어야 할까?

나는 나에게 적절한 기술의 부분 집합을 알아내기 위해 시장 점유율을 살펴보며 각 언어, 시스템, 도구의 인기를 파악하는 것부터 시작했다. 이 작업은 '네트워크 업체 시장 점유율', '시스코 시장 점유율' 같은 문구로 인터넷을 검색한 후 시장 1, 2위를 조사하는 정도로 간단히 끝날 때도 있다. 이런 방법은 다음 두 가지 목적에 부합한다.

- 상위권 기술을 배우면 일자리를 구하거나 유지할 가능성을 최고로 높일 수 있을 것이다.
- 상위권 기술을 잘 알면 필요할 때 하위권 기술을 익히는 것이 어렵지 않을 것이다.

목표로 하는 기술을 알아냈을 때 그 기술의 세계적인 전문가가 될 필요가 없다. 더 빠르게 배울 수 있도록 그 기술에 대한 기본 숙련도를 기르고 학습 능력에 대한 자신감만 갖추면 된다.

기본 숙련도란 40~80시간 정도 학습해서 배울 수 있는 지식을 의미한다. 당장 취업하기에는 부족할지 모르나, 앞으로 올바른 방향으로 학습하고 더 많은 지식을 빠르게 익혀서 일자리를 찾기에는 충분하다. 일주일에 사흘 정도 하루에 2~3시간씩 공부하면 두 달 안에 60시간 정도 학습할 수 있다. 이 정도면 적정한 수준의 기술과 지식을 얻기 위한 시간 투자로 적당하다.

오로지 기본 숙련도를 목표로 하는 방식에는 장점이 있다. 어떤 기술이든 기본적이고 핵심적인 것은 가장 느리게 변하는 경향이 있다. 즉, 기본을 배우는 데 투자하여 얻은 효과는 오래 지속되므로 이러한 기본 숙련도는 계속 유지하기 쉽고, 다른 주제 또한 그와 비슷한 수준까지 탐색할 수 있는 시간적 여유까지 생긴다. 그런데 앞서 지적했듯이 기본 숙련도를 기르는 데 집중하려면 학습 근육에 자신이 있어야 한다.

3

튼튼한 학습 근육 만들기

근육을 만드는 기본 과정은 누구나 잘 안다. 날마다 근력 운동을 해야 한다. 평생 학습하는 사람이 되어야 한다는 표현을 쓰는 이들도 있지만, 나는 매일 학습하는 사람이 되어야 한다고 표현하는 걸 선호한다. 뇌가 빠르게 학습하는 능력은 스스로 훈련하고 개발할 수 있는데 그 방법은 더 튼튼한 심장을 만드는 방법과 똑같다. 매일 적당히 훈련해야 한다.

나는 매일 학습 시간을 잡는데, 주로 점심 시간을 이용한다. 그 시간에 특히 독서를 즐긴다. 이때 잠시 일을 쉬면서 다른 것에 대해 생각하기에도 좋다. 하지만 때로 장거리 운전을 하면서 차 안에서 팟캐스트나 교육 동영상의 오디오 트랙을 듣는 시간을 학습 시간으로 삼기도 한다. 학습 시간을 밤에 잡는 경우는 극히 드물다. 저녁 시간 이후에는 내가 정보를 잘 습득하지 못한다는 걸 잘 알기 때문이다.

무슨 공부를 하냐고? 좀 의외일지 모르지만, 기술 공부만 하는 건 아니다! 어떨 때는 뉴스 기사를 읽고 그에 대해 심층적으로 조사하기도 한다. 나는 연방 대법원 판례 기사를 즐겨 읽는다. 변호사는 아니지만, 종종 그런 기사에 언급되는 익숙하지 않은 법리와 판례를 배운다. 나는 법리를 구글에서 검색해 짧은 문서를 찾는다. 그리고 한 시간 정도도 되지 않는 짧은 시간에 무언가 배운다.

심장 근육을 더 튼튼하게 만들려고 노력할 때 여러분이 달리기, 걷기, 권투, 수영을 비롯해 무슨 운동을 하든 근육은 신경 쓰지 않는다. 근육은 훈련 중이라는 사실만 알고, 서서히 더 튼튼해지는 방식으로 반응한다. 학습도 마찬가지다. 뇌의 입장에서 무엇을 학습하는지는 그다지 중요하지 않다. 그래서 나는 신기술 학습에만 집중하지 않는다. 직장에서 종일 하는 일이기 때문에 가끔 다양성을 추구하는 것도 좋다! 어쨌든 난 매일 무언가 배운다.

이런 훈련 덕분에 필요할 때 최신 기술을 배우거나 특정 기술을 빠르게 발전시킬 수 있다는 자신감을 얻었다. 몇 시간 만에 파이썬을 독학해서 직장에서 중요한 문제를 해결한 적도 있다. 그전에는 직장에서 파이썬을 사용한 적이 한 번도 없었다. 내 분야와 관련이 있는 분야이기 때문에 파이썬에 대해 약간은 알고 있었고, 필요한 나머지 기술들은 학습 근육에 의존해 습득했다. 자바스크립트, C#, PHP, 리눅스, 파워셸, 윈도, SQL 서버, MySQL, 코스모스 DB_Cosmos DB_를 포함해 수십 가지 기술을 거의 똑같은 방법으로 배웠다.

분야에서 시장을 주도하는 핵심 기술의 기본 숙련도만 갖춰도 된다고 자신하는 이유는 나에게 강력한 학습 근육이 있기 때문이다. 학습 근육이 있으면 필요할 때 더 많이, 매우 빠르게 배울 수 있다.

4

학습 매체

우리 모두는 기술 세계의 '고전적인' 학습 매체, 즉 강사가 주도하는 강의, 자기 진도에 맞춰 학습하는 동영상이나 책에 익숙하다. 이러한 매체는 효과적이고, 적절하게 활용하면 확실히 좋다. 하지만 나는 여러분이 다른 멋진 학습 방법들도 잘 활용했으면 좋겠다. 특히 새로운 기술을 기본부터 탄탄하게 배우는 게 아니라 단지 그 기술을 따라가기 위해 배울 때라면 말이다.

대안 학습 자료 목록의 첫 번째로는 IT 벤더사가 제공하는 문서를 꼽는다. 회사마다 문서 품질에 큰 차이가 있다는 건 알지만, 그 문서로 배우는 능력은 우리 업계에서 엄청나게 중요한 기술이다. 그런 소스 자료를 소화하여 이를 바탕으로 새로운 지식을 습득할 수 있다면 여러분은 무적이 될 것이다.

새로운 기술, 기능, 접근법에 대한 소개를 폭넓게 확인하기 위해 종종 인터넷도 활용한다. 어떤 기술이 하는 역할이나 작동 방식에 대한 기본적인 이해를 갖추고 싶을 때 검색 엔진을 이용한다. 블로그와 위키피디아에 있는 수많은 글과 유튜브 동영상 등 다양한 콘텐츠를 열어본다. 꼼꼼히 읽기보다는 훑어보는데, 내가 가진 기존 지식과 배우고 싶은 수준을 고려하여 내가 원하는 수준에 맞게 설명하는 콘텐츠를 찾는 것이 목표다.

SNS도 학습 자료가 될 수 있다. 트위터 등 플랫폼에서 강력한 청중을 구축하는 한 가지 이유는 조언을 구할 사람이 많아지기 때문이다. 어떤 기술을 익히는 도중에 내가 원하는 내용의 자료를 찾지 못한다면 나는 내 트위터 친구들에게 추천해 달라고 부탁할 것이다. 그러면 아마 99%의 확률로 하루 만에 십여 가지 훌륭한 자료를 추천받아서 그 후 몇 주간 공부에 집중할 수 있을 것이다.

모든 학습이 유용하다는 것이 핵심이다. 우리 모두에게 익숙한, 공식 교육 방식에만 의존할 필요는 없다. 학습 목표가 어떤 기술을 마스터하는 것이 아니라 최신 기술을 따라가는 것이라면 더 적은 시간을 투자하는, 더 편한 학습 방식을 활용해서 원하는 수준의 숙련도를 달성할 수 있다.

또 다른 팁도 있다. 사람들은 자신이 특정 매체로 학습할 때 학습 효과가 가장 높다고 믿는 경향이 있다. 다시 말해 사람마다 책, 동영상 강의, 아니면 대면 강의 등 학습이 가장 잘 된다고 느끼는 방식이 있을 수 있다. 하지만 그러한 믿음은 신화에 불과하다.* 인간의 뇌에는 한 매체가 다른 매체보다 더 큰 효과를 내는 경향이 없다. 모든 뇌는 어떤 매체를 통하든 효과적으로 학습할 수 있다. 이건 분명 좋은 소식이다. 단, 특정 매체에 적응할 때까지 학습 근육을 조금 더 단련해야 한다. 열심히 달려 본 경험이 없는 사람이라면 마라톤에 나가기 전에 훈련해야 하는 것과 마찬가지다.

---

* Belief in Learning Styles Myth May Be Detrimental(학습 방식에 대한 믿음은 해로울 수 있다), URL http://mng.bz/pJZP

5

유의미성 평가

기술을 최신 상태로 유지하려 노력하다 보면 최신 기술, 의미 있는 기술을 습득해야 한다는 건 알겠는데, 어느 정도 수준까지 해야 하는지 모르겠다는 이들이 많다. 이럴 때는 자신의 기술을 업계에서 의미 있는 수준으로 유지해야 한다고 해서 모든 주제에 대해 세계적인 수준의 전문가가 될 필요가 없다는 점을 명심하라.

나는 내 기술을 크게 세 카테고리로 나눈다. 이 방법은 기술에 과도하게 투자하는 걸 방지하는 데 유용하다.

- **내 업무에 필요한 기술**: 이 기술은 내가 가장 많이 투자해야 하는 기술이자 회사를 발전시키는 기술이어서 고용주의 공동 투자도 기대할 수 있다. 하지만 고용주는 회사에 필요한 수준까지만 투자하면 된다(이 점을 염두에 두는 게 매우 중요하다). 어느 정도 수준이어야 최신 기술인지는 고용주와 협의해야 할 수 있고, 이를 판단하기 위해 자격증 시험, 내부 또는 외부 기술 평가 등의 기타 도구를 사용할 수 있다. 정확히 어떤 도구를 사용할지 기술 분야에 따라 크게 달라지며, 자신이 속한 기술 세계의 업계 표준이 무엇인지 조사해 알아내야 할 것이다.

- **다른 이들의 업무에 필요한 기술**: 업계에서는 일반적으로 쓰이지만, 내 일에는 쓰이지 않는 기술을 말한다. 이런 기술을 배울 때는 회사가 나를 도우리라 기대하지 않는다(회사에 그럴 의지와 능력이 있다면 좋긴 하다). 이 기술은 나를 발전시키는, 나에게 가장 중요한 기술이다. 내가 뒤처질 위험이 있는 영역이기 때문이다. 즉, 다른 모두가 쓰는 기술을 나만 쓰지 않는다면 아마 업계는 내 고용주가 향하는 방향과 반대로 향하고 있을 것이다. 그렇다면 나는 업계 동향을 무시하며 시장 유의미성을 잃을 위험을 무릅쓰는 것이나 다름없다. 그렇다 해도 이 기술을 꼭 마스터해야 하는 것은 아니다. 갑자기 새로운 일자리를 구할 때처럼 필요할 때 기본 숙련도를 빠르게 습득할 자신이 있을 정도로만 익히면 된다. 어느 정도인지는 개인적으로, 주관적으로 평가하면 된다. 일반적으로 자격증 시험이 요구하는 정도의 숙련도는 필요하지 않기 때문이다.

- **일반적인 업계 동향을 반영하는 기술**: 다른 모든 사람이 어떤 기술을 이야기하는지 확인하기 위해 내 기술을 벗어나는 영역을 둘러본다. 다른 모두가 무엇을 하는지보다 무엇에 신경 쓰는지가 중요하다. 이 책을 쓰는 지금은 양자 컴퓨팅quantum computing이 그 영역에 속할 것이다. 나는 이 기술에 대해 엘리베이터에서 대화를 나눌 정도의 수준에 이르려 노력한다. 즉, 그 기술에 대해 높은 수준의 대화를 약 5분간 박식하게 나눌 수 있으면 충분하다. 이는 최신 상태로 유지하기 위해 태그를 붙여 두는 영역이며, 읽기 목록을 만들어 두고 새로운 주제가 생각날 때마다 추가한 후 분기에 한 번씩 확인한다.

6

평생 매일 학습하기 위한 팁

지난 몇 년간 내 경력을 발전시키는 데 엄청나게 큰 도움이 된 습관을 개발했다. 그중 일부라도 여러분에게 도움이 되길 바라며 여기에 공유한다.

- **매일 학습하라.** 인간의 뇌가 작동하는 방식을 고려하면 매일 새로운 것을 배우는 게 좋다. 그래야 학습 근육이 강력하게 유지되어 무언가 배워야 할 때 더 쉽게 배울 수 있다.
- **기술에 대한 것만 학습하지 마라.** 나는 매일의 학습 시간에 기술에만 집중하지 않는다. 가끔은 그냥 컴퓨터 관련 주제에서 잠시 멀어질 필요가 있다! 위키피디아 글을 무작위로 읽거나 뉴스에서 읽은 내용을 심층적으로 조사하기도 한다. 예컨대 흥미로운 연방 대법원 판결을 찾고 그에 대한 법률 설명을 읽는다. 이런 기사는 흥미를 끌고 지식을 넓혀 준다. 여러분도 가볍게 관심이 가는 다른 영역을 탐색하며 부동산, 예술사, 미생물학을 비롯해 자신의 상상력을 자극하는 무엇이든 읽어 보라.
- **일정을 세우라.** 학습할 시간을 내지 않으면 건너뛰기 쉽다. 학습이 자기 경력에 어떤 가치를 더하는지 파악하고, 그 가치를 얻는 데 필요한 학습에 시간을 들이기로 약속하라. 학습은 직장에서만 하는 게 아니라는 것을 유념하라. 경력에 도움이 된다면 본인의 자유 시간을 투자해야 한다.

- **다른 사람을 끌어들여라.** 자신과 비슷한 입장의 동료가 있다면 작은 스터디 그룹을 만들어라. 일주일에 한 번씩 만나서 서로에게 무언가를 가르쳐라. 수업을 진행하기 전 며칠 동안 자신이 가르칠 내용을 학습하라. 나는 동료 4~5명으로 구성된 소그룹으로 이렇게 학습해 보았는데 정말 효과적이었다. 주제를 나눠서 각자 10분씩 수업을 진행했다. 이 방법은 각자가 자신이 맡은 작은 영역에 집중하게 해주고, 우리의 학습에 체계를 부여했다. 게다가 하위 주제를 가르치는 것은 그동안 각자 조사하고 배운 것을 강화하는 놀라운 효과를 냈다.
- **무작위를 두려워 마라.** 학습 주제를 정할 때 시장을 충분히 분석하는 방법도 좋지만, 가끔은 주사위를 던지는 것도 두려워하지 마라. 나는 종종 플루럴사이트에 로그인하여 새롭게 출시된 강의를 무작위로 확인한다. 내 분야와 전혀 관련이 없을 수 있지만, 그것도 학습이고 매일 한다는 점이 중요하다.

7

실천 과제

이 장에서는 여러분의 기술을 의미 있게 유지하도록 도와주는 개인적인 프레임워크 개발에 착수하길 바란다. 이제 이런 활동을 시작하여 여러분의 일과로 만들기 바란다.

- 자신을 위해 매일 학습 일정을 세워라. 학습을 위해 시간을 내라. 하루에 한두 시간이면 충분하다. 이런 시간은 투자이며, 다른 것을 포기해야 한다고 하더라도 투자할 가치가 있다.
- 몇 주의 학습 시간을 들여서 자신의 기술 분야를 분석하고, 여러 구인 게시판에서 고용주가 찾는, 시장을 선도하는 주요 기술 목록을 만들어라. 그리고 그 목록을 학습 목록으로 삼아라. 처음에는 여섯 항목 이상을 넘기지 마라. 그보다 많을 때는 시장을 가장 선도하는 기술에 집중하여 항목을 줄여라.
- 학습 시간을 학습 목록에 있는 기술에 대한 기본 숙련도를 얻는 데 사용하기 시작하라. 기술별로 60시간 정도를 할애하라. 여섯 항목짜리 목록이라면 360시간이 든다. 하루에 두 시간씩 배운다면 6개월 정도 걸린다. 하지만 매일 그런 기술에만 집중하지 마라. 무작위로 선정한 주제를 배워서 학습 근육에 다양한 자극을 가하라(위키피디아의 임의 문서 링크는 짧게 탐색할 새 주제를 찾는 훌륭한 방법이다).

더 읽을거리

- 로버트 그린, 『마스터리의 법칙』(살림Biz, 2013)

118

6장

전문가다운
태도를 지녀라

여러분이 업계에 입문한 이래 지금까지 갈고닦은 지극히 날카로운 기술 말고도 여러분이 직장에 매일 가져가야 하는 것이 있다. 바로 전문가다운 태도다. 우리는 모두 사무 환경, 또는 그와 비슷한 환경에서 일한다. 이러한 환경에서 여러분의 경력 발전에 도움이 되는 행동이 있고, 이를 저해하는 행동이 있다.

1

자신이 한 말을 지켜라

　나는 오랫동안 업무와 인생의 성공에 크게 기여했다고 믿는 세 가지 단순한 규칙을 따랐다. 사실 이 규칙은 여러분이 성공하기 위해 알아야 할 모든 것을 알려주는 3대 규칙일 수도 있다.

　우선 한 가지 예측건대 여러분은 이 규칙을 읽고 '당연한 이야기 아냐?'라고 생각할지도 모른다. 그렇지만 이러한 규칙은 상식적이고 '당연한' 규칙이 아니다. 이런 규칙은 명백히 상식이 아니다. 그렇게 일반적이지 않기 때문이다. 사실 나와 과거 내 사업 파트너들은 이 규칙을 따른 덕에 단연 돋보일 수 있었다. 이렇게 간단한데도 따르는 사람이 거의 없어서였다.

┆ 지킬 수 없는 약속은 절대 하지 마라 ┆

　이 규칙은 간단하지만 지키기 어렵다. 이유는 이러하다. 대부분의 사람은 나쁜 소식을 전하는 사람이 되고 싶어 하지 않는다. 누군가 여러분에게 어떤 일을 해달라고 요청했는데 여러분이 거절한다면 상대는 이유를 알고 싫어 할 것이다. 그때 여러분은 상대와 대립한다고 느낄 수 있다. 사람들은 대부분 대립을 싫어하므로 그저 대립을 피하기 위해 요청을 수락할 것이다. 자신이 약속한 바를 지킬 수 없다는 걸 뻔히 알면서도 수락하는 것이다.

약속을 지키는 첫 번째 단계는 대립 관계를 형성하지 않으면서 거절하는 능력을 키우는 것이다. 상대가 끈질기게 요청하지 못하도록 짧지만 정중한 설명을 추가해 답하는 방법을 추천한다. 이렇게 말해 보라. "아니요. 이미 매여 있는 일이 있어서요. 다른 일을 맡는다면 지금 하던 일 중에 뭔가를 포기해야 해요." 아니면 이렇게 말하라. "아니요. 지금은 다른 일에 집중하고 있어서요. 우선순위를 바꿔야 할 이유가 있는 게 아니라면 어렵습니다." 이유가 무엇이든 실제 아주 확실히 지킬 수 있는 약속이 아니라면 수락하지 마라. '뭐, 어디엔가 밀어 넣을 수 있을 거야.'라고 생각하며 수락하지 마라. 명확히 실행할 수 있는 실질적이고 현실적인 계획이 있을 때만 수락하라.

직장에서는 이 규칙을 따르기 어려울 수 있다. 특히 상사가 업무를 할당할 때는 더욱 어려울 것이다. 그럴 때는 실제 발언권이 없을 수 있다. 하지만 자신이 맡은 모든 업무를 살펴보고 상사에게 무엇을 할 수 있는지 솔직히 이야기할 필요가 있다. 그 업무를 맡으면 다른 업무를 포기해야 할지 모른다는 사실을 알려라. ("말씀하신 이 추가 코딩 작업을 이번 주에 마칠 수 있지만, 그러려면 작성 중이던 단위 테스트를 미뤄야 합니다. 그래도 괜찮을까요?") 심지어 업무 목록을 보여주고 어떤 것을 보류하는 것이 좋을지 물어봐야 할 때도 있다. 그렇게 하면 상사가 여러분의 상황에 공감하고 얼마나 많은 업무를 맡고 있는지 정확히 보는 데 도움이 된다. 안타깝게도 여러분에게 더 많은 업무를 맡기려 할 뿐 여러분이 모든 것을 할 수 없다는 것을 인식하지 못하는 상사도 있을 수 있다. 여러분이 그런 조직에 있다면 왜 그 조직에 머무르고 있는지 자문해 보기 바란다.

약속한 것을 항상 지켜라

이 규칙은 첫 번째 규칙과 짝을 이룬다. 무언가 약속했다면 약속할 당시 어떤 생각이 들었든 간에 반드시 지켜야 한다.

나는 "내 파워포인트 파일이 들어 있던 USB 드라이브를 우리 개가 먹었어요."와 같은 변명을 늘어놓는 동료들과 일한 적이 있다. 예상하겠지만 이런 변명을 하면 동료, 관리자, 상사 들에게 존중받을 수 없다. 사람들은 변명을 존중하지 않으며 특히 믿을 수 없는 변명을 늘어놓을 때는 더욱 그렇다. 사람들에게 존중받지 못하면 여러분의 평판과 브랜드가 손상되며, 그 손해는 여러분에게서 끝나지 않는다. 여러분이 약속을 지키지 않으면 공백을 메우고, 프로젝트 목표를 달성하고, 내부 또는 외부의 마감 기한을 지켜야 하는 동료들에게 구체적이고 부정적인 영향을 미칠 수 있다. 누군가 여러분을 위해 무엇을 하겠다고 약속했다면 여러분은 상대가 그 일을 완수하기를 바랄 것이다. 그러므로 여러분도 똑같이 해야 한다.

약속을 지키려면 중요한 삶의 기술 중 하나인 자신이 무엇을 할 수 있는지 아는 능력이 필요할 때가 종종 있다. 내가 여러분에게 어떤 무작위 주제에 대해 10페이지 보고서를 작성하라고 한다면 시간이 얼마나 걸리겠는가? 얼마나 들지 아는가? 확실히 아는가? 업무를 완수하는 데 시간이 얼마나 걸릴지 주의 깊게 생각하지 않는 사람, 검증하기보다는 추측하는 사람이 더 많다. 그러면 실제로 얼마나 많은 시간을 들여야 하는지 가늠하지 못해 책임지지 못할 약속을 하게 된다. 이러한 결과는 결국 변명으로 이어지고 여러분이 전문가로서 구축한 브랜드를 망가뜨린다.

함께 일하기 편한 사람이 되어라

누군가에게 어떤 일을 해주기로 약속했다면 상대가 누구든 상대의 번거로움을 최대한 덜어 줘라. 그 일 때문에 여러분을 귀찮게 해야 하는 사람, 여러분에게 잔소리해야 하는 사람이 없어야 한다. 여러분에게 해당 업무를 상기해야 하는 사람, 업무 결과를 미완성인 채로 인계받아야 하는 사람, 그 때문에 여러분과 싸우고 다시 하는 사람도 없어야 한다.

너무 쉬운 규칙인가? 물론 그럴 것이다. 이 세 가지 규칙 중 어느 하나라도 어긴 경험이 얼마나 있는지 자문해 보기 전까지는 말이다. 스스로에게 솔직해져라. 잔인할 정도로 솔직해지기 바란다. 본인의 잘못을 인정할 수 없다면 무슨 일을 하든 진정으로 성공할 수 없다. 거울 속 자신을 제대로 들여다보고, 삶의 모든 측면에서 이 세 가지 규칙에 따라 살고 있는지 물어라.

자신이 한 말을 지켜라. 내가 이룬 거의 모든 성공은 이렇게 간단한 세 가지 규칙에서 비롯되었다.

2

세부 사항을 꼼꼼하고 정확하게 챙겨라

성공한 사람은 대부분 세부 사항에 주의를 기울이는 능력이 뛰어나다. 하지만 우리 뇌는 종종 세부 사항을 챙기는 걸 방해하는 방식으로 작동하는데, 세부 사항에 주의를 기울이는 능력을 잃으면 직장에서 전문가다운 면모를 드러내기가 어려워질 수 있다.

인간의 뇌에는 **필터링**fittering이라는 기능이 있으며, 여기에는 장단점이 있다. 이 기능은 우리 뇌에 깊게 새겨져 있어서 원시 시대의 조상이 야생에서 생존하는 데 다른 무엇보다 많은 도움을 주었다. 여러분이 다른 생명체의 먹잇감인 상황이라면 여러분의 뇌는 무엇이 중요하고 무엇이 중요하지 않은지를 빠르게 정해야 한다. 중요하지 않은 것('와, 예쁜 나무네.')은 버리고 중요한 것('무언가 내 뒤를 밟고 있어!')에 날카롭게 집중해야 한다. 이런 판단은 신속하게 이루어져야 하므로 의식적인 사고로 수행해서는 안 된다. 의식적인 사고는 너무 느리기 때문이다. 이때는 자동적인, 끊임없는, 즉각적인 사고가 수행되어야 한다.

여러분이 뉴욕이나 런던 같은 도시의 번화가를 걷고 있다고 상상해 보자. 이럴 때 여러분의 뇌는 대체로 차에 치이거나, 다른 사람을 마주치거나, 보행로의 돌출부에 걸려 넘어지는 등 큰 그림과 굵직한 위험에만 집중한다. 다른 사람이 입은 옷, 막 지나간 버스 측면에 있는 광고, 가게 창문에 걸린 광고 같은 세부 사항을 신경 쓰지 않지만, 사실 여러분의 뇌에는 이런 세부 사항을 집중하고 처리할 여유가 있다. 여러분이 걷는 도중에 팟캐스트를 듣거나, 휴대전화에서 문자를 보내는 등 다른 활동을 한다는 것이 그 증거다. 하지만 뇌는 '걷는 동안 생존한다'라는 거대한 작업에 불필요한 세부 사항들을 그동안 필터링한 것이다.

그러므로 이것을 알아 둬라. 자신의 심장 박동을 중단할 수 없듯이 필터링 시스템도 중단할 수 없다. 이럴 때는 필터링을 의식적으로 여러분이 원하고 주의를 기울여야 할 세부 사항에 집중하면 된다.

걷는 도중에 팟캐스트를 듣지 말고 다른 사람들이 어떤 옷을 입었는지 신경 써서 보라는 말이 아니다. 나는 그저 여러분이 요청하지 않아도 여러분의 뇌에서 이러한 필터링이 이루어진다는 사실을 단순히 지적하는 것이다. 여러분의 잠재의식은 집중할 대상을 선택하며, 이는 매 순간 여러분이 수행하는 모든 작업에 대해 이루어진다. 회의할 때, 일할 때, 집에서 가족과 있을 때도 마찬가지다. 이는 자동 조종 모드라서 필터링한다는 사실을 깨닫지조차 못한 상태로 세부 사항을 필터링한다.

하지만 심장 박동을 통제할 수 있듯이 필터링 기능을 통제하는 것도 훈련할 수 있다. 차분한 심호흡은 심장 박동을 늦추고 안정시키는 데 도움이 되며, 신체 훈련은 심장 박동을 조절하고 주어진 상황에 심장이 더 적절하게 반응하게 하는 데 도움이 된다. 필터링도 똑같다. 무엇이 중요한지 결정하고, 정보를 흘려보내지 않도록 적극적으로 훈련하면 발전시킬 수 있다.

필터링 본능을 자제하는 방법을 배워야 하는 이유는 우리가 더 이상 기본적인 생존에 초점을 맞추는 원시 시대의 수렵 채집인이 아니기 때문이다. 우리는 세부 사항에 집중할 여유가 있다. 사실 일할 때는 반드시 세부 사항에 집중해야 한다. 예를 들어 어떤 접속 포트를 사용하고 있는지, 코드나 명령줄의 구문이 정확한지, 회의가 몇 시에 열리는지 등에 집중해야 한다.

누군가 나에게 아이워치iWatch가 마음에 드냐고 묻는 즉시 내 마음에는 불신이 싹튼다. 그러면 나는 '이건 애플 워치Apple Watch지 아이워치가 아닌데요.'라고 속으로 생각한다. 가끔은 상대에게 말하기도 한다. 이쯤에서 '이건 당신이 좀 지나친 거 같은데? 그런 걸 누가 신경 쓴다고.' 이런 생각이 든다 해도 무리는 아니다. 여러분이 아마 옳을 것이다. 그렇지만 나는 신경쓴다. 그리고 왜 그러는지 말해 주겠다. 나에게도 이러한 세부 사항은 확실히 사소하다. 그러니 정확히 하지 않을 이유가 무엇인가? 제품명을 올바르게 기억하는 데 추가로 드는 지적 능력이 정확히 얼마겠는가? 거의 들지 않는다. 지적 능력이나 머리를 추가로 쓰지 않는다는 점을 고려하면, 나는 이 사람이 세부 사항에 주의를 기울이지 못한다고 생각할 수밖에 없다. 그리고 그 사람이 다른 어느 부분에서 끊임없이 실수할지 궁금해진다. 자신의 필터를 통제하지 못한다면 통제할 수 없는 게 또 무엇일까?

방금 든 예는 세부 사항을 챙기는 것이 개인 브랜드에도 영향을 미친다는 것을 잘 보여준다. 여러분이 세부 사항을 챙기는 데 서툴다는 대중적 인상을 형성하면 그러한 인상은 여러분 개인 브랜드의 일부가 되고, 그런 측면은 여러분의 직장 생활에 도움되지 않는다.

첫인상은(그뿐만 아니라 두 번째, 세 번째 인상도) 중요하고, 다른 사람에게 불신을 살 방법은 수없이 많다. 이를테면 대충 일하는 것 같은 사람을 본능적으로 불신하는 사람이 많고, 이런 불신은 세부 사항에 대한 주의로 확장될 수 있다. 여러분이 사소한 일을 제대로 하지 못한다면 사람들은 여러분이 큰일도 제대로 하지 못할 가능성이 높다고 추정할 것이다.

인생을 살아가면서 여러분이 행사할 수 있는 가장 중요한 소유권은 자기 뇌 필터에 대한 소유권일지 모른다. 본인의 뇌 필터가 본인의 명령을 따르도록 훈련하라. 사소한 세부 사항을 흘려보내지 마라. 그러한 세부 사항 중에서 어디에 주의를 기울여야 할지 적극적으로 결정하라. 여러분이 어디에 주의를 기울일지 여러분의 본능에 숨어 있는 웬 원시인이 정하지 못하게 하라.

어떻게 하냐고? 속도를 늦춰라. 우리 뇌의 필터는 빠른 속도로 진행되는 상황을 빨리 평가할 수 있게 설계되었다. 우리의 생존을 보장하기 위해 그렇게 설계된 것이다. 요즘 세상에는 집중을 방해하는 요소가 훨씬 더 많고, 우리의 뇌 필터는 이를 전부 차단하기 쉽다. 공항을 떠올려 보라. 정신없이 바쁘게 돌아가는, 방해 요소로 가득 찬 환경이다. 머리 위에서 장내 방송이 끊임없이 흘러나오고 여러분이 자기 항공편을 놓치지 않으려 서두르는 중이라면 사방에 가득한 사람들을 피하기 위해 여러분의 뇌 필터는 최대 출력으로 작동한다. 즉각적인 위험이나 장애물이 아닌 모든 것은 무시하기 시작한다. 인정하라. 비행기를 타려고 서두르는 중이라면 암을 정복할 치료법이 장내 방송으로 나온다 해도 듣지 못할 것이다. 속도를 늦춰라.

내 경험상 미친 듯 서두르지 않을 때는 뇌 필터가 진정한다. 인체에 투쟁도피fight-or-flight 반응*이 유발되는 상황이 아닐 때는 필요성이 그리 높지 않으므로 생존 필터가 진정할 것이다. 좁아졌던 시야가 더 넓은 세상을 볼 수 있게 확장되고 뇌의 관찰력이 더 좋아진다. 적극적으로 속도를 늦춰야 한

---

* 역주 인체가 스트레스를 받거나 위협에 노출되었을 때 교감 신경이 활성화되어서 심장 박동이 올라가고 근육으로 혈류 공급이 늘어나는 등 각성하는 상태를 가리킨다.

다. 약속 시간보다 10분 먼저 도착할 수 있게 출발하라. 공항에 30분~1시간 먼저 도착하고 경유 시간을 더 여유 있게 잡아라. 서두르지 마라. 그렇게 하다 보면 뇌 필터가 덜 민감해질 것이고, 일할 때 세부 사항을 더 꼼꼼히 챙기는 데도 도움이 될 것이다.

코딩을 예로 들어 보자. 나와 함께 일하던 주니어 개발자들은 코드에 오류가 있을 때 나에게 도움을 청하러 오곤 했다. 가져온 코드를 살펴보면 그들보다 더 풍부한 경험 덕분에 나는 꽤 빠르게 문제를 찾을 수 있었다. 나는 그들에게 코드에 실제로 문제가 있으니 더 꼼꼼히 살펴보라고 요청했다. 하지만 그들은 더 큰 공황 상태에 빠졌다. 그들의 필터가 작동하기 시작했고, 그들은 오류를 찾기 위해 코드를 빠르게 스크롤했다. 큰 그림에 집중하는 거시적인 모드가 활성화된 까닭에 그들은 세부 사항을 제거하려 했고, 이는 문제를 찾는 데 방해가 되었다. 그래서 나는 그들을 잠시 내버려 두었다가 오류가 있는 근처로 주의를 끈 후 나에게 코드를 설명해 달라고 부탁했다. 오류 근처에 가면 그들은 거의 예외 없이 오류를 찾아냈다. 그들에게 필요한 건 그저 속도를 늦추고 세부 사항을 살펴보는 것이었다.

이 예에 등장한 상황은 뇌가 원시인의 생존을 보장하려고 하는 상황과 매우 비슷하며, 야생이 아닌 요즘 세계에서는 우리에게 불리하게 작용한다. 우리의 뇌는 눈앞에 펼쳐진 장면을 보고 풀잎이나 나뭇잎 하나하나, 산들바람의 소리 등 세부 사항을 제거하도록 설계되어 있다. 세부 사항을 걸러 내야 우리의 뇌는 우리를 잡아먹으려는 포식자 같은 큰 위험을 볼 수 있다.

하지만 이제는 세부 사항이 생존이다. 사람과 사람, 사람과 기술, 사람과 환경 사이에 나누는 상호 작용이 점점 더 세밀하고 중요해지고 있기 때문이다. 그러므로 세부 사항에 신경 써라. 피싱 이메일 사기가 통하는 건 세부 사항에 충분히 주의를 기울이지 못해서다. 사실 거의 모든 사기가 통하는 원인이 여기에 있다. 주의 부족으로 차 사고가 일어난다. 주의 부족이 기차를 놓치는 원인이다. 중요한 회의를 놓치고, 문제가 발생한 위치를 알려주는 출력 메시지의 중요한 부분을 간과한다. 개인 생활, 직장 생활에서 잘못될 수 있는 거의 모든 일이 세부 사항에 대한 주의 부족에서 비롯될 수 있다. 인생이라는 계약서 구석구석에 있는 작은 활자를 읽는 습관을 들여라. 훑어보고 있다는 것을 깨달았다면 멈추고 되돌아가서 더 천천히 다시 읽어라. 뇌가 마음대로 하게 내버려 두지 말고 세부 사항을 챙기는 데 집중하라.

3
너무 큰 손실을 보기 전에 손을 떼라

진정한 전문가라면 한 가지 문제를 영원히 붙들고 늘어지지 않는다. 이들은 자신이 하는 일의 결과가 가장 중요하다는 것을 알고 그 결과를 최대한 효율적으로 얻을 방법을 찾는다. 사실 때로는 그 말이 포기를 뜻하기도 한다.

우리 뇌는 우리가 그만두는 것을 좋아하지 않는다. 실패한다는 느낌을 좋아하는 사람은 없으며, 성공을 추구하기보다 실패를 피하느라 더 열심일 때도 있다. 이러한 사고방식에 인생의 발전을 가로막히는 사람이 많다. 실패의 위험을 감수하기보다 더 적은 성공에 만족하는 것이다.

그만둘 때를 아는 것은 기술 경력의 거의 모든 부분에 도움이 될 수 있다. 작동하지 않는 코드 블록을 작업하는 중이라고 상상해 보자. 어느 시점에 그 블록을 삭제하고 새로 시작하겠는가? 명확한 이유 없이 끈질기게 재부팅되는 서버를 고치는 중이라면 언제쯤 포기하고 운영 체제를 재설치하고 새로 시작하겠는가? 포기한다는 생각에 좌절감이 들 수도 있지만, 그렇게 해서 해결책을 더 빨리 찾는다면 사실은 그게 이기는 것이다.

아마도 페이스북의 캐치프레이즈, "망가지는 것을 감수하고 빠르게 움직여라(Move fast and break things)."를 들어본 적 있을 것이다. '너무 큰 손실을 보기 전에 손을 떼라'고 생각하면 당연히 이러한 결론에 이른다. 이 말은 새로운 것을 시도하되, 생존을 위협받는 지점에 이를 때까지 계속하지 않는다는 뜻이다. 구글 같은 회사가 구글 웨이브Google Wave, 구글 플러스Google+처럼 들어본 사람이 별로 없는 서비스에 대규모 투자를 감행했다가 철수한 사례를 생각해 보라. 여러분도 이런 방법을 모방할 수 있다. 새로운 시도를 하되, 잘 안 된다면 넘어가라.

사실 손을 떼고 도망가는 것은 일종의 실패다. 그래도 괜찮다. 실패해도 나쁘지 않다. 실패는 인간이 학습하는 방식이다. 승리해도 실익이 따르지 않는다면 실패하고 패배하는 것도 나쁘지 않다. 기업들이 늘 하는 일이고, 비록 파산이 두려운 일이긴 하나 타당한 선택일 때도 있다. 손실이 있다면 손을 떼고 재정비한 후 다시 시도하라.

4

블루 스카이 모드를 켜라

"안 돼요."라고 말하는 사람이 되지 마라. "어떻게 하면 될까?"라고 하는 사람이 되어라. 첫 번째 버전이 작동하지 않는다고 해서 아이디어를 폐기하지 마라. 걸림돌 같은 엔지니어가 되지 마라. 부정적인 태도는 다른 누군가의 발전이 아니라, 스스로의 발전을 방해한다.

디즈니에는 상상력을 발휘하여 디즈니랜드의 새로운 놀이 기구를 떠올리는 프로세스가 있다. 이 프로세스는 맑고 푸른 하늘 외에는 아무런 제한이 없다는 의미로 블루 스카이blue sky라고 부른다. 블루 스카이 토론에서는 어떤 의견에 대해 안 된다고 말하거나 왜 그것이 불가능한지 설명하는 것을 허용하지 않는다. 이들은 꿈을 꾼다. 이들은 '만약에 우리가…'라고 시작하여 순수한 추측과 발명을 이어간다. 이 단계에서는 실행 계획을 걱정하지 않는다. 좋은지 싫은지도 표현하지 않는다. 어떤 아이디어든 받아들이고, 토론에 참여한 모두가 아이디어를 발전시키기 위해 활발히 대화를 나누고, 새로운 아이디어를 표현한다.

평범한 현실에서는 블루 스카이 모드가 켜지는 일이 거의 없다. 회의실에서 새로운 제품을 제안하면 거의 어느 회사에서나 즉각적인 반발을 경험할 가능성이 높다. 그 아이디어를 실현할 수 없는 이유, 예상되는 문제를 비롯해 온갖 걸림돌과 장벽이 등장할 것이다.

그런 사람이 되지 마라. 다른 사람을 억압하거나, 기여하려는 의욕을 꺾는 사람이 되지 마라. 그 대신 블루 스카이 모드를 켜라. "어렵긴 하겠지만, (이렇게 하면) 실현할 수 있지 않을까요?"라고 말하는 사람이 되어라. 걸림돌 같은 엔지니어가 되지 말고 해결책을 내는 엔지니어가 되어라. 여러분의 해결책 아이디어가 작동하지 않는다고 해도 아직 블루 스카이 모드라는 것을 기억하라. 다른 누군가가 여러분의 초기 아이디어를 작동하는 무언가로 변신시키게 하라.

보통 누군가 아이디어를 가져오면 그 아이디어가 생존할 기회를 얻기도 전에 다른 많은 이가 이를 뭉개 버린다. 그 아이디어로 인해 일이 늘어나는 것이 보이고, 그 일을 하고 싶지 않기 때문이다. 본인은 그런 적 없는지 솔직히 돌이켜 보라. 안 되는 이유를 이야기하는 것은 도움이 되지도 않고, 그렇게 말한 여러분이 골칫덩이가 될 뿐이다. 그러면 다른 사람들이 여러분과 일하고 싶어 하지 않게 되고 결국 여러분은 밖으로 밀려나게 될 것이다. 아이디어가 막 등장한 시점에는 실행 계획에 대해 너무 걱정하지 마라. 그 대신 아이디어가 어디로 가는지 지켜보라. 아이디어가 어느 정도 형태를 갖춘 적절한 시점이 되었을 때 해결책을 제시하기 시작하라. ("평소보다 인원이 더 많이 필요할 것 같네요. 그렇다면 '이런 대안'을 시도해 보는 건 어떨까요? 그러려면 아마 '이런 세부 사항'을 실행해야 할 것으로 보이고요. 이렇게 진행해도 말씀하신 취지에 부합할까요?")

다른 이들도 블루 스카이 모드를 켜게 하라. 여러분이 그림의 떡처럼 실현하기 어려운 아이디어를 냈고 다른 누군가가 그것을 뭉개 버리려 한다면 그들에게 잠시 멈추고 그런 행동을 검토할 시간을 만들어 주자. 그리고 새로운 아이디어를 즉시 파괴하기보다 지지하는 것이 가치 있다고 주장하라. "자, 우리는 새롭고 창의적인 아이디어를 찾고 있었잖아요. 잠시 검토해 보는 시간을 갖죠. 누군가 낸 첫 번째 아이디어는 실행 불가능하더라도 모두 머리를 맞대면 네 번째, 다섯 번째 아이디어에서 성공할 수도 있잖아요. 시작도 하기 전에 뭉개 버리면 절대 알 수 없을 거예요."

블루 스카이 모드에서 해결책을 내는 것(해결사가 되는 것)은 업무 상황에서만 유용한 것이 아니다. 이는 단순히 지지자나 친구를 얻는 효과만 있는 것이 아니다. 해결책을 내는 것은 뇌가 '하지 않기' 말고 '하기'를 생각하게 하는 하나의 방법이기도 하다. 사람의 뇌는 대부분 본능적으로 보수적이다. 우리는 새로운 것을 마주하면 제대로 생각해 보기도 전에 밀어내곤 한다. 이것이 대부분의 사람이 변화에 반대하는 이유다. 우리 사회의 진정한 혁신가는 안 된다고 말하지 않는다. 이들은 "음"이라고 운을 뗀 후 된다고 말할 방법을 고민하기 시작한다. 뇌의 어둡고 후미진 한 구석에서 '새로운 것은 싫다'고 반발하지 않는지 잘 살펴봐야 한다. 그 정체를 확인하고 옆으로 치워라. 상황에 감정적, 무의식적으로 대처하지 말고, 이성적으로 대처하라.

된다고 말할 방법을 찾으려 노력하는 사람이 되어라. 하지만 그게 불가능하다면 적어도 아이디어를 뭉개 버리는 사람은 되지 말고 블루 스카이 모드를 켜라.

5

노란 선을 그려라

디즈니 이야기를 하나 더 들려주겠다. 지나치게 익숙해지면 넘지 말아야 할 선을 넘기 쉽다는 사실을 디즈니는 알고 있다. 나는 이 점이 아주 마음에 든다.

디즈니가 디즈니랜드에서 판매하는 것은 엔터테인먼트다. 놀이 기구만 중요한 게 아니라 환경도 중요하다. 디즈니는 이를 '쇼'라고 부른다. 다른 모든 형태의 허구와 마찬가지로, 쇼를 즐기려면 의심을 접어 두어야 한다. 공주님 역할을 맡은 사람이 실제로는 대학생이라는 것을 알더라도, 쇼를 즐기기 위해 우리는 그녀를 신데렐라나 미니 마우스라고 생각해야 한다. 청중이 의심하지 않고 쇼를 즐길 수 있도록 허구의 세계에서는 스토리를 벗어나는 어떤 것도 청중에게 드러내지 말아야 한다. 디즈니랜드에는 전날 밤 애인에게 차여 그날 오후 아스팔트에 붙은 껌을 제거하기 싫어하는 화난 청소부가 있어서는 안 된다.

어떤 업무 환경이든 너무 편해진 나머지 마음의 응어리나 부정적인 감정을 직장에서 드러내는 동료가 한 명 이상은 있다. 이런 동료들은 자기 자리로 터덜터덜 들어와 털썩 주저앉아서 회사에 있는 것이 행복하지 않다는 티를 낸다.

여러분은 집 밖으로 나설 때마다 공연에 참여하는 것이나 마찬가지이고, 여러분이 하는 모든 행동은 주변에 있는 모두에게 영향을 미친다. 항상 불평을 늘어놓는 사람이 첫 번째로 승진하기는 어렵다. 솔직히 말해 모두가 그런 사람은 퇴사해서 다른 일을 하길 원할 수도 있다. 마지못해 일하는 중학교 선생님은 애초에 자신이 왜 교실에 있는지를 알고 즐거운 기분으로 일하는 선생님만큼 효과적으로 일하긴 어려울 것이다. 설사 실제 자신의 감정이 그렇지 않더라도, 매일 자신의 가장 좋은 모습을 보여줘야 한다. 여러분이 공연에서 빠지고 사람들에게 무대 뒤에 있는 이면을 노출할 때마다 스토리를 망가뜨리는 것이다. 이는 의심하지 않으려 노력하는 다른 모든 사람을 방해하고 여러분의 제품 또는 브랜드를 훼손하는 행위다.

이것이 디즈니랜드에 노란 선이 존재하는 이유다. 직원들이 무대 뒤에서 나와서 고객의 시야에 잡히기 시작하는 모든 곳의 바닥에는 노란 선이 있다. 이것은 디즈니 직원들에게 개인적인 문제를 이 선 뒤에 두고 오라는 것을 명백히 시각적으로 상기해 주는 장치다. 지난밤 누구나 안 좋은 일을 겪었을 수 있다. 애인에게 이별 통보를 받았을 수 있고, 기르던 고양이가 죽었을 수도 있다. 아니면 월세를 내는 데 어려움을 겪고 있을 수도 있다. 모두 좋지 않은 경험이고, 이에 나쁜 감정을 느껴도 괜찮다. 하지만 그런 감정은 전부 노란 선 뒤에 남겨 두어라. 그러면 근무 시간이 끝날 때까지 거기에 그대로 남아 있을 것이다. 그리고 그 선을 넘으면 공연이 시작된다. 입가에 미소를 띤 채 돈을 벌기 위해 자신이 어떤 일을 하는지 잠시 상기하고 마음을 가다듬은 후 가서 일을 한다. 여러분에게 요구되는 바는 이러하다. "여러분이 이 선을 넘으면 공연이 시작됩니다. 캐릭터를 망가뜨리지 마세요. 다시 이 선으로 돌아오면 그때는 원래 자신의 모습이 무엇이든 그 모습을 되찾을 수 있습니다."

캐릭터. 얼마나 중요한 말인가. 공공장소에서, 직장에서 우리는 모두 캐릭터다. 우리는 한 역할을 맡는다. 그 역이 해야 하는 일은 무엇인가? 캐릭터는 원래 우리의 모습일 필요가 없다. 다만, 우리는 집에서 가족, 친구와 있을 때 원래 자기 모습일 수 있다. 집에서 나는 빈정대기 좋아하는, 어울리기 어려운 사람이다. 하지만 직장에서는 이런 성격을 드러내지 않는다. 대신 직장에서의 내 캐릭터가 내 고용주가 채용했던 그 사람이길, 다양한 배경과 개성을 지닌 모든 동료와 잘 어울려서 일할 수 있는 전문가이길 바란다.

우리 대부분의 삶에서 부족한 것이 그 노란 선이다. 매일, 같은 사무실에서, 같은 동료들과, 같은 일을 하다 보니 안일해지는 것이다. 직장에서 자신이 맡은 역할에 대한 존중이 사라진다. 직장에서 어떤 모습이어야 하는지 잊고, 캐릭터를 망가뜨리고, 공연에서 빠진다. 여러분이라는 브랜드가 손상되는 것이 바로 그 순간이다. 여러분의 무대 뒤 모습이 유료 고객, 즉 여러분의 고용주에게 노출되는 순간이고, 여러분이 겨우 심은 성공의 씨앗에서 솟아난 부드러운 새순을 자기 발로 뭉개 버리는 순간이다. 그리고 그때가 여러분의 경력이 한낱 직업으로 격하되고, 미래에 대한 투자를 멈추는 순간이다. 그렇게 자기 성공의 기회를 스스로 망가트린다.

마음속에 노란 선을 그려라. 집 대문 안에 그려도 되고, 사무실 문밖에 그려도 된다. 어디라도 좋으니 제대로 그려라. 진지하게 하는 말이다. 자신이 정한 위치에 서서, 빛을 반사하는 노란색 교통 페인트로 두껍게 그린 선을 상상하라. 사람들이 몇 번이고 계속해서 그 위로 다니며 생길 긁힌 자국을 상상하라. 택배 기사가 매일 손수레를 끌고 다니며 생길 패인 자국을 상상하라. 그 장소를 지날 때마다 절대 깜빡하지 못할 정도로 마음속에서 진짜로 만들어라. 다시 칠해야 할 때까지 얼마나 남았는지 자문하라. 그 선을 현실로 만들어라. 그리고 존중하라.

그 선에 접근할 때마다 그 선의 의미를 생각하라. 이 일을 왜 하는지, 이를 통해 무엇을 성취하길 원하는지 생각하기 바란다. 이 일이 여러분의 경력에 또는 여러분의 성공에 어떤 도움이 되는가? 이 일로 현재 또는 미래에 다른 사람을 도울 수 있는가? 이 모든 것은 무엇을 위한 것인가? 거기에 있는 게 행복할 필요는 없지만, 왜 거기에 있는지는 기억해야 한다. 그리고 자신이 가져온 고민의 짐을 하나도 빠짐없이 검사하라. 자신을 괴롭히는 부정적인 모든 것을 열거하라. 고양이가 죽고, 애인에게 차이고, 아이의 치아를 교정해 줘야 하고, 자동차 문을 누가 콕 찍어 놓은 것 등을 말이다. 짐을 확인하고 노란 선 앞에 잠시 멈춰서 짐을 내려 놓아라. 그 짐은 아무도 건드리지 않을 것이며, 여러분이 돌아올 때까지 전부 남아 있을 것이다. 더 이상 노란 선 너머에는 그 짐을 둘 자리가 없다. 이제 여러분의 공연이 막 시작하려고 한다. 자기 대사를 되뇌고, 얼굴에 미소를 띠어라. 그리고 커튼이 올라가면 무대로 올라가서 맡은 역할을 하라.

6

실천 과제

이번에는 이 장에서 다룬 전문가다운 태도에 초점을 맞추면 좋겠다.

- 여러분은 어디에 노란 선을 그리고 싶은가? 그 선 뒤에 무엇을 남길 생각인가? 남기려는 항목을 목록으로 만들어라. 노란 선을 처음 그릴 때 그 목록을 확인하기 편한 곳에 정리해 두면 매일 그 목록을 검토함으로써 선을 넘는 행위를 의식적인 활동으로 만들 수 있다.

- 무리하게 약속해서 자신이 한 말을 지킬 수 없었던 경험이 한 번이라도 있는가? 현재 자신이 직장에서, 개인 생활에서 맡은 모든 책무를 목록으로 만들고 각 항목을 이행할 능력이 있는지 점검하라. 이행하지 못할 위험이 있는 항목에 대해 재협상해야 할 때가 지금인지 생각하라. 그리고 그 목록을 잘 활용해서 자신이 할 수 있는 일에 대해 제대로 파악하고 미래에는 무리한 약속을 하지 않도록 할 수 있는지도 자문해 보기 바란다.

- 가끔 나는 현재 맡은 업무 목록을 노트북에 정리한다. 그렇게 하면 누군가에게 새로운 일을 맡아 달라는 요청을 받은 즉시 그 목록을 꺼내 "이 중에 무엇을 포기할 수 있을까요?"라고 물을 수 있다.

- 속도를 늦추고 세부 사항에 주의를 기울이게 하는 장치를 마련하라. 나는 생활용품점에서 구입한 자그마한 가짜 버튼을 활용하는데 누르면 가볍게 딸깍 소리를 내는 금속 버튼이다. 나는 하루를 보내면서 내가 지나가며 본 가게 이름이나 교통 표지판 등의 세부 사항을 흘려보내는지 알아차리려고 노력한다. 버튼을 클릭하고 일부러 속도를 늦추고 놓쳤던 세부

사항을 살펴본다. 이렇게 꾸준히 연습하면 뇌의 정보 필터링을 멈추는 데 도움이 된다. 이제 무언가에 집중해야 할 때 버튼을 클릭해서 내 뇌에 속도를 늦추고 필터링을 멈추라는 메시지를 보낸다. 그러면 세부 사항이 더 분명히 보여서 문제를 더 빨리 해결할 수 있는 경우가 많다.

구장

시간을 관리하라

많은 기술 전문가가 시간 관리 문제로 어려움을 겪는다. 회의를 비롯한 의무적인 일과가 가끔 시간을 빼앗는다. 하지만 우리 대부분은 우리에게 남은 시간을 더 훌륭하게 관리할 수 있으며, 시간 관리 방법을 익히는 것은 성공적인 경력을 쌓는 데 필수적인 기술이다.

1

의지, 지연, 나태

우선 **지연**, 그리고 이와 종종 혼동하는 행동 양식인 **나태**의 차이를 간단히 짚고 넘어가고 싶다. 지연은 정신적으로 **의지**의 반대편에 있다. 그러므로 의지를 간단히 정의하는 것으로 시작해 보겠다.

> **Note ☰**   의지
> 처음에 무언가를 하기 시작한 이유를 기억하는 것이다.

어떤 업무를 지연하고 다른 일을 바로 시작하는 이유를 사람들과 이야기해 보면 이들의 설명은 대개 "그냥 그때는 그 일을 바로 하고 싶은 기분이 아니었어요." 같은 말로 요약된다. 나도 그런 기분을 이해한다. 나는 작가지만, 가끔 글을 쓰고 싶은 기분이 들지 않을 때가 있다. 편집본을 검토할 기분이 드는 일은 거의 없다. 그런 업무는 지연하기 쉽다. 다시 말해 그 프로젝트를 작업하는 것이나 완료하는 것을 지연하기 쉽다. 내가 나태한 것일까? 아마 그럴 것이다.

하지만 처음에 이 책을 쓰기 시작한 이유를 기억한다. 나에게는 목표가 있고, 성취하고자 기대하는 결과가 있다. 명성, 재산, 퓰리처상 수상처럼 누구나 꿈꾸는 것들 말이다. 그런 것을 여전히 원하므로 하던 일을 마무리해야 한다. 이렇게 의지를 이해한 것을 바탕으로 나태를 정의하면 좋을 것이다.

Note ≡ 나태
처음에 무언가를 하기 시작한 이유를 잊었거나 모르는 것이다.

분명 내가 계속 지연하던 프로젝트가 있었는데 지연하다 보니 기분이 나빠졌다. 곧 전체 프로젝트에 대해 기분이 나빠져서 더 뒤로 미뤘다. 결국 그 프로젝트를 해야 할 타당한 이유가 없다는 것을 깨달았다. 그 프로젝트가 내 인생과 경력에 어울린다는 생각이 들지 않았고 프로젝트로 성취할 결과도 분명하지 않아 보여서 결국 프로젝트를 그만두었다. 그 일을 **왜** 하는지, 그 일을 통해 내가 어떤 가치를 얻을지 스스로 설명하지 못하는데 그 일 때문에 스트레스 받을 이유가 무엇인가? 그런 프로젝트는 할 필요가 없었다는 것을 인정하고, 손실을 보기 전에 손을 떼고 넘어갔다.

하지만 성급히 이런 결론을 내리지 않도록 주의할 필요는 있다. 지금 하고 싶은 기분이 들지 않는다고 해서 바로 가망 없는 프로젝트로 치부하지 마라. 대신 거울 앞에 앉아서 자기 눈을 마주 보며 자문하라. '처음에 이 일을 왜 시작했지? 이 일로 성취하려 한 것은 무엇이지?' 그 질문에 답한 다음 그러한 이유가 여전히 유효한지 물어보라.

계속할 이유가 없는 프로젝트들도 있다. 수고가 많이 드는 프로젝트들이었다. 나는 각 프로젝트를 왜 시작했는지 기억한다. 하지만 애초에 계획했던 결과를 더 이상 원하지 않는다는 결론에 이른 적도 있었고, 내가 바라는 결과를 성취할 수 없다는 결론에 이른 적도 있었다. 나에게는 팟캐스트가 그런 프로젝트였다. 팟캐스트를 세 번 시작했고 20여 편의 에피소드를 만들었지만 결국 그만두었다.

하지만 해야 할 이유가 있고 그 이유가 여전히 유효한 프로젝트라면 그 프로젝트를 완수할 수 있게 시간을 잘 관리해야 한다.

2

시간 관리

6장에서도 시간 관리에 대해 언급한 바 있다. 시간을 효율적으로 관리하는 것은 대부분의 전문가가 갖춘 핵심 행동 양식이라는 것을 깨달았기 때문이다. 이 장에서는 조금 더 규범적인 방식으로 접근하여, 주의해야 할 행동과 취해야 할 행동을 알려주겠다.

시간은 분명히 유한한 자원이고, 시간을 효율적으로 관리할 능력을 갖추는 것은 경력 관리에서 절대적으로 중요한 기술이다. 그러면 모든 업무 상황에서 시간을 더 잘 관리하는 데 도움이 될 몇 가지 보편적인 기술을 살펴보는 것으로 시작하자.

시간 목록: 타임플립 활용법

어떤 자원이든 성공적으로 관리하려면 자신이 무엇을 가지고 있는지부터 파악하는 것이 우선이다. 여러분에게 얼마의 시간이 있느냐가 아니라 현재 시간을 어떻게 쓰고 있느냐를 봐야 한다는 뜻이다. 나는 타임플립TimeFlip (https://timeflip.io) 기기를 활용해 내가 시간을 어떻게 쓰고 있는지를 추적한다. 하지만 단순한 일기나 소프트웨어 앱으로도 똑같은 작업을 손쉽게 할 수 있다. 다만, 나는 물리적인 기기를 활용하는 방식을 좋아하기에 이 기기를 쓰는 것이다. 타임플립은 하얀 플라스틱 소재의 십이각형 물체로, 그림 7-1에 있는 것처럼 12면으로 이루어진 큰 주사위라고 보면 된다.

그림 7-1 타임플립은 이렇게 생겼다

타임플립의 각 면에 평소 하루 동안 수행하는 다양한 활동을 라벨로 붙인다. 코딩하기, 심심풀이로 트위터 하기, 회의 참석하기, 동료와 수다 떨기 등 어떤 활동이든 좋다. 컴퓨터에서 실행하는 병용 소프트웨어 앱이 있다. 활동을 전환할 때마다 수행할 활동이 맨 위에 오도록 타임플립을 뒤집는다. 날마다 종일 이렇게 하는데, 몇 주 동안 이렇게 한 후에 결과를 살펴보았다. 내가 얻은 결과는 그림 7-2와 같다.

그림 7-2 타임플립 기준

타임플립은 내가 기준을 설정할 수 있게 도와주었다. 타임플립을 사용한 첫 2주 동안 꽤 생산적인 시간을 보낸 것으로 드러났고, 매주 이와 비슷하

게 보낼 수 있다면 스스로 만족할 수 있을 것 같았다. 타임플립으로 SNS, 회의, 파워셸 스크립트 작성을 비롯해 내 일과를 구성하는 모든 주요 활동에 하루 동안 시간을 얼마나 쓰는지 알 수 있었다.

단, 돌이켜 보기에 내가 그 2주를 잘 보냈다고 한 부분에 주목하라. 이는 SNS를 한다거나 휴게실에 간다고 자책할 필요가 없다는 뜻이다. 시간을 낭비하는 그 모든 활동을 했는데도 좋은 한 주를 보냈다고 느꼈다. 그러므로 소위 시간 낭비라고 하는 것들이 나에게는 평범하고 건강한 한 주의 일부였다.

첫 2주가 지난 후에도 타임플립을 계속 사용했고 지금까지도 쓰고 있다. 새로운 일주일을 내 기준과 비교하여 측정한다. 간혹 SNS에 너무 많은 시간을 쓰는 주도 있다. 그러면 (바로 다음 절에서 이야기할) 시간 배분을 통해 앞으로 시간을 더 잘 관리하려고 노력한다. 어떤 주에는 회의가 많다. 그럴 때는 시간을 추적해서 회의 시간의 증가가 내 생산성의 향상 또는 감소와 연관이 있는지 살펴볼 수 있다("부장님, 지난주에 스크립트 작성이 줄었던 것은 사실인데, 회의 시간이 20% 증가했습니다. 시간은 한정되어 있으니 제가 어디에 시간을 쓰면 좋을지 부장님이 결정해 주시면 됩니다.").

타임플립을 활용하는 것이 나에게는 엄청나게 유용했다. 나는 내 시간 소비 기준을 일 년에 두세 번 업데이트했다(새로운 프로젝트를 맡을 때처럼 내 업무가 크게 바뀔 때도 업데이트했다). 타임플립이 없었다면 내 모든 시간이 어디로 가는지 알 수 없었을 것이다. 하지만 이제는 안다.

요즘은 내가 보낸 하루를 장부 형식으로 생각하려는 편이다. 그렇게 하면 하루를 계획하는 데 도움이 된다. 참고로 나는 코팅한 종이와 특수 펜으로 구성된, 매주 닦아내고 재사용할 수 있는 로켓북Rocketbook 플래너를 활용한다. 내 하루를 정리한 장부는 표 7-1과 같다.

표 7-1 하루치 장부

시간 블록	계획한 업무	실제 업무
오전 8~9시	이메일, 슬랙 확인	이메일, 슬랙
오전 9시~정오	회의나 문서 검토	회의로 꽉 참(오전에는 문서 검토가 불가능해 보임)
정오~오후 1시	점심	점심과 밀린 문서 검토
오후 1~2시	문서 검토, 개인 업무	개인 업무로 꽉 참
오후 2시~2시 30분	SNS	
오후 2시 30분~4시	회의	
오후 4~5시	이메일과 슬랙에서 해야 할 일 완수	

중요한 것은 타임플립을 통해 알게 된 나의 시간 소비 습관을 기반으로 이렇게 시간을 블록으로 나눈다는 점이다. 최적화할 여지가 있다고 느껴지는 부분은 최적화하지만, SNS에서 보내는 시간처럼 낭비하는 모든 시간을 없애려고 하지 않는다. 그런 시간도 나에게 필요하므로 계획에 포함한다. 낭비하는 시간을 하루를 끝낼 무렵으로 몰아 두려고 하지도 않는다. 타임플립이 알려준 바에 따르면 나는 오후에 옆길로 새는 경향이 있으므로 원래 하던 대로 지내도록 계획한다. 장부를 통해 언제 회의할 시간이 있는지 확인할 수 있으므로 가능한 한 회의를 그 시간 블록에 맞추려고 노력한다. 이런 체계가 항상 완벽하게 작동하는 것은 아니나, 닥치는 대로 대응하지 않고 계획적으로 한 주를 보내는 데 도움이 된다.

내 장부에는 실제 일어난 일을 기록할 공간이 있다는 것을 기억하라! 그러면 상황에 맞게 변화하고 조절할 여지가 생기고, 한 주가 끝날 때 얼마나 성공적으로 계획을 지켰는지 확인할 수 있다. 한 주 동안 무슨 일이 있었는지 알면 다음 주 계획을 더 정확히 세우는 데 도움이 된다.

시간 배분: 뽀모도로 기법

프란체스코 시릴로Francesco Cirillo가 개발한 뽀모도로 기법(http://mng. bz/O1wP)을 활용해 시간을 계획하고 배분한다. 그가 낸 아이디어는 시간을 일정한 단위로 나누고, 각 단위에 작업을 할당한 후 미리 정한 시간 동안만 작업한다는 것이다. 그는 그 과정을 순조롭게 진행하려고 주방용 기계식 타이머를 사용했는데, 공교롭게도 토마토처럼 생긴 타이머였기 때문에 이 기법의 이름이 이탈리아어로 **토마토**를 뜻하는 **뽀모도로**pomodoro가 되었다.

프란체스코는 25분 단위(그는 이를 **뽀모도로**라고 불렀다) 동안 일하고 5분간 쉬었다. 이 접근법 이면에는 두 가지 아이디어가 있다. 우리는 짧지만 집중적인 시간 내에 많은 일을 할 수 있고, 짧게 자주 쉬면 정신적, 신체적 피로를 방지할 수 있다. 나는 해야 할 일의 특성에 따라 시간 단위의 길이를 조절한다. 할 일의 특성에 맞게 25분 뽀모도로, 55분 뽀모도로 등 다양한 시간 단위를 활용했다.

이 기법은 다음과 같이 작동한다. 시간 단위에 작업을 할당하고 타이머를 설정한다. 시간이 끝날 때까지 그 작업을 한다. 그리고 잠시 쉬고 (휴식 시간도 잰다) 다음 작업으로 넘어간다. 나는 타임플립 데이터를 활용하여 주어진 작업에 얼마의 시간이 들지 추정한 후 이를 바탕으로 내 업무 캘린더의 많은 부분을 채웠다. 하루 8시간의 근무 시간을 25분짜리 뽀모도로 16개로 나누면 다음과 같다.

1   이메일/슬랙 따라잡기

2   사무실을 돌아다니며 동료들과 개인적인 소통 따라잡기

3   예정된 팀 회의

4   예정된 팀 회의(이어서)

5 지난밤 단위 테스트 로그 검토

6 이메일, 팀 회의, 단위 테스트 실패를 고려하여 내일 시간 단위 계획 세우기

7 점심

8 점심(이어서)

9 상사와 업무 평가

10 코딩 시간

11 코딩 시간(이어서)

12 코딩 시간(이어서)

13 코딩 시간(이어서)

14 크로스 팀 스탠드업 회의

15 단위 테스트 체크인, 배포, 실행

16 이메일/슬랙 따라잡기

하루도 빠짐없이 이 정도로 치밀하게 계획하는 것은 아니지만, 이렇게 계획하는 날이 많다. 한 프로젝트에 대한 업무만 하는 날에는 이렇게 시간 단위를 나누는 것이 나에게 아무 도움이 되지 않는다. 하지만 여러 업무를 하기로 한 날에는 이런 계획이 업무를 순조롭게 진행하는 데 도움이 된다.

하루를 '소통 따라잡기'로 시작하면 그날이 멀티태스킹해야 하는 날인지, 단일 작업을 완료할 시간이 있는 날인지 빠르게 알 수 있다. 뇌가 쉴 시간이 충분히 있고(계산해 보면 알겠지만 총 80분이다) 그런 휴식 시간 덕분에 (콜라를 마시면서) 다음 업무로 맥락을 전환하기 쉽다.

당연히 모든 날이 완벽하게 흘러가는 것은 아니다. 하지만 옆길로 샐 때 계획에 어떤 영향이 있는지 확인하고 다시 계획을 세울 수 있다("부장님, 회의가 좀 길어졌습니다. 코딩 시간을 30분 줄이든, 오후에 있는 스탠드업 회의를 건너뛰든, 둘 중 하나를 선택해야 하는 상황인데요. 제가 어떻게 하는 게 더 좋을까요?").

내가 함께 일한 동료 중에는 이를 똑똑하게 한 단계 더 발전시킨 이들도 있었다. 이들은 방해받기 쉬운 개방형 사무실에서 일했다. 그래서 이들은 큰 숫자가 적힌 디지털 카운트다운 타이머를 여러 개 샀다. 그리고 타이머를 '방해해도 될 때까지 남은 시간'이라고 적힌 표지판과 함께 설치해서 지나가는 누구나 명확히 볼 수 있게 했다. 이들의 사무실 동료들은 이 관습을 빠르게 받아들였다. 상대를 방해해도 될 때까지 25분도 남지 않았다는 것을 알면 기다리기 더 쉽다. 그리고 이들이 정해진 시간에 이메일을 확인한다는 것을 알게 되자 이메일로 문의하는 사람이 늘어났다.

시간 일람표: 자기 능력 알기

타임플립과 뽀모도로를 광범위하게 활용하면서 나는 나에 대해 많은 것을 알게 되었다. 나는 90분 정도 생산적으로 코딩하면 업무를 전환해야 한다(내가 더 이상 소프트웨어 개발을 전문으로 하지 않는 이유다). 글은 꼬박 3~4시간 내내 쓸 수 있다. 회의는 50분 동안 하는 것보다 25분 하는 것이 더 낫다. 자는 동안 받은 이메일을 확인하는 데 20분 정도 걸리고, 급한 슬랙 메시지를 처리하는 데는 25분 정도 걸린다. '생각하지 않는' 시간은 하루에 약 75분 필요하다. 이런 시간은 일반적으로 점심을 먹는 한 번의 긴 휴식 시간과 그 외에 짧은 휴식 시간 여러 번으로 나누어 쓴다.

이러한 사실을 알면 나만의 시간 모듈을 만드는 데 도움이 된다. 이제 나에게는 내가 자주 하는 일과 그 일을 하는 데 드는 시간의 목록을 담은 일람표가 있다. 그 일람표를 활용해서 근무일의 시간을 어떻게 나누어 쓸지 정한다. 글을 쓸 때는 25분 단위로 짜는 일정이 의미가 없다는 것을 안다. 생산적으로 글을 쓰려면 3~4시간이 필요하기 때문이다. 이메일 확인에 매일 1시간씩 쓸 필요가 없다는 것을 안다. 30분이면 충분하다. 코딩을 위해 시간 단위를 3개 잡은 날인데, 중간에 방해받는다면 최상의 컨디션을 충분히 길게 유지하기 어려우므로 그날은 코딩을 아예 포기하는 것이 나을 수 있다.

자신이 시간을 어떻게 쓰는지 알면 시간 관리에 참고할 수 있고, 시간이 그냥 흘러가게 두지 않고 관리할 수 있다.

3

멀티태스킹

여러분은 멀티태스킹을 잘하는가? 논쟁을 일으키고 싶다면 큰 소리로 이렇게 말하라. "저는 멀티태스킹을 꽤 잘해요!"

아니, 그렇지 않다. 멀티태스킹은 존재하지 않는다. 멀티태스킹은 현대 컴퓨터 분야에서 유래한 단어인데, 컴퓨터도 멀티태스킹하지 않는다. '설마 그럴 리가!'라고 생각하는가? 마이크로프로세서(CPU 코어를 가리킨나. 비유적으로 뇌라고 생각하면 된다)는 한 번에 한 작업만 수행할 수 있다. 진정한 멀티태스킹은 멀티프로세서 컴퓨터에서만 일어날 수 있으며, 비유하자면 뇌가 여러 개 있어야 한다는 뜻이다. 하지만 현실은 그렇지 않다. 여러분에게는 뇌가 하나이므로 한 번에 한 가지 일만 할 수 있다.

컴퓨터는 멀티태스킹하는 것처럼 보이는데 사실 작업 전환task switching이 빨라서 그렇게 보이는 것이다. 컴퓨터는 사용자를 기다리는데 많은 시간을 소비하므로 그런 유휴 시간idle time* 동안 다른 일을 하는 것이다. 컴퓨터는

---

* **역주** 시스템을 사용할 수 있는 상태이지만 작업을 하지 않는 시간으로, 주로 입출력을 처리하기 위한 대기 시간을 가리킨다.

자신이 어느 지점에 있고 무슨 일을 하는지를 완벽하게 기억하고 절대 잊지 않기 때문에 작업 전환에 뛰어나다.

인간의 기억력은 완벽하지 않다. 우리는 앞서 작업을 끝낸 지점이 어디인지, 현재 무슨 일을 하는 중인지 깜빡하기 때문에 작업 전환을 불완전하게 할 수밖에 없다. 우리가 할 수 있는 것은 유휴 시간이 필요하다는 것을 인정하고 작업을 전환하는 것이다. 그런데 대부분 사람들은 작업 전환을 잘하지 못한다. 멀티태스킹의 존재를 믿고 싶어 하기 때문이다. 자신이 유휴 상태에 들어섰다는 것을 인정하면 ('지금 나는 제이슨이 이메일에 답장할 때까지 기다리고 있구나.') 다른 작업으로 전환할 수 있다. 단기 기억이 특별히 뛰어나고 세부 사항을 꼼꼼히 신경 쓰는 사람이라면 유휴 상태에서 벗어났을 때 원래 작업으로 되돌아와서 멀티태스킹하는 것처럼 보일 수 있다.

나는 필요할 때 기계처럼 작업을 전환할 수 있다. 다양한 대화, 할 일 목록, 맥락 등을 머릿속에서 따라갈 수 있으며, 특정한 면에서는 매우 생산적일 수 있다. 즉, 그날 내가 해야 할 모든 일이 유휴 시간이 많은, 짧은 스프린트 타입의 업무(예를 들어 동료들에게서 정보를 수집한 다음 해당 정보를 바탕으로 의사 결정을 내리는 일)라면 많은 일을 할 수 있다는 뜻이다. 하지만 내가 해야 하는 일이 이런 일만 있는 것은 아니다. 앉아서 글 쓸 때는 작업 전환을 할 수 없다. 유휴 시간이 없기 때문이다. 자연히 멈추는 순간은 존재하지 않고, 글쓰기 외에 다른 모든 것은 방해 요소다. 글을 쓸 때는 방해 요소가 있으면 생산성이 떨어진다. 주의를 기울이고 있다가 작업을 전환해야 하기 때문이다. 그래서 작업을 전환해야 할 때가 아니라면 방해 요소를 꺼둔다. 방문을 닫고, 팝업 알림을 끄고, 가능하다면 와이파이도 차단한다. 단일 작업 모드일 때는 전화 통화처럼 더 높은 수준의 긴급한 방해 요소만 차단하지 않는다.

그러나 대부분 사람들은 자기 모드를 신중하게 관리하지 않는다. 단일 작업 모드에 돌입하지도, 멀티태스킹 모드(실제로는 작업 전환 모드)가 분명히 다른 작업 방식이라는 것을 인식하지도 않는다. 이들은 아침에는 멀티태스킹을 하고 오후에는 단일 작업을 하는 식으로 업무 일정을 다양한 모드로 계획하지 않는다. 하지만 다른 작업 모드가 있다는 것을 배우면 생산성이 향상되고 업무 만족도가 높아질 뿐 아니라 훨씬 더 분별 있게 일할 수 있다.

멀티태스킹에 방해받지 않을 방법을 소개하자면 다음과 같다.

- 언제 단일 작업 모드로 전환해야 할지 파악하라. 코딩이나 글쓰기처럼 오랜 시간 온전히 주의를 집중해야 하는 일을 할 때 그렇게 해야 한다. 업무 집중을 방해하는 요소를 줄여라. 이를테면 '헤드폰을 착용하면 방해하지 말아 달라.'라고 한다든가 하는 방식으로 사무실에서 일할 때는 방해를 막기 위해 사용할 신호를 합의 하에 만들어라. 이메일 앱, 슬랙을 비롯해 그 외에 전자적인 방해 요소를 꺼라.
- 멀티태스킹 모드에 있을 때는 몇 분 이상 주의를 기울여야 하는 작업에 돌입하지 마라. 그 대신 빠르게 끝낼 수 있는 많은 일을 처리하라. 필요할 때는 메모하라. 동시에 진행하고 있는 작업을 기억하고, 처리해야 할 일 목록을 기록하는 데 도움이 될 것이다.
- 모드를 섞지 마라. 단일 작업 모드에 돌입했는데 현실적으로 다른 일에 신경 써야 할 상황이 된다면 단일 작업 모드용 업무를 미뤄 두고 당분간 멀티태스킹 모드로 작업해야 한다는 사실을 받아들여라. 충분한 시간을 안전하게 확보할 수 있을 때 단일 작업 모드에 맞는 일로 돌아가라.

4

실천 과제

이 장에서는 여러분이 현재 시간을 어떻게 쓰고 있는지 검토하고 몇 가지 시간 관리 훈련을 시작하길 바란다.

- 여러분의 인생에 존재하는 모든 프로젝트를 목록으로 정리하는 것으로 시작하라. 여기에는 업무 프로젝트뿐 아니라 집에서 할 프로젝트의 할 일 목록도 포함하라. 각 프로젝트를 하는 이유를 아는가? 각 프로젝트를 통해 기대하는 결과를 명확히 표현하고, 각 프로젝트가 산출하리라 믿는 가치를 설명할 수 있는가? 그렇게 할 수 없는 프로젝트는 목록에서 삭제하는 것을 고려해 보라.

- 시간 일람표를 만들어라. 현재 자신이 시간을 어떻게 소비하는지 추적하라. 어떤 판단도 하지 마라. 유튜브에서 고양이 동영상을 매주 8시간씩 본다고 해도 괜찮으니 있는 그대로 기록하라. 그렇게 일주일간 기록한 후 보통이라거나 괜찮다고 생각하는 날을 찾아보라. 이런 과정은 자신이 평소 시간을 어디에서 어떻게 쓰는지 파악하고, 다른 용도로 쓸 수 있는 시간을 알아내는 데 도움이 된다.

- 뽀모도로 같은 시간 관리 기법을 시도해 보고 효과가 있다고 느끼는지 확인하라. 몇 주 정도 노력해야 일상으로 자리 잡는 경우도 있으니 처음부터 엄격하게 지키지 못했다고 해도 걱정하지 마라.

8장

원격 근무에
대비하라

우리가 모두 경험했듯이 기술 업계 종사자라면 누구나 일시적으로라도 원격 근무를 할 가능성을 완전히 배제할 수 없다. 원격 근무가 어려운 건 사실이지만 언젠가 결국 닥칠 상황이라면 관련 기술을 미리 익혀서 대비하는 게 현명한 처사다.

1

원격 근무의 고충

원격 근무에 익숙하지 않고 이를 효과적으로 수행할 체계를 개발해 두지 않았다면 원격 근무는 (전면적이든 부분적이든) 업무와 경력에서 부담일 수 있다. 솔직히 말해 심적으로 힘들 수 있다.

예를 들어 개인 자아와 직업 자아를 선명하게 구분 짓던 노란 선(6장 참고)을 망각하기 쉽다. 재택근무를 하면 개인 생활과 업무 생활 사이에 확실히 선을 긋기가 훨씬 더 어렵다. 그래서 업무용 얼굴을 하고 마땅히 갖춰야 할 전문성을 제대로 갖추기 어려울 때가 있다. 반대로 과하게 많은 일을 하기도 쉽다. 나는 재택근무를 몇 년간 해왔다. 가끔 나에게 재택근무를 하면 좋을 것 같다고 말하는 사람들도 있다. 그런 사람에게 실상을 알려주려면 재택근무를 한다는 건 '사무실에서 잔다'는 거라고 말해 줘야 한다. 나는 7장에서 소개한 시간 관리 기법을 사용해 일과 삶의 균형을 유지하는 방법을 배웠다.

게다가 평소 사무실에서 일어나는 일상적인 상호 작용을 즐기던 사람이라면 원격 근무 시 고립된다는 느낌에 불행해질 수 있다. 휴게실에서 대화를 나누는 일, 복도에서 동료들을 마주치는 일, 다른 팀 직원을 만나는 일 등이 사라진다. 동료 대부분이 사무실에 있고 여러분만 원격으로 일한다면 논의에서 제외되기 쉬우며, 실제로는 배제되지 않더라도 소외감을 느끼기 쉽다. 매일 사무실에서 보이지 않으면 승진, 좋은 프로젝트를 비롯한 그 외 내부적인 기회에서 밀린다고 느낄 수도 있다.

화상 회의도 원격 근무를 힘들게 하는 요인이다. 인간은 몸짓 언어로도 소통하도록 진화해 왔는데, 화상 회의는 인간의 미묘한 몸짓 언어를 제대로 전달하지 못하기 때문에 소통하기가 더 어려워진다. 대면 회의에서는 대화를 계속하면서 무의식적으로 몸짓 언어의 신호를 해석할 수 있지만, 화상 회의에서는 이를 위해 집중해야 하고 에너지를 더 소모해야 한다.[*]

원격 근무는 가족에게도 힘들 수 있다. 어린 자녀라면 부모가 집에 있는데도 옆에 있을 수 없다는 것을 이해하기 어렵다. 그런 상황에서는 혼란스러워하는 아이뿐 아니라 부모도 좌절감을 경험할 수 있다.

요컨대 원격 근무는 사무실 근무와 전혀 다르다. 사무실에서 일하는 데 익숙하거나 직장 생활 자체가 처음이라면 원격 근무가 더 어려울 수 있다. 나는 내성적인 편인데도 전적으로 재택근무를 하는 것이 사무실에서 일하는 것보다 대체로 더 어렵다. 원격 근무를 기반으로 성공에 이르려면 어떻게 해야 할까?

---

[*] 줄리아 스클라Julia Sklar는 '줌 우울Zoom Gloom(http://mng.bz/YAZ7)'에서 화상 회의가 우리에게 생물학적으로, 심리학적으로 어떤 영향을 미치는지 설명한다.

2

공간 마련하기

첫 번째 단계는 업무 전용 공간을 만드는 것이다. 집에 이런 공간으로 활용할 수 있는 방이 있다면 이상적이다. 하지만 모두가 그렇게 할 수 있는 것은 아니므로 최소한 분리된 전용 공간이 필요하다. 지금 재택근무 중인 친구는 사무실로 쓸 방이 없어서 집 한쪽에 책상을 놓고 그 주변 바닥을 노란 테이프로 둘렀다. 그게 그의 사무실이다. 일하지 않을 때는 절대 그 테이프 안으로 들어가지 않으며, 그의 가족은 그 테이프를 가상의 벽이라고 생각하게 되었다.

소파와 거실 테이블을 사무실로 쓰는 방법은 장기적으로 통하지 않는다. 업무 전용 공간은 사무실 환경과 매우 비슷해야 한다. 적절한 자세를 유지할 수 있는 좌석, 업무 기기와 메모지나 스트레스 볼* 등 직장에서 하루를 보내는 데 필요한 모든 것이 있어야 한다. 식탁에서 일하는 것도 장기적으로는 스트레스일 수 있다. 식탁을 가족에게서 빼앗아서 자기 사무실로 만들

---

* 역주 스트레스 해소를 위해 만지작거리는 말랑한 재질의 장난감이다.

지, 아니면 매일 오후 사무실을 치웠다가 매일 아침 다시 차리는 일을 계속 반복할지 둘 중 하나를 선택해야 한다.

더군다나 재택근무를 한다는 건 사무실에서 잔다는 뜻이고, 그런 생활은 전혀 즐겁지 않다. 매일 업무 공간을 **벗어나서** 일과 삶을 확실히 분리하라. 이것이 분리된 업무 전용 공간을 마련하는 게 그토록 중요한 이유다. 그리고 집 밖으로 나와서 걷고, 달리고, 개와 산책하고, 친구를 만나는 것도 중요하다. 엑스박스 게임을 하는 게 취미였던 한 친구는 강제로 재택근무에 들어가자 너무 오랫동안 집 밖으로 나올 일이 없었다. 그래서 엑스박스 게임에서 손을 떼고 뒤뜰에 허브 정원을 가꾸기 시작했다. 덕분에 그가 보는 풍경이 바뀌었고, 휴식이 필요할 때 일에서 떨어져 있을 장소가 생겼다.

누구에게나 업무 전용 공간이 필요하다고 해서 모두에게 똑같은 공간이 필요한 것은 아니다. 나에게는 문을 닫을 수 있는 정식 사무실이 필요하다 (내가 키보드를 두드리는 소리는 견디기 어려울 정도로 시끄럽기 때문에 문을 더 원하는 건 나보다 가족들이다). 한 친구는 벽걸이 캐비닛을 펼쳐서 쓰는 작은 책상을 그럭저럭 잘 사용한다. 다른 친구는 지하실 한쪽 구석에서 일하는 게 행복하고 생산적이라고 한다. 그리고 또 다른 친구는 집 근처 공유 오피스의 작은 방을 자비로 임대해서 쓴다. 생각해 볼 만한 선택지가 많다.

사람마다 원하는 효과적인 업무 공간이 다르다는 말에는 전자 기기도 포함한다. 회사에서 재택근무를 하는 동안 사용하라고 노트북을 보냈다고 해도 여러분은 핸드폰으로 메일을 확인하는 것을 더 선호할 수 있다. 그래도 괜찮다. 다만, 일과 삶의 균형이 깨지고 항상 일에 얽매이기가 얼마나 쉬운지를 기억해야 한다. 본인이 의식적으로 내린 결정이라면 항상 업무에 얽매인다는 것에 본질적으로 문제가 있다는 말은 아니다. 하지만 우연히 그렇게 업무에 얽매이는 일은 없도록 하라.

3

없는 공간 만들기

업무 전용 공간을 마련할 수 없다는 건 원격 근무에 있어 심각한 문제다. 식탁 점거하기, 소파에서 일하기, 뒤뜰에 걸터앉아 일하기 등 임시방편에는 많은 문제가 있다.

- 가족 공용 공간에서 일하면 가족이 불편해할 수 있다(이에 대해서는 다음 절에서 이야기하겠다).
- 전용 공간이 없으면 업무를 놓고 개인 생활로 돌아오는 게 더 어렵다. 이 둘이 떼려야 뗄 수 없게 얽혀서 사무실에서 한시도 떠나지 못하고 항상 일하는 것처럼 느낄 수 있다. 그러면 정신 건강에 큰 부담이 될 것이다.

물론 내가 만나보지 못한 사람 중에 업무 전용 공간 없이 원격 근무를 성공적으로 해낸 사람도 있을 수 있다. 하지만 적어도 내가 만난 사람 중에는 그런 사람이 없었다. 시도했던 이들은 있는데 그들 모두 스트레스를 받고, 불행해지고, 직장에 불만이 생겼다. 여러분은 그런 경험을 하지 않길 바라며, 업무 공간을 만드는 몇 가지 창의적인 방법을 소개하겠다.

- **공간 임대를 고려하라.** 임대한 공간에서 매일 일할 필요는 없지만, 근무 시간의 상당 부분을 **집이 아닌 다른 곳**에서 보내는 것은 도움이 될 수 있다. 전용 사무실 하나를 일간, 주간, 월간 단위로 빌려주는 동시에 개방형 업무 공간의 책상 이용 권한도 주는 공유 오피스도 많다. 여러분이 사는 동네 인근에도 적당한 가격으로 사무 공간을 임대하는 곳이 있을 것이다. 우리 동네 시내에는 오래된 가정집을 사무 공간으로 개조하여 과거 침실이었던 방을 꽤 저렴한 월 요금으로 임대하는 곳도 있다.
- **혁신적인 가구를 찾아보라.** 거실 하나, 방 하나인 아파트에 사는 한 친구는 식탁을 책상으로 쓰는 게 꺼려졌다. 그렇게 하면 일을 마쳐도 자기 눈앞에 책상이 그대로 있는 셈이라 일에서 벗어날 수 없을 거라고 생각했다. 그러다 문득 자신이 낮에 침실에서 오랜 시간을 보내지 않는다는 것을 깨달았다. 그래서 침대를 접으면 침대 바닥에서 책상을 펼칠 수 있는 구조의 침대인 일종의 접이식 침대에 투자했다. 책상 크기는 노트북을 놓기에 충분했고, 침대 바닥 부분에는 노트북을 보관할 수 있게 플라스틱 주머니도 붙였다. 업무를 마치면 노트북을 주머니에 넣고 침대를 펼친 후 침실 밖으로 나가서 저녁을 먹고 TV를 보며 휴식을 취했다.
- 또 다른 친구는 나무로 만든 창고를 사무실로 개조했다. 창고 한쪽 벽에 창문을 내고, 작은 에어컨을 설치하고, 창고에 있던 물건들을 정리했다. 덕분에 집에서 떨어질 수 있는 개인적인 공간과 일과를 마친 후 일에서 벗어나서 쉴 방법이 생겼다.
- 내가 본 가장 창의적인 접근법은 배우자도 재택근무를 하는 친구가 쓴 방법이었다. 그 친구의 배우자는 항상 집에서 일했기 때문에 작은 방을 홈 오피스로 꾸며서 사용했다. 그 공간을 함께 쓰려고 했으나 두 사람 모두에게 맞지 않았다. 그래서 이 친구는 병원에서 흔히 쓰는, 공간을 둘로 나눌 수 있는 천장용 커튼레일을 구매했다. 낮이 되면 천장에 달아 둔 커튼으로 거실 일부를 두르고, 책상 높이로 올려서 쓸 수 있는 커피 테이블을 책상으로 삼았다. 업무를 마치면 커튼을 소파 옆으로 밀어 넣고, 노트북을 커피 테이블에 안에 넣고, 커피 테이블의 높이를 원래대로 낮췄다.

창의적으로 접근하는 것이 핵심이다. 집에서 업무 시간에 충분히 활용되지 않을 공간을 찾아보라. 그 공간을 사무실로 바꾸는 데 도움이 될 가구나 방법을 떠올려라. 마당이 있다면 마당을 활용해도 좋다. 창고 같은 건물은 작은 공간에 맞는 난방기나 에어컨을 추가해서 쓸 만한 공간으로 변신시킬 수도 있다. 텐트도 가끔은 업무 생활과 개인 생활을 분리하는 장치로 활용할 수 있다.

원격 근무를 장기간 하게 될 것 같다면 주거 형태를 바꾸는 것도 생각해 보자. 재정 형편이 허락한다면 더 큰 아파트 아니면 전용 작업실이나 업무 공간이 있는 집으로 옮기는 것이 장기적으로 좋은 선택일 수 있다.

4

가족과 일하기

재택근무의 가장 큰 난관은 종일 여러분이 무슨 일을 하는지 완전히 이해하지 못하는 이들과 집을 공유하는 것이다. 나도 어머니가 우리 집에 방문할 때 이런 문제를 경험한다. 나는 운 좋게도 어머니가 방문할 때 사용할 수 있는 침실과 화장실이 딸린 별도의 공간이 마련된 집에 살고 있다. 그런데도 어머니는 내가 홈 오피스로 사용하는 방에 불쑥 나타난다. 어머니는 이 행동이 아무 문제 없을 거라 생각하신다. 어머니에게는 내가 그저 어릴 때처럼 '컴퓨터로 놀고 있는 것'처럼 보일 것이고, '잠시 방해한다고 해봐야 얼마나 해가 되겠어.'라고 생각하시는 듯했다.

이럴 때는 여러분도 다른 사람에게 현실적인 기대치를 설정하고, 다른 사람도 여러분에게 갖는 기대치를 현실적인 수준으로 낮추는 게 좋다. 평소 회의에 연이어 참석할 일이 많다고 해도 실제로 재택근무를 하면 그렇게 하기는 어려울 것이다. 중간중간 자녀들이 여러분을 볼 수 있게 쉬는 시간을 더 많이 잡아야 할 것이기 때문이다.

한 동료는 자신이 일하는 방의 방문에 커다란 화이트보드를 붙이고, 바로 위에 시계를 걸어 두었다. 그녀는 그날의 회의 계획을 정확히 적고, 회의 사이사이에 시간을 비운다. "잠시 후에 15~20분 정도 저랑 시간을 보낼 수 있다는 걸 알면 아이들도 30~45분은 기다릴 수 있거든요. 솔직히 저랑 15분 정도 시간을 보내면 보통 흥미를 잃어요. 그러면 저랑 같이 해야 할 다른 무언가가 생각날 때까지 다른 회의를 할 수 있죠."라고 말했다. 그녀는 나에게 클록와이즈Clockwise라는 온라인 앱을 알려주었다. 이 앱은 구글 캘린더와 연동하여 하루 중에 캘린더에 일정이 없는 시간을 집중 시간으로 잡아서 그 시간에 다른 일정을 차단하고 사용자가 자기 자신이나 가족을 돌볼 수 있게 도와준다.

기대치를 설정했다면 그러한 기대치를 존중해야 한다. 회의가 길어지면 양해를 구하고 다른 회의가 있다고 설명하라. 실제로 여러분에게는 회의가 있다. 가족과 함께하는 시간이 그 회의다. 휴일을 알리고 그에 대한 일정도 잡아라. 자질구레한 일을 처리할 시간, 가족과 함께 보내는 시간을 만들어라.

재택근무를 하게 되면 변경된 기대치나 합의에 대해 자기 인생에서 중요한 다른 성인과도 솔직한 대화를 나눌 필요가 있다. 어린 자녀라면 이해하지 못하는 논리와 이유도 성인이라면 이해할 수 있다. 현실적인 업무에 대해, 가정 생활에 어떤 변화가 있을지에 대해 이야기하고, 업무에 필요한 새로운 생활 방식에 대한 일정과 합의를 서면으로 작성하라. 한 친구는 재택근무 중에 회의를 하는 데 애인이 진공청소기를 돌리고 싶어 했다. 그녀는 이렇게 말했다. "그럴 수 있어요. 평소 그 사람이 그때 청소를 했던 거죠. 청소 시간을 저녁이나 주말로 옮겨야 했어요. 그러기까지 약간의 조정이 필요했지만, 그는 청소 시간을 오후로 옮겼어요. 그리고 저도 같이 청소해 더 빨리 마칠 수 있게 진공청소기를 하나 더 사기로 합의했어요. 솔직히 청소하는 30분은 아무 생각을 할 필요가 없어서 업무를 마치고 긴장을 풀기에 좋더라고요."

창의성을 발휘하고, 문제에 비판적으로 접근하라. 자녀들에게 어른스러운 행동을 기대하지 마라. 아이들은 집에서 항상 본인들에게 온 주의를 기울이던 부모의 모습에 익숙하다. 또한, 평소 집에 있는 배우자에게 여러분의 재택근무 환경과 일정에 맞춰 배우자의 일상도 바로 맞춰 주기를 기대하지 마라. 시간을 들여서 상황을 설명하고 계획을 세워라.

5

루틴 만들기

사무실에서 일하는 사람들은 대부분 규칙적인 루틴이 있다. 아마 라디오나 팟캐스트를 들으며 사무실로 출근할 것이다. 사무실에 도착하면 휴게실에서 커피를 챙겨서 자기 자리에 앉아 그날의 이메일을 확인한다. 맡은 업무를 하고, 일정대로 회의에 참석하고, 집으로 향한다. 아마 장을 보거나 음식을 사서 퇴근할 것이다. 집에 오면 저녁 뉴스나 TV 프로그램을 시청하고 가족과 시간을 보낼 것이다.

어떤 루틴인지는 중요하지 않고 루틴을 갖는 것 자체가 중요하다. 재택근무를 하는 사람이라면 특히 그렇다. 업무와 가정을 정신적으로 구분하는 데 도움이 되기 때문이다.

한 동료는 내가 보기에 모범적이라고 할 만한 원격 근무 루틴을 가지고 있다. 루틴의 내용보다 루틴에 담긴 구조가 훌륭하다. 그녀는 일어나면 커피 한 잔을 마시고 아이들을 학교에 보낸다. 그리고 동네를 조깅하는데, 이 조깅이 그녀의 '출근'이다. 매일 아침 팟캐스트를 들으며 집에서 직장으로 이동한다. 집에 오면 샤워하고 업무용 복장으로 갈아입은 후 사무 공간에 앉아서 일하기 시작한다. 점심 일정을 잡고 캘린더에서 다른 일정을 차단한다. 그녀의 고용주는 원격 근무하는 직원을 고려해 회사 휴게실마다 영상 통화 전용 번호가 설정된 태블릿을 설치해 두었다. 그녀는 쉬고 싶을 때 그 번호로 연결하고 간식을 먹으러 주방으로 향한다. 그러면 그녀는 사무실에서 사람들이 하듯이 그 시간에 휴게실에 있는 동료와 대화를 나눌 수 있다. 근무 시간이 끝나면 동네를 빠르게 걷는다. 이것이 그녀의 퇴근인데, 그녀는 이때 좋아하는 음악을 들으며 느긋하게 긴장을 푼다고 한다. 아이들은 보통 그녀가 업무를 마치기 전에 집에 도착하지만, 그녀가 산책을 마치고 돌아올 때까지 그녀를 방해해서는 안 된다는 것을 안다.

그녀에 대해 내가 존경하고 따라 하는 한 가지는, 하루 일정을 엄격하게 계획하는 부분이다. 모든 일은 캘린더를 기준으로 이루어지며 그녀는 그에 따라서 생활한다. 그녀는 동료들에게도 각자 하루 일정을 엄격하게 세우라고 설득한다. 그녀의 일과에는 아무 때나 대화할 수 있는 평범한 사무실 환경의 즉흥성은 없다. 동료들은 일부는 사무실에서, 나머지 일부는 원격으로 일하는데 어디에서 일하든 그들이 하루 업무를 시작하며 하는 첫 번째 업무는 다른 동료들의 캘린더에서 비어 있는 시간을 찾는 것이다. 그리고 자신과 비어 있는 시간이 일치하는 동료를 찾아 그 시간에 10~15분 가볍게 이야기를 나눈다. 사무실에서 일어나는 우연한 만남을 조금 더 계획적인 방식으로 복제한 것이다.

자기 루틴을 무엇으로 채우든, 루틴을 만들고 지키는 것이 핵심이다. 이는 건강한 정신을 유지하고 매일 전문가다운 모습을 보이는 데 도움이 될 것이다.

6

문화를 명시적으로 정의하기

원격 근무를 포용하는 문화를 만들고 고취하는 것은 회사 전체가 할 일이지만, 사무실에서 일하는 직원, 원격으로 일하는 직원 모두가 그러한 문화를 확립하는 데 많은 도움을 줄 수 있다. 원격 근무자가 소수인 경우에는 특히 회의가 어려울 수 있다. 원격 근무를 포용하고 사무실 직원이나 원격 근무자 양측 모두에 적절한 대우를 제공하는 문화를 조성하는 것이 중요하다.

- 화상 회의는 1~2초 정도 지연될 때가 있다. 회사의 모든 직원이 그러한 사실을 이해해야 한다. "더 하고 싶은 말이 있으신가요?" 같은 질문을 한 후에 몇 초 정도 기다리는 데 익숙해져라. 그래야 원격 근무자가 발언권을 얻는다.
- 시끄러운 회의실은 화상으로 연결된 사람에게는 최악의 환경이다. 옆 사람과 떠드는 소리, 사탕 포장지 바스락거리는 소리, 펜 두드리는 소리 때문에 대화를 알아듣지 못할 수 있다. 회의 진행자는 그런 소리가 나는지 확인하고, 사무실에 있는 모두가 음소거 설정을 켜야 한다는 사실을 상기시켜야 한다. 그와 마찬가지로 원격으로 참석한 사람들도 배경 소음이 들리지 않도록 음소거 설정을 켜야 한다.
- 내가 일했던 한 회사에서는 발언자 외에는 조용히 해야 한다는 것을 상기시키기 위해 발언 막대기talking-stick를 활용했다. 스트레스 볼 등 물건을 활용해서 발언자를 표시하는 방법

이다. 이는 사무실에 있는 직원들에게 그 물건을 가지고 있지 않을 때 조용히 해야 한다는 것을 시각적으로 상기시킨다. 원격 근무자가 발언할 때는 그 물건을 컵 같은 작은 용기에 넣어서 그 순간 누가 그 물건을 가지고 있는지를 나타낸다.

- 원격 근무자는 사무실에 있을 때와 마찬가지로 행동해야 한다. 사무실 관습이나 규칙에 맞는 복장을 갖추고, 제시간에 회의에 참석하고, 전문가다운 근무 환경을 유지해야 한다는 뜻이다(사실 집에 있다고 하더라도 말이다).

- 회의 진행자가 몇 분 일찍 나타나서 회의 장비를 확인하고, 일정대로 회의를 시작할 준비가 되었는지 점검하는 것이 가장 좋다. 회의는 항상 짧은 소개로 시작하는 것이 좋다. 아니면 적어도 모두가 인사를 나누면서 말하고 듣는 데 이상이 있는 사람은 없는지 확인하라. 그래야 매번 "제가 하는 말 모두 들리시나요?"라고 확인하는 번거로운 의식을 치르지 않을 수 있다.

그리고 일상 대화에서 사무실 직원과 원격 근무자 사이에 불평등이 없는지도 살펴봐야 한다. 사무실에서 일상적으로 이루어지는 논의나 의사 결정에서 원격 근무자가 제외되지 않는지 모두가 경계하는 것이 좋다. 내가 다녔던 한 회사는 이 문제를 독특한 방법으로 해결했다. 이 회사에서는 한 사무실에 한 팀을 모아 두지 않고 일부러 떨어뜨려 앉혔다. 프로그래머는 재무팀의 팀원 옆에, 네트워크 엔지니어는 인사팀 팀원 옆에 앉았다. 의도적으로 노력해야만 팀 동료에게 다가가서 대화를 나눌 수 있게 한 것이다. 물론 회의실에서 팀이 모일 수 있었지만, 그러려면 모임 일정을 계획하고 원격 근무하는 동료를 포함해야 한다는 사실이 명확하게 상기되었다. 완벽한 해법은 아니었지만, 사무실에서 일하는 직원들이 원격 근무하는 동료에 대한 공감 능력을 키우는 데 큰 도움이 되었다.

7
사무실에 있는 것처럼 네트워킹하기

원격 근무를 처음 시작하는 사람들은 사무실 잡담에서 제외될까 봐 불안할 수 있다. 특히 명시적으로 원격 문화를 조성하지 않은 회사에서는 원격 근무자가 소외감을 느끼기 무척 쉽다. 모두가 원격으로 일하는 회사라 하더라도 다른 직원들과 연결되고 소속감을 느끼는 데 도움이 될 만한 사항을 몇 가지 제안하자면 다음과 같다.

- **줌, 팀스**Microsoft Teams**를 비롯해 자기 회사에서 사용하는 소통 플랫폼에서 정기적으로 편안한 모임을 가져라.** 근무 시간이 끝난 후에 1~2시간 정도 진행하되, 가깝게 일하는 팀이나 동료끼리 모이는 소그룹에 집중하라. 업무에 대한 대화는 금지하라. 주말에 무엇을 할지, 생일은 어떻게 보냈는지 등 개인적인 대화를 나누는 데 집중하라.
- **업무 캘린더를 철저히 업데이트하라.** 점심 같은 개인적인 약속도 모두 표시하라. 그리고 동료들에게 이렇게 말하라. "혹시 물어볼 게 있으면 제 캘린더에서 비어 있는 시간이 언제인지 확인해 주세요. 비어 있는 시간이라면 줌 링크 같은 것을 보내세요. 1분 이내에 답하지 않으면 질문을 문자로 남겨 주세요. 그렇게 하면 잠깐이라도 조금 더 자주 연락할 수 있을 거예요."

- **동료들을 무작위로 일대일 연결해 주는 도구를 찾아보라.** 슬랙에는 도넛_{Donut}(https:// slack.com/apps/A11MJ51SR–donut)이라는 무료 플러그인이 있다. 짧은 영상 통화나 일대일 회의를 위해 무작위로 동료들을 연결해 주는 플러그인이다. 이는 예정된 회의가 아닐 때도 다른 사람과 연락하는 좋은 방법이다. 본인이 진행 중인 업무에 대해 이야기하거나 회사의 나머지 사람들이 하는 업무에 대해 더 잘 알 수 있다.

동료가 아닌 사람들과의 네트워킹도 똑같이 중요하다. 같은 일을 하는 사람들이 연 슬랙 오픈 그룹을 찾아서 가상 행사에 많이 참여하라. 동료들과 커피나 음료를 함께 마시는 것 같은 느낌은 아니지만, 같은 일을 하는 이들과 어울리는 데는 도움이 된다. 예컨대 검색 엔진에서 'remote angular slack group' 같은 검색어로 검색하면 앵귤러_{Angular} 프레임워크를 사용하는 이들을 위한 몇 가지 옵션을 찾을 수 있을 것이다. 각자 자신의 상황에 맞게 검색어를 수정해 보라.

8

원격 근무, 일시적인 현상일까

2020년 코로나바이러스감염증-19 팬데믹 이후에 원격 근무자가 많아졌다. 원격 근무가 계속될지 많은 이가 몰랐고, 대부분은 지금도 여전히 모른다. 세계의 어떤 지역에서는 사무실을 다시 여는 회사도 있고, 나중에 다시 열겠다는 계획을 발표하는 회사도 있지만, 아직 어떻게 될지 모르는 이들도 있다. 비용을 절약하겠다, 더 마음에 드는 곳에 살겠다, 가족이 가까운 곳으로 가겠다 등 개인적인 이유로 원격 근무하기 좋은 곳을 찾아서 다른 도시로 이사한 사람도 있다. 분명한 건 원격 근무는 많은 이에게 결코 일시적인 근무 형태가 아니라는 것이다.

원격 근무를 위해 조성한 임시적인 환경을 영구적인 환경으로 쓸 생각은 하지 마라. 기껏해야 몇 개월에서 일 년 정도 용인할 만한 환경인데, 참을 수 없을 지경에 이르기까지 자기도 모르게 참고 있는 것일지 모른다. 앞으로도 계속될 것 같은 문제라면, 적어도 가까운 미래에는 그럴 것 같다면, 시간을 내서 그 문제에 대해 생각해 보라. 일과 삶에 관련한 모든 것을 검토하라. 필요한 공간이 어느 정도인지, 어디서 일할지, 어떤 일을 할지, 가족과는 어떻게 소통할지, 모든 것을 살펴보라. 모든 선택지를 펼쳐 두고 자신에게 중요한 사람들과 의논하며 신중하게 계획을 세워라. 모든 것을 포기할 각오를 해야 한다. 본인이 처한 상황을 새로운 시각으로 보면서 자신이 처한 상황에 필요한 사항과 지켜야 할 선을 고려하여 가장 적합한 해결책을 찾을 수 있도록 말이다.

9

실천 과제

이 장에서는 여러분이 원격 근무자든, 사무실 근무자든 원격 근무 생활에 대해 생각해 보길 바란다. 원격 근무를 준비하는 계획도 세워 보기 바란다. 이미 원격 근무 중이라면 현재 근무 조건을 평가하라.

- 어떤 업무 공간을 만들고 싶은가? 이 장에서 소개한 기준 중 몇 가지를 충족시킬 수 있겠는가?
- 자신을 위해 어떤 재택근무 루틴을 만들 생각인가? 예를 들어 여러분의 출근은 어떤 모습이겠는가?
- 원격 근무자가 조금 더 소속감을 느끼도록 사무실 에티켓 규칙 목록의 초안을 만든다면 어떤 내용을 포함하겠는가?
- 원격으로 일해 본 적이 한 번도 없다면 (아니면 아주 가끔 해본 정도라면) 사무실 근무에서 그리워질 만한 것은 무엇인가? 도구, 절차, 에티켓 규칙을 활용해서 그런 결핍을 완화할 방법은 무엇인가?

9장

좋은 팀원이
되어라

"코딩하게 날 좀 그냥 내버려 둘 수 없어요?" 내가 한 번 이상 해본 말이다. 비슷한 말도 해봤다. "서버나 실행하게 해줄 수 없나요?", "데브옵스 파이프라인을 만드는 데 집중하면 안 될까요?" 돌아오는 답은 언제나 "안 돼요."였다. 팀워크는 기술 분야에서 임무를 완수하는 필수 요소이며, 효과적이고 긍정적인 팀원이 되는 능력은 모든 고용주가 원하는 기술 중 하나일 것이다.

1

팀이 주는 기쁨과 시련

나이가 좀 들었고 이미 과거의 일이 되었으니 내가 항상 훌륭한 팀원이진 못했다는 걸 이제는 마음 편하게 인정할 수 있다. 나는 시트콤 **빅뱅 이론**The Big Bang Theory의 셸든 쿠퍼*와 닮은 면이 너무 많다. 뛰어난 팀원이 될 자질을 타고난 사람에게는 이 장의 조언이 다소 뻔해 보일 수 있지만, 나와 비슷한 사람이라면 여기에서 알려주는 팁을 실천하기 위해 매일 적극적으로 집중하고, 노력과 에너지를 제대로 쏟아야 할 것이다.

나에게는 장점에서 기인하는 한 가지 단점이 있다. 나는 '임무를 완수하는' 노동자다. 나에게 문제가 어디 있는지 알려줬다면 여러분은 뒤로 물러나 내가 문제를 척척 해결하는 모습을 지켜보기만 하면 된다. 나는 회의에서 내 관점을 명확하게 이야기하고, 가장 먼저 발언할 때도 많다. 그것은 내 장점이다. 그리고 나는 내 방법이 최고의 방법이라 확신하며 내 의견을 끝까지 사수할 것이다. 나는 우리 팀에 있는 모두가 내 편이 되어서 내 아이디어를 지지하길 바란다.

---

* 역주 천재적인 두뇌를 지닌 물리학자이나 다른 사람들의 감정을 파악하는 데 어려움을 겪는, 사회성이 크게 부족한 캐릭터다.

이제는 더 이상 그렇지는 않지만, 지금보다 어릴 때는 좀 어리석었다. 나 혼자 팀을 이루어서 프리랜서로 몇 년 정도 일한 후에야 제대로 돌아가는 효과적인 팀이 어떤 개인이 혼자 이룬 성취보다 훨씬 더 많은 것을 이룰 수 있다는 걸 깨달았다. 나는 늘 약간 예민해서 감정이 상하기 쉬운 편이었는데, 오랜 시간이 지나서야 다른 사람도 나만큼 예민하고 그들의 감정도 내 감정만큼 상하기 쉽다는 것을 깨달았다. 그런 깨달음이 더 나은 팀원이 되는 출발점이었고, 이제는 그때보다 훨씬 더 발전했다고 믿고 싶다.

훌륭한 팀은 기술 분야에서 놀라운 일을 성취할 수 있다. 나는 세계적인 수준의 인증 시험을 만드는 팀, 훌륭한 소프트웨어 제품을 설계하고 제작하는 팀, 획기적인 커뮤니티 행사를 열고 큰 성과를 거둔 팀과 일해 본 적이 있다. 하지만 팀에서 일한다는 건 때로 자제력을 갖춰야 한다는 뜻이다. 제안할 가치가 있는 내용이라면 두려워 말고 주장해야 하지만, 그 과정에서 다른 사람이 기여할 기회를 뺏으면 안 된다. 자기 아이디어나 경험을 팀에 제공하되, 강요하지 말고 제안해야 한다. 자신의 방법이 최고라는 것을 여러분이 절대적으로 확신하더라도 팀으로서는 최선의 방식이 아닐 수 있다는 걸 인정해야 한다.

당연히 팀은 사람들로 구성되고, 사람들은 기쁨과 시련, 둘 다 줄 수 있다. 우리는 모두 자기 짐을 팀에 가져온다. 편향, 경험, 실패, 기호, 성공, 편견 등 좋은 것도 있고, 나쁜 것도 있다. 우리가 가져온 것은 종종 동료들이 가져온 것과 충돌하고, 충돌 때문에 팀워크가 시험대에 오를 수 있다. 하지만 적절히 이해하고 관리하는 한 충돌은 영감과 혁신의 원천이 되기도 한다. 최고의 팀은 충돌을 억누르거나 피하지 않고, 이를 포용하고 건강한 방식으로 활용한다.

그래서 이 장은 더 나은 팀원이 되는 방법을 다룬다. 앞서 이야기했듯이 내가 처음부터 자연스럽게 팀워크를 발휘할 수 있었던 것은 아니지만, 시간이 지나면서 성장하고 더 나아진 것은 분명하다. 나는 여전히 팀워크를 발전시키기 위해 매일 에너지를 쏟으며 노력해야 하는 사람이고, 나에게 이를 실천하는 가장 좋은 방법은 체크 리스트를 만드는 것이다. 체크 리스트가 있으면 매일 나를 돌아볼 수 있다(실제 나는 내가 속한 팀의 컨디션을 최고로 유지하기 위해 이 방법을 활용한다).

2
더 나은 팀원이 되기 위한 체크 리스트

나는 더 나은 팀원이 되기 위해 다음과 같은 체크 리스트를 매일 검토한다.

- **내가 여기에 있는 이유를 생각하라.** 나는 팀의 임무가 무엇인지, 팀에서 내가 맡은 역할은 무엇인지 매일 상기한다. 역할은 엄청나게 중요하다. 다른 팀원의 역할이 특정 책임을 지는 것과 마찬가지로, 내 역할이 특정 업무를 담당하고 책임을 진다는 사실을 존중해야 한다. 나와 역할이 다른 팀원에게 무언가 제안할 수 있고 그 과정에서 내 제안이 수락될 수도 있지만, 결국 각자 어떤 일을 하기 위해 고용된 것인지를 존중해야 한다. 예컨대 나는 데브옵스 엔지니어로서 프로그래밍 언어에 대해 확고한 의견이 있다. 어떤 언어는 데브옵스 파이프라인을 통해 배포하기 쉽다. 단위 테스트 프레임워크가 더 훌륭하거나, 패키지를 더 독립적으로 생성할 수 있기 때문이다. 나는 이런 언어를 더 좋아하는 편이다. 하지만 내가 그런 의견이나 고려 사항을 제안할 수 있을지 모르나, 일반적으로 언어를 선택하는 것은 소프트웨어 개발자들이다. 이들은 당면한 업무에 대한 해당 언어의 적합성, 본인의 코딩 능력, 유지보수 능력 등을 고려한다. 모두가 팀의 전체 임무를 시야에서 놓치지 않는 한 각자 맡은 역할의 경계를 존중할 필요가 있다.
- **실패를 지지하라.** 시도는 무언가를 배우는 가장 좋은 방법이며, 많이 실패해 봐야만 최고의 방법을 깨달을 수 있다. 팀원들이 그러한 실패를 편하게 경험하게 하는 것이 팀에서 내가 맡

은 임무 중 하나다. 나는 잘잘못을 따지기보다 바로 팀과 함께 사후 분석을 진행하면서 우리가 잘못한 것이 무엇이고, 이를 통해 무엇을 배울 수 있는지를 논의한다.

- **정중하게 소통하라.** 참지 말고 표현하라. 내 경험과 관점을 팀에 제공하는 건 중요하다. 이는 내가 해야 하는 일 중 하나다. 하지만 다른 팀원들도 나와 똑같이 할 수 있게 양보하는 것도 중요하며 편안한 환경을 조성할 필요도 있다. 소통을 어려워하는 팀원이 있다면 ("어리석은 아이디어야." 같은 표현은 편안한 환경이 아니라는 것을 꽤 명확히 나타낸다.) 내가 나서서 대화가 더 건강한 패턴으로 되돌아올 수 있게 해야 한다.

- **합심하여 전념하라.** 내가 있던 팀은 대부분 매주 또는 격주로 회의를 열고 각자 상황을 업데이트하고 전체 진행 상황을 검토했다. 나는 회의를 시작할 때 팀의 현재 목표와 임무를 빠르게 검토하려고 노력했다. 이는 모두가 공통의 이해 기반을 갖추고 그 뒤로 이어지는 모든 대화가 공유하는 임무를 달성하는 데 집중하게끔 하는 방법이다.

- **갈등은 48시간 이내에 해결하라.** 나는 팀원이 한 일이나 말에 화가 날 때 마음을 가라앉힐 시간을 갖는 것이 매우 좋다고 생각하지만, 그래도 이틀 이내에는 갈등을 해결하려고 한다. 13장에서 맥락을 공유하는 방법에 대해 이야기할 예정인데, 이는 내가 상황을 진정시키고, 팀원들을 더 잘 이해하고, 갈등을 공개적으로 해결하려고 할 때 사용하는 방법이다.

- **도움을 청하라.** 취약한 부분을 노출하는 건 중요하다. 그래야 내가 모든 것을 알 거라고 팀원들이 기대하지 않게 된다. 나는 팀원들이 필요할 때 언제든 나에게 도움을 요청할 수 있기를 바란다. 그래서 나도 그들에게 도움을 요청한다. 어떤 코드를 재확인해 달라고 부탁하든, 서버 이전에 필요한 항목을 내가 전부 잘 챙기고 있는지 확인해 달라고 부탁하든, 그들이 나에게 필요하다는 것을 그들이 알았으면 한다.

- **개인적인 이야기도 어느 정도 나눠라.** 나는 내 이야기를 잘 안 하는 편이라 개인적인 이야기를 하는 게 쉽지는 않다. 하지만 우리 가족은 누구인지, 우리가 여가 시간에 무엇을 즐겨하는지, 우리에게 어떤 고충이 있는지 등등 개인 생활에 대해 조금이라도 공유하려 노력한다. 나도 팀원들의 개인 생활을 어느 정도는 알고 싶다. 그런 부분을 공유하면 상대를 더 인간적으로 느낀다. 서로에 대해 더 잘 알수록 서로의 잘못이나 성격적 결함을 더 쉽게 받아들일 수 있고 더 효과적으로 함께 일할 수 있다.

- **팀원들이 성공하도록 도와라.** 나는 내 성공에 집중하며 오랜 세월을 보냈다. 하지만 나 혼자 성공하는 데에만 집중하기보다는 주변 사람들의 성공까지 돕는 게 더 중요하다는 걸 깨달았다. 나는 각 팀원에게 성공을 어떻게 정의하는지, 그리고 그 성공을 실현하도록 내가 어떻게

도울 수 있을지 묻는다. 내가 도와준 이들은 대부분 나에게 보답했다. 우리가 서로의 성공을 돕는다는 뜻이다. 우리는 우리가 속한 조직의 임무를 성취할 뿐 아니라 서로가 각자의 개인적 사명을 성취하도록 도울 수 있다.

- **멈추고 들어라.** 나는 공학적인 사고방식을 가지고 성장했다. 문제를 보면 해결하려고 뛰어든다. 하지만 무턱대고 뛰어들기 전에 잠시 멈추고 팀원들의 이야기를 경청하는 단계를 거쳤을 때 팀과 함께 더 나은 해결책을 만들 수 있다는 것을 배웠다. 나는 문제를 제대로 이해했는지 확인해 달라고 팀에 부탁하고, 모두와 함께 브레인스토밍하며 해결책을 찾는다. 어떤 팀원에게나 승리의 순간, 다시 말해 모든 것을 해결할 아이디어를 떠올리는 순간이 필요하다. 여러분이 가끔 이런 승리의 순간을 즐기고 싶다면 여러분도 다른 사람에게 이런 순간을 즐길 기회를 주도록 정말 열심히 노력해야 한다.

- **팔로워가 되어라.** 여기까지 읽는 동안 아마 눈치챘겠지만, 나는 약간 주도적인 성격이다. 하지만 팀에서는 때로 팔로워가 되려고 적극적으로 노력할 필요가 있다. 내가 명목상 리더인 팀이라 하더라도 가끔은 물러서서 다른 사람이 주도할 수 있도록 한다. 나는 내가 팔로워십 followership[*]이 부족하다고 느껴 이를 발전시키기 위해 항상 노력한다. 그래야 다른 팀원이 빛날 기회가 생기는데 팀원들은 그런 기회가 주어질 때마다 나를 한 번도 실망시킨 적이 없다.

- **팀원들을 이해하라.** 나는 일 년에 한 번씩, 아니면 팀원이 바뀔 때마다 팀원들과 함께 모여서 각지의 강점과 약점은 무엇이며, 팀에서 일하며 각자 얻고자 하는 것은 무엇인지 등을 이야기하는 게 큰 도움이 된다고 느꼈다. 이런 이야기를 한 후에 팀원들이 리더에게 가서 역할을 바꿔 달라고 요청할 때도 있었다. 본인의 장점을 충분히 발휘하지 못한다는 것을 깨달았기 때문이었다. 팀을 이해하면, 다시 말해 각 팀원이 자기 일의 어떤 부분이 마음에 드는지, 성장하고 싶은 영역은 어디인지, 선호하는 소통 방식은 무엇인지 등 개개인의 특성을 알면 업무 효율과 업무 만족도가 높아졌다.

- **긍정적인 태도를 지녀라.** 험담하기보다 다른 사람의 능력과 업적을 인정하고, 항상 웃어라. 사람들에게 그들이 하는 일을 감사히 생각하고, 좋은 하루를 보내길 바란다고 이야기하라. 문제를 기회로 여기고, 그런 기회가 생겨서 느끼는 신나는 감정을 표현하라. 사람들을 '옳고 그름'의 관점에서 보지 말고 차이를 포용하라. 매일 회사에 출근해서 팀의 기운을 떨어뜨리는 사람이 되지 말고, 팀 분위기를 밝게 만드는 사람이 되어라.

---

[*] 역주 리더십이 조직을 이끄는 지도자로서의 역량이라면 팔로워십은 구성원으로서 리더를 따르는 능력을 가리킨다.

- **다른 사람이 하기 싫어하는 일을 하라.** 나는 아무도 하고 싶어 하지 않는 일을 떠맡을 정도로 착하지 않다는 것을 팀원들에게 항상 분명히 밝히곤 했다. 다른 사람이 하기 싫어하는 일을 전부 맡았다가 다른 사람들이 그냥 방관하는 바람에 결국 그 일을 혼자 떠맡게 되지는 않을까 누구나 가끔 걱정한다는 것을 안다. 그런데 그런 팀은 건강한 팀이 아니다. 그런 분위기를 고치거나 팀을 옮겨라. 건강한 팀이라면 아무도 하고 싶어 하지 않는 일을 내가 자원해서 맡을 때 모두가 뛰어들어서 업무를 나누려 할 것이다.

- **어떻게 도와줄지 물어라.** 나는 모든 팀원에게 적어도 하루에 한 번은 이 질문을 던진다. 상대가 어떤 일을 하는 중이든, 그 일을 더 쉽고 빠르게 할 수 있도록 내가 어떻게 도울 수 있는지 알고 싶다. 우리는 임무를 공유하는 사이이며, 나는 다른 팀원들이 지고 있는 무게를 최대한 덜어주고 싶다.

- **백금률Platinum Rule을 따르라.** 황금률Golden Rule은 "자신이 대접받고 싶은 대로 상대를 대하라."라는 것이다. 하지만 문득 내가 그 법칙을 좋아하지 않는다는 것을 깨달았다. 나는 다른 사람들이 나에게 "정말 고마워요. 정말 좋은 하루를 보내시길 바랄게요."라고 말하면 뭐라고 대답해야 할지 정말 모르겠다. 하지만 알고 보니 그들은 황금률을 따르고 있었다. 즉, 그들이 대접받고 싶은 대로 나를 대한 것이다. 하지만 나는 "상대가 대접받고 싶어 하는 대로 상대를 대하라."라고 하는 백금률을 좋아한다. 그 법칙을 따르려면 주의 깊게 관찰해야 한다. 가끔은 어떤 대접을 받고 싶냐고 대놓고 물어야 할 때도 있지만 그렇게 할 만한 가치가 있다. 좋은 팀원이 되는 방법을 더 많이 배울 수 있기 때문이다.

- **반성하라.** 하루가 끝날 무렵 나는 그날 내가 팀과 어떻게 일했는지 반성한다. 긍정적이지 않거나 팀이 목표를 향해 전진하는 데 도움이 되지 않는 말이나 행동을 하진 않았는지, 다시 말해 나의 행동이 다른 사람의 눈에 나의 의도대로 전달되었을지 생각해 본다.

3

대하기 까다로운 팀이나 팀원 대하기

나에게는 나와 맞지 않는 팀이나 팀원을 대할 때 사용하는 일종의 보고 절차가 있다.

1   자신을 제대로 돌아보며 나에게서 기인한 문제가 얼마이고, 그들에게서 기인한 문제가 얼마인지 파악한다. 100% 상대의 탓인 경우는 결코 없다. 언제나 내가 자초한 면이 아주 조금이라도 있다. 누군가 한 말 때문에 화가 난다면 아마 '지금 내가 과민한 건가?'라고 자문할 것이다. 이를 확인하려면 다른 팀원이 어떻게 반응하는지 살펴보면 된다. 남들도 부정적으로 반응한다면 내 예민함이 문제를 일으킨 전적인 원인은 아니라는 뜻이다. 마지막으로 의도를 이해하려 노력한다. 팀원이 악의적으로 한 말인가, 아니면 의도하지 않은 결과가 초래된 것인가?

2   상대의 맥락을 요청하고 내 맥락을 공유하면서 문제를 완전히 파악할 때까지 대화를 나눈다(이 과정은 13장에서 더 자세히 다룰 것이다).

"그냥 오늘 별일 없는지 궁금해요. 기분은 괜찮아요? 마음을 불편하게 하는 일이라도 있나요? 아까 하셨던 말에 대해 공유하고 싶은 의견이 있어서요. 그 말을 어떤 의미로 했고, 다른 사람이 어떻게 받아들이도록 의도한 건지 알고 싶어요." 맥락을 공유하면 문제가 빠르게 해결되거나, 적어도 오해가 사라질 때가 종종 있다.

3 맥락을 공유해도 원하는 결과에 이르지 못할 때는 도움을 청한다. 우선 다른 팀원에게 묻는다. "아까 들은 말에 제 신경이 예민해지는 것 같아서요. 그냥 제가 이상한 건지, 다른 분들도 그렇게 느끼는 건지 궁금해요. 이 사안에 대해 함께 논의할 수 있을까요?"

4 그때까지 내가 한 노력이 원하는 결과에 도달하지 못했다면 팀장에게 보고한다. 팀장에게 문제를 해결해 달라고 부탁한 적은 거의 없다. 그 대신 내가 문제를 해결할 수 있게 도와주거나 조언해 달라고 부탁한다. 팀장의 조언을 따른 후에 팀장에게 결과를 공유한다. 혼자 한 시도가 실패하는 경우 긍정적인 결과를 낼 수 있게 개입해서 대화를 중재해 달라고 팀장에게 부탁하기도 한다.

5 지금까지 내가 팀을 떠나는 것을 고려해 본 경험은 (다행히) 두어 번뿐이다. 다른 팀이나 다른 직장으로 가야 할 수도 있다. 팀이나 팀원의 문제가 전적으로 내 상상의 산물이 아니라는 결론에 도달했고, 그 문제를 스스로 해결하는 데 성공하지 못했고, 팀장님의 조언도 성공하지 못했거나 팀장님이 아예 도와줄 마음이 없다면, 떠나야 할 때일 수 있다. 자신이 원하는 사람으로 성장할 수 없거나, 성취하려는 것을 성취하지 못하는 직장에서 하루 삼분의 일을 보내기에는 인생이 너무 짧다.

문제를 해결하려 할 때 최대한 공격적인 태도를 취하지 않으려 노력한다. 문제가 단순히 내 오해일 수 있다는 점, 그리고 그 문제를 해결하고 싶다는 점을 명확히 말로 표현하려 노력한다. 믿거나 말거나 그렇게 하면 "당신이 한 말이 마음에 들지 않네요."와 같은 직접적인 공격 없이 대화를 시작할 수 있다. 내가 문제 상황을 어떻게 이해했는지 다시 이야기하고, 다른 사람에게 내가 잘못 생각하고 있는 부분을 바로잡을 기회를 주면 아주 손쉽게 바로 건강한 대화를 이어갈 수 있을 때도 종종 있다.

팀의 건강도 고려한다. 우리가 명확한 임무를 공유하고 있는가? 우리가 개인의 장점을 효율적으로 활용하고 약점을 효과적으로 덮어 주고 있는가? 각자 자신이 어떤 업무 방식을 선호하는지 이야기했고, 모두의 능력을 최고로 발휘하는 데 필요한 타협점을 찾았는가? 아직 그렇게 하지 못했다면 팀을 조금이라도 더 건강하게 만드는 출발점으로 이런 질문을 활용하면 좋다.

4
포용력 있는 직장을 만드는 데 기여하기

여러분이 훌륭한 팀원으로서 할 수 있는 또 다른 일은 더 포용력 있는 직장을 만드는 데 기여하는 것이다.

다만 본론에 들어가기에 앞서, 직장 내 다양성, 특히 기술 업계의 직장 내 다양성이라는 주제가 한 권의 책, 하나의 장, 하나의 절로 다루기에는 너무 복잡한 주제라는 걸 인정한다. 이 주제는 많은 이가 각기 다른 관점에서 쓴 수많은 책이 있을 만큼 가치가 있다. 그러한 노력을 폄하하려는 의도는 조금도 없다. 오히려 나는 그러한 책이 더 늘어나야 한다고 강조하고 싶다. 백인 미국 남성인 내 관점이 세상에 존재하는 광대한 스펙트럼의 아주 작은 일부라는 것도 잘 알고 있다. 사실 그것이 더 다양한 직장을 위해 노력해야 하는 중요한 이유 중 하나다. 다른 사람들의 다양한 경험과 관점은 우리와 우리가 속한 조직이 존재하는 세상으로 향하는, 더 넓고, 훨씬 더 완전한 시야를 제공한다. 그 결과 여러분은 그 광대한 스펙트럼을 더 완전하게 볼 수 있다.

자, 그럼 이제 본론으로 돌아와 여러분이 일상적인 업무 생활에서 작지만 의미 있게 기여할 수 있는 몇 가지 방법을 제안할까 한다.

도와주어라

기술팀이 다양성을 더 풍부하게 갖추는 데 도움이 될 만한 일을 할 수 있는지 살펴보는 것으로 시작하라. 즉, 오늘날 기업은 아직 다양성을 충분히 갖추지 못했다 하더라도, 미래의 기업이 더 풍부한 다양성을 갖출 수 있게 여러분이 할 수 있는 일은 무엇일까? 아이들에게 코딩, 네트워크 구축, 컴퓨터 수리를 가르치는 단체나 조직에서 자원봉사 하는 것은 미래 세대의 직업에 투자하는 것이고, 이는 미래 세대의 직업에 더 많은 다양성을 반영하게 만드는 일일 것이다.

- 블랙 걸스 코드Black Girls Code(https://wearebgc.org), 올스타코드AllStarCode (https://www.allstarcode.org)는 각각 흑인 여자아이 교육, 흑인 젊은 남성 교육에 집중하는 단체다.
- 나는 테크 임팩트Tech Impact의 IT 워크 프로그램IT Works program(https://techimpact. org)도 지원한다. 이들은 사회적 혜택을 받지 못한 청소년을 대상으로 초급 수준의 기술 일자리를 구할 수 있게 돕는다.
- LSALatino STEM Alliance(https://www.latinostem.org)는 훌륭한 로봇 공학 프로그램을 포함해 과학, 기술, 공학, 수학을 폭넓게 다룰 수 있도록 라틴계 사람들을 교육하는 데 집중한다.
- 라티나 걸스 코드Latina Girls Code는 라틴계 여자아이들에게 코딩을 가르치며 페이스북과 트위터에서 비공식적으로 활동한다.

이는 몇 가지 예에 불과하다. 핵심은 이러한 단체나 조직을 찾아서 돕는 것이다. 교육에 접근하기 어려운 청소년에게 시간을 내서 자신의 전문 기술을 가르치는 방식으로 지원하는 방법이 일반적이다. 당장 좋은 팀원이 되는 데는 아무 도움이 되지 않겠지만, 미래에 훨씬 더 훌륭한 팀을 구성하는 데 큰 도움이 될 것이다.

존중하고 지지하라

회사에서 일하는 동안, 모든 동료가 성장한 배경, 문화, 환경에 차이가 있다는 사실을 기억하라. 그러한 차이는 우리를 가치 있게 만드는 동시에 취약하게 만든다. 우리를 남들과 다르게 보이게 하는 그 사소한 모든 것은 누군가 우리를 압박하거나 수치심을 느끼게 하는 소재로 쓰일 수 있다. 우리 세대의 많은 기술 업계 종사자는 학교에서 그러한 경험을 했다. 나는 막 생긴 컴퓨터실 일을 도운 두 아이 중 한 명이었고, 그 때문에 온갖 수모를 겪었다. 당시에는 긱$_{geek}$*과 너드$_{nerd}$†가 지금처럼 재미있는 용어가 아니었고 누군가를 괴롭힐 때 쓰는 말이었다. 나는 왕따를 당했고, 반발하면 "강해져라."라는 말을 들었다. 흔하게 쓰던 표현이었다. "강해져라." 놀린다고 불평하면 더 놀리려고 그 표현을 썼다. 그리고 우리에게 강해지라고 말하던 사람들은 대체로 전혀 놀림받은 적 없고 절대 놀림받을 일이 없는 위치에 있는 사람들이었다.

이러한 사실을 인식하도록 노력하라. 본인의 동의 없이 본인을 두고 농담하는 걸 좋아할 사람은 없다. 그런 경험을 해보지 못한 사람은 그게 사람을 얼마나 비참하게 만드는지 절대 이해할 수 없다. 자신이 놀림감이 되는 직장, 대등한 상대로 대해 주지 않는 직장에 가야 한다고 생각하면 아침이

---

* 역주 특정한 취미에 깊이 빠진 사람을 일컫는 말로 특히 기술, 과학, 컴퓨터 등에 깊이 빠진 사람을 가리키는 경우가 많다.
† 역주 지능은 높지만 사회성이 부족한 성향을 지닌 사람을 일컫는 말이다.

오는 게 두려울 것이다. 그런 농담이나 지적을 하지 않는 것은 얼마나 쉬우며, 아무 말도 하지 않거나 칭찬을 하는 것은 또 얼마나 쉬운가? 상처 주지 않는 쪽을 택하는 게 훨씬 더 쉬운데 도대체 왜 상처 주는 쪽을 택하는가?

요즘은 '이제 정치적으로 올바른 말만 해야 해서 어떤 주제에 대해 어떤 말도 할 수 없다'는 정서가 존재한다는 것을 분명히 안다. '어떤 사람은 너무 감성적이라서 이성적일 필요가 있다'라는 정서가 존재한다는 것도 안다. 하지만 다른 사람에게 해도 괜찮은 말이 얼마든지 많다. 여러분은 다른 이들에게 좋은 하루를 보내길 바란다고 말할 수 있고, 회의에서 다른 사람들에게 목소리를 낼 발언 기회를 줄 수도 있다. 누군가가 어떤 사람을 괴롭힌다면 여러분이 피해자를 옹호할 수도 있다. 여러분이 지금까지 다른 사람을 희생자로 만드는 농담을 즐겼다면, 말을 아끼거나 그보다 나은 농담을 찾는다 해도 본인의 존재 가치가 크게 줄지 않는다는 것을 기억하기 바란다.

누구나 소속감을 느끼고 싶어 한다. 우리 뇌에 아주 오래전부터 있던 '부족에 소속되면 안전하다'는 기본적인 속성이다. 이는 인간이 이토록 사회적인 동물인 이유이기도 하다. 모든 고등학생은 인기 있는 그룹에 속하고 싶어 한다. 대부분은 성장하면서 그런 생각을 떨쳐 버리지만, 그래도 여전히 소속감을 느끼고 싶어 한다. 사람들이 소속감을 느끼도록 여러분이 매일 할 수 있는 일이 많다.

나는 지금의 배우자를 만난 지 얼마 되지 않았을 때 직장에서의 일을 기억한다. 출근하면 아침에는 대개 사람들이 휴게실을 들락날락하며 모닝 커피를 마시고, 지난 저녁이나 주말에 있었던 일에 대해 이야기했다. 그들은 자기 아내나 남편 또는 자녀에 대한 이야기를 많이 나누며 나를 그들의 대화에 껴주었다. 내 생각에는 그 대화에 내가 낄 자리가 없다는 것을 그들이 몰라서 그러는 것 같았다. 나는 중립을 지키기 위해 "아, 우리는 이러이러한 TV 프로그램을 봤어요.", "우리는 새로운 식당에 갔어요."처럼 항상 '우리' 같은 중립적인 단어를 사용했다.

내 동료들은 내가 생략한 부분을 놓칠 정도로 멍청하지 않았다. 결국 마이크라는 동료가 내 옆에 와서 이렇게 말했다. "있죠. 제가 보기엔 가정생활에 대해 항상 조심스럽게 이야기하는 것 같은데, 혹시 남자 친구가 있어서 그런 거면 나중에 편하게 이야기해도 우린 완전히 환영이라는 것만 알아둬요. 우린 모두 괜찮아요. 전혀 상관없어요."

소속감을 느끼게 해준 한 번의 초대가 엄청나게 큰 차이를 만들었다. 출근하기 두려워한 건 아니었지만, 그런 노력을 하고 있었다는 것조차 깨닫지 못했었다. 실수하지 않으려고 입 밖으로 나오는 모든 말을 편집하려는 노력 말이다. 그런데 그럴 필요가 없어졌다. 그런 행동은 여러분이 애쓰지 않고 매일 할 수 있는 사소한 행동이다. 동료에게 전문가답게, 정중하게 행동하는 한 자신을 편집할 필요가 없다는 것을 알려줘라(사실 난 욕설을 여전히 편집한다. 군 공동체 출신이라면 민간인 직장에서 사용하기 적절하지 않은 언어를 배울 수밖에 없다). 누구나 자기답게 살 자유가 있다. 그들 모두 있는 모습 그대로 공동체의 일부를 이룬다.

포용력 있는 직장을 만드는 일은 소송을 예방하는 차원에서 해야 하는 활동이 아니다. 이는 우리가 실제 다른 사람들과 함께 일하기 때문에 해야 하는 일이다. 모두가 직장에서 소속감을 인식하는 것은 아닐지 모른다. 소속감을 잃은 적이 없어서 그럴 것이다. 하지만 다른 사람이 어떻게 느낄지 생각해 보고 다른 사람의 불편한 느낌을 덜어 주는 사소한 행동도 진정한 선물이 될 수 있으며, 그 정도 선물은 같은 인간으로서 마땅히 받아야 한다.

5

실천 과제

이 장에서는 자신이 속하고 싶은 팀은 어떤 팀인지 생각해 보기 바란다.

- 이상적인 팀원이 지닐 만한 특징을 목록으로 만들어 보라. 그들이라면 매일 여러분을 어떻게 대하겠는가? 그들이라면 팀에 어떻게 기여할 것이며, 이상적인 상황에서 여러분과 어떻게 상호 작용하겠는가?

- 그 목록에 있는 특징 중에 여러분이 팀원들에게 매일 드러내는 특징은 무엇인가?

- 팀원들에게 팀에 대해 논의할 생각이 있는지 물어라. 동료들에게도 비슷한 목록을 만들어 보라고 요청하라. 익명으로 해도 좋다. 모두가 목록을 만든 후에 모두의 목록을 비교하고 대조하라. 모두가 원하는 공통 특징이 있는가? 어떤 차이가 존재하는가? 그런 차이는 우리 모두가 서로 다르다는 것, 늘 자기가 대접받고 싶은 대로 다른 사람을 대해서는 안 된다는 것을 보여준다. 우리는 상대가 대접받고 싶어 하는 대로 상대를 대해야 한다.

- 팀원 중 한 명에게 직장에서 소속감을 느끼지 못한 적이 있는지 물어보라. 현재 직장이든 아니든 상관없다. 만약 여러분이 소속감 문제로 어려움을 겪어 왔다면 그 문제에 대해 다른 사람의 의견과 경험을 듣는 것이 많은 도움이 될 것이다.

더 읽을거리

- 존 맥스웰, 『작은 혁신』(다산북스, 2009)
- Michael G. Rogers, 『You Are The Team: 6 Simple Ways Teammates Can Go From Good To Great』(CreateSpace Independent Publishing Platform, 2017)
- Tony Dungy, 『The Soul of a Team: A Modern-Day Fable for Winning Teamwork』(Tyndale Momentum, 2021)
- Rhodes Perry MPA, 『Belonging At Work: Everyday Actions You Can Take to Cultivate an Inclusive Organization』(Rhodes Perry Consulting, LLC, 2018)
- Colleen McFarland, 『Disconnected: How to Deliver Realness, Meaning, and Belonging at Work』(New Degree Press, 2020)

10장

팀장이 되어라

많은 기술 전문가가 관리직이나 리더 역할을 꺼리는 건 안타까운 일이다. 누구나 관리나 리더 역할을 하는 것은 아니지만, 그런 임무를 맡은 것이 경력의 하이라이트가 될 수 있고, 잘 해내는 경우 다른 사람의 경력에 긍정적인 영향을 줄 기회가 되기도 한다.

1

리더가 되겠다는 결심

　내가 아는 많은 기술 전문가가 본인은 관리에 관심 없다는 의사를 분명히 표명하곤 했다. 그 이유에는 몇 가지 공통 주제가 있다. 이를 요약하자면 대체로 지금껏 관리자와 좋지 않은 경험을 했고 그 사람처럼 되고 싶지 않다는 것이었다.

　지금껏 나는 형편없는 관리자도 재능 있는 리더도 겪어 봤다. 그리고 경력의 어느 시점엔가 나와 함께한 훌륭한 리더들이 나에게 얼마나 큰 도움이 되었는지 되돌아보며 '나도 저런 일을 하고 싶다.'라고 결심했다. 조직을 이끄는 결정을 내리는 데 보탬이 되고 싶었고, 다른 사람의 경력에 긍정적인 방향으로 영향을 주고 싶었다. 그 과정에서 엄청난 보람을 느꼈기 때문이다. 그리고 이런 깨달음을 얻어서 기쁘다.

　관리와 리더십이 모든 사람의 경력에 포함되는 것은 아니며, 포함되지 않아도 괜찮다. 하지만 이 장을 읽지 않고 그런 결정을 내리지 않기를 바란다. 관리나 리더십이 성공으로 향하는 과정의 일부라면 여러분이 더 행복하게, 더 효과적으로 이런 임무를 맡는 데 유용한 팁을 이 장에서 얻었으면 한다.

2

리더십 vs. 관리

우선 몇 가지 단어를 정확히 구분하고자 한다. 내가 여기서 내릴 정의는 결코 보편적이지 않지만, 이 장에서 몇 가지 책임과 행동의 집합을 구별하는 데 사용하겠다.

우선 **감독관**supervisor을 제외할 수 있게 이 용어부터 살펴보자. 이 장에서 **감독관**은 사람들이 해야 할 일을 하고 있는지 확인하고 감시하는 사람을 가리킨다. 어떻게 보면 감독관이 하는 일이 아기 돌보기나 다름없다고 생각해 그런 역할에 매력을 느끼지 못하는 이들이 있다는 걸 이해한다. 하지만 감독하는 역할은 관리에 살짝 발을 담가 보는 방법이 될 수 있다. 이런 역할을 맡으면 책임 범위를 넓히고 실제 관리와 리더십이 어떤 의미인지 탐색할 수 있다. 책임 소프트웨어 엔지니어 같은 팀장이 있는 팀에서 일해 본 적 있다면 그들의 직함이 무엇이었든 간에 훌륭한 감독관이 일하는 모습을 본 셈이다.

다음은 **관리자**manager다. 사람들이 제때 출근하는지 챙기고 규칙을 어기는 사람에게 규율을 가르치는 등 때로 관리자는 감독관과 매우 비슷한 일을 한다. 하지만 진짜 좋은 관리자는 자원이 한정적이고 성취해야 할 목표가 한 개 이상일 때 주어진 자원을 할당하고, 목표를 성취하는 사람이다. 팀장이 아니라 팀원 중 한 명이 관리자일 수 있다. 소프트웨어 엔지니어들이 속한 팀에서 일하는 책임 소프트웨어 엔지니어도 관리자 역할을 어느 정도 수행한다.

리더leader는 완전히 다른 개념이며, 이 장은 리더에 집중할 것이다. 리더는 남들보다 앞서는 사람이다. 리더는 나머지 모두에게 목적지가 어디인지 보여주고, 성공으로 향하는 경로를 설정하고, 성공에 이르는 길을 제시하는 사람이다. 그리고 모두가 임무를 이해할 수 있게 도와주는 사람이다. 훌륭한 리더는 팀이 집중하여 임무를 완수할 수 있게 장애물을 제거한다. 리더는 모든 일을 완료하는 사람이 아닐뿐더러 완료해야 할 모든 일을 알지 못할 때도 많다. 하지만 이들은 팀을 위해 비전을 만드는 사람이고, 모든 팀원이 팀의 임무에 어떻게 기여할지 이해하도록 돕는 사람이다.

그리고 리더는 팀원을 자원이 아닌 사람으로 대하며 책임지는 사람이다. 이들은 팀 내 정서를 신경 쓰고 팀원의 직무 능력이 발전하도록 돕는다. 새로운 리더를 양성하며, 각 팀원이 자기 경력에 맞는 수준까지 성장하도록 돕는다. 팀이 목표로 하는 여정에서 나머지 팀원들과 발맞추지 못하는 팀원이 있는지 알아보고, 그런 팀원이 본인의 경력을 위해 다음 자리로 떠날 때 행운을 빌어 주기도 한다.

특히 누가 리더인지 꼭 직책이 말해 주는 건 아니다. 네트워크 운영 관리자가 리더의 특성을 보인다면 리더일 수 있다. '한낱' 관리자도 리더일 수 있다. 직무 권한의 범위나 조직도상의 위치보다 어떤 역할을 하느냐가 중요하다.

여러분은 이런 태도를 갖추지 못했으면서 자신을 리더라고 부르는 사람들 밑에서 일했을지도 모른다. 나는 그런 이들을 진정한 리더라고 생각하지 않는다. 리더가 되는 것이 여러분의 성공에 도움이 된다면 그런 이들과의 경험 때문에 리더가 되는 걸 망설이는 일은 없게 하라.

3

리더의 길

리더십은 간단하다. 해야 할 일 목록이 짧아서다. 하지만 리더십은 어렵다. 그 짧은 목록에 매일 헌신해야 하고, 여러분이 제시한 임무에 헌신하도록 팀을 도울 준비가 되어 있어야 하기 때문이다.

우선 팀의 미래를 표현하는 비전을 만들어야 한다. 한 회사 전체를 이끈다면 몇 년 앞을 내다봐야 하고, 소규모 팀을 이끈다면 1년 또는 그 이내를 내다봐야 한다.

비전에는 측정할 수 있는 구체적인 목표가 몇 개 설정되어 있어야 한다. 그래서 적절한 데이터에 접근할 수 있는 권한이 있는 사람이라면 누구나 목표 달성 여부를 판단할 수 있어야 한다. 목표는 자잘한 일주일짜리가 아니라 팀의 기본적인 전체 목표, 다시 말해 큰 그림이어야 한다. 이러한 전체 목표에는 팀 활동에 대한 설명과 팀이 성취해야 할 구체적인 성과가 포함될 수 있다. 비전은 달성할 수 있어야 하며, 무엇을 달성할 수 있는지는 자신의 경험, 조사, 데이터를 바탕으로 추정해야 한다. '자, 우리는 제가 지난 직장에서 성취했던 수준에 근접했고, 어떻게 목표에 달성할 수 있는지 제가 압니다.'라고 말할 수 있다면 이는 달성 가능성을 보여주는 괜찮은 지표다. 아니면 '지금 우리가 하는 일은 이미 다른 모든 회사가 과거에 달성했거나 현재 달성하는 중이며, 저에게는 이를 확인할 모든 데이터가 있습니다.'라 는 생각에 달성 가능성을 자신할 수도 있다. 그것도 괜찮다. 하지만 비전이 순수한 환상이나 본능적 직감에서 나오면 안 된다. 현실적이고 달성할 수 있는 비전이라는 것을 보여줄 증거가 뒷받침되어야 한다. 비전 선언문을 살펴보면서 이를 효과적으로 만들 방법을 확인하고, 리더가 팀을 이끌 때 이를 어떻게 활용하는지 알아보자.

우리 팀은 세계적인 수준의 애자일 실무자가 모인 다양한 그룹이 될 것이고, 우리는 모든 프로젝트에서 결함이 더 적은 빌드를 일상적으로 더 많이 생산할 것이다.

이 비전 선언문에는 문제가 많다. 몇 가지 목표와 팀이 달성하지 못할 수도 있는 몇 가지 영역이 있다는 걸 암시한다. 또한, 리더가 팀의 업무를 이끄는 데 쓸 수 있는 정확하고 확실한 정보도 제공하지 않는다. 이 선언문은 객관적이지 않고 측정할 수 없다. **세계적인 수준**이란 정확히 무엇이고, 거기에 도달했는지 어떻게 알 수 있는가? **더**라는 말은 구체적으로 어떤 뜻인가? **다양한**이라는 말은 또 무슨 뜻인가? 정량적인 용어로는 어떤 의미이겠는가? 제대로 작성한 비전 선언문은 다음과 같다.

4년 이내에 우리 팀을 공인된 애자일 실무자로만 구성할 것이고, 이들은 명확하게 설정된 4~6주 스프린트로 일할 것이다. 우리는 스프린트를 통해 매해 10~12개의 빌드를 생산할 것이고, 결함률 목표를 빌드당 블로킹 이슈_{blocking issue}* 5개 이하로 유지할 것이다. 우리 팀의 최소 40%는 기성사회 소외 계층에서 온 이들로 구성될 것이다.

---

* 역주 사안이 중요하여 다른 문제를 해결하기 전에 먼저 해결해야 할 이슈를 말한다.

이 정도면 잘 구성된 비전 선언문이다. 이는 4년의 타임라인을 제공한다 (실제로는 적절한 타임라인인지, 4년 후를 항상 내다보면서 2년에 한 번 정도 업데이트해야 할 것이다). 짐작건대 도전적인 목표일 것이다. 팀이 현재 이런 마일스톤을 달성하지 못했고 아직 목표에 근접하지 못했을 것이라는 뜻에서 도전적인 목표라고 한 것이다. 이 목표는 개발 스프린트 기간, 스프린트를 통해 제공할 연간 빌드 수, 달성하려고 노력하는 결함률 목표 등 측정할 수 있는 항목으로 이루어져 있다.

이 비전 선언문은 좋은 선언문이다. 여러분이 **현재** 어디에 있는지, 그리고 어디로 가야 할지 확인하고, 두 지점 사이에 경로를 만들어 주기 때문이다. 여러분은 리더로서 다음과 같이 결심할 수 있다.

- 분기마다 팀원 두 명이 애자일 자격증을 취득해야 한다. 팀 내 업무적 공백을 최소화하기 위해 팀원별로 준비할 시간을 할당하여 시차를 두어서 진행할 것이다.
- 현재는 1년 단위 스프린트로 일한다. 다음 스프린트에는 제품 규모를 줄여서 3개월을 목표로 할 것이다.
- 매월 애자일 리뷰를 실시하여 애자일 원칙을 더 강화하고, 실수에서 교훈을 얻을 것이다.
- 팀에 새로운 자리가 나면 팀 내외부에서 다양한 지원자의 면접을 보는 데 최선을 다할 것이다. 항상 자리에 맞는 최고의 인재를 채용하되, 팀에 새로운 관점을 제공하는 것이 최고의 인재를 선별하는 하나의 기준이라는 것을 인정할 것이다.
- 빌드당 결함률을 줄이기 위해 단위 테스트가 하나의 습관으로 자리 잡도록 적극적으로 노력해야 할 것이다. 나는 모든 팀원이 적절한 교육을 받게 할 것이고, 진척 상황을 꾸준히 확인할 것이다.

이는 팀이 할 수 있는 실제적이고, 실행 가능하고, 가시적인 목표다. 여러분은 리더로, 팀에 이 목록을 보여줄 수 있다. 관리자로서 한정된 자원을 최대한 효율적으로 활용해야 하고, 그러한 자원을 얻기 위해 임원진과의 협상이 필요할 수 있다. 상사에게 이렇게 말해야 할 수도 있다. "전에 더 안정적인, 더 작은 빌드를 더 많이 생산하면 좋겠다고 말씀하셨던 것 기억하나요? 그렇게 하려면 이런 자원이 필요합니다. 팀의 업무 절차에 약간 투자할 필요가 있어요. 더 작은 빌드를 만들려면 팀원들의 시간을 쪼개서 그렇게 하도록 만들어야 해요."

상사와 협상하기

좋은 리더가 맡아야 할 한 가지 중요한 책임은 상사를 관리하는 것이다. 종종 자신에게 보고하는 사람을 관리하는 것만 관리라고 생각하지만, 자신의 보고를 받는 대상을 관리하는 것도 리더가 해야 할 또 다른 역할이다.

언젠가는 상사가 나에게 회사의 우선순위에 변화가 있었다는 것을 설명하고, 이러한 우선 과제를 지원하기 위해 팀 활동을 재조정해 달라고 요청했다. 나는 요청받은 내용을 살펴보고, 그 요청을 수행하려면 소프트웨어 엔지니어가 최소 1명 이상은 필요하다고 설명했다. 상사는 인력 충원은 없다고 했다. 나는 이렇게 답했다. "좋아요. 하지만 그러면 요청받은 이 두 가지 항목은 선택 사항이 되어야 해요. 말씀하신 모든 일을 완수하려고 노력하겠지만, 할 수 있다고 장담할 수는 없어요." 당시 내가 일하던 그 회사는 이러한 협상을 지지했다. 내가 실무에 더 밝다는 점을 고려할 때 내가 팀의 실제 역량을 더 잘 안다고 인정했기 때문이다.

또 한번은 팀원 두 명이 나간 자리를 채우지 못해서 인력 부족을 경험한 적도 있다. 그 때문에 목표한 결과를 달성하지 못할 위기였다. 나는 무작정 리더에게 문제를 설명하기 전에 세 가지 해결책부터 떠올렸다. "우리가 애초에 합의한 결과는 생산할 수 없지만, 현 상황에서 우리가 달성할 수 있을 것 같은 세 가지 시나리오를 만들어 왔습니다." 우리는 그 해결책을 협상의 기초로 활용했다. 리더는 내가 당시 회사의 우선순위를 이해할 수 있게 도와주었고, 나는 팀이 실제 달성할 수 있는 목표는 무엇인지 그가 이해할 수 있게 도왔다.

상사와 협상하는 것은 강력한 기술이고, 원활하게 운영되는 회사라면 이것이 전체 사업의 중요한 부분을 차지한다는 걸 이해할 것이다.

상사와 협상하는 선언문은 좋은 리더를 구성하는 중요한 부분이다. 조직은 여러분에게 애자일 방법론 채택, 생산성 향상과 같은 무언가를 원하고, 여러분은 리더로서 견고한 비전, 그리고 그 비전에 이르는 경로를 만든다. 세상에 공짜는 없고 자원은 한정적이므로 여러분은 그 비전을 실현하기 위해 장비, 시간, 인력, 비용 면에서 조직이 어떤 부분에 얼마를 투자해야 하느지를 파악해야 한다. 여러분에게는 리더로서 그러한 투자를 통해 여러분이 목표로 설정한 수익을 창출해야 할 책임이 있고, 그런 책임을 기꺼이 져야 한다.

여러분은 좋은 비전 선언문과 그 비전에 이르는 계획을 바탕으로 각 팀원에게 적절한 역할을 제시해야 한다. 진짜로 명확한 계획을 세웠다면 모두에게 맞는 자리가 분명하게 보일 것이다. 애자일 자격증 공부를 시작해야겠다고 생각하는 팀원도 있을 것이고, 단위 테스트에 대한 책을 읽어 보는 게 좋겠다고 말하는 팀원도 있을 것이다. 이제 여러분이 리더로서 할 일은 모두가 순조롭게 계획을 실행하게 하는 것이다. 혼란한 일상에서 비전을 놓치기 쉽다. 여러분의 목표는 비전을 시야에서 놓치지 않게 유지하는 것이다.

4
팀원이 처한
맥락 파악하기

비전을 실행에 옮긴 지 2개월 정도 지나자 한 팀원이 여러분에게 이렇게 말한다. "이 추가 기능을 진짜 넣어야 해요. 지원 센터에 이 기능을 요청하는 전화가 많이 오거든요."

하지만 지금은 팀이 스프린트에 돌입한 지 2주 차다. 그 기능을 지금 추가하면 애자일 원칙이 깨지고, 스프린트가 망가질 것이다. 여러분은 비전 선언문을 참고하여 어떻게 할지 결정한다. "이 기능을 이 시점에 추가하는 것이 우리 비전을 달성하는 데 도움이 될까?" 답은 "아니요."다. 이 한 가지 기능보다 비전이 더 중요하고, 팀은 비전을 위해 전념해야 하기 때문이다. 여러분이 그런 생각을 팀에 설명하지만, 팀원들은 회의적이다. 그들은 여전히 지금 그 기능을 추가하는 것이 최선이라고 생각한다.

팀원들이 동의하지 않는다면 어떻게 할 것인가? 이런 의견 차이를 비롯하여 근무 환경에서 자연스럽게 발생하는 다른 많은 의견 충돌, 논쟁, 오해, 다툼을 어떻게 처리할 것인가? 이런 문제를 처리하려면 팀원들이 어떤 생각을 하는지, 즉 그들이 처한 맥락이 어떠한지 파악해야 한다.

마이크로프로세서는 커널 공간과 사용자 공간, 두 공간 중 한 곳에서 코드를 실행할 수 있다. 커널 공간은 전체 컴퓨터 실행을 유지하는, 민감한 운영 체제 수준의 코드를 위해 설계된 보호받는 환경이다. 사용자 공간은 일반 애플리케이션을 위한 공간이다. 애플리케이션 하나가 전체 컴퓨터를 망가뜨리지 못하도록, 두 공간은 분리되어 있다.

마이크로프로세서는 사용자 공간의 코드와 커널 공간의 코드를 동시에 실행할 수 없다. 동시에 실행하면 하나가 나머지 하나에 영향을 미칠 수 있는 상태가 되기 때문에 둘을 분리할 수 없게 된다. 이를 피하기 위해 마이크로프로세스는 한 공간에서 다른 공간으로 변경하는 컨텍스트 스위칭 context switching을 필연적으로 실행하는데, 이는 시간이 걸리는 의도적인 작업으로 그 사이 프로세서의 맥락이 전환된다. 커널 공간으로 전환한 후 마이크로프로세서는 사용자 공간에서 실행할 수 없었던 작업들을 실행하기 위해 준비할 것이다.

여러분은 리더로서 마이크로프로세서처럼 요구에 따라 맥락을 전환하는 능력을 개발해야 한다.

이 단락을 다 읽은 후에 몇 분 정도 앉아서 눈을 감아 보길 바란다. 자기 내면에 어떤 생각이 흘러가는지 살펴보라. 아무 생각도 하지 않으려 할 때 어떤 생각이 떠오르는가? 난 이번 주말에 차를 몰고 가서 만나기로 한 친구 생각이 났다. 한동안 못 만난 친구여서 좋은 와인을 함께 마시며 밀린 이야기를 나눌 것을 고대하고 있다. 또 걱정되는 게 있다. 라쿤이 매일 밤 마당 데크에 있는 물건을 훔쳐 가는데 우리가 어떻게 해야 이 사건에 마침표를 찍을 수 있을까? 아, 그리고 쓰레기도 내다 버려야 한다. 아이스티도 한 잔 마시면 좋겠다. 턱이 약간 아픈 게 잘못된 자세로 엎드려 잔 것 같다. 아니면 턱을 너무 꽉 다물었었나? 이런, 그리고 보니 치과에 안 간 지 9개월 정도 되었네.

이것이 내 내면의 생각이다. 이게 나의 맥락이고, 내가 머릿속에서 머무른 장소다. 그리고 이것이 방금 사랑하는 나의 배우자가 나에게 청소했는지 물었을 때 "아니!"라고 쏘아붙인 이유다. 내 머릿속에 이미 고민이 많은데, 또 하나가 추가된 것이다. 여기에 턱까지 아프니 내 대답은 상냥하지 않을 수밖에 없었다.

그 후 우리는 당연히 싸웠다. 내가 쏘아붙였기 때문이다. 문제는 나와 내 배우자가 완전히 다른 맥락에 있었다는 점이다. 배우자는 부모님이 재정적으로 어려운 결정을 내리는 중이었고, 이 때문에 배우자의 가족은 걱정이 많은 상황이었다. 그래서 복잡한 집안 문제로 인해 청소를 깜빡할까 봐 청소를 확실히 했는지 확인하려고 한 것이 그 사람의 맥락이었다. 그런데 내가 아무 이유 없이 쏘아붙였다(뭐, 이유가 없지는 않았다). 내 머릿속에서는 내가 한 일이 타당했고, 배우자의 머릿속에서는 본인이 한 일이 타당했다.

우리는 모두 다른 맥락에 있다. 우리는 모두 가장 먼저 떠오르는 생각, 불안하게 하는 걱정거리, 이면 상황에서 무슨 일이 일어나고 있는지 보는 관점이 다르다. 그런 차이가 갈등을 일으키는 원인이다. 리더로서 여러분의 임무는 다른 사람의 맥락에 들어가서 무슨 일이 일어나고 있는지 이해하는 것이다. 꾹 참고 임무를 완수하는 것이 그들의 임무가 아니고, 그들을 이끄는 것이 여러분의 임무다. 리더 역할을 하려면 여러분을 따르는 사람들에 대해 어느 정도 알아야 한다. 여러분이 어리석은 방향으로 향하고 있다면 사람들은 여러분을 따르지 않는다. 여러분은 그들이 무엇을 현명하거나 어리석다고 보는지 알아야 하며, 왜 그 방향으로 가야 현명한 것인지 그들의 관점에서 이해하고 있어야 한다.

팀원: 애자일은 멍청한 방법이에요. 6주로는 아무것도 할 수 없다고요.

팀장: 글쎄, 똑똑하든 멍청하든 회사는 우리가 더 기민하게 대응하길 원해요. 원하지 않는다면 애자일이라는 방법론을 쓸 필요는 없지만, 그 원칙을 살펴보고 배포 주기를 더 짧게 만들어야 해요.

팀원: 이번에도 또 바보 같은 변화일 뿐이에요. 2년마다 한 번씩 아무 이유 없이 방법론을 바꾸고 있잖아요.

팀장: 어, 분명히 뭔가 불만이 있는 것 같은데요. 무슨 생각을 하는지 말해 봐요.

팀원: 상관없어요. 어차피 그냥 하고 싶은 대로 할 거잖아요.

팀장: 아닐 수도 있어요. 제 의견은 잠깐 잊으세요. 제가 틀렸으면 틀린 거죠. 인정할게요. 당신의 의견을 말해 봐요. 분명히 약간 화가 난 것 같은데 이유를 알려주세요. 제 의견이 별로라면 저도 실행하고 싶지 않아요. 지금 무슨 생각을 하는지 말해 주세요.

다른 사람의 맥락을 파악하려면 질문을 해야 한다. 지나치게 허물없이 대하는 것을 모두가 편하게 느끼지 않는다는 걸 이해한다. 나도 편하게 느끼지 않으며, 감정적인 이야기보다 서버 조립이 훨씬 더 편하다. 하지만 리더 역할을 할 때 팀원들의 정신적, 감정적인 상태를 이해하는 것이 내 임무다. 그들을 설득해서 나를 따르게 하려면 그들에게 무엇이 중요하고, 무엇이 우선순위이고, 그들이 무엇을 신경 쓰는지 이해해야 한다. 함께해야 할 일에 그들을 참여시킬 방법을 찾아야 하고, 그러려면 그들에게 그들에 대한 질문을 많이 던져야 한다. 나는 이러한 질문(과 그에 대한 답)을 통해 그들의 맥락을 파악할 수 있다. 어쩌면 내가 틀리고 그들이 옳을 수 있으며, 그들은 그저 자기 생각을 상대가 이해하기 쉽게 표현하는 데 서툰 것일지도 모른다. 그들의 관점을 이해할 수 있게 방향을 전환하는 것이 나의 임무다.

그렇다면 팀원들이 꾹 참고 자기 할 일을 하길 기대할 수 없는 이유는 무엇일까? 그들은 사람이다. 사람들은 참지 않는다. 자기 감정을 무시하고 아무 일도 없는 것처럼 행동하려고 노력할 수는 있다. 하지만 그렇게 하라고 권장하거나 허용한다면 건강한 팀이 만들어지지 않는다. 여러분을 따르는 팀이 만들어지지 않는다.

진정한 리더가 되는 건 새로운 직책, 급여 인상과 함께 주어지는 권리가 아니다. 이는 노력하여 얻어야 하는 특권이다. 리더로서 여러분은 팀에 있는 누구보다 가장 적은 일을 하는 사람이 될 수 있다는 것을 기억하라. 일을 하는 것은 팀원들이다. 여러분의 임무는 그들의 팔로워십을 얻고 모두가 원하는 결과를 얻을 수 있게 그들을 돕는 것이다.

모두가 완벽한 팀원이 되지 못하리라는 것을 인정한다. 여러분이 비전을 제시했는데 그 비전이 아예 틀렸다고 생각하는 팀원이 있다면 그 팀원은 그 팀에 잘 맞는다고 보기 어렵다. 이 경우에는 이런 말을 해야 할 수 있다. "우리가 가려는 방향은 이쪽입니다. 꼭 따라와야 하는 건 아닙니다. 하지만 우리는 이쪽으로 갈 건데 함께 가고 싶지 않다면 본인의 관심과 같은 방향인 팀을 찾아야 합니다."

"내 방식을 따르든지, 떠나든지 선택하세요."라고 말하라는 뜻이 아니다. 여러분이 제시한 비전, 여러분이 만든 경로를 통해 성취해야 하는 목표를 성취할 수 있다면 팀은 결국 이를 받아들여야 한다. 여러분은 분명 팀에 피드백을 요청할 것이고, 비전으로 가는 올바른 경로를 설계하노록 도움을 요청해야 할지도 모른다. 여러분이 팀원들과 제대로 협력하고 그들이 결과와 그 결과가 회사에 왜 중요한지 이해할 수 있게 돕는다면 팀은 여러분과 합심하여 임무를 완수할 것이다. 하지만 (그런 일이 자주 있지 않기를 바라지만) 현재 팀원이 새로운 여정을 떠나는 데 관심을 보이지 않을 때도 가끔 있다. 그럴 때는 그들이 가고자 하는 여정을 찾도록 도와주는 것이 여러분의 임무다.

5

긍정적으로 이끌기

나는 소위 리더라는 사람이 팀원들과 친하게 지내려고 과하게 노력하는 것을 몇 번 본 적이 있다. 그런 사람들은 팀원들이 좋아하지 않을 만한 걸 요청할 때마다 팀원들과 공감대를 형성하며 다른 데로 책임을 전가하려 한다.

> "경영진은 시간이 아무리 많이 들어도 서버 이전을 해야 한다고 하네요. 알아요. 알죠. 이미 일주일이나 하는 중이라고 했지만 어차피 제 말은 듣지도 않는다니까요."

이런 행동은 이끄는 것도, 관리하는 것도 아니다. 기억하라. 리더에게는 비전이 있다. 그 비전은 조직이 요구하는 결과를 만든다. 리더는 그 비전으로 향하는 경로를 개발하고, 팀이 그 경로를 따라가도록 하기 위해 격려하고 노력해야 한다. 리더는 팀과 비전 사이를 가로막는 장애물을 제거하도록 돕는다. 그리고 책임도 져야 한다.

리더인 여러분이 부정적으로 구는 것은 자신이 설정한 비전으로 향하는 경로를 스스로 방해하는 것이다. 여러분이 부정적이면 팀 전체도 부정적인 태도를 지닐 권리를 얻는다. 그러면 그들의 생산성이 감소될 것이고, 정신 건강과 행복이 영향을 받고, 여러분을 따르려는 욕구가 낮아질 것이다.

"결국 이렇게 되었군요. 영업부는 새로운 광고 캠페인이 시작되기 전에 서버를 이전하길 원하는데, 그게 다음 주라는 것을 우리 모두가 알고 있습니다. 이걸 해보려고 일주일 동안 고생했는데도 마지막 장애물이 남아 있네요. 그래도 우리가 이야기한 마감이 내일이니 해내야 해요. 밤새워 일해야 한다는 뜻이라는 걸 저도 압니다. 저도 함께할 겁니다. 하지만 우리가 하겠다고 한 것이니 해야 합니다. 다른 사람들은 우리를 신뢰하고 있어요. 제가 보기에 우리 6명 모두가 여기 밤새 있을 필요는 없을 것 같아요. 교대로 일하는 건 어떨까요?"

긍정적으로 이끈다고 해서 모든 상황에서 웃는 얼굴로 대해야 한다는 뜻은 아니다. 좋지 않은 소식도, 좋지 않은 일도 있을 것이다. 긍정적으로 이끈다는 것은 "지금 상황이 아주 좋지 않다는 것은 알지만, 이 일을 완수해야 해요. 어떻게 하면 될까요?"라고 말할 수 있다는 뜻이다. 이는 비전을 기대하는 것이다. 그 비전을 실현하기 위해 각자 맡은 역할을 모두에게 상기하는 것이다. 그리고 그들에게 요청했듯이 여러분도 자기 역할을 다하겠다고 알리는 것이다. 달성할 수 있는 비전을 만들고 거기에 이르는 명확한 경로를 제시했다면 마지막으로 남은 하나는 그 일을 하는 것이다.

6

리더가 하는 실수

우리는 모두 실수한다. 경험을 통해 얻는 핵심은 실수로부터 배우는 것이다. 그리고 가르치는 일의 핵심은 다른 사람들이 여러분이 저지른 실수를 피할 수 있게 경험을 공유하는 것이다. 이 책을 통해 내가 하려는 것도 그 일이다. 이를 염두에 두고, 리더가 저지를 수 있는 몇 가지 실수를 소개하자면 다음과 같다.

- **정직하지 않다**: 조직이 어리석은 일을 한다고 해서 이를 윤색할 필요는 없다. 하지만 그 때문에 팀원들과 공감대를 형성할 필요도 없다. 팀이 비전에 다시 집중하게 하라. 필요하다면 비전으로 향하는 경로를 재설정하고 모두의 역할을 다시 설정하라.
- **남 탓을 한다**: 단언컨대 책임은 리더가 진다. 팀원이 실수할 수도 있으며, 운이 따라 주지 않을 때는 실수에 대해 공식적인 징계가 내려지기도 한다. 하지만 그런 실수를 방지할 방법을 확실히 찾도록 노력하라. 세세하게 관리하는 건 답이 아니다. 모두에게 자기 역할을 확실히 알리고 각자의 성공을 판별할 객관적인 지표를 세우면 그런 실수를 최소화할 수 있다.
- **아이디어를 억압한다**: 기술 전문가는 대부분 자신이 사는 세계를 개선하려는 열정적이고 창의적인 사람이다. 그들을 억압하지 마라. 그들이 아이디어를 표현하게 하고 그런 아이디어를 경청하라. 팀원들이 여러분보다 훨씬 더 똑똑할 수 있다는 사실을 받아들이고, 그들을 믿고 비전으로 가는 경로를 만드는 데 도움을 받아라.

- **실수를 허용하지 않는다**: 실수는 학습 기회를 제공한다. 실수를 최대한 잘 활용하려면 실수에 대해 팀과 함께 토의하고, 앞으로 그런 실수를 방지할 새로운 방법을 찾아라. 프로젝트 노트에 실수를 적어 두는 것도 중요하다. 팀원들이 두려워하지 않고 편하게 책임질 수 있게, 처벌하는 데 집중하기보다 실수를 학습 기회로 여길 수 있는 환경을 조성하라.
- **너무 많이 말한다**: 뮤지컬 해밀턴Hamilton*에 나오는 노래의 가사처럼 "말은 줄이고, 많이 웃어라(Talk less, smile more)". 리더로서 여러분의 임무는 팀이 비전을 보도록 돕고, 비전에 다다를 수 있게 팀원들을 지원하는 것이다. 그들의 아이디어와 필요에 귀 기울이지 않는다면 그들을 지원할 수 없다.
- **엉망으로 소통한다**: 글과 말로 하는 소통 기술은 리더로서 성공하는 데 매우 중요하다. 예컨대 :P 이모티콘을 모두가 똑같이 해석하지 않는다는 것을 잊지 마라. 최대한 모호하지 않게 소통하도록 노력하고, 여러분의 말이 여러분의 의도대로 받아들여지지 않을 수 있다는 것을 인식하라. 듣고 배우고 조정하라.
- **망각한다**: 여러분도 살면서 나쁜 리더를 경험한 적이 있을 것이다. 그런 리더가 되지 마라.

---

* 역주 미국 건국의 아버지 중 한 명으로 꼽히는 알렉산더 해밀턴Alexander Hamilton의 생애에 대해 다룬 뮤지컬 '해밀턴'의 'Aaron Burr, Sir'에 등장하는 가사다.

7

이끄는 것 이상의 리더십

　진짜 효과적인 리더의 마지막 임무는 사람을 돌보는 것이다. 이 임무에는 상사의 불만으로부터 최대한 그들을 보호하는 것, 이들이 임무에 집중하도록 돕는 것이 당연히 포함된다. 또한 자신의 팀을 사람으로서, 전문가로서 돌보기 위해 노력하는 부분도 포함된다.

　팀원들이 자신의 성공을 어떻게 정의하는지 관심을 가져라. 그들이 어떤 삶을 살고 싶어 하는지, 그런 삶을 살려면 어떤 경력이 있어야 한다고 생각하는지 물어보라. 그리고 그들이 그런 경력을 만드는 데 여러분이 어떤 도움을 주면 좋을지 물어라. 조언이라도 해주면 도움이 될지 물어보라. 그들의 경력에서 여러분이 도울 수 있는 부분이 있다면 그 부분을 돕겠다고 제안하라. 그들이 리더가 될 수 있게 지도해 주거나, 회사에 대한 이해를 높여서 현재 그들이 하는 일을 본인의 업무 목표에 맞게 더 잘 조정하도록 도울 수 있을지 모른다.

　내가 만난 대부분의 리더가 내가 어떤 역할을 원하든 그 역할로 성장하길 바랐다는 점에서 나는 운이 좋았다. 나는 업계에 입문한 초기에 컴퓨터 소프트웨어 소매업체의 파트타임 영업 사원으로 일한 적이 있다. 대부분의 소매점에는 관리자와 보조 관리자가 한 명씩 있었다. 열쇠 담당자는 한 명일 때도, 여러 명일 때도 있었다. 열쇠 담당자는 가게 열쇠를 소지했고, 가게를 여닫을 권한이 있었다. 그러려면 금전 등록기를 계산하고 개점, 폐점 시 필요한 서류 작업도 해야 했다. 내 관리자는 열쇠 담당자라는 개념을 좋아하지 않았고, 모두가 모든 일을 할 줄 알아야 한다고 생각했다. 나는 그 가게에서 주당 12시간밖에 근무하지 않았지만, 모든 것을 빠르게 배우는 편이어서 그녀가 하는 대부분의 일을 할 수 있었다. 덕분에 가까운 가게에 보조 관리자 자리가 났을 때 쉽게 그 자리에 채용될 수 있었다. 나는 그녀에게 배운 사고방식을 한 번도 잊은 적이 없다.

지금까지도 나는 모든 팀원이 내 업무를 어떻게 하는지 알게 한다. 아직 그들에게 그 모든 일을 할 권한이 없더라도 말이다. 그렇게 해야 언젠가 그들이 승진할 기회가 오면 그들이나 회사나 쉽게 결정할 수 있다. 물론 이모든 것은 그들이 나와 비슷한 위치로 승진하기 원하느냐에 따라 달려 있다. 나는 그들을 잘못된 방향으로 밀어붙이지 않도록 각자의 목표와 가치에 대해 항상 세심하게 묻는다. 경우에 따라서는 성장을 위해 현재 업무의 특정 측면에 집중하라고 제안한 적도 있다. 그렇게 하는 것이 그들이 현재 있는 자리보다 그들의 목표에 더 가까운 자리로 움직이는 데 더 도움이 될 것이다. 이왕이면 우리 회사에서 그런 자리를 찾기 바라지만, 혹시 그럴 수 없다 해도 그들이 자신에게 맞는 일을 한다면 나는 만족한다.

8

리더가 되기 전에

이 장의 많은 분량을 할애해서 리더십을 정의하고 리더가 어떤 일을 하는지 설명했으니 리더가 되는 걸 반대하는 시간을 잠시 가져 볼까 한다. 나는 리더가 될 준비가 한참 덜 된 상태에서 처음으로 리더 역할을 맡았다가 결국 일반 팀원 역할로 되돌아온 경험이 있다. 다시 리더 역할을 맡기로 한 것은 그로부터 10년도 더 지난 후였고, 이때는 준비가 훨씬 더 잘 되었다고 느꼈다. 이 책을 쓰는 동안 몇몇 동료가 (우리 팀원도 한 명 있었다) 리더가 되었다가 일반 직원으로 되돌아오는 비슷한 경험을 하는 모습을 보았기에 리더가 될 기회가 왔을 때 의문을 품어 볼 가치가 충분히 있다고 생각한다. 리더 직위에 올랐을 때 매일 어떤 일을 하는지 아는가? 여러분이 좋아하는 일인가? 그 직위를 잘 수행할 모든 기술과 경험을 갖췄는가?

오로지 직책이나 돈 때문에 리더 직위를 받아들이면 절대 안 된다. 간혹 관리직을 유일한 승진 방법으로 생각하기도 하고, 급여 면에서 많은 조직이 실제 그렇기도 하다. 하지만 오로지 급여 때문에 리더 직위에 올랐다가는 역효과가 날 수 있다. 이끄는 일을 하고 싶고, 그 일을 뛰어나게 하고 싶을 때 리더 직위를 맡아라. 리더십은 다른 모든 기술과 마찬가지로 누구나 숙달할 수 있는 기술이지만, 누구나 좋아할 만한 업무는 아니다. 또한 조직마다 업무가 다르므로 실제 여러분이 어떤 일을 하게 될지 정보를 수집하고 분석하라.

무능력 단계까지 승진하지 마라

로렌스 J. 피터Laurence J. Peter는 1968년에 출간된 고전 도서 『피터의 원리』(21세기북스, 2019)에서 지금 내가 하려는 리더 역할 맡기에 관한 이야기와 관련 있는 한 가지 개념을 제안했다. 간략히 정리하자면 그는 위계적 조직에 있는 사람들이 '무능력 단계level of incompetence'까지 승진하는 경향이 있다고 주장한다.

이 과정은 이렇게 진행된다. 여러분이 훌륭한 초급 소프트웨어 개발자라고 가정해 보자. 여러분은 잘해서 결국 중간급 개발자 역할까지 승진한다. 처음에는 추가 업무 때문에 약간의 난항을 겪지만, 나중에는 이를 능수능란하게 처리한다. 시간이 지나 여러분은 시니어 개발자 역할에 오른다. 이 역할에는 팀 코칭 책임이 어느 정도 추가되고 이번에도 처음에는 약간의 난항을 겪지만, 결국은 자기 리듬을 찾고 잘하기 시작한다. 다음에는 전면적으로 리더 역할을 하는 소프트웨어 개발 관리자로 승진한다. 더 이상 코딩하지 않고 이전에 동료였던 이들 전체를 이끄는 책임을 진다. 급여는 훌륭하고 회사의 신뢰를 받는다는 사실에 기분이 좋다. 완전히 새로운 업무이므로 이번에도 처음에는 약간의 어려움을 겪지만, 결국은…

계속 난항을 겪고, 절대 나아지지 않는다. 무능력 단계까지 승진했기 때문이다. 성공하지 못했기 때문에 더 멀리 가진 못할 것 같다. 심지어 여러분의 잘못도 아니다. 그저 필요한 기술을 갖추지 못한 자리에 투입된 것뿐이다. 뛰어난 개발 능력은 뛰어난 리더십 기술을 보장하지 못한다. 다른 관점에서 보면 자격을 갖추지 못한 자리에 앉은 것일 수 있다. 유닉스 시스템 관리자가 어쩌다 데이터 분석 아키텍트 자리에 앉은 것과 비슷하다. 급여는 훌륭할 것이고 업무가 흥미로워 보일 수 있지만, 여러분의 과거 기술은 여러분을 성공으로 이끌지 못한다.

무능력 단계까지 승진하지 않도록 주의하라. 리더 직위로 승진하고 싶다면 그 직위에 어떤 업무가 수반되는지, 그런 업무를 잘하려면 어떤 기술이 필요한지 배워라.

리더십을 배워라

리더십 기술은 **배울 수 있다.** 그 과정은 새로운 기술을 배우는 것과 유사하다. 약간 배우고 연습하고 작은 역할을 맡아서 더 큰 역할을 맡을 때를 대비하라. 적절한 때에 리더 역할에 자연스럽게 녹아들 수 있게 리더십 기술을 배우고 연습할 몇 가지 방법을 다음과 같이 소개한다.

- **자신이 속한 조직의 기존 리더와 멘토링 관계를 형성하라.** 나는 이 방법을 강력히 추천한다. 온갖 험한 일(해고하기, 업무 능력에 대한 불편한 피드백 주기 등)도 포함해 자신이 실제 어떤 일을 맡을지 파악할 좋은 방법이다.
- **기술 리더 직위가 있는 조직에 있다면 그 역할을 맡아라.** 기술 리더 역할을 맡는다는 건 숙련된 기술 실무자가 급여를 약간 인상받는 조건으로 리더를 보조하는 비공식적인 역할을 한다는 뜻이다. 조직으로서는 리더의 업무를 어느 정도 나누는 효과가 있고, 그 역할을 맡는 사람으로서는 가벼운 리더 역할을 맡아서 시운전해 볼 기회가 된다.
- **리더가 될 기회가 있는 조직에 자원하라.** 소규모로 팀이나 프로젝트를 이끄는 것으로 시작하여 경험을 얻고 리더 역할이 마음에 드는지 확인할 수 있다면 좋다.

자신의 성공을 측정하라

일반 직원은 성공적인 하루를 보냈는지 측정하기 쉽다. 아마 서버 작동, 코드 모듈 완성, 데이터 시각화 작업 등의 업무를 했을 것이다. 다시 말해 무언가를 생산했다. 리더가 되면 성공적인 하루였는지 판단하기가 훨씬 더 어려울 수 있다. 리더가 더 많은 회의에 참석하고 직원들에게 업무 진행 명령을 전달하지만, 실제 업무를 진행하는 건 리더가 아니라 직원들이다. 그래서 리더는 성공적인 하루였는지 판단할 새로운 방법을 찾아야 한다. 여러분이 리더가 되길 열망하는 사람이라면 새로운 측정 방식을 찾고 그 방식에 익숙해져야 한다.

나는 리더가 된 후 내 하루가 어땠는지 매일 평가하기보다 내 일주일이 괜찮았는지 평가하는 방식으로 전환하려 노력해 왔다. 하루 만에 승리를 점치기 어려울 때도 있어서 그랬다. 그래서 개선의 여지가 보이는 일뿐 아니라 잘한 일도 기록하려고 특별히 노력을 기울인다. 한 주가 끝날 무렵 그 목록을 검토하고, 보통 몇 달 치 목록을 저장해 둔다. 때로는 이것이 관리자로서 겪는 매일의 혼란 속에서도 내가 여기서기에서 승리를 거두기도 했다는 것을 스스로 상기할 수 있는 유일한 방법이다.

9

실천 과제

이 장에서는 자신이 효과적이라고 생각하는 리더, 함께 일하기 즐거웠던 리더에 대해 생각해 보고 그들이 보였던 특성을 떠올려 보라.

- 여러분이 이해하는 비전, 여러분의 역할을 알 수 있는 비전을 이야기한 리더는 누구인가? 그들은 그 비전을 어떻게 전달했는가?
- 여러분이 꼽는 최고의 리더는 비전을 실현하도록 여러분을 어떻게 격려했는가?
- 여러분이 함께 일한 리더들을 떠올려 보자. 팀원에게 각자의 역할을 잘 이해시키려면 리더가 각 팀원의 맥락을 이해하는 과정이 선행되어야 한다. 여러분이 함께 일한 리더들은 여러분의 맥락을 이해하려 어떤 노력을 했는가?

더 읽을거리

- 제임스 C. 헌터, 『서번트 리더십 2』(시대의창, 2006)[*]

- Kimberly Davis, 『Brave Leadership: Unleash Your Most Confident, Powerful, and Authentic Self to Get the Results You Need』(Greenleaf Book Group Press, 2018)

- Michael K. Simpson, 『Powerful Leadership Through Coaching: Principles, Practices, and Tools for Leaders and Managers at Every Level』(Wiley, 2019)

---

* 역주 절판되었다.

11장

문제를 해결하라

업무적인 문제는 직장 생활을 조금 더 재미있게 해주는 일종의 양념이라고 볼 수 있다. 문제를 고된 일상 업무에서 벗어나 도전할 수 있는 과제라고 생각하라. 물론 자신감 넘치는 해결사가 아니라면 문제 때문에 스트레스를 받거나 실패할까 두려울 수 있다. 하지만 올바른 방법론을 활용한다면 반복 가능하고 신뢰할 수 있는 문제 해결 절차를 만들어서 성공에 도달할 수 있을 것이다.

1

문제 해결 vs. 장애 복구

본론에 들어가기에 앞서 이 장의 주제는 **장애 복구**troubleshooting가 아니라 **문제 해결**problem-solving이라는 것을 강조하고 싶다. 두 개념이 매우 비슷해 보인다는 걸 잘 알기에, 우선 이 둘을 구별해 보려고 한다.

내가 보기에 **장애 복구**는 기술적인 활동이다. 무엇인가가 정상 작동하지 않아서 정상 작동하도록 복원하려고 할 때 하는 활동이다. 장애 복구는 망가진 무언가를 정상 작동하도록 복원한다는 확고하고 명확한 결과가 있다.

반면 **문제 해결**은 기술적인 활동이 아닐 수도 있다. 문제 해결은 사람 사이 또는 기업 사이에서도 있을 수 있으며, 반드시 무엇인가가 망가졌다는 것을 나타내지도 않는다. 단지 무엇인가가 여러분이나 상대방이 가장 원하는 방식으로 작동하지 않는다는 뜻이다. 문제 해결의 결과는 종종 주관적이다. 목표로 하는 확고한 해결책이 항상 있는 것도 아니고, 가능한 해결책이 폭넓게 존재하며, 각 해결책에는 다양한 트레이드오프가 따른다.

2

문제를 명확히 서술하라

내가 문제 해결을 어떻게 생각하는지 간단한 그림이 포함된 예시를 통해 보여주겠다. 우리 회사의 특정 제품을 만들기로 계약한 공급업체가 있다고 가정해 보자. 제품은 애플리케이션일 수 있고, 문서나 일종의 분석일 수도 있다. 무엇인지는 중요하지 않다. 어쨌든 하나의 제품이다. 우리는 가격과 납품일을 합의했다. 이런 합의를 그림으로 표현해 보자. 그림 11-1에서 우리 회사는 원이고, 공급업체는 사각형이며 이 둘은 직선으로 연결되었다.

그림 11-1 직선 연결 = 문제 없음

자, 여기에 문제가 발생했다고 가정해 보자. 그림 11-2를 보면 무언가 바뀌었다. 회사 내부 압박 때문에 공급업체의 제품이 더 일찍 필요해졌다고 가정해 보자. 이제 공급업체와 우리 회사의 연결이 끊겼다. 공급업체는 계약한 대로 준비하고 있는데, 우리 회사가 갑자기 게임의 규칙을 바꾸었다.

그림 11-2 끊긴 연결 = 문제

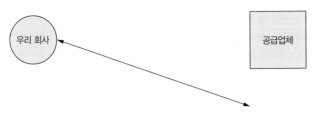

나는 이 문제를 해결해야 하는 사람으로서 화살표를 다시 연결할 방법이 궁금하다. 원한다면 이 상황을 당구로 나타내도 좋다. 화살표가 큐볼cue ball 의 경로를 나타낸다. 큐볼을 원하는 포켓, 즉 공급업체에 넣으려면 나는 어떻게 해야 할까?

연결이 끊긴 원인에 과하게 집중하지 마라

이 시나리오에서 회사의 납품일이 변경된 이유를 언급하지 않았다는 것을 눈치챘는가? 나는 문제를 해결할 때 문제의 원인에 과하게 집중하지 않으려 노력한다. 그 대신 끊어진 연결의 본질과 해결책 찾기에 집중하려고 한다. 이는 기술적인 장애 복구할 때의 태도와는 다르다. 장애를 복구할 때는 해결책의 단서를 얻기 위해 때로 장애 원인을 명확히 검토해야 한다.

하지만 문제를 해결할 때는 회사 납품일이 왜 변경되었는지 오래 생각하는 것은 별 도움이 되지 않는다. 회사가 고객의 압박을 받았을 수도 있고, 변덕을 부리는 임원이 있었을 수도 있다. 연결이 끊어지게 한 원인이 무엇이든, 내가 그 원인에 영향을 미치기 어려운 경우가 대부분이어서 거기에 집중해 봐야 시간이 낭비되고 불필요한 좌절감만 쌓일 것이다.

3

지렛대를 알아내라

나는 지렛대, 즉 해당 상황에서 내가 바꿀 수 있는 것을 목록으로 작성한다. 꼭 도움이 되는 지렛대만 떠올려야 하는 것은 아니다. 이 시점에는 그저 내가 어디에 영향을 미칠 수 있는지를 알아내려고 하는 것이다. 이 시나리오라면 다음과 같은 지렛대를 떠올릴 수 있다.

- **돈**: 추가 금액을 제시하면 공급업체에 동기 부여가 될 수도 있다. 물론 회사 재무팀에 추가 금액을 낼 여력이 없을 수도 있다.
- **관계**: 일을 의뢰하는 것이 공급업체에 동기를 부여한다고 가정할 때, 공급업체의 입장에서는 우리 회사와 더 좋은 관계를 유지해서 장기적으로 더 많은 일을 받는 것이 가치 있다고 생각할 수 있다. 따라서 앞으로 더 많은 일을 주겠다고 보장하면 공급업체가 새로운 납품일에 맞춰서 납품하는 것이 가능해질 수도 있다.
- **제품**: 제품의 특성을 변경해서 공급업체의 할 일을 줄여 주면 우리가 제시한 새로운 일정을 더 수월하게 달성할 수 있지 않을까? 애플리케이션의 일부 기능을 삭제하고, 문서 길이를 줄이는 등 의미 있는 변화를 꾀할 수 있을까?
- **대안**: 공급업체를 변경할 수 있을까? 계약, 사업적 관계를 비롯한 다른 요인에 따라 복잡해질 수 있는 지렛대이지만, 고려해 볼 만한 부분이긴 하다.

공급업체에 이렇게 말한다고 가정해 보자. "이 작업을 더 빨리 완료해 주신다면 10% 추가금을 드릴 수 있어요." 하지만 그림 11-3처럼 이 정도 지렛대로는 부족할 수 있다. 그렇다면 공급업체가 아마 이렇게 답할 것이다. "조금 더 빨리 해드릴 수는 있지만, 전체 작업을 완료하기는 어렵습니다." 즉, 문제가 아직 제대로 해결되지 않았다.

그림 11-3 지렛대를 이용하여 다시 연결하기

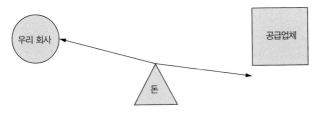

지렛대의 도움을 받아도 문제가 해결되지 않았다. 좋다. 그러면 제품을 줄인다는 새로운 지렛대를 추가해 보자. 아주 약간이지만 합의에 이를 만큼 움직이는 것이다. 그림 11-4가 최종 해결책을 보여준다.

그림 11-4 여러 지렛대를 사용해 다시 연결하기

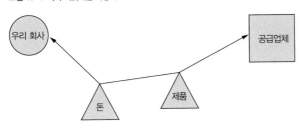

이 예는 문제 해결의 본질을 보여준다. 문제를 명확히 서술하고 상황에 영향을 줄 수 있는 지렛대를 알아내라. 적절한 지렛대를 써서 끊어진 연결을 바로잡고 문제를 제거하라.

이런 방식으로 문제 해결에 접근할 때 주어진 상황에서 자신이 쓸 수 있는 지렛대를 알아내는 지점이 어렵다. 바로 그 지점에서 경험이 중요해지고, 상황을 제대로 파악하려는 노력이 큰 도움이 된다. 상황에 맞는 지렛대를 찾는 일은 멘토나 관리자가 도울 수 있고, 도와야 한다. 또한, 여러분 스스로 회사 동료들과 이야기를 나누고, 자신이 일하는 분야를 전반적으로 조사하고 연구한다면 주어진 상황과 사용할 지렛대에 대한 이해의 폭을 넓힐 수 있다.

문제 해결과 상사 관리하기

나는 스스로 아무 해결책도 떠올리지 않은 채 문제를 가져오는 부하 직원을 여러 명 보았다. 다시 말해 그들은 나에게 문제를 해결해 달라고 요청했고, 나는 그런 직원을 항상 되돌려 보냈다.

'상사 관리하기'라는 말을 많이들 하는데, 나는 문제를 해결할 때가 상사 관리하기의 완벽한 기회라고 생각한다. 무슨 뜻으로 하는 말일까?

나는 팀원들이 리더인 나에게 직원을 관리하는 차원에서 팀의 문제를 풀어 달라고 요청하기보다 잠재적인 해결책과 함께 문제를 가져오면 좋겠다. 팀원들이 주어진 상황에 적합한 지렛대를 알아내고 (난 그들이 그렇게 할 수 있게 항상 돕는다.) 몇 가지 추천할 해결책을 가져오길 바란다. 제안하는 해결책마다 쓰려고 하는 지렛대는 무엇이고, 기대하는 결과는 무엇인지 알고 싶다.

상사 관리하기는 리더가 해결책을 주리라 기대하기보다 리더에게 해결책을 가져가는 것이다.

돈을 더 지불하거나 초기 출시 제품의 기능 세트를 약간 줄이는 것이 한 가지 방법일 수 있다. 다른 프로젝트의 개발을 중단하고 거기에 있던 사람들을 이 프로젝트로 옮기는 것도 또 다른 방법일 수 있다.

모든 상황에는 좋지 않은 면이 있다. 지렛대를 쓴다는 건 언제나 비용이 발생하거나 다른 것을 얻기 위해 무언가를 포기해야 한다는 뜻이다. 다양한 해결책을 제시하고, 각 해결책이 나타내는 트레이드오프를 빠르게 이해하는 능력은 결국 더 나은 결정을 내리는 데 도움이 된다.

상사를 관리하는 팀원에게는 승진할 길이 열린다. 그들은 의사 결정 절차에 참여하기 때문이다. 그리고 주어진 상황에 어떤 지렛대를 쓸 수 있는지 배운다는 건 그들이 상사의 일을 일부 하기 시작했다는 뜻이기도 하다. 상사의 일을 할 수 있다는 건 사내에서 승진하든, 새로운 경험을 가지고 다른 곳에서 더 나은 역할을 맡든, 궁극적으로 더 높은 자리를 얻는 방법이다.

4

해결책 협상하기

협상은 문제 해결에서 중요한 측면이다. 그래서 사람들이 간혹 놓치는 협상의 두 가지 중요한 요소를 다음과 같이 분명히 알려주고 싶다.

- **건강한 협상이라면 보통 양측 모두 무언가를 얻고 무언가를 잃는다.** 제품을 더 빨리 받기 위해 내가 공급업체에 비용을 지불한다면 공급업체는 새로운 납품일에 맞추기 위해 더 열심히 일해야 한다. 이것이 승자도, 패자도 없이 끝나는 협상이 훌륭하다고 평가받는 이유다.
- **대립하는 이해관계 사이에서 균형을 잘 잡아라.** 협상에서는 이기고 지는 게 중요하지 않으며, 협상을 경쟁으로 보지 않는 것이 좋다. 협상이란 양측 다 정확히 자신이 원하는 모든 것을 얻지 못한다는 걸 인정하고, 모두의 요구를 최대한 만족시키는 결과를 향해 함께 노력하는 과정이어야 한다.

왜 자동차 구입이 매우 나쁜 협상 사례일까?

미국에서는 많은 사람이 자동차 구입을 협상 기술에 대한 궁극의 시험대로 여긴다. 내 주변에는 자동차 가격을 1,000달러나 '협상'하면서 전율을 느꼈다는 친구들도 있다.

그런데 사실 자동차 구입은 진정한 협상이 아니다. 여러분은 차를 사고 싶고, 딜러는 여러분에게 차를 팔고 싶다. 그러므로 애초에 양측이 제대로 연결되어 있다. 하지만 딜러가 맨 처음 부른 가격이 너무 높다면 여러분은 어떤 지렛대를 쓰겠는가? 현금 결제를 제안하는 것은 그들에게 이득이 아니다. 대출을 일으킬 때 딜러는 큰돈을 벌기 때문이다. 그래서 사실 현금 결제한 고객은 가치가 떨어진다.

여러분이 1,000달러 할인을 요청할 때 상대에게 제공하는 대가는 무엇인가? 딜러는 대가로 무엇을 얻는가? 여러분의 깊은 감사? 여러분은 딜러에게 대가로 제안할 구체적인 보상이 없다. 즉, 차를 사는 것은 협상이 아니다.

그러면 이런 상황은 무엇일까? 바로 게임이다. 딜러는 여러분이 받아들일 만한 금액이 어느 정도 수준인지 알아내고 싶은 마음이 있고, 여러분이 승리의 전율을 맛보고 싶어 한다는 것을 충분히 잘 알고 있다. 그래서 딜러와 자동차 제조업체는 여러분이 이기고 있다고 생각하는 사이 정확히 그들이 원하는 바를 얻을 수 있도록 온갖 전술을 구사한다. 여러분은 1,000달러를 할인받고 행복해하지만, 그들은 제조업체가 그런 비용 처리 목적으로 제공하는 통상적인 할인가가 1,500달러라는 사실을 여러분에게 절대 알려주지 않는다. 아니면 페인트 보호 패키지, 더 좋은 바닥용 매트 등의 옵션을 추가하여 차량 가격을 애초에 높게 책정한다. 여러분이 '협상'할 여지를 남기기 위해 고의로 가격을 높게 책정한 것이다.

다시 말하지만, 진짜 건전한 협상이라면 여러분이 무언가 얻을 때마다 다른 무언가를 잃는다. 그런 일이 일어나지 않는다면 여러분이 하고 있는 것은 협상이 아니라 게임이다.

그렇다면 협상에서는 어떤 지렛대를 쓸지, 각 지렛대를 쓸 때 어떤 득실이 있는지 이해하는 것이 가장 중요하다. 좋은 협상 기법, 나쁜 협상 기법의 몇 가지 예를 다음과 같이 간단히 소개한다.

- 여러분은 새로운 직장에서 연봉을 협상하는 중이다. 고용주는 150,000달러를 제시하고, 여러분은 아무 대가 없이 10,000달러를 추가해 달라고 요청한다.

  이는 형편없는 협상 사례. 돈을 벌기 위해 지렛대를 쓰려고 했지만 지렛대 밑에는 아무것도 없다.

- 새로운 직장에서 연봉을 협상하는 중이다. 고용주는 150,000달러를 제시하고, 여러분은 10,000달러를 추가해 달라고 요청하면서 여러분이 맡은 직무의 평균 연봉이 고용주가 제안한 것보다 8,000달러 높으며, 업계 인력난이 심하다는 사실을 지적한다. 10,000달러가 추가되면 평균 연봉을 약간 웃돌지만, 현재 인력난이 회사에 약간 불리하다는 사실은 누구나 인정할 수밖에 없다.

  이는 좋은 협상 사례다. 여러분은 데이터를 제시했고, 지렛대 밑에 무언가를 놓은 것이다. 시장의 상황, 사람을 구하는 자리에 적절한 후보자를 제공할 시장의 능력 말이다.

- 여러분이 상사에게 어떤 프로젝트에 참여해 이번 주말까지 마칠 수 있도록 도와 달라는 요청을 받는다. 여러분은 그 프로젝트를 도우려면 다른 업무의 일부를 포기해야 한다고 말했다가, 포기하는 업무 없이 모두 완료해야 한다는 답을 듣는다. 여러분은 업무 외 자유 시간을 침범한다는 사실을 지적하며 반박한다. 상사는 여러분이 충분한 보수를 받고 있으며, 그 정도 보수로 여러분을 고용할 회사가 별로 없을 거라고 반박한다.

  상사의 이런 태도는 좋지 않다고 본다. 하지만 적어도 협상은 유효하다. 시간과 고용의 지렛대가 균형을 찾는 중이다. 직원의 고용을 두고 협박하는 지렛대는 어떤 상사라도 가볍게 써서는 안 된다. 직원이 새 직장을 구해서 퇴사하라고 부추기는 것이나 다름없기 때문이다. 여기서 얻는 교훈은 쓸 수 있는 지렛대라고 해도 쓰지 않는 것이 현명할 수도 있다는 것이다.

- 여러분은 한 공급업체 때문에 애먹는 중이다. 이 업체가 만드는 제품의 완성도는 훌륭하지만, 약속한 납품일을 놓치는 일이 다반사다. 여러분은 그들과 계속 일하고 싶어서 그들에게 연속 계약을 제안한다. 단, 꾸준히 일을 보장받고 싶다면 납품일을 항상 지켜야 한다고 경고한다. 하나라도 놓치면 이후 계약은 전부 무효가 되고, 여러분은 자유롭게 새 공급업체를 찾을 수 있다.

  이는 좋은 협상 사례. 여러분은 원하는 것을 대가로 꾸준히 일을 주겠다고 제안하는 지렛대를 썼다.

어떤 지렛대를 움직이든 그 지렛대는 여러분에게서 멀어져서 다른 곳으로 가거나, 다른 곳에서 멀어져서 여러분에게 온다. 완벽한 사업적 관계라면 모든 상황에 있는 모든 지렛대가 섬세하게 균형을 이뤄서 최선의 트레이드오프 세트를 창출한다.

5

실천 과제

    이 장에서는 직장 안팎에서 겪은 몇 가지 경험을 생각해 보기 바란다. 정답도, 오답도 없다. 그저 그 상황에 대해 생각해 보고 문제를 해결하는 과정을 조금 더 연습해 보자.

- 집에서 이용하는 인터넷 제공업체의 요금이 마음에 들지 않는다고 가정해 보자. 이 상황에 적용할 만한 지렛대는 무엇인가?
- 최근 몇 달간 직장에서 경험하거나 관찰한 조직 내부의 문제, 팀 또는 회사 수준의 문제 등 몇 가지 문제를 떠올려 보라. 여러분에게 개인적으로 또는 직접적으로 영향을 미치지 않은 문제도 괜찮다. 어디에서 상황이 어긋나면서 문제가 일어났는가? 각 상황에 어떤 지렛대를 적용할 수 있겠는가? 결국 어떤 효과를 기대하며 어떤 지렛대를 썼는가?
- 최근 직장 생활이나 개인 생활에서 건강하지 못한 협상을 목격한 적이 있다면 무엇인가? 건강하지 못한 협상이란 건강한 협상처럼 주고받지 않고 오로지 주거나 받기만 하는 협상이다.

12장

글로 하는 소통을
정복하라

다른 사람과 효과적으로 소통하는 능력은 성공적인 커리어를 쌓는 데 손꼽히게 중요한 능력이다. 하지만 효과적으로 소통하는 데 필요한 일정 수준의 배려심과 연습이 부족한 경우가 태반이다. 다행히 몇 가지 간단한 단계를 거치면 더 전문가답게 매력적으로 소통하는 능력을 기를 수 있다.

이 장을 시작하기에 앞서 이 장이 **소통**에 대해 다룬다는 중요한 사실을 짚고 넘어가고 싶다. 글쓰기와 말하기는 소통이 이루어지는 두 가지 매체이지만, 이 장에서는 글로 하는 소통에만 집중할 것이다. 이 장에서 배우는 거의 모든 내용이 말로 하는 소통을 다루는 13장에도 적용된다. 나에게는 글쓰기가 조금 더 쉽게 느껴져서 이 주제를 먼저 다루겠다.

1

소통은 스토리텔링이다

소통의 목적은 한 사람이 한 명 또는 그 이상의 다른 사람에게 정보를 전달하는 것이다. 만약 사람이 무한히 인내하고, 절대적으로 이타적이며, 완벽한 주의력과 기억력을 갖춘 컴퓨터라면 소통이 더 쉬울 것이다. 하지만 사람은 컴퓨터가 아니다. 사람은 각자 고유한 우선순위가 있고, 대상에 흥미를 잃으며, 기억력이 완벽하지 않다. 그래서 잘 소통하려면 단순히 누군가에게 정보를 퍼붓는 데 그치지 말고, 여러분이 원하는 결과를 달성할 수 있도록 정보를 잘 전달해야 한다.

이전 직장의 한 동료는 팀 회의에서 이런 문제를 제기했다.

한 가지를 짚고 넘어가고 싶어요. 중요하다고 생각하기 때문인데요. 다른 분 중에도 저처럼 느끼는 분이 있는지 궁금해서요. 지난번 조직을 개편하는 동안 고객이 보는 결과를 다루는 팀을 만들길 원하지만, 백그라운드에 머물면서 공유 서비스를 위한 지원을 제공해야 하는 팀도 있다는 것을 알고 있다고 했었죠. 거기까지는 괜찮아요. 결제 처리, 인증 같은 부분을 생각하면 그게 더 효율적인 게 분명하니까요. 그런 것들은 전부 공유 서비스이니 그런 서비스를 한곳에 일원화하는 건 타당해요. 하지만 다른 팀원과 이야기하다 보니 그 일원화한 팀의 일부는 실제 고객이 보는 결과물을 만들어 내더군요. 결제 처리는 분명 사용자 경험을 다루잖아요. 신용카드 정보 보안 같은 사항은 명확히 고객에게 중요

"음, 아니요. 이해하지 못했습니다." 5분 동안 떠들었는데 무슨 말을 하고 싶은 건지 전혀 알아듣지 못했다. 스토리를 들려주지 않았기 때문이다.

스토리텔링 규칙

소통 이야기는 잠시 접어두고 지금까지 읽은 최고의 단편 소설들을 떠올려 보라. 당장 생각나는 소설이 없다면 동화도 좋다. 모든 스토리는 일련의 규칙을 따르는 경향이 있다.

- 모든 스토리의 중심에는 명확히 정의된 주인공이 존재하며, 여러 주인공이 등장하기도 한다. 우리가 따라가는 것은 주인공의 관점이고, 우리가 응원해야 하는 인물은 주인공이다.
- 주인공은 항상 어떤 문제를 직면한다.
- 주인공이 문제를 해결하는 과정을 따라가는 것이 스토리의 골자다.
- 특히 동화 같은 단편 소설에서는 곁길로 새는 이야기, 부차적인 이야기처럼 주의를 분산시키는 요소가 없다. 우리는 주인공과 함께 주된 줄거리를 따라간다.
- 스토리 속 사건은 스토리텔러가 아니라 주인공을 비롯한 기타 등장인물에게 일어난다. 스토리텔러는 스토리를 전달하기 위해 존재하지, 스토리의 일부로 존재하지 않는다.

헨젤과 그레텔의 부모는 그날 점심에 뭘 먹었을까? 알 수 없다. 신데렐라의 새어머니는 어떤 재정적 어려움을 겪었을까? 전혀 모른다. 일곱 난쟁이는 어떤 논쟁을 벌였을까? 상관없다. 누구나 알다시피 동화를 비롯해 잘 쓴 단편 소설은 주된 줄거리를 벗어나지 않는다.

슬랙으로 보내는 짧은 다이렉트 메시지든, 팀에 보내는 이메일이든, 회의를 위해 제출할 글이든, 어떤 소통에서든 스토리텔링을 해야 한다. 스토리텔링에 능숙해지도록 좋은 스토리텔링 규칙을 따라 연습해 보자. 특히 즉흥적으로 이야기할 때 스토리텔링이 어려울 수 있지만, 연습하면 시간이 지날수록 쉬워질 것이다.

Note ≡   글로 하는 소통부터 연습하라

나는 1990년대 후반부터 기술 콘퍼런스에서 발표해 왔고, 필요할 때 즉석에서 스토리를 만드는 재주도 있다. 그런데도 여전히 글로 하는 소통에 더 의지하는 편이다. 다가오는 회의에서 해야 할 말이 있다면 미리 문서를 작성해서 사전에 보내 둔다. 글을 쓰면 말하고 싶은 이야기를 곰곰이 생각하게 되고 시간에 쫓기지 않고 수정할 수 있기 때문이다. 말로 발표할 계획이 있을 때도 종종 미리 글을 쓴다. 내 생각을 정리하고 이야기를 매끄럽게 다듬어서 확실히 올바른 메시지를 전달하는 데 도움이 되기 때문이다. 글은 수정할 수 있지만, 말은 수정할 수 없다!

업무 소통에 스토리텔링 적용하기

자, 그럼 스토리텔링 규칙을 일상적인 업무 소통에 적용해 보자.

- **다른 사람과 소통할 때 상대를 여러분이 말하는 스토리의 주인공으로 만들어라.** 상대에 대한 스토리를 만들려면 아주 잠시나마 그 사람의 관점에서 그 사람이 겪는 문제를 공감할 수밖에 없다. 여러분이 논하는 주제에 누군가를 참여시키는 최고의 방법은 그들을 그 스토리의 일부로 만드는 것이다. 자신이 속한 그룹을 대상으로 이야기할 때는 스토리의 초점을 '우리'로 맞추어서 '우리 모두 이 스토리의 등장인물이다.'라는 점을 강조하는 것도 효과적일 수 있다.
- **주인공의 문제에 분명히 공감하라.** 공감을 간결하게 표현하라. 불필요한 많은 말로 포장하지 마라.
- **주인공, 그리고 주인공의 문제에 꾸준히 집중하는 스토리를 만들어라.** 주인공, 문제, 문제의 최종 해결책과 관련 없는 정보를 집어넣지 마라.
- **곁길로 새지 마라.** 자신의 스토리를 벗어나지 마라. 전하려는 바를 잘 이해하도록 역사적 맥락을 제공하는 정도는 괜찮지만, 그럴 때도 절대적으로 필요한 최소로 제한하라.

- **스토리에서 최대한 여러분을 배제하라.** 사람들이 여러분을 위해 일하는 게 아니라는 걸 기억하라. 만약 사람들을 여러분의 대의에 끌어들일 생각이라면 그 대의를 팀, 회사와 나란히 놓아라. 회사에서는 보통 그런 그룹이 스토리의 주인공이다.

다음은 이런 원칙을 적용한 스토리텔링 사례다.

회사는 새로운 조직도를 만들 때 각 팀이 고객이 보는 결과에 확실히 집중하기를 원했습니다. 고객과 고객의 요구를 놓치지 않도록 이 부분을 모두의 시야에 머물게 하는 것이 의도였습니다. 여기에 해당하는 팀에서는 이 방법이 좋은 효과를 냈지만, 결제 처리처럼 백그라운드나 공유 서비스로 여겨지는 팀은 여기에서 배제되었습니다. 그 결과, 최근 데이터 유출 사건에서 확인했듯이, 백그라운드 팀은 고객에게 무엇이 중요한지를 놓쳤습니다. 모든 팀이 고객이 보는 결과에 기여하고 있으며, 저는 우리가 그런 팀을 관리하고 동기 부여할 방법을 재고해야 한다고 주장하고 싶습니다.

이 스토리를 해체해서 내부에서 어떤 일이 일어나고 있는지 살펴보자. 이 스토리의 주인공은 부서나 회사를 나타내는 **우리**다. 이 스토리에는 맥락을 설정하는 배경이 아주 약간 필요하다. 그 맥락은 시간 순서상 적절하게 스토리 초반에 등장해서 스토리가 시간순으로 진행된다(그래야 스토리가 과거와 현재를 오가지 않는다). 스토리텔러는 주인공(우리 팀이나 회사)에게 영향을 미치는 문제를 보여주고, 그 문제와 관련한 사례(데이터 유출)를 간략하게 언급한다. 공감은 누가 혜택을 보는지, 보지 못하는지를 언급하는 부분에서 일어난다. 스토리텔러는 완벽한 해결책을 제안하지 않는다. 문제를 해결할 수 없을 때도 종종 있고, 그래도 괜찮다. 하지만 주인공이 갈 다음 단계를 제안한다. 이 스토리에는 대체로 불필요한 단어, 곁길로 새는 이야기, 관련 없는 정보가 없다. 이 스토리는 간결하고, 듣는 누구나 스토리텔러가 말하려는 요점을 이해할 수 있다.

아주 짧은 다이렉트 메시지조차 간결한 스토리텔링으로 더 나아질 수 있다. 다소 퉁명스러운 지시를 예로 들겠다.

데이브, 당신 팀이 이 코드 모듈 전체를 리팩터링해야 할 것 같은데요.

스토리를 신경 써서 약간 길게 작성한 버전을 떠올려 보자.

데이브, 당신 팀에서 짠 모듈에 대해 한 가지 새롭게 제안할 게 있어요. 모듈이 거대해졌고, 이에 요청이 엄청 많아 팀원들이 힘들어한다는 것을 알아요. 이 모듈을 4~5개로 리팩터링해 부하를 약간 분산해 보는 건 어떨까요?

데이브가 주인공이다. 여러분은 데이브의 문제를 그가 인식하고 공감할 수 있는 방식으로 표현했다. 해결책으로 가는 첫걸음을 뗐다. 여러분은 해결책을 요구하지 않고, 주인공에게 해결책의 일부가 되어 달라고 그가 공감할 수 있는 방식으로 제안했다. 수정한 버전도 첫 번째 버전에 비해 작성하는 데 시간이 그리 많이 들지 않았고, 여러분이 바라는 답을 끌어낼 가능성이 높다.

평소 일상적인 소통은 어떻게 하나

모든 소통이 누군가를 설득하려는 목적으로 이루어지는 건 아니다. 가끔은 그냥 진행 상황을 보고하기도 한다. 상황을 이렇게 보고한다고 생각해 보라.

빌드 서버가 다운되었습니다.

전문가 수준의 소통이라고 볼 수 있을까? 그럴 수도 있지만 그 답은 청중이 누구냐에 따라 달라진다.

결국 이 메시지는 청중을 주인공 자리에 앉힌다. 이 메시지를 읽은 사람이 내용을 이해하고 어떻게 대처해야 할지 안다면 여러분의 임무는 끝난다. 여러분의 임무는 청중이 주인공이라는 것을 인정하고 그들에게 최대한 간결하게 스토리를 전달하는 것이다. 예컨대 빌드 서버를 관리하는 부서의 슬랙 채널에서는 이런 상황 보고가 적절하고 효과적이다. 이 메시지를 읽은 모두가 빌드 서버가 다운되었을 때 어떤 일이 일어나는지, 자신에게 어떤 영향이 있는지, 그에 대처하기 위해 어떻게 대비해야 할지 안다.

반면에 해당 부서에 속하지 않는 사람들도 청중에 포함되어 있어서 "언제 복구되나요? 제가 망가뜨렸나요? 다운된 동안에도 일할 수 있나요?"라고 궁금해한다면 작성자의 스토리텔링이 훌륭하지 못한 것이다. 이 스토리에서 청중의 역할이 주인공이라는 것을 인정하지 않았거나 메시지를 보는 사람의 관점에서 문제를 보지 못한 것이다. 이 경우에는 다음과 같이 바꿔 쓸 수 있다.

빌드 서버가 다운되었습니다. 원인은 조사 중이고, 한 시간 후에 복구될 것으로 기대하고 있습니다. 빌드는 서버가 복구된 후에 재개되지만, 그 사이에도 코드는 체크인$_{check-in}$* 할 수 있습니다.

타 부서 개발자에게는 이 메시지가 더 효과적일 것이다. 메시지를 받는 사람을 아는 것이 핵심이다. 현재 상황이 메시지를 받는 사람에게 어떤 영향을 미칠지 이해하고, 여러분이 전하는 스토리가 어떤 내용이든, 길이가 얼마나 짧든 여러분이 아니라 그들이 중요하다는 것을 인정해야 한다.

---

* **역주** 버전 관리 시스템에서 소스 코드를 저장소에 추가하거나 업데이트하는 행위를 가리키며 커밋$_{commit}$이라고도 한다.

2

소통에 대한 두려움 극복하기

소통에 어려움을 겪는 원인은 대체로 두 가지다.

- 효과적으로 소통하기 위한 연습이 부족하다.
- 두렵다.

이 절에서 두려움을 극복하는 방법을 이야기하겠다. 이 장의 나머지 부분에서는 효과적으로 소통하는 방법을 소개하겠다.

이 책의 앞부분에 썼듯이 두려움은 인간에게 강력한 동기를 부여한다. 때로 간절히 원하는 무언가를 성취하겠다는 것보다 무서운 상황을 피하겠다는 것이 더 큰 동기가 되기도 한다.

대부분의 사람들이 소통과 관련해 느끼는 두려움은 바보처럼 보여서 창피를 당할까 두려워하는 것이다. 우리는 여러 사람 앞에서 횡설수설할까, 전달하려던 요점을 잊을까, 목소리가 너무 작을까 등을 두려워한다. 소통을 잘하지 못하면 사람들에게 존중받지 못하거나 경력을 쌓는 데 지장이 있을까 두려워한다. 심한 경우 놀림감이 될까 두려워한다. 더 심한 경우, 내 뒤에서 나를 조롱할까 두려워하기도 한다. 잘못될 여지가 이렇게 많으니 가

만히 있는 게 훨씬 더 낫겠다고 생각할 수 있다. 가면 증후군도 여기에 한 몫한다. 가면 증후군은 본질적으로 본인이 현재 자기 자리를 차지할 정도로 똑똑하지 못하다는 걸 사람들이 알아챌까 두려워하는 데서 기인한다.

바보 같아 보일까 하는 두려움은 때로 발언이나 발표를 꺼리게 하고, 글로 하는 소통에 영향을 주기도 한다. 보고서나 중요한 이메일을 작성할 때도 비슷한 이유로 불안해한다. 사실 과거의 나는 극도로 간결한 답을 적어 이메일을 보내곤 했는데 더 길고, 의미 있고, 매력적인 답변을 쓰는 게 두렵다는 게 그 한 가지 이유였다.

소통을 두려워하면 자기 경력에 커다란 족쇄를 채우는 것이나 다름없다. 자신의 성공을 어떻게 정의하든, 그런 성공을 성취하기 위해 어떤 경력이 필요하든, 효과적으로 소통하는 능력은 경력에서 매우 중요한 부분이다.

효과적으로 소통하는 능력은 선택의 여지없이 필요하므로 두려움을 극복해야 한다. 이어지는 절에서 나를 비롯해 다른 사람들에게 효과가 있었던 방법을 소개하겠다.

두려운 원인을 분석하라

우리가 기술 전문가로 갖는 큰 장점은 장애를 분석하고 복구하는 데 익숙하다는 점이다. 우리는 코드, 네트워크, 운영 체제, 데이터 구조뿐 아니라 업무 절차에 대해서도 이런 작업을 수행한다. 대부분은 항상 무의식 중에 장애를 분석하고 복구한다.

한번은 동료와 함께 장애 복구를 이야기한 적이 있다. 그는 이렇게 말했다. "전 장애 복구에는 영 소질이 없어요. 항상 어디에서 시작해야 할지부터 막혀요." 회의하러 가는 길에 복도에서 가볍게 나눈 대화였다. 그 회의에서 우리 팀이 요청했던 인력을 받지 못한다는 이야기를 들었다. 그 말인 즉 우리가 고대하던 제품의 새로운 기능을 구현할 수 없다는 (그리고 고객이 겪는 어떤 문제를 해결하지 못한다는) 뜻이었다.

동료는 이렇게 말했다. "잠시만요. 우리는 소프트웨어 컴포넌트 하나를 만드는 프리랜서에게 그 이상으로 더 많은 돈을 주고 있잖아요. 우리는 지난 몇 달간 그 컴포넌트를 포기하고 약간의 라이선스 비용을 내는 기성 프로그램을 쓰면 비용이 절감될 거라고 해왔어요. 지금 그렇게 해보는 게 어때요? 새로운 인력을 써서 새 컴포넌트를 통합하고, 그 인력을 우리가 만들어야 하는 새 기능에 투입하는 거요."

나는 그에게 조용히 말했다. "네, 장애 복구에 정말 서투시네요." 반어적인 표현이었다. 그는 자신이 소통에도 서툴다고 생각했지만, 내가 보기에 그의 장애 복구와 소통, 모두 적절했다.

핵심은 거의 모든 기술자가 장애 복구에 정말 뛰어나다는 점이다. 그렇다는 사실을 본인이 늘 인지하는 건 아닐 수 있지만 말이다. 그러니 여러분이 소통을 두려워하는 원인을 해결해 보자. 다음과 같이 생각나는 몇 가지 원인을 정리해 보았다. 하지만 각자 자기만의 목록을 만드는 게 좋다(이 목록으로 여러분의 생각을 제한하지 마라).

- 그 주제에 대해 이야기할 정도로 아는 게 없다.
- 항상 맞춤법을 틀린다.
- 말을 더듬는다.
- 문장 부호를 자주 틀린다.

비결은 두려움을 일으키는 특정한 근본 원인이나 기타 원인을 알아내는 것이다. 사람들 앞에서 말하려면 긴장된다고 하지 마라. 이런 말은 너무 모호해서 근본 원인을 찾을 수 없다. 사람들 앞에서 말하려면 긴장되는 이유가 무엇일까? 글쓰기를 좋아하지 않는다고 말하지 마라. 그 대신 왜 좋아하지 않는지 자문하라. 어쩌면 대학에서 (기술 문서의) 글쓰기 수업을 들으며 교수님에게 엄격하고 냉정한 비평을 받은 기억에 글쓰기가 두려워진 것일지도 모른다. 이는 근본 원인에 가깝다. 놀림을 당한 것이 즐겁지 않기에 그 경험을 반복하고 싶지 않은 것이다.

두려워하는 원인을 해결하라

정직하고 솔직하게 근본 원인을 알아내면 무언가 조치할 수 있다.

맞춤법을 틀리는 것이 두려운가? 괜찮다. 맞춤법 실력을 키우려 노력하라. 성인을 대상으로 하는 맞춤법 온라인 수업이나 웹 사이트가 있다.

말을 더듬는 습관 때문에 창피한가? 성인을 대상으로 하는 언어 치료 수업을 찾아보라.

무슨 이야기를 해야 할지 모를까 봐 걱정되는가? 자신감과 오만의 차이를 기억하라. 자신감은 자신이 무엇을 아는지 아는 것이고, 오만은 자신이 모르는 것을 아는 척하는 것이다. 오만해 보이고 싶어 하는 사람은 없지만, 많은 경우 우리는 자기가 아는 바를 과소평가하느라 자신감을 키우지 못한다. 자신감을 키우도록 노력하라. 틀릴까 봐 두려워하지 마라. 틀려도 괜찮다(아니면 적어도 틀려도 괜찮아야 한다). 틀리는 사람을 처벌하는 조직에서 일한다면 거기에서 일해야 할 이유가 무엇인지 진지하게 자문해 보라.

자신을 깎아내리는 말로 시작하면서 딴 길로 새지 마라. "제가 전문가가 아닐 수도 있고, 이런 걱정을 해도 되는 건지 모르겠어요. 혹시 제가 하는 말이 부적절하다면 미리 사과할게요." 같은 말로 글이나 말을 시작하지 마라. 절대 미리 사과하지 마라. 이런 행위는 자신을 깎아내리는 것뿐만 아니라 소통에도 방해가 된다.

소통에 대한 두려움을 극복하는 것은 장애 복구와 아주 비슷하다. 우선 정확한 문제를 알아낸 뒤에 그 문제를 해결한다. 문제를 해결하기 위한 첫 시도에서 문제가 해결되지 않을 수도 있다. 하지만 그건 코드나 네트워크 라우팅 장애를 복구할 때와 별반 다르지 않다. 제대로 된 해결책에 도달하기까지 몇 가지 다른 방법을 시도해야 할 수도 있다.

코드를 디버깅하거나 서버를 고쳐야 할 때 문제를 해결하고 싶지 않다고 해서 그냥 포기하는 것은 허용되지 않는다. 코드 디버깅이나 서버 수리가 자기 임무라면 성공할 때까지 계속해야 한다. 다른 사람들이 비슷한 상황에서 어떤 시도를 했는지 인터넷에서 확인하고, 최선을 다해 문제를 추측하고, 반복해서 고치려고 한다. 소통에 대한 두려움을 해결할 때도 똑같은 절차를 따른다.

장애 복구와 소통에 대한 두려움 극복에 유일한 차이점이 있다면 소통 문제는 상사가 개선을 요구하지 않는다는 것이다. 소통에 대한 두려움을 극복하려면 본인이 먼저 결심해야 한다. 그 문제를 파고들어 해결하겠다는 동기와 순수한 의지를 만드는 것은 자신의 몫이다. 자신의 약점을 들여다보는 것은 즐겁지 않기 때문에 그 과정이 편하지는 않다. 하지만 훌륭한 소통 능력을 갖추는 건 여러분의 임무이자 경력의 일부이다. 직무 기술서에 명시되어 있지 않더라도 말이다.

실패에서 회복하기

자신감을 키우고 두려움을 줄이는 한 가지 방법은 실패하면 어떻게 할지 계획을 세우는 것이다. 계획이 있다는 건 실패로 드러난 문제점을 이해하고 줄인다는 뜻이다.

대부분의 기업에서 실패로 인해 벌어지는 가장 부정적인 상황은 그 실패를 반복하는 것이다. 무언가 잘못되었을 때는 그 문제가 또 일어나는 것이 큰 걱정이다. 문제가 재발하는 상황은 아무도 원하지 않는다.

나의 '실패에서 회복하기' 계획은 실패로부터 배우고 다음에 똑같이 실패하지 않는 것이다.

내가 회의에 참석해서 무언가 이야기했는데 내가 한 말이 틀렸다고 누군가 지적할 수 있다. 나는 즉시 인정하고 내 실수를 바로잡아 주어서 고맙다고 한 후 내가 한 말을 정정한다. 나는 내가 실패를 열린 마음으로 받아들이고, 실패를 교정할 마음이 있으며, 다른 사람이 내 말을 고쳐 주어도 괜찮다는 것도 보여준다. 나는 배울 능력이 있고, 배운 것을 즉시 사용한다는 것을 알려주는 것이다.

그런 계획이 있으면 실수를 훨씬 편하게 받아들일 수 있다. 내가 미래의 실패를 줄이기 위해 적극적으로 노력한다는 걸 모든 주변 사람이 알기 때문이다.

글로 하는 소통에 대한 두려움을 정복하라

글로 하는 소통을 먼저 극복하는 게 더 쉽다. 글을 쓸 때는 썼다가 고치고 다시 생각해 보고 고칠 여유가 있다. 글로 하는 소통을 발전할 몇 가지 방법을 소개한다.

- **자동 수정 기능을 사용하지 마라.** 그 대신 오류를 알아볼 수 있게 워드 프로세서의 맞춤법 도구, 문법 검사 도구를 활용하라. 소프트웨어가 어떤 단어나 문장에 표시하면 그 텍스트가 왜 오류로 표시되었는지 시간을 들여 알아내라. 필요하다면 맞춤법을 공부하라. 소프트웨어가 자동으로 수정하게 두지 말고, 직접 수정하며 배워라.

- **일반 워드 프로세서보다 문법 문제를 더 깊이 파고드는 그래머리**Grammarly **같은 도구를 사용하라.** 한 가지 서비스를 선택하여 어느 정도 시간을 들여서 직접 이용해 볼 것을 추천한다. 문제를 잘 설명해 주고 수정 사항을 이해하는 데 도움이 되는지 확인하라.[*]
- **대학교 글쓰기 수업에서 배운 내용은 잊어라.** 그런 수업에서는 형식적인 소통에 집중하느라 어색하고 부자연스럽게 격식을 차리는 스타일로 글을 쓰게 할 때가 너무 많다. 기술 문서를 보고 그런 글쓰기 스타일을 배웠을지 모르지만, 사람들이 기술 문서를 싫어하는 이유가 바로 그것이다. 말하듯이 써라. 글을 쓰는 동안 여러분이 쓴 글을 읽을 사람이나 그룹과 대화한다고 상상하라. 작성을 마친 후에 소리 내 읽으면서 자신이 하는 말처럼 들리는지 확인하라.

자기 글에 자신이 등장해도 괜찮다

자기 글에 자신이 등장하면 안 된다는 근거 없는 믿음이 존재한다(시대에 뒤떨어진 글쓰기 수업, 이런 믿음을 근거로 교육받은 모든 이가 그 원인이다). 이러한 믿음을 설파하는 이들에 따르면 '나'라는 단어를 쓰면 안 된다고 한다. 더 나아가 '여러분, 우리'처럼 특정한 사람을 지칭하는 단어도 피하라고 가르치기도 한다.

나는 내가 말하는 것과 비슷한 편안한 문체로 글 쓰는 것을 선호한다. 나는 나를 나라고 언급하고, 독자를 여러분이라고 지칭한다. 만약 내가 독자와 함께 시위에 참여할 생각이라면 독자와 나를 아울러 우리라고 지칭할 것이다. 이런 글은 읽기 쉽다. 문장 구조가 덜 어색하고, 글이 더 자연스럽고, 더 부드럽게 흘러간다. 오랫동안 딱딱한 스타일을 수호해 온 학술지조차 요즘은 자연스럽게 쓴 글을 받아들이는 추세다.

마지막 항목에서 한 걸음 더 나아가겠다. 내가 이 책을 어떻게 썼는지 살펴보라. 나는 나 자신을 '나'로, 독자인 여러분을 '여러분'으로 지칭한다. 마치 우리가 한자리에 모여서 대화를 나누는 것 같다. 내 책 중 한 권을 오디오북으로 내면서 몇 번인가 내가 직접 내레이션한 적이 있는데, 대본처럼 쓴 책이어서 그런지 작업하기 수월했다. 한번은 콘퍼런스 발표를 마친 나에게 한 독자가 와서 이런 말을 했다. "오늘 발표를 듣는데 꼭 작가님 책을 읽

---

[*] **역주** 영어로 쓸 때 해당하는 내용이다. 한국어라면 맞춤법 검사기를 검색하여 이용해 볼 수 있다.

는 것 같았어요. 이제는 작가님 글을 읽을 때 제 머릿속에서는 작가님 목소리가 들릴 것 같아요." 지금껏 내가 들은 최고의 칭찬이었다.

문장을 짧게 쓰는 게 편하다면 그것도 괜찮다. 짧게 써라. 사람들은 대부분 말할 때 문장의 길이가 짧아지는 경향이 있고, 문장이 짧으면 듣는 사람이 더 쉽게 이해할 수 있다. 글을 쓸 때만 쓰는 특별한 문체, 말하는 것과 다른 문체는 필요하지 않다.

수동태가 무엇인지 배우고 글을 쓸 때 최대한 수동태를 피하도록 노력하라. 특별히 신경 쓸 만한 내용이므로 이 장의 뒷부분에서 이에 대해 조금 더 자세히 이야기하겠다.

나는 맞춤법, 문법, 자연스럽게 읽히도록 쓰는 것을 글쓰기의 기계적인 부분이라고 일컫는다. 이런 부분에 어느 정도 익숙해졌다면 이제 글의 구조로 살펴볼 차례다.

3

스토리텔링에 구조 적용하기

구조를 살펴보려면 스토리텔링으로 되돌아가야 한다.

그 애들이 마녀를 오븐에 던졌어요! 믿기나요? 음, 제 말은 그녀가 분명 그 애들을 먹으려고 했다는 거예요. 애초에 오븐을 켠 사람이 그녀니까요. 그리고 맞아요. 그 애들이 그녀의 집을 먹고 있긴 했죠. 하지만 애초에 페이스트리와 사탕으로 집을 짓는 사람이 어디 있어요? 그녀는 분명 아이들을 유괴해서 잡아먹으려고 했던 거예요. 어쩌면 창문이 없는 하얀 밴*도 몰고 다녔을지 모르죠.

아주 훌륭한 스토리라고 보긴 어렵다. 글쓰기의 기계적인 부분은 괜찮은데 구조에 문제가 있다. 누가 주인공인가? 그들의 문제가 무엇이고, 그들의 여정은 무엇인가? 글을 쓰면서 (또는 수정하면서) 이렇게 자문하라. "내가 지금 청중들이 이해할 수 있는 적절한 순서로 이야기를 전개하고 있을까? 아니면 두서없이 이야기하고 있을까? 청중이 이해할 수 있을 만큼 충분한 맥락을 제공하고 있을까? 혹시 곁길로 새고 있는 건 아닐까?"

---

* 역주 미국에서는 창문이 없는 밴을 이용한 아동 유괴 범죄가 자주 발생한 까닭에, 측면에 'free candy(무료 사탕)' 이라고 적은 밴 사진이 아동 유괴범을 상징하는 밈으로 많이 사용된다.

좋은 스토리를 만들려면 청중을 생각해야 한다. 많은 사람이 본능적으로 챙기지 못하는 부분이다. 다음 글을 읽어 보라.

우리의 코딩 표준은 지금과 다른 시간과 장소에서 개발되었습니다. 원래 코드를 더 읽기 쉽게 만드는 것이 주된 목적이었으므로 우리의 표준은 변수와 함수에 대한 명명 규칙에 중점을 두었습니다. 시간이 지나면서 코드의 일부 중요 섹션에서 나타난 코드 비대화 문제를 해결하기 위해 모듈화에 대한 기본적인 표준을 개발했습니다. 하지만 그 당시 우리는 모두 C#이라는 한 코딩 언어를 사용했고, 오늘날 조직에서는 다양한 언어를 사용하고 있습니다. 데브옵스 엔지니어링팀에는 거대한 C# 코드 베이스, 거대한 자바스크립트 코드 베이스, 점점 커지고 있는 파이썬 코드 베이스가 있습니다. 우리가 원래 개발했던 코딩 표준은 이렇게 다양한 언어로 더 이상 잘 확장하지 못하고 있고, 코딩 표준을 강제하려 하면 업무 진행 속도가 느려지고 팀 사이에 적대감이 싹틀 것입니다. 저는 코딩 표준의 목적, 코딩 표준이 우리에게 제공하는 가치, 현재 환경에서 그런 가치를 달성할 방법을 다시 생각해 보자고 제안합니다. 그리고 모든 직원과 모든 팀을 이 논의에 참여시키려면 과거에 사용했던 하향식 접근법보다 더 협력적인 접근법을 사용하는 것이 좋다고 생각합니다.

잘 쓴 글일까? 잠시 시간을 들여 비평해 보자.

첫 번째 문장에 **개발되었습니다**라는 표현을 보았는가? 이 표현은 수동태다. 누가 그 표준을 개발했는지 언급되지 않았다는 것을 보면 알 수 있다. 나라면 그 부분에서 수동태를 빼고 조금 더 명확하고 직접적인 표현으로 이렇게 다시 쓰고 싶다. "우리는 우리의 코딩 표준을 지금과 다른 시간과 장소에서 개발했습니다." 지금 내가 무슨 말을 하는지 이해가 되지 않는다고 해도 걱정하지 마라. 이 장의 뒷부분에서 수동태에 대해, 수동태가 얼마나 차갑게 느껴지는 글을 만드는지 이야기하겠다.

이쯤이면 이 글에 대해 일정 수준 이상으로 비평할 수 없다는 것을 깨달은 독자도 있을 것이다. 청중이 누구인지 모르기 때문이다. 여러분은 청중이 어떤 맥락을 알고 있는지 모른다. 코딩 표준이 어디에서 시작되었는지에 대한 논의가 필요할까? 청중이 그런 역사를 모른다면 필요할 수도 있다. 하지만 이미 알고 있다면 시간 낭비일 것이다. 소통은 대상이 되는 청중을 고려하여 설계되어야 한다. 이미 알고 있는 사안에 대한 이야기를 끝도 없이 늘어놓는 사람과 회의해 본 적 있는가? 그들은 자신의 소통을 적절히 설계하지 않은 것이다.

내가 예로 든 글은 구조를 개선할 여지가 있다. 글로 효과적으로 소통하려면 주인공의 여정을 담은 고전적인 스토리 구조에 집중하는 동시에, 문제-맥락-해결 접근법을 따르는 게 좋다. 이를 보여주기 위해 글의 구조를 다음과 같이 변경했다.

[먼저 문제를 보여준다.] 우리가 원래 개발했던 코딩 표준은 우리가 사용하는 다양한 언어로 더 이상 확장하지 못하고 있고, 코딩 표준을 강제하려 하면 업무 진행 속도가 느려지고 팀 사이에 적대감이 싹틀 것입니다.

[맥락을 제시한다.] 우리는 우리의 코딩 표준을 지금과 다른 시간과 장소에서 개발했습니다. 원래 코드를 더 읽기 쉽게 만드는 것이 주된 목적이었으므로 우리의 표준은 변수와 함수에 대한 명명 규칙에 중점을 두었습니다. 시간이 지나면서 우리는 코드의 일부 중요 섹션에서 나타난 코드 비대화 문제를 해결하기 위해 모듈화에 대한 기본적인 표준을 개발했습니다.

[맥락을 문제와 연결한다.] 하지만 그 당시 우리는 모두 C# 코딩 언어만 사용했고, 오늘날 조직에서는 다양한 언어를 사용합니다. 데브옵스 엔지니어링팀에는 거대한 C# 코드 베이스, 거대한 자바스크립트 코드 베이스, 점점 커지고 있는 파이썬 코드 베이스가 있습니다.

[해결책을 제시한다.] 저는 코딩 표준의 목적, 코딩 표준이 우리에게 제공하는 가치, 현재 환경에서 그런 가치를 달성할 방법을 다시 생각해 보자고 제안합니다. 그리고 모든 직원과 모든 팀을 이 논의에 참여시키려면 과거에 사용했던 하향식 접근법보다 더 협력적인 접근법을 사용하는 것이 좋다고 생각합니다.

이를 시각적으로 표현하자면 그림 12-1과 같다.

나는 이 버전이 조금 더 마음에 든다. 이 버전이 더 명확한 문제-맥락-해결책 접근법을 따르기 때문이다. 그리고 특히 효과적인 부분을 지적하고 싶다. 글쓴이는 "우리는 우리의 코딩 표준을 지금과 다른 시간과 장소에서 개발했습니다."라고 함으로써 기존 코딩 표준의 옹호자일지 모를, 그 자리에 있는 모두의 체면을 세워 준다. 이 글은 "여러분의 잘못이 아닙니다. 당시에는 옳은 일이었지만, 이제 시대가 바뀌었습니다."라고 한다. 그렇게 하여 글쓴이는 불필요한 대립은 피하되, 빙빙 돌려 말하느라 시간을 낭비하지 않았다.

그림 12-1 효과적인 소통 모델

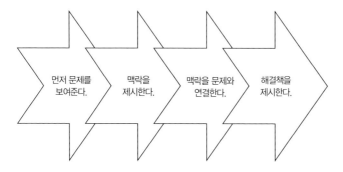

문제-맥락-해결책 실제 사례

내가 이 책을 쓰는 동안 일어난 상황을 통해 이 소통 모델의 실제 사례를 보여주겠다.

우리 회사에는 새로운 제품을 설계하는 공식적이고 구조적인 절차가 있다. 이 절차는 우리가 일하는 대부분의 영역에 잘 통하는데, 약간 차이가 있는 한 가지 영역이 있다. 일반적인 경우에는 주로 문제를 이해하기 위해 고객과 대화를 나누고 그 문제를 해결하는 제품을 제작하는 과정을 포함한다. 하지만 이 특수 영역에 과학적인 부분이 존재해서 회사는 해당 분야의 전문가들을 채용했다.

그런데 기존 설계 절차 때문에 우리가 고용한 전문가들의 목소리가 작아지고 있었다는 것이 문제였다. 평소 우리는 내부 이해관계자의 집단 사고*와 편견이 설계에 영향을 미치는 것을 피하려고 노력했다. 오로지 고객의 이야기를 경청하는 데 집중하기 위해서였다. 하지만 이 영역에서는 과학적인 부분을 고려해야 하므로 우리가 채용한 과학 전문가들이 설계 절차에서 큰 역할을 해야 한다는 것을 고객은 알지 못했다.

---

* 역주 조직 내 의견을 일치시키려는 경향 때문에 비판적인 사고가 억제되는 상태를 가리킨다.

한 팀원이 이 문제를 해결하기 위해 문제–맥락–해결책 모델을 따라서 짧은 편지를 쓰기로 했다. 그가 작성한 편지의 내용은 이러했다.

문제 보여주기: 전문가들의 지식이 효과적인 제품을 생산하는 데 필수인데도 이들이 설계 절차에서 충분히 목소리를 내지 못하고 있습니다. 우리는 이런 문제가 제품의 효과를 떨어뜨리는 결과로 이어지는 상황을 경험한 바 있으며, 이를 바로잡을 필요가 있습니다.

맥락: 특히나 지금 우리가 다루는 영역의 문제는 과학적 지식이 있어야 해결할 수 있습니다. 그런데 안타깝게도 고객들에게는 이러한 필수 지식이 부족한 실정입니다. 하지만 한 세기 이상 과학적인 지식을 바탕으로 일해 온 우리 전문가들은 그러한 필수 지식을 갖추고 있습니다.

연결: 이 영역에서는 전문가들이 더 큰 목소리를 낼 수 있게 표준 절차를 수정할 필요가 있습니다. 그들은 우리가 고객에게 들은 이야기를 해석하고, 이 주제에 관한 방대한 양의 검증된 과학을 활용하도록 도와줍니다.

해결책: 저는 우리가 전문가들을 초반의 '사람들과 대화하기' 단계 말고, 후반의 '들은 내용 종합하기' 단계에 참여시킬 것을 제안합니다. 그러면 그들의 과학적 전문 지식의 맥락을 활용해서 우리가 들은 내용을 제대로 해석할 수 있게 도와줄 수 있을 겁니다.

결국 이 제안은 채택되었다. 일부 팀원은 "아, 정말 그렇겠네요!"라고 깨달음을 얻었다. 이 글을 쓴 사람은 문제를 보여주고, 공유할 수 있는 맥락을 제시하고, 그 맥락을 문제로 연결한 후에 해결책을 제안함으로써 모두가 상황을 이해하고, 건강하게 토론하고, 궁극적으로 더 나은 작업 흐름을 만들 수 있는 공간을 만들었다.

자신이 쓴 글의 기계적인 측면과 구조적인 측면, 둘 다 신경 쓰려면 시간이 많이 든다는 걸 나도 안다. 하지만 꾸준히 노력하면 점차 발전한다. 인간의 뇌는 아주 놀라운 기관이고, 우리가 무엇을 하려고 하는지 잘 알아차린다. 이런 글쓰기 방식을 충분히 연습하면 전처럼 많이 생각하지 않더라도 여러분의 뇌가 미리 구조적으로 계획하기 시작할 것이다.

인터넷 덕분에 글쓰기를 연습하기가 매우 쉬워졌다. 블로그를 시작하라. 누가 읽을까 걱정하지 마라. 뭐, 원한다면 완전히 비공개로 해도 좋다. 하지만 적어도 일주일에 한 번은 글쓰기를 연습하라. 자신이 해결한 문제, 나눈 대화, 관심을 끄는 경험이나 아이디어에 대해 써라. 누군가를 가르치려는 게 아니므로 주제는 중요하지 않다. 중요한 것은 글을 쓰는 행위다. 자신이 쓴 글을 검토하고 재배열하는 과정, 그리고 글쓰기의 기계적인 측면에 집중하라. 그냥 써라. 장담컨대 글쓰기 실력이 늘 것이다.

4

연습, 연습, 또 연습

끊임없는 연습은 소통 기술을 발전시키는 유일한 방법이다. 그런데 우리의 전반적인 문화에서는 격식을 크게 신경 쓰지 않고 글을 써 볼 기회가 별로 없다. 우리는 문자 메시지처럼 편안한 글로 더 많이 소통하는데, 그럴 때는 (문법은커녕) 맞춤법이 우선순위가 아니다. 그래서 글쓰기를 연습할 몇 가지 방법을 다음과 같이 제안한다.

- **블로그를 운영하라.** 앞서 이야기했듯이 블로그는 글쓰기를 연습할 좋은 방법이다. 혼자 봐도 좋으니 뭐든 써라.
- **업무 및 개인 이메일을 더 구조적으로 작성하도록 노력하라.** 한 단어, 한 줄짜리 답변을 피하고, 연습을 위해 조금 더 의미 있는 글을 써라.
- **문자 메시지에서도 글쓰기 수준을 높이려고 노력하라.** 슬랙이나 팀스 같은 업무용 플랫폼도 포함된다. 완전한 문장을 사용하고, 스토리텔링을 하고, 훌륭한 글을 쓰도록 노력하라.

이런 기술을 발전시키는 데 쓴 시간은 경력을 발전시키는 과정에서 백배로 보상할 것이다.

5

좌절을 경험하는 흔한 원인

글을 쓸 때는 당연히 오류가 발생하기 쉽다. 맞춤법, 문법 오류만 이야기하는 게 아니다. 많은 사람이 글을 쓰다가 좌절을 경험하고 글쓰기는 아무도 완벽할 수 없는 분야라고 단정 짓는다. 하지만 가장 흔한 좌절의 원인 두 가지를 알면 글쓰기에 한 걸음 더 가까워질 수 있다.

수동태를 피하라

이미 능동태와 수동태의 차이를 아는 분이라도 잠시 내 이야기를 들어 보기 바란다. 내가 하고 싶은 말은 수동태와 능동태의 차이를 단순히 구분하는 것, 그 이상이다.

능동태와 수동태에 대한 공식적인 정의는 여러 웹 사이트에서 확인할 수 있다. 하지만 내가 생각하는 정의는 이렇다. 능동태 문장에서는 누가 누구에게 어떤 행위를 했는지가 명확하다. 반면 수동태 문장에서는 어떤 행위가 실행되지만, 그 일을 한 게 누구인지가 명확히 드러나지 않는다.

"컴퓨터가 재시작되었습니다."와 "제임스가 컴퓨터를 재시작했습니다."를 비교해 보자. 첫 번째 예는 수동태고, 두 번째는 능동태다. 제임스가 행동(재시작하기)을 한다.

미국 대학의 기술 문서 작성 수업에서는 수동태를 강조하는 경향이 있고, 많은 친구와 동료가 그 수업에서 의도적으로 수동태를 사용하라고 배웠다고 말한다. 그들이 나에게 말해 준 원칙은 기술 문서는 특정 인물을 언급하지 않아야 하고, **여러분**이나 **나** 같은 단어의 사용을 피해야 한다는 것이다. 그 말인즉 기술 문서에 사람이 없고, 일어난 일만 있어야 한다는 뜻이다. 기술 문서 작성 수업을 가르치는 교수가 동화를 썼다고 상상해 봤는가?

그 신발은 모스 경도 9로 측정된 유리로 제조되었다. 그 신발은 현지 시간 자정까지만 착용되었다. 달리는 도중에 사용된다면 그 신발은 착용자에게서 벗겨져서 길에 남겨질 수 있다. 그렇다면 그 신발은 다른 누군가에 의해 발견될 수 있다.

현실 속 우리는 스토리에 등장하는 인물을 좋아한다. 스토리는 대부분 사람을 중심으로 하는 것이므로 스토리에 사람을 넣어라. **우리, 여러분, 나** 같은 단어를 사용해도 괜찮다. 능동태로 쓰고 누가 무엇을 하는지 명확히 하라.

Note ☰   '신성한 우리'를 아무 때나 사용하지 마라

우리라는 단어는 여러분을 포함한 그룹을 지칭할 때만 사용하라. ("우리는 이 문제에 대한 새로운 해결책을 생각해야 합니다.") **우리**를 **여러분**이라는 단어를 피하기 위해 사용하지 마라. ("우리는 어떻게 컴퓨터를 재시작할지 배울 것입니다.")

수동태와 능동태를 강조하는 한 가지 이유는 소통 워크숍을 진행하는 동안 이런 부분을 인식하고 이해하는 것이 누군가의 글을 더 매력적이고 자연스럽게 만드는 스위치 같은 역할을 할 수 있다는 것을 알게 되었기 때문이

다. 즉, 수동태 사용을 멈추면 뇌에 있는 무언가가 뒤집어지면서, 자연스럽게 흘러가는 멋진 글을 쓰기 시작한다. 이렇게 쓴 글은 말하는 것에 훨씬 더 가깝게 들린다. 수동태는 말하듯이 글을 쓰는 데 방해가 된다. 능동태를 쓰기 시작하자마자 **나, 여러분** 같은 단어를 사용해도 된다는 느낌이 들면서 갑자기 깨달음을 얻은 것처럼 글이 더 잘 써진다. 여러분도 한번 시도해 보라.

꽃으로 뒤덮인 정원의 가지를 정리하라

누구나 알다시피 가끔 보면 기업들이 말을 꾸미는 것보다 좋아하는 건 없는 것 같다는 생각이 든다.

이질적인 기반 사이에서 시너지를 내는 과정에서 고객으로부터 많은 블로킹 이슈blocking issue를 알아냈다. 우리가 받은receive 묻다ask는 높은 수준이었지만, 이를 더블클릭double-click하자 다양한 기회opportunity를 발견했다.

나는 솔직히 이게 좋은 소식인지, 나쁜 소식인지 모르겠다. 기업에서 쓰는 이런 표현은 의미를 숨길 뿐 아니라 내 내면에 있는 언어 너드를 자극한다. 여기에 등장하는 몇 가지 용어를 살펴보자.

- **이슈**issue는 객관적으로 옳거나 그른 답이 없는 의견을 가리킨다. 정치적 문제처럼 논의할 여지가 있는 의견 말이다. 이슈는 잡지의 발행 호수(號數)를 의미하기도 한다. 하지만 앞에 **블로킹**blocking이라는 단어가 있는 것을 볼 때 이들이 가야 할 길을 막는blocking 문제problem를 가리키면서 이슈라는 용어를 쓴 것 같다. 문제라면 문제라고 불러라.
- **묻다**ask는 명사가 아니고 동사다. 동사인 ask는 받을receive 수 없다. 명사인 요청request이라면 받을 수 있다.

- **더블클릭**double-click은 "무언가를 더 깊이 들여다본다."는 뜻의 유행어다. '**드릴 다운**drill down'*이라는 용어를 **더블클릭**이라는 유행어로 대체한 건 그렇다고 치더라도, 더블클릭이라는 말은 너무 철이 지난 느낌이다. 우리가 이 문제를 **더블클릭**해야 할까? 마지막 질문은 농담 삼아 반어적으로 던진 것이니 진짜 해야 할지 진지하게 고민할 필요는 없다!
- **기회**opportunity는 보통 좋은 것이지만, 여기서는 **문제**problem를 대신 쓴 것이 아닐까 싶다. 정확히는 알 수 없다. 다시 말해 정보를 모호하지 않게 정확히 전달하는 것이 소통의 기본 역할인데, 이 텍스트는 그 기본 역할을 수행하고 있지 않다.

여러분의 CEO가 과하게 꾸민, 모호하고 부적절한 단어로 글을 쓰는 걸 좋아한다고 해서 여러분도 꼭 그렇게 할 필요는 없다. 나는 지금까지 항상 모호하지 않은 명확한 글을 옹호하려 노력했다. **요청**request이라는 단어가 있으니 그 단어를 써라. 무슨 문제가 있고 그 문제를 해결하고 싶다면 그것을 문제라고 불러라. 예컨대 이 절의 제목은 "꽃으로 뒤덮인 정원의 가지를 정리하라"다. 왜 나는 "모호하고 가식적인 표현을 피하라"라는 표현을 쓰지 않았을까?

---

* 　역주　마치 드릴로 뚫고 들어가는 것처럼 깊이 파고들며 정보를 찾는 것을 가리킨다.

6

실천 과제

이 장에서는 글로 하는 소통에 특별히 초점을 맞춰서 소통 능력을 발전시키는 데 도움이 되는 몇 가지 실천 과제를 알려주겠다.

- 여러분이 보낸 이메일과 다이렉트 메시지를 살펴보는 것으로 시작하라. 이 장에서 읽은 내용을 토대로 다시 작성한다면 어떻게 수정하겠는가?
- 다음에 어느 정도 분량이 있는 글(예컨대 워드로 약 2페이지에 해당하는 600 단어 정도 분량의 글)을 보낼 일이 있을 때 수신자에게 글을 잘 받았는지 확인하고 여러분이 쓴 글이 어땠는지 물어보라. 내용은 간결했는가? 상대가 알아야 할 모든 내용을 전달했는가? 잘 정돈된 명확한 글이었는가?
- 다음에 글로 소통할 때 자신이 쓴 글을 보내기 전에 검토하라. 간결하게 쓰였는가? 자신의 제안을 명확하고 모호하지 않으며 잘 정리된 데이터로 정당하게 제시했는가? 다른 옵션을 알아보고 그런 옵션을 고려하지 않은 이유를 데이터를 기반으로 제시했는가?

13장

말로 하는 소통을
정복하라

12장에서 글로 하는 소통을 효과적으로 하기 위한 기반을 닦았으니, 이제 그 기술을 활용해서 말로 하는 소통을 정복할 차례다. 나는 원하는 만큼 시간을 충분히 들일 수 있다는 점 때문에 글쓰기가 조금 더 쉽다고 늘 생각했다. 글로 소통하는 것은 말로 소통하는 것처럼 누군가를 마주한 상태에서 즉흥으로 이루어지지 않는다. 하지만 글로 하는 소통에서 배운 많은 교훈이 말로 하는 소통에도 온전히 적용되므로 글쓰기는 좋은 출발점이다. 자, 이제 한 단계 더 나아가 말하기를 정복해보자.

1

한 단계 더 나아가기

글쓰기 실력을 키우려고 제대로 노력했다면 말로 하는 소통도 자연히 더 쉬워지고 스트레스도 덜 받는다. 말하듯이 글을 쓴다는 건 생각을 정리하도록 뇌를 가르치는 것이나 다름없고, 그러면 말하기도 더 쉬워질 것이다.

진행 상황을 공유하는 팀 회의 같은 정기적인 소통에서 여러분이 무언가 구두로 공식 발표해야 할 때 미리 대본을 쓰는 것으로 시작하라. 대본을 미리 소리 내어 읽어라. 대본이 쉽고 자연스럽게 느껴질 때까지 수정하며 여러 차례 대본 리허설을 하라.

처음에는 대본을 읽으며 발표하라. 혹시 발표를 듣는 사람이 이상하게 볼 수 있으니 미리 이렇게 알려라. "요즘 발표 실력을 키우려 노력하는 중이에요. 미리 준비해 온 노트를 읽으며 발표할게요." 사전에 대본 리허설을 충분히 했다면 중간중간 대본에서 눈을 떼고 사람들과 눈을 맞출 수 있다.

나는 사람들 앞에서 대본을 읽을 때 각 문단의 마지막 문장에서 고개를 들고 사람들과 눈을 맞춘다. 대본 리허설을 해 두면 문장을 훑어보는 것만으로도 고개를 들고 암송할 자신이 생긴다. 문단이 끝나는 지점에는 공백이 있기 때문에 다시 시선을 내려서 대본으로 돌아왔을 때 시선을 어디에 둘지 헷갈리지 않고 원래 위치로 쉽게 돌아올 수 있다.

대본 읽기가 어느 정도 편해지면 메모로 대체할 수 있다. 대본은 계속 작성하되, 회의에 들고 가지 마라. 그 대신 대본에 있던 내용을 상기하는 메모를 가져가라. 사전 대본 리허설은 계속하되, 발표할 때는 메모를 참고하라. 처음에는 무섭게 느껴지더라도 중간에 포기하지 마라. 시간이 지나면 조금 더 편해지고 자연스러워질 것이다. 결국 아예 대본이 필요 없는 수준에 도달하면 말하면서 정보를 조립할 수 있게 된다. 몇 년이 걸릴 수도 있지만(나는 그 정도 걸렸다) 그 정도 시간을 들일 만한 가치가 있다.

자신의 경력을 위해 효율적인 말하기 능력이 바로 필요하다면 토스트마스터스Toastmasters* 처럼 대중 강연 기술을 기르는 데 집중하는 조직에 가입하는 것을 고려하라.

마지막으로 발표할 때마다 청중과 눈을 맞추도록 노력하라. 보통 나는 우호적인 표정을 보이는 사람들을 위치상 고르게 분포된 이들로 두세 명 골라 돌아가며 눈을 맞춘다. 대체로 내가 아는 사람, 웃는 사람, 아니면 어떤 방식으로든 나에게 함부로 하지 않을 것 같은 사람을 고른다. 그러면 실제로는 회의실 전체를 둘러보지 않는데도 마치 둘러보는 것처럼 보인다.

---

* [역주] 연설 능력과 리더십 능력을 키울 기회를 제공하는 모임을 여는 비영리 교육 기관으로 1924년 미국에서 시작되어 현재 전 세계에서 운영되고 있다.

2

말하기에 대한
두려움 극복하기

내가 만나는 엔지니어는 대부분 대중 강연을 좋아하지 않는다. 어떤 사람에게는 한 사람 이상의 청중 앞에서 발표하는 것이 두려운 일이다. 소그룹 앞에서는 괜찮지만, 회의실 앞이나 무대 위에서 주목받는 것을 싫어하는 사람도 있다. 수년간 이를 주제로 많은 이와 이야기를 나눈 끝에 이러한 두려움의 근본 원인이 정복하기 어렵지 않은 몇 가지 항목으로 요약된다는 것을 발견했다.

모든 답을 알지 못하는 것에 대한 두려움

선생님은 대개 학생에게 답을 모르는 질문을 받는 걸 두려워한다. 이는 어떤 유형의 말하기에서나 흔하게 느끼는 두려움이고, 이 책에서 여러 번 언급한 가면 증후군과 관련이 있다. 우리의 본능은 이렇게 속삭인다. '내가 조용히 있으면 사실 내가 여기서 가장 멍청한 사람이라는 걸 아무도 모를 거야.' 누구나 이런 두려움을 극복해야 한다.

- **모든 것을 아는 사람은 없다.** 여러분이 전지적인 지식을 갖추지 못한 주제에 대해 이야기해도 괜찮다. 어떤 사람도 모든 것을 알지 못하는 건 마찬가지다. 말할 내용을 사전에 검토하고, 자신이 아는 바에 대해 자신감을 갖고, 앞으로 나아가라.
- **메모할 준비를 하라.** 누군가 답을 모르는 질문을 던지면 바로 받아 적으면서 나중에 이 질문에 대한 답을 주겠다고 제안하고 넘어가라. 모든 것을 아는 사람은 없다는 사실을 누구나 알지 않는가? 모른다는 것을 인정하되, 적어 두고 나중에 더 알아봐 주겠다고 제안하는 것이 누구에게나 바랄 수 있는 최선이다. 물론 후속 조치는 반드시 취해야 한다.
- **예상 질문을 정리하라.** 내가 아는 많은 엔지니어가 이 부분을 어려워한다. 나는 소위 C자를 단 경영진(CEO와 그의 직속 부하 직원)에게 우리가 탐구해 온 프로젝트에 대해 발표해 달라는 요청을 받은 적이 있다. 이들은 상세한 추천을 원했고 나는 준비한 자료를 가지고 꽤 자신 있게 발표를 진행했다. 그러자 CFO(최고 재무 책임자)가 이렇게 물었다. "이걸 제품화하면 추가 수익이 있으리라 확신하나요?" 나는 말문이 막혔다. 경영진이 우리 팀에 요청한 것은 프로젝트에 대해 조사하고 추천할 내용을 발표하라는 것이었다. 이 제품이… 글쎄… 진행할 가치가 있는지 없는지 내가 알아야 할 거라고는 미처 생각하지 못했다. 나는 CFO에게 솔직하게 말했다. 지금은 답할 만한 정보가 없지만, 나중에 후속 조치를 하겠다고. 그리고 회의가 끝난 후 다른 팀과 협력해서 답을 찾았다.

어쩌면 이를 통해 내가 기업의 운영 방식에 대해 조금 더 배웠다는 것이 가장 중요할지도 모른다. 앞으로 그런 발표를 한다면 그런 질문을 예상하고 대답을 준비해야 한다는 것을 배웠다. 모르는 걸 깨닫고 배우게끔 하는 다른 대부분의 경험과 마찬가지로, 나는 그 경험으로 기업에 대해 더 깊이 이해하게 되었다.

평가받을까 하는 두려움

친구, 동료, 상사를 비롯해 다른 사람 앞에서 멍청해 보이고 싶은 사람은 없다. 예외적으로 불운했던 한두 경험만 제외하면 나는 사람들 대부분이 다른 사람을 응원한다는 걸 알게 되었다. 여러분의 친구나 동료, 상사는 일반적으로 여러분이 성공하는 모습을 보고 싶어 한다. 다만, 그런 마음을 표현하는 데 능숙하지 않을 수는 있다. 그들도 평가받을까 하는 두려움에 여러분을 지지한다는 걸 몸짓 언어로 표현하기가 여러분만큼이나 두려울 수 있다. 하지만 지지하는 마음은 어디 가지 않는다.

평가받을까 걱정하지 마라. 그 대신 기술과 자신감을 키워라. 나는 천 명정도 되는 엔지니어에게 말하기에 대한 두려움을 어떻게 극복했는지 물었고, 이들이 한 수많은 대답은 하나로 요약되었다. 바로 연습이다. 사람들앞에서 말한 경험이 많아질수록 더 편해진다. 그리고 청중들이 일종의 포커페이스 뒤에서 매우 조용하게, 하지만 진심으로 여러분을 응원하고 있다는것을 더 잘 알게 된다.

연습 기회를 제공하는 데 주력하는 토스트마스터스 같은 조직도 있지만, 꼭 공식적인 조직이 있어야 연습할 수 있는 건 아니다. 힘들더라도 직장에서 간단한 발표를 하겠다고 자원하라. 두렵더라도 억지로 하라. 약속건대말하기가 점점 더 쉬워질 것이다. 두려움이 사라지면 말로 소통하는 것이편해질 것이다. 그리고 차분하고 침착하게, 효과적으로 할 수 있을 때까지말하는 기술을 다듬는 데 더 집중할 수 있다.

3
말하기에 좌절하는 흔한 원인

완벽한 연설가는 거의 없다. 대부분 사람은 뇌와 입의 작동 속도가 서로 다르다고 느끼고, 불안과 두려움에 주저한다. 좋은 소식은 여러분이 완벽한 연설가가 될 필요가 없다는 것이다. 괜찮은 정도면 된다. 세 가지 기본적이고 간단한 사항을 연습하는 데 집중하면 생각보다 빠르게 괜찮은 수준 이상의 실력을 갖출 수 있다.

채우는 말을 없애라

다른 사람과 대화할 때 여러분의 말하기를 분석할 목적으로 대화를 녹음해도 될지 물어보라. 여러분이 "음", "어", "있지", "그러니까"처럼, 의미 없이 빈자리를 채우는 말을 몇 번 쓰는지 세어 보라. 그리고 훌륭한 대중 강연자의 강연을 찾아보라. 특히 전 미국 대통령 버락 오바마의 연설을 찾아보라. 여러분이 그의 정치를 어떻게 평가하는지는 중요하지 않다. 그가 말하는 내용도 들을 필요가 없다. 오직 그의 연설 패턴에 주목하라. 글로 정확히 설명하기가 조금 어렵지만, 오바마는 자주, 잠시 멈춘다. 어린 시절

그에게 의미 없이 "음", "어"라고 하는 문제가 있었는지 궁금하다는 생각이 들 정도다.

우리의 뇌가 말하는 속도를 따라가지 못해서 잠시 멈추는 순간에 채우는 말이 나온다. 어떤 이유에서인지 말하는 중간에 생기는 공백을 견디지 못해 빈자리에 채우는 말을 끼워 넣는 것이다. 그러니까, 음, 휴식이 필요할 때 말이다.

채우는 말 대신에 잠시 멈추는 연습을 하라. 그래도 어색하게 들리지 않는다. 내 말을 믿어라. 사실 그렇게 잠시 멈춘 사이에 청중도 따라잡을 시간이 생긴다. 처음에는 잠시 멈추는 게 본인에게 어색하게 느껴지지만, 테드TED 강연 동영상을 무작위로 찾아보며 발표자가 "어" 같이 채우는 말을 몇 번 사용하는지 세어 보라. 한 번도 안 하는 경우가 대부분이고 "어"라고 할 수 있는 지점에 잠시 멈추는 모습을 자주 볼 수 있다.

이런 연습을 시작한 초반에는 실수가 많을 것이다. 채우는 말을 과하게 의식하기 때문이다. 그래서 나는 이렇게 말한 적도 있다. "그래서 우리는 이제, 음, 아, 죄송해요. 음, 데이터베이스 콘솔을 볼 거예요. 죄송합니다." 그렇게 즐거운 날은 아니었다. 하지만 장담컨대 극복할 수 있다. 그리고 극복한 후에는 여러분의 연설은 뚝뚝 끊어지지 않고 자연스러워질 것이고, 더 매끄럽고, 더 정돈되고, 전문가다운 느낌이 더해질 것이다.

목소리를 악기로 활용하라

인간은 오랫동안 하나의 종으로 함께 살아왔다. 그 결과 우리는 표정, 몸짓 언어, 손동작 등 수많은 비언어적인 소통 수단을 발전시켜 왔다. 비언어적인 소통 수단은 말로 하는 소통을 보완하여 우리가 하는 말에 뉘앙스와 감정을 입힌다. 하지만 우리는 언어를 보조하는 수단 또한 발전시켜 왔다.

우리가 말하는 내용으로만 소통하는 것이 아니라, 말하는 방식으로도 소통한다는 뜻이다. "오, 그거 좋네."라는 똑같은 말을 얼마나 다양한 뉘앙스로 바꾸어 할 수 있는지 생각해 보면 무슨 뜻인지 이해할 것이다.

애플 시리Siri 기능의 기존 목소리와 몇 년 후 나온 새로운 목소리를 비교하는 한 유튜브 동영상(https://bit.ly/CompareSiri)을 들어 보라. 기존 목소리는 높낮이가 없고 로봇 같으며 이상한 부분에 살짝 악센트를 준다. 새로운 목소리가 더 낫지만 새로운 목소리도 인간의 목소리와 너무나도 다르다. 잘못된 부분에 악센트를 주고 특이한 지점에서 음이 높아진다. 여러분도 시리처럼 말하고 싶지 않을 것이다.

내 친구 중에는 자기 목소리를 싫어하는 친구가 있다. 그는 자기 목소리를 너무 싫어해서 아무도 자기가 하는 말을 녹음하지 못하게 한다. 그가 업무를 위해 전화로 회의할 때 한 공간에 있었던 적이 있는데, 그가 왜 그런 생각을 하는지 알 것 같았다. 그는 일할 때 목소리에 높낮이의 변화가 적고, 감정 또한 극도로 부족했다. 마치 누군가가 업무상 말할 때 감정 없이 로봇처럼 말해야 한다고 말한 걸 듣고 그대로 따르는 것 같았다. 시리보다는 나았지만 매력적이거나 호감이 가진 않았다. 달리 말해 인간적인 느낌이 나지 않았다.

안타까운 건 이 목소리가 전부 꾸며낸 목소리라는 점이다. 친구들과 어울릴 때는 그렇게 말하지 않았고, 아마 사무실에서도 그렇게 말하지 않으리라 생각한다. 평소 그의 목소리는 자연스럽게 오르락내리락한다. 그의 목소리 음은 질문할 때 높아지고, 단호하게 진술할 때는 약간 낮아진다. 즉, 편하고 개인적인 자리에서 흔히 들을 수 있는 매우 평범한 말투다. 하지만 회의처럼 공식적인 자리에서 말할 때는 목소리의 높낮이가 사라져서 단조로워진다. 목소리 음에 변화가 아주 조금밖에 없어서 어쩐지 으스스했다.

초등학교 시절, 선생님의 지명을 받아서 소리 내어 책을 읽던 경험이 떠올랐다. 신이 나서 인물마다 다른 목소리를 내는 애들도 있었다. 하지만 분명히 억지로 하는 애들도 있었다. 그런 아이들은 로봇처럼 단조롭게 읽기 때문에 듣는 사람 입장에서는 문장을 듣고 이해하기가 어려웠다.

여러분의 목소리는 강력하고 아름다운 악기다. 여러분과 똑같은 다른 인간의 뇌는 그런 악기에 반응하고, 여러분이 특정한 방식으로 말할 때 특정한 감정을 느끼고, 목소리의 음 같은 보조적인 신호에 답하도록 프로그래밍되어 있다.

발표할 콘텐츠에 익숙해지면 목소리를 더 잘 활용할 수 있다. 사전 대본 리허설도 그래서 하는 것이다. 진짜 중요한 발표일 때는 다음과 같이 대본에 따로 표시할 때도 있다.

좋은 아침입니다. //

오늘 저는 지난 몇 달간 저희가 다뤘던 <u>중요한</u> 문제를 처리하고, /// 앞으로의 <u>세 가지</u> 잠재적인 경로에 초점을 맞추려 합니다_. //

문제는 데이터 보안 중 하나입니다. // 경영진은 이 문제를 이번 분기의 <u>최우선 과제</u>로 꼽았죠_. ///

많은 분이 아시겠지만, // 현재 우리의 데이터 관리 도구는 / 관리해야 하는 데이터의 양에 압도된 상태입니다. // 고객 데이터, / 내부 분석 데이터, / 제품 데이터는 모두 <u>기하급수적인</u> 비율로 증가하고 있습니다_.

이처럼 슬래시(/)를 써서 잠시 멈출 위치를 표시한다. 슬래시가 많으면 멈추는 시간이 길어진다. 슬래시가 3개면 회의실을 눈으로 빠르게 훑을 수 있을 정도로 길게 멈춘다는 뜻이다. 약하게 강조할 때는 <u>밑줄</u>을, 강하게 강조할 때는 **볼드**를 사용한다. 언더바(_)는 목소리의 음을 그대로 유지하거나 살짝 떨어뜨리라는 뜻이다. 보통은 의문문일 때만 문장 끝에 목소리를 올린다.

볼드는 내가 특정 단어나 단어 쌍을 선명하게 강조할 때 쓰는 방법이다. 위의 문단에 함께 제공되는 파워포인트 슬라이드가 있었다고 상상한다면, 여러분은 지금 '문제: 데이터 보안'이라고 적힌 슬라이드 페이지를 보고 있을 것이다. 그 다음에는 언급했던 세 가지 유형의 데이터를 글머리 기호로 정리한 문단이 화면 안으로 미끄러져 들어올 것이다.

내가 사용하는 방법을 간단히 적으면 다음과 같다. 여러분도 자기가 이해하기 쉬운 표기법을 만들어 두면 좋다.

표기	의미
볼드	강한 강조
밑줄	약한 강조
/ // ///	잠시 멈춤(슬래시가 많을수록 더 오래 멈춘다)

내가 앞의 문단을 읽는 데 약 35초가 걸렸다. 여러분도 내가 적어 둔 강조와 일시 중지를 모두 지키며 이 문단을 소리 내어 읽으면서 시간을 재 보라. 35초보다 훨씬 짧다면 조금 급하게 읽은 것이다. 속도를 늦춰라. 여러분의 목소리는 악기이고, 사람들이 그 목소리를 듣고 반응할 시간이 필요하다는 것을 기억하라. 강조하는 지점을 바꿔 가며 연습하라. 녹음해도 좋다. 자신이 말하는 방식이 마음에 들지 않는다면 마음에 드는 방식으로 고쳐라. 그리고 자연스러워질 때까지 연습하라. 아마 다른 사람들도 여러분이 연습해서 완성한 방식을 훨씬 더 좋아할 것이다. 연습하고, 연습하고, 또 연습하라.

곁길로 새지 않게 연습하라

나에게는 곁길로 새지 않으면 못 배기는 것처럼 보이는 소중한 친구가 한 명 있다. 우리가 평소 나누는 대화는 이렇다.

친구: 그래서 내가 언제 하이킹 나갔는지 알아? 일요일이었어. 아, 아니다. 토요일이었나? 일요일에
    는 브런치 먹으러 갔거든. 근데 토요일은 너무 더웠던 것 같은데. 그때가…

나: 그게 중요해?

친구: 금요일이었을지 몰라. 어쨌든 앤절라랑 같이 갔는데 걔가 여동생을 데리고 나왔어. 메리? 마
    샤? 내 생각엔 메리였던 거 같아. 근데, (다른 친구를 돌아보며) 메리였나? 앤절라 여동생 말
    야. 그…

나: 그게 중요해? 메리라고 해 두자.

친구: 어쨌든 막 하이킹을 마치고 돌아왔어. 앤절라가 운전했고. 앤절라한테 기아에서 나온 신형
    SUV, 유콘이 있거든…

나: 유콘은 GMC 거야.

친구: 아니야. 분명히 기아였는데, 왜냐면…

나: 나 바에 가고 싶은데 가도 될까?

우리의 대화는 관련 없는 곁길로 여러 번 새지 **않을 때**만 귀 기울일 가치
가 있다. 업무상 소통이라면 이렇게 곁길로 새면 안 된다. 말을 시작할 때
말하려는 **결과**에 집중하는 게 이런 문제를 개선하는 데 도움이 된다. 대화
의 목표가 무엇인가? 알고 보니 앞선 예에 등장한 내 친구의 목표는 앤절라
의 신형 SUV 운전자 좌석 유리창에 현재 속도 등의 정보를 투사하는 헤드
업 디스플레이가 있다는 걸 알려주는 것이었다. 그 결론에 이르기까지 꼬
박 20분이 걸렸다. 그래도 괜찮았다. 우리는 수다를 떠는 중이었으니까. 하
지만 업무상 소통이었다면 내 친구는 "기아의 신형 SUV에 헤드업 디스플
레이가 있습니다."라고 시작해서 그걸로 이야기를 마무리 지어도 괜찮았을
것이다.

소통은 **스토리텔링**이라는 것을 기억하라. 스토리의 교훈에 최대한 빠르게
도달하고, 곁길로 새는 횟수는 최소로 줄이는 것이 좋다.

4

자기주장은 어느 정도가 적당할까

나는 글이든 말이든 소통할 때 자기주장을 어느 정도 내세우는 게 적당한지 아직도 고민한다. 공교롭게도 나는 주장이 강한 편이고, 때와 장소가 적절하다면 마다하지 않고 의견을 잘 낸다. 상사가 어떤 일을 어떻게 하는 게 좋겠냐고 물으면 내가 가장 먼저 의견을 낼 때가 많다. 그래서 내 주장을 내세우는 것은 어렵지 않지만, 가끔 내 주장이 지나쳐 보여서 다른 사람들이 대화에 끼어들 틈을 못 찾을 때도 있었다. 그런 상황은 나도 원하지 않는다.

> **Note** ≡ **말로 하는 자기주장이 가장 두드러진다**
>
> 글에서도 자기주장이 강하게 드러날 수 있는 건 분명한 사실이나, 내가 보기에 자기주장이 가장 두드러지는 건 말하기 같다. 목소리 톤, 몸짓 언어, 무언가에 대한 단순한 열정은 말로 할 때 훨씬 더 쉽게 드러나기 때문이다.

하지만 자기주장을 어려워하는 사람도 있다. 그저 나보다 예의가 더 바르기 때문에 그런 경우가 종종 있다. 나보다 더 수월하게 자기주장을 펼치는 사람도 있다. 이런 사람들은 때로 공격적이고 강압적으로 보이기도 한다. 그림 13-1이 이런 스펙트럼을 잘 보여준다.

그림 13-1 **자기주장 스펙트럼**

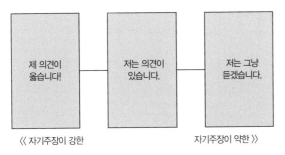

《 자기주장이 강한   자기주장이 약한 》

전문가라면 일반적으로 스펙트럼의 중간을 목표로 하는 게 좋다. 어떤 주제에 대해 정확한 근거를 기반으로 하는 의견이 있다면 피력하라. 열린 마음으로 토론하라. 다른 사람이 생각하는 장단점에 대해 들어 보고, 제시된 사실을 기반으로 자기 의견을 발전시켜라.

자기 관점만 밀어붙이는, 과하게 공격적인 사람은 스펙트럼의 왼쪽 끝에 위치한다. 이런 사람은 사실이나 논리정연한 반대도 받아들이지 않고 자기 의견으로 대화를 주도한다. 이렇게 지나치게 강한 자기주장은 문화에서 기인할 때도 있다. 그렇게 행동하는 것이 사회적으로 용인될 뿐 아니라 어떤 임무를 완수하고 싶다면 사실상 반드시 그래야 하는 곳이 있다. 나는 그런 사람에게 당신의 의견은 소중하므로 참지 말고 표현하라고 권한다. 다만 다른 사람의 의견도 존재한다는 걸 알려준다. 다른 동료들의 의견도 똑같이 소중하므로 목소리가 큰 사람을 조용히 시키지 않고도 그들이 의견을 낼 수 있는 기회가 있어야 한다. 타인의 소통을 억압하는 사람으로 인식되면 경력과 인맥이 망가질 것이다.

스펙트럼의 오른쪽 끝에는 자기 관점을 좀처럼 표현하지 않는, 자기주장이 약한 사람이 있다. 이렇게 과묵한 태도는 때로 가면 증후군 때문일 수도 있다. 이들은 한 공간에 있는 나머지 사람들이 자기보다 훨씬 더 똑똑하다고 생각해서 자기 의견을 말하는 것을 두려워한다. 아니면 그저 지나치게 자기주장을 내세우지 않도록 주의하라는 말을 들으며 자라서 그렇게 된 사람도 있다. 이런 사람은 필요 이상으로 조심하는 것이다. 그것도 아니라면 그냥 자기주장이 지나치게 강한 사람과 고함을 지르며 경합하는 데 관심이 없는 것일 수도 있다. 이유가 무엇이든 이렇게 조언해 주고 싶다. 자기 의견을 표현하라. 애초에 한 공간에 있다는 것이 그 자리에 올 자격을 획득한 사람이라는 뜻이다. 그렇다면 논의에 이바지할 권리뿐 아니라 의무도 있다. 그 또한 직업적으로 해야 하는 일의 일부다.

여러분이 누구든, 무슨 일을 하든, 소통할 때는 스펙트럼의 중간에 머물도록 연습하라. 다른 사람의 의견을 위한 공간을 만들고 각자의 관점을 제시할 수 있게 도와라. 토론에 참여하고, 동료들이 여러분의 참여를 환영할 것이라고 믿어라.

5

설득과 경청의 기술

인간이 소통하는 한 가지 주된 이유는 정보와 아이디어를 공유하는 것이다. 우리가 소통하는 또 다른 주된 이유는 다른 사람을 설득하는 것이다. 설득은 나쁜 게 아니다. 여러분과 내가 어떤 문제를 함께 푼다고 가정할 때 각자 제시하는 해결 방법이 서로 다를 수 있다. 건강한 업무 관계에서는 내가 생각하는 방법이 가장 좋은 해결책인지를 보여주기 위해 내가 여러분을 설득할 것이다. 여러분도 자신의 방법이 가장 좋다고 나를 설득할 수 있다. 우리 두 사람 다 사실과 데이터를 기반으로 논의를 이어가는 한, 사실과 데이터에 설득될 수 있다. 열린 마음을 유지하는 한, 우리의 토론은 우리가 아는 것을 바탕으로 최선의 결과를 도출할 가능성이 높다. 그리고 이것이 건강한 토론이다.

하지만 설득은 양측이 적극적으로 참여해야만 가능하다. 내가 하는 말이 물리적으로 불가능하다는 사실을 상대방이 알더라도 상대방의 반박을 듣지 않는다면 내가 상대방을 결코 설득할 수 없다. 논쟁이 아무리 길게 이어져도 절대 성과가 없을 것이다.

여러분의 설득에 상대가 적극적으로 참여하게 할 방법이 있다. 여러분이 그들의 말을 경청하는 것이다. 예를 들어 모두가 더 쉽고 빠르게 일하는 데 도움이 되는 새로운 소프트웨어 도구를 사자고 상사를 설득한다고 가정해 보자. 상사는 이렇게 반대한다.

주어진 예산으로는 이걸 살 여력이 없어요. 찾으려면 찾을 수 있겠지만, 생산성을 높인다는 말만 믿고 그렇게 할 수는 없어요.

상사는 본인을 설득하기 위해 여러분이 알아야 할 모든 것을 방금 말해주었다. 상사는 본인의 특정한 관점과 동기를 표현했다. 상사의 관점이 무엇이고, 무엇을 신경 쓰는지 알면 그의 걱정을 해결할 수 있는 논거를 만들 수 있다.

상사는 예산을 신경 쓴다. 하지만 이 경우에는 반대하는 이유가 가격에만 있는 것이 아니다. 상사가 진짜 신경 쓰는 것은 생산성이다. 그 지출이 생산성을 높인다고 증명할 수 있는지가 중요하다. 이런 투자가 긍정적인 보상을 창출하지 못한 전례가 있어서 그런 일이 또 일어날까 봐 상사가 걱정하는 것 같다.

특히 상사는 모두가 더 쉽게 일하는 데 도움이 된다는 부분에는 관심을 표현하지 않았다. 상사는 대개 모두의 급여가 그대로인데 '쉽게 일한다'고 해서 '더 나은 결과'로 이어진다는 보장은 없다고 생각할 것이다. 하지만 여러분은 이렇게 생각할 수 있다. "물론 보장은 없죠. 하지만 일이 쉬워지면 더 많은 일을 할 수 있잖아요." 거짓말은 아니지 않은가? 하지만 상대를 설득하려면 상대의 언어로 표현해야 한다. 상사가 생산성이라는 단어를 썼다면 여러분도 그 단어를 써라. 그 단어가 어떤 의미인지, 어떻게 측정되는지 이해하라.

부장님, 사실 이 도구를 쓰면 우리가 하루에 성공적으로 생산하는 빌드의 개수가 약 25% 늘어납니다. 이 도구를 쓰는 다른 회사에 다니는 친구 이야기를 들어 보니 수동 작업이 전부 사라져서 코딩에만 집중할 수 있다고 하더라고요. 우리 회사에서 생산성을 측정하는 기준 중 하나가 하루에 성공적으로 생산하는 빌드의 개수 아닌가요?

상대의 말을 경청하라. 그리고 그들이 신경 쓰는, 그들의 언어를 사용해 상대를 설득하라.

6

실천 과제

특히 말하기에 초점을 맞춰서 소통 능력을 연습하고 발전시키는 데 도움이 되는 몇 가지 과제를 알려주겠다.

- 짧게 발표할 기회를 만들어라. 예를 들어 팀원들 앞에서 10분 정도 진행하는 브리핑 정도면 좋다. 발표하는 모습을 녹음하고 (스마트폰 녹음이면 충분하다) 발표가 끝난 후 리뷰해 달라고 부탁하라. 이 장에서 배운 내용을 바탕으로 자신의 빌표에서 무엇을 개선할 수 있을지 찾아보라. 더 편하고 효과적으로 할 수 있다고 느낄 때까지 짧은 발표를 계속 연습하라.
- 직장 동료에게 여러분이 구두로 한 발표에 대해 점수를 매겨 달라고 부탁하라. 팀에서 진행한 작은 회의든, 상사 앞에서 한 중요한 발표든 상관없다. 잘한 부분, 부족한 부분은 어디였고, 곁길로 샌 것 같은 부분은 어디였는지, 의미 없이 빈자리를 채우는 말을 사용하는 건 잘 자제했는지 등을 물어보라.
- 여러 사람과 대화할 때 (팀원들과 하는 대화도 좋다) 나중에 자신이 한 말을 들을 수 있게 녹음해도 되는지 물어보라. 자신을 비판적으로 바라보고 개선점을 1~2개 정도 찾아라.
- 잘하든 못하든 타인의 강연을 경청하라. 강연이 끝난 후 즉시 다음 사항에 대한 답을 적어보라. 강연에서 마음에 든 점, 마음에 들지 않은 점은 각각 무엇인가? '마음에 들지 않은' 특징이 자신의 강연에도 있는가? 자신의 소통 기술을 발전시키는 데 도움이 될 만한 점을 배운 게 있다면 무엇이겠는가?

14장

갈등을 해결하라

항상 다른 사람과 함께 있어야 하는 직장이라는 공간은 갈등이 일어나기 쉬운 환경이다. 우리 모두는 각자 의견이 있으며, 각자의 우선순위도, 관점도 다르다. 그런 차이가 조화를 이루지 못하면 갈등이 일어날 수 있다. 하지만 전문가다운 태도와 품위를 잃지 않고 갈등을 헤쳐 나갈 방법을 안다면 갈등도 건강할 수 있다.

갈등은 유형별로 약간 다르게 접근해야 하므로 본론에 들어가기에 앞서 갈등의 몇 가지 유형부터 살펴보자.

- 기업은 때로 의도적이고 계획적인 긴장을 조성하기도 한다. 기업 내에서 경쟁하는 이해관계와 우선순위를 저울질하기 위해 이런 긴장을 설계하는 것이다. 적절히 활용하면 기업이 트레이드오프와 절충안을 처리하는 데 도움이 되는 '건강한 갈등'을 일으킬 수 있다.

- 기업 내에서 사업적 결정을 두고 어쩌다 야기되는 갈등도 있다. 이런 갈등은 예기치 못한 상황의 결과로 일어나는 경우가 많다.

- 우리는 인간이기에 개인적인 갈등을 일으킬 때도, 다른 사람이 일으킨 갈등에 휘말릴 때도 있다. 이런 갈등은 어떤 결정을 두고 두 사람의 의견이 갈리는 사업적 상황 때문에 일어나기도 한다. 대부분은 건강하지 않은 갈등이고 해결해야 하는 갈등이다.

- 마지막으로 인간이라면 대인 관계에 대한 갈등을 겪을 수밖에 없다. 이 장에서는 이런 갈등을 일으키는 온갖 이유를 살펴보겠다. 대인 관계의 갈등은 우리에게 개인적으로 가장 큰 영향을 미치고, 우리는 이런 갈등을 직장에서 일으키기를 원하지 않는다. 하지만 이런 갈등은 팀이나 우리가 전문가로 구축한 브랜드에 가장 큰 피해를 줄 수 있다.

1

갈등은 건강할 수도, 의도적일 수도 있다

대개 갈등은 꼭 해결해야 할 나쁜 것으로 여겨진다. 하지만 때로 리더들은 기업에 긍정적인 영향을 줄 수 있는 매우 의도적이고 계획적인 갈등을 장려한다.

한번은 내가 팀에 새로운 자리를 만들어서 경험이 풍부한 기술 전문가를 데려오고 싶어 한 적이 있었다. 계약직 직원을 채용한 몇 달 동안 우리의 인건비보다 계약직 직원의 인건비가 더 많이 든 상황이었다. 정직원을 고용하면 비용을 절감하고, 팀을 더 안정적으로 만들 수 있을뿐더러 적절한 인물을 채용하는 경우 계약직 직원보다 팀에 더 큰 열정과 새로운 시각을 제공할 수 있으리라 생각했다. 하지만 재무팀에서 신규 직원 채용을 딱 잘라 거절했다. 갈등이 발생했다!

많은 기업이 이런 상황을 의도적인 긴장으로 본다. 기업은 의사 결정을 할 때 많은 요인을 고려해야 하고, 때로는 갈등을 일으키는 각 요소를 각기 다른 부서, 팀, 사람이 대표하게 한다. 재무팀의 임무는 회사의 지갑을 지키고, 시장에서 기업의 건전성을 평가할 때 사용하는 핵심 지표인 이익률을 적정하게 유지하고, 회사의 현금 흐름을 모니터링하는 것이었다. 우리 팀에는 제품과 서비스처럼 고객이 직접 접하는 결과를 효율적이고 효과적인 방법으로 만들 책임이 있었다. 내가 예로 든 당시 상황에서는 이 두 가지 관점이 갈등을 빚었고, 이는 다분히 의도된 결과였다. 경영진은 재무팀과 내가 적절한 동기, 관심사, 결과를 자세히 살펴보고 가장 균형 잡힌 답변을 찾으리라 믿었다. 객관적으로 옳은 답은 없었다. 즉, 재무팀과 협력해서 양측 다 동의할 수 있는, 최대한 균형이 잘 잡힌 트레이드오프 세트를 찾아야 했다. 이 장에서 이런 사례를 되짚으며 갈등에 대한 몇 가지 중요한 사항과 갈등에 대처하는 방법을 설명할 것이다.

해야 할 결정을 두고 두 동료의 의견이 갈릴 때처럼, 의도치 않게 갈등이 일어나기도 한다. 직원들 책상 간격을 어느 정도 두어야 할지 같은 간단한 일부터 다음 프로젝트에서 사용할 프로그래밍 언어를 고르는 심각한 일까지, 그런 의견 차이는 다양한 상황에서 발생할 수 있다.

어떤 상황이든지 갈등을 해결하는 절차는 매우 비슷하다. 사실 동료와 개인적인 갈등을 겪는 상황에서 스트레스를 없애는 한 가시 방법은 그 갈등을 내가 재무팀과 경험한 것 같은, 계획적인 '사업적 긴장'에 의한 갈등으로 여기는 것이다.

2

맥락 파악하기

10장에서 함께 했던 활동을 다시 해볼까 하는데, 다만 이번에는 다른 의도와 결과를 염두에 두었으면 한다. 이 문단을 읽고 눈을 감아 보라. 편하게 앉아서 긴장을 풀고 5분 정도 잠시 그냥 생각에 잠겨라. 특정 대상을 생각할 필요도 없다. 자기 내면에 어떤 생각이 흘러가는지 살펴보라.

자, 어떤 생각이 드는가? 어쩌면 업무에 관한 생각, 작업 중인 프로젝트가 생각날지도 모른다. 아니면 이 책이 영감을 준 어떤 주제가 떠오를 수도 있다. 또는 개인적인 문제나 조금 전에 들었던 노래 가사가 생각날 수도 있다.

그 모든 것이 여러분의 맥락이다. 그것이 바로 지금 여러분의 삶에서 일어나고 있는 일이고, 마음의 최전선에 있는 관심사다. 여러분의 맥락에는 조금 더 장기적인 관심사도 포함된다. 이번 달 공과금을 걱정할 수도 있고, 다가오는 병원 방문 일정이 신경 쓰일 수도 있다. 바로 지금 여러분의 머릿속에서 일어나는 모든 것이 여러분의 맥락이다. 맥락은 갈등의 발생과 대처에 지대한 영향을 미칠 수 있다.

어느 날 아침 여러분이 출근하는 순간을 상상해 보자. 오늘은 기분이 괜찮은 편이다. 출근길은 순조로운 편이었고, 오면서 들은 팟캐스트도 흥미로웠으며, 작업할 프로젝트도 기대가 된다. 집에도 별문제가 없다. 재정이나 생활면에서도 큰 문제가 없고, 아이들은 즐겁게 학교에 다니고 있고, 배우자도 자기 일에 만족한다. 특히 오늘은 동료와 나눌 대화를 기대하고 있다. 여러분은 동료와 함께 프로젝트의 시험 운용을 위한 기능 명세를 만드는 중이고, 두 사람 다 오늘 시험의 최종 성공 기준을 확정할 계획이었다.

여러분은 회사에 들어와서 물을 마시려고 휴게실에 들른다. 동료는 이미 휴게실 커피 머신 앞에서 커피를 내리고 있다.

여러분은 다정하게 말을 건다. "안녕하세요! 제가 프로젝트의 성공 기준에 대해서 밤새 생각해 봤는데요. 이 프로젝트에서는 사용자 만족 점수가 최종 성공 기준이 될 수 있을 것 같아요. 어떻게…"

"무슨 말도 안 되는 소리예요." 그는 뒤돌아서 차갑게 쳐다보며 쏘아붙였다. "사용자는 자기가 만족하는지 아닌지 몰라요. 이 얘긴 나중에 하죠."

그제야 여러분은 그의 청바지가 찢어졌고 온몸이 신흙투성이라는 걸 깨달았다. 그의 안경은 망가져서 얼굴에 비뚜름하게 걸려 있었다.

이 경우 동료의 기분이 좋지 않은 이유는 꽤 쉽게 알 수 있다. 그는 출근길에 별일이 있었던 게 분명하다. 다시 말해 그의 맥락 일부가 공개적으로 드러났다. 여러분은 그가 쏘아붙인 대상이 여러분이 아니라 그의 인생이었다는 것을 현명하게 깨닫고, 중얼중얼 사과하며 즉시 뒷걸음질 친다. 오늘은 프로젝트의 성공 기준을 확정할 날이 아니었나 보다.

문제는 평소에는 맥락이 그렇게 공개적으로 드러나지 않는다는 것이다. 우리 세계에서 일어나는 일은 모두 우리 머릿속에 있고, 다른 사람에게는 우리가 평소와 다를 바 없이 보인다. 한번은 한 동료와 새 프로젝트에서 사용할 프로그래밍 언어를 두고 꽤 격한 논쟁을 벌인 적이 있다. 당시 내부적으로 소프트웨어 개발을 아직 많이 진행하지 않은 상태였고, 우리가 하는 일 대부분은 미드레인지 컴퓨터*에서 이루어졌다. 우리가 돌입할 프로젝트는 PC 기반의 애플리케이션이었기에 원한다면 어떤 언어로든 진행할 수 있었다. 그 동료와 나는 각기 다른 언어를 쓰자고 주장했고, 논쟁은 꽤 지저분해지기 시작했다. 그는 내가 원한 언어가 바보 같고 유치하다고 말했고, 나 또한 그가 원하는 언어는 유지보수하기 어렵고 코딩하는 데 시간이 더 오래 걸린다고 맞섰다. 결국 지친 그가 나에게 물었다. "지금 뭐가 문제예요? 이 언어를 밀어붙이는 진짜 이유가 뭔데요? 그냥 말을 해봐요. 내가 이해할 수 있게 도와주면 당신 의견을 지지할게요."

난 그 말에 멈칫했다. 논쟁할 의지가 툭 꺾였다. 잠시 생각하고 이렇게 말했다. "좋아요. 제가 이전에는 소프트웨어 개발을 이 수준으로 해본 적이 없어요. 스크립트 언어는 알지만요. 제가 쓰고 싶다고 한 언어는 제가 지금껏 사용한 스크립트와 비슷해요. 당신이 제안한 언어가 제 눈에는 C++처럼 보여요. 전 그 언어를 이해하지 못하기 때문에 만약 그 언어를 쓴다면 팀에서 제가 설 자리가 없을까 두려워요."

여기서 잠시 이야기를 멈추고 당시 내가 약점을 드러내도 안전하다고 느끼게 해주는 팀에 몸담고 있었다는 점에 주목하고 싶다. 특히 상대는 '약하게 보여도' 안전하다고 느끼게 해주는 동료였다. 이 동료는 누군가 약점을 드러내더라도 절대 조롱하거나, 놀림감으로 삼거나, 위협이 될 만한 어떤 행동도 하지 않았다. 환경이 안전할수록 갈등을 해결하기가 쉬워진다. 안전한 환경을 만들고 유지하는 데 투자하는 게 그토록 중요한 이유가 여기에

---

* **역주** 메인프레임mainframe과 개인용 컴퓨터 사이의 성능을 내는 기업 업무용 중형 컴퓨터다.

있다. 하지만 약점을 드러내기 안전하지 않은 회사나 팀에서 일한다면 약점으로 보일 만한 부분을 드러낼 때 신중해야 한다.

다시 이야기로 돌아가자. 나는 막 내 맥락을 공유했다. 이제 내 동료는 내가 왜 그 방향을 고집했는지 조금 더 알게 되었다. 그는 조금 전보다 훨씬 차분한 목소리로 이렇게 말했다. "제가 걱정하는 건 제가 주장하는 언어를 사용하는 전문성을 갖춘 프로그래머가 훨씬 더 많다는 겁니다. 팀을 성장시켜야 하는 상황에서 당신이 제시한 방향으로 가기는 훨씬 힘들 겁니다. 그리고 솔직히 당신이 말한 언어를 배우고 싶지 않습니다. 제 경력을 발전시키는 데 아무 도움이 되지 않습니다. 하지만 당신이 경력에 도움이 될 선택을 하는 셈 치고 제가 제시한 방향으로 간다면, 당신이 그 과정을 헤쳐 나갈 수 있게 기꺼이 돕겠습니다."

이제 그는 자기 맥락을 공유했고 해결의 단초를 제시했다. 우리는 잠시 서로의 머릿속에 들어가서야 각자의 맥락을 이해했다.

자, 그럼 갈등을 해결하는 데 맥락을 사용한 이런 교훈을 내가 재무팀과 겪은 문제에 적용해 보자. 나는 재무팀 동료에게 물었다. "알겠어요. 그럼 재무팀에서 새 인력을 추가할 때 고려하는 요소가 무엇인지 알려주세요." 다시 말해 맥락을 요청했다.

그녀는 이렇게 답했다. "많은 걸 고려하죠. 현재 저희는 목표 총수익에 거의 근접했는데, 새 인력을 추가하면 그 목표를 달성하지 못할 수도 있어요. 인력은 비용으로 간주되거든요. 이 경우에는 여러분이 채용할 사람이 실제로는 비용을 절감할 수도 있겠죠. 그렇게 된다면 좋고요. 하지만 장기적인 현금 흐름도 봐야 해요. 솔직히 계약직은 한 달 전에만 통보하면 해고할 수 있거든요. 하지만 새 직원을 채용한다면 도의적으로 볼 때 현금 흐름이 나빠진다고 그냥 해고할 수 없어요. 그들을 계속 데리고 있으면 투자자들은 수익과 현금 흐름 수치를 유지하라고 제대로 압박할 거예요. 그렇게 못하면 다음에 투자 받기가 곤란해질 것이고, 회사를 접어야 할 수도 있어요."

"그 정도로 간당간당한가요?"라고 물었다.

"네, 그 정도예요. 그래도 우린 괜찮을 거예요. 하지만 직원을 채용할 때는 상황을 면밀히 파악해야 해요. 그런데 이렇게 직원을 채용해야 하는 이유가 뭐예요? 계약직 쪽에 문제가 있나요?" 이제 그녀가 나에게 나의 맥락을 물었다.

"큰 문제는 없어요. 하지만 여러 시간대로 나뉘어 일하고 있어서 예상보다 협업이 어려워요. 그 직원들은 모든 회의에 참석할 수가 없고, 동시에 다른 여러 고객의 프로젝트를 진행하고 있어요. 임무를 완수하긴 하지만, 기계적인 수준이죠. 프로젝트에 열의를 보이지 않기 때문에 열성적으로 일하는 직원들이 내는 성과는 기대할 수가 없어요. 전 그저 고객에게 저희가 원하는 수준의 서비스를 제공하지 못할까 봐 걱정이에요. 그랬다가는 프로젝트를 진전시키기는커녕 되돌아가서 수정하느라 개발 주기가 늘어나겠죠."

그녀는 고개를 끄덕였다. "무슨 말인지 알겠어요. 이 프로젝트는 얼마나 걸릴 것 같아요?"

"적어도 2년은 걸릴 거예요. 우리는 이미 릴리스 10번을 계획했고 8주 스프린트로 일하고 있어요."

"좋아요. 경쟁하는 우선순위들 사이에서 균형을 찾은 느낌이네요. 상사에게 이야기해 볼게요. 제가 보기에는 재정 상황에 맞출 수만 있다면 새 직원을 고용하는 게 맞을 것 같아요. 인사팀에 가서 그 자리에 드는 인건비가 얼마인지 확인해 보죠."

우리는 상대의 맥락을 파악함으로써 상대가 처리하고 있는 상황, 우선순위, 압박에 대해 알아냈다. 이 경우에는 맥락을 공유하기 위해 특수한 '안전지대'가 필요하지 않았기 때문에 내가 언급한 개인적인 갈등에 비해 해결하기 쉬웠다. 하지만 절차와 의도는 똑같았다.

3

기본 원칙으로 돌아가기

개인적인 갈등을 해결하는 좋은 방법 중 하나는 갈등에서 '개인적인'이라는 부분을 없애는 것이다. 기본 원칙으로 돌아가서 시작하라. 즉, 애초에 우리가 이 일을 하는 이유가 무엇인지 생각하라. 논쟁 주제가 무엇이든, 그에 대한 각자의 주장이 무엇이든, 이 질문으로 돌아가라. 이 모든 일을 하는 이유가 무엇인가?

나는 데브옵스 콜렉티브DevOps Collective라는 비영리 단체의 창립을 도왔고, 이 단체가 하는 활동에는 파워셸 + 데브옵스 글로벌 서밋PowerShell + DevOps Global Summit 콘퍼런스를 개최하는 일도 있었다. 몇 년 후 나를 비롯한 공동 창립자들은 새로운 세대의 자원봉사자들에게 이 조직을 물려주고 나왔다. 우리가 참여하지 않더라도 그 조직이 생존할 수 있게 하는 것이 중요했기에 우리는 새로운 사람들을 영입할 때가 되었다고 느꼈기 때문이다.

우리, 즉 창립자들과 새로운 사람들은 콘퍼런스에 누구를 참여시킬까를 두고 곧바로 갈등을 빚기 시작했다. 다른 많은 콘퍼런스는 대형 컨벤션 센터 같은 장소에서 열렸는데, 우리 고참들은 늘 그런 장소를 피했다. 우리는 행사의 핵심이 커뮤니티, 학습, 네트워킹에 있다고 느꼈다. 우리는 우리 행사가 기업들이 여는 대규모 콘퍼런스 같은 상업적인 행사로 변질되는 것을 원치 않았다.

양측 모두 '사실'을 주고받으며 한동안 논쟁을 이어갔다. "기업들도 개인들처럼 커뮤니티의 일부예요."라는 주장이 나오면 "기업을 수용하는 즉시 우리는 그들에게 신세를 질 거고, 일정을 변경해가며 사람들이 어쩔 수 없이 컨벤션 센터를 헤매게 만들 거예요."라는 반박이 나왔다.

누군가 결국 이렇게 말했다. "그만 좀 하세요. 우리가 이 콘퍼런스를 주최하는 이유가 뭐죠?"

잠시 생각한 끝에 모두가 몇 가지 이유를 생각해냈다. "사람들에게 알려줄 수 있는 기회니까요. 모두가 직접 만나는 장소가 생기니까요. 커뮤니티를 더 튼튼하게 만드니까요."

질문을 던졌던 사람이 고개를 끄덕이며 말했다. "모두 좋은 이유지만, 애초에 이 콘퍼런스를 시작한 이유는 아니에요." 그리고 나를 돌아보며 물었다. "돈, 우리가 이 콘퍼런스를 왜 시작했죠?"

"돈을 벌기 위해서였죠."라고 말한 후 잠시 멈춰서 생각하고 다시 말을 이어갔다. "이 비영리 단체의 목표는 기술을 배울 수 없는 청년들이 기술에 접근할 수 있도록 돕는 것이에요. 그 일을 하려면 돈이 필요하고요. PowerShell.org 웹 사이트의 비용을 내려면 돈이 필요해요. 그리고 콘퍼런스에 올 수 없는 사람들을 위해 지역 일일 행사를 도우려고 해도 돈이 필요하죠. 사람들이 돈을 내고 콘퍼런스에 참석하기 때문에 콘퍼런스는 그럴 만한 가치가 있어야만 합니다. 이 행사를 연 **이유**는 수익을 낼 수 있겠다고 생각한 유일한 활동이었기 때문이에요. 우리는 그 수익을 앞서 말한 일을 하는 데 씁니다. 교육과 네트워킹은 사람들이 돈을 내고 오는 이유이지만, 등록은 매년 아슬아슬합니다. 후원금이 있으면 약간의 여유가 생길 겁니다."

모두가 잠시 나를 응시했다.

나는 말을 이어갔다. "알겠어요. 저도 컨벤션 센터를 원치 않아요. 하지만 새로운 사람들이 옳아요. 그건 이 조직의 재정적 미래를 확보할 방법이고, 그게 중요하죠. 아마도 그 제안을 받아들이고 기업들이 건강하게 참여할 방법을 생각하는 게 좋겠네요."

그리고 그렇게 했다. 하지만 처음부터 잘 되지는 않았다. 정확히 말하면 우리는 도중에 몇 번의 실수를 저질렀다. 하지만 매번 배우며 더 나아졌다. 기본 원칙, 애초에 왜 우리가 그 일을 하기 시작했는지로 돌아가면 갈등을 극복하고 건강한 방식으로 전진하는 데 도움이 된다.

4

데이터에 의존하기

개인적인 갈등에서 '개인적인'이라는 부분을 없애는 또 다른 방법은 주관적인 의견을 멀리하고 객관적인 데이터에 의존하는 것이다. 내가 프리랜서로 일하던 시절 모바일 포스Point Of Sales, POS 시스템을 개발하는 회사에서 일할 기회가 있었다. 어느 날 나는 멋진 디자인을 찾기 위해 열린 한 회의에 들어갔는데, 회의실 내부에서는 시스템 메인 화면 디자인을 두고 논쟁이 한창이었다. 고성이 잠시 멈춘 사이 나는 이렇게 끼어들었다. "잠깐 진정하세요. 어떤 상황인지 좀 설명해 줄래요?"

에린이 말했다. "데이비드는 **이것**이 항목 선택 화면에 가장 잘 맞는 레이아웃이라고 믿는 것 같고요." 에린은 회의실의 거대한 화면에 샘플 디자인을 띄웠다. "저는 데이비드에게 이런 군집형 레이아웃은 제대로 작동하지 **않을** 거라고 말하는 중이에요." 에린은 다른 샘플 디자인을 띄우며 말을 이었다. "**이 디자인**이 훨씬 더 말이 되죠."

나는 의자에 앉으며 말했다. "좋아요. 데이비드, 이제 당신 레이아웃이 더 나은 이유를 말해 주세요."

그의 답은 간단했다. "이게 더 우아해요. 이미 카테고리별로 다른 색상의 버튼을 적용했다고 했고, 이렇게 하면 모든 게 색상별로 모이잖아요. 필요한 색이 훨씬 쉽게 눈에 띌 거예요."

에린은 코웃음을 쳤다. "어떤 색이 뭘 의미하는지 외울 수 있다면요. 제 레이아웃은 그리드를 썼어요. 각 열column이 색이라서 여전히 눈에는 띌 거예요. 하지만 이 레이아웃은 가장 자주 쓰는 항목을 중앙으로 옮겼어요. 이전 화면에서 왔을 때 이미 손가락이 와 있는 위치죠. 데이비드의 레이아웃은…"

내가 끼어들었다. "잠시만요. 둘 다 지금 무슨 말을 하는 거죠? 그건 신념인가요? 아니면 의견? 이론?"

"사실이죠." 에린이 자신감 있게 말했다.

"좋네요. 그럼 데이터를 보여주세요."라고 내가 말하자 에린이 눈을 깜빡였다. 나는 그녀에게 상기시켰다. "증거 데이터가 없으면 사실이 아니에요. 이론을 말하고 있는 거죠. 하지만 좋은 소식은 우리가 이걸 증명할 수 있다는 거예요."

두 사람 다 식식대던 숨을 가라앉히며 나를 바라보았다.

"하루 동안 기능적인 샘플을 제작해 봅시다. 각자 한 명의 소프트웨어 엔지니어와 함께 작업할 수 있고, 우리는 어떤 버튼을 누르는지, 얼마나 오래 걸리는지 기록하기만 하면 돼요. 저는 그 하루 동안 나머지 팀원들과 함께 이미 우리가 가지고 있는 고객의 주문 패턴을 기반으로 몇 가지 주문을 생각해 올게요. 조작할 사람이 모든 주문을 가장 빠르게 입력하는 디자인이 이기는 거예요."

모두가 만족했다. 우리는 두 가지를 해낸 것이다. 첫째, 기본 원칙으로 돌아갔다. 명시적으로 그렇게 말한 사람은 없었지만 말이다. 우리의 임무는 '우아하다'거나 '논리적인' 것을 생산하는 것이 아니라 최대한 빠르게 주문을 입력할 수 있게 하는 것이었다. 둘째, 의견을 제쳐 놓고 객관적인 **데이터**에 집중할 방법을 찾았다. 우리는 몇 가지 이론을 이야기하고, 데이터로 각 이론의 효과 여부를 입증하기 시작했다. 데이터에는 의견이 없다. 결국 우리는 데이비드와 에린의 화면 레이아웃 둘 다 특별히 효율적이지 않다는 것을 알아냈다. 에린의 레이아웃이 더 빨랐지만, 우리가 대체하려던 기존 시스템보다 여전히 느렸다. 그래서 우리는 개발 주기를 반복하는 동안 데이터에 더 의존하며 앞으로 나아갔다.

5
의사 결정
프레임워크 사용하기

갈등을 해결하는 또 다른 방법은 의사 결정 프레임워크에 의존하는 것이다. 이 방법은 사업과 관련이 없는 개인적인 갈등과 반대되는 사업상 결정에 유용하다. 17장에서는 RAPID라는 의사 결정 프레임워크를 간략히 소개할 것이다(366쪽).

RAPID 같은 프레임워크의 목표는 사업적인 의사 결정을 빠르게 하는 것이다. 하지만 모두의 역할을 명확히 구별함으로써 갈등을 완화하는 데도 도움이 된다. 어떤 일을 해야 할지 여러분이 나와 의견이 다를 수 있다. 하지만 만약 우리 둘 다 프레임워크에서 의견Input 역할을 맡았다면 최종 의사 결정은 어차피 우리 몫이 아니다. 의견을 맡은 사람의 임무는 정보를 제공하고, 의사 결정이 올바른 방향으로 갈 수 있는 근거를 제시하는 것이다. 애초에 우리가 그 일을 왜 하고 있었는지, 기본 원칙을 기억하면서 최대한 데이터를 기반으로 하여 그런 역할을 한다면 이상적이다. 우리의 의견을 받아들이고 무슨 일을 할지 최종 결정을 내리는 것은 결정Decision을 맡은 사람의 몫이다. 즉 우리가 갈등을 겪는 과정을 거친 후에 **결정권자**가 결정을 내리며 갈등을 해결할 것이다.

나는 RAPID를 사용하면 공격적인 갈등이 높은 확률로 예방된다는 걸 알게 되었다. 나처럼 의견 역할을 맡은 사람들은 서로가 하는 말이 개인적이지 않다는 걸 안다. 아무도 '이기지' 않는다. 우리 모두 주어진 상황에서 맡은 역할을 할 뿐이고, '결정권의 소유주'는 우리에게서 데이터를 기반으로 한 정보를 최대한 많이 얻으려 노력한다. 우리는 **논쟁하는 것**이 아니라 **도와주는 것**이다. 이는 내가 이런 의사 결정 프레임워크 사용을 강력히 권장하는 한 가지 이유다. 팀이나 부서 수준에서도 마찬가지다.

6

이기는 것보다
결과가 중요하다

회사에서는 모든 사람이 한 가지 기본 목표를 달성하기 위해 모였다는 걸 기억하자. 그 기본 목표란 바로 고객에게 서비스를 제공하는 것이다. 일상적인 활동을 세세히 챙기다 보면 가끔 개인적인 열정과 관점에 치우치기 쉽다. 일단 갈등이 발생하면 **이기고** 싶은, 매우 자연스럽고 인간적인 욕구를 느낀다. 패배하면 실패한 것처럼 보이고, 약하게 보인다. 약자는 잡아 먹힌다! 강자만이 살아남는다! 하지만 그런 경향이 있다는 걸 직시하고 제쳐 둘 줄 알아야 한다. **이기는 것보다 고객을 위한 최고의 결과를 성취하는 것**이 더 중요하다.

나는 이를 모두가 상기할 수 있게 동료들이 들을 수 있을 정도로 크게 말하기도 한다. "이 문제에 대해 서로 반대 의견을 내고 있지만, 이기는 게 중요하지 않다는 건 모두가 알잖아요. 저는 모두가 최고의 결과를 중요하게 생각한다는 걸 압니다. 그러니 기본 원칙으로 돌아갑시다. 우리가 이걸 왜 하고 있는 건가요? 원하는 결과는 무엇인가요? 어떤 데이터가 우리를 이끌어 줄 수 있을까요? 우리가 놓친 맥락은 무엇이죠?"

나는 그것이 업무상 갈등을 해결하는 위대한 시작이라는 것을 깨달았다.

7

실천 과제

내가 여러분을 갈등에 빠뜨리는 건 불가능하다. 여러분이 '풀어야' 할 이야기를 여기에 적어 놓는다 한들, 여러분이 이야기 속 등장인물의 맥락에 들어갈 방법이 없으니 갈등 해결의 핵심을 놓칠 수밖에 없다. 그래서 그 대신, 이 장에서는 다음 한 주 동안 **자신의** 맥락을 검토해 보기 바란다. 여러분의 내면에 어떤 생각이 흘러가는가? 무엇이 여러분의 감정에, 그리고 직장에서 겪는 갈등에 대한 여러분의 반응에 영향을 미치는가? 평소 기본 원칙을 기억하고, 객관적인 데이터를 찾아야 한다고 스스로 상기하고 있는가? 데이터가 여러분의 처음 입장을 지지하지 않을 때도?

15장

데이터를 기반으로
비판적으로 사고하라

좋은 기업은 본능적 직감이나 의견에 따라 움직이지 않으려고 노력한다. 그 대신 사업의 여러 측면을 최대한 **데이터를 기반으로** 보려고 노력한다. 데이터를 기반으로 보는 건 어려울 수 있다. 인간은 자신의 경험과 그런 경험에 의해 형성된 의견을 확고히 따르는 존재이기 때문이다. 그래서 팀 수준에서 이루어지는 평범한 일상적 사고와 의사 결정에 있어서도 한발 물러서서 데이터를 따라가는 것이 중요하다.

1

회사에서는
'믿음'을 논하지 마라

다른 언어는 어떤지 잘 모르지만, 미국 영어에서는 **믿는다**는 단어를 많이 사용한다. 사실 나는 여기에 약간 문제가 있다고 본다. 내가 단어를 하나하나 시시콜콜 따지는 성격이라 그렇기도 하지만, 그 단어의 의미가 명확하지 않아서이기도 하다.

내가 보기에 **믿는다**는 단어는 사실이라는 것을 증명한 데이터나 증거가 없는 데도 내가 무언가를 사실로 받아들인다는 뜻이다. 예컨대 종교는 **믿음**과 관련한 것이다. 무언가를 믿는 것은 문제가 되지 않는다. 하지만 "비가 올 거라고 확신해."라고 할 때처럼 나조차도 일상적으로 이 단어를 많이 사용한다. 엄밀히 말해 거대한 먹구름이 보이고 기압계가 떨어지고 있다면 비가 온다는 걸 **확신할** 필요는 없다. 비가 올 거라는 증거가 있기 때문이다.

그래서 나는 직장 생활 중에 **믿는다**고 말하지 않으려 무척 노력한다. 회사는 내가 증거 없이 무엇을 사실로 받아들이는지에 관심이 없고, 관심이 있어서도 안 된다. 회사는 내가 주변에 있는 사실과 증거를 기반으로 어떤 생각을 하는지에 관심을 기울여야 한다. 나는 실수로라도 회사에서 사실에 근거하지 않고 의사 결정을 내리자고 제안하는 사람으로 보이길 원하지 않는다. 하지만 **믿는다**고 말하면 그런 사람으로 보일 수 있다. 그래서 나는 잠재적인 혼동을 피하고자 다른 단어를 사용하려 노력한다.

증거들이 어떤 방향을 가리키는 것으로 보인다면 나는 **이론**을 제시할 것이다. "제가 세운 이론에 따르면 제품을 이쪽으로 변경해야 할 것 같아요." 이론은 논쟁과 테스트의 대상이 될 수 있다. 나는 내 이론을 증명하거나 반증할 추가 증거를 모아야 한다. **이론**이라는 단어를 쓴다는 건 증명하거나 반증하는 절차에 내가 참여할 의사가 있다는 것, 내가 근거 없이 주장하고 있지 않다는 것을 보여준다.

나는 의견도 자유롭게 말할 수 있다. "코드를 다음 모듈로 리팩터링하는 게 좋겠다는 것이 제 의견입니다. 그 이유는 이렇습니다." 내 의견은 대부분 내 경험을 통해 형성되며, 경험은 데이터 포인트로 간주된다. 나는 그런 경험을 다른 사람과 나눌 수 있고, 현재 상황에 어떻게 적용할지 함께 논의할 수도 있다. 엄연한 사실을 기반으로 작동하는 것은 아닐지 모르나, 이는 과거로부터 배우려는 시도라고 볼 수 있고, 그렇게 하는 건 회사에 늘 도움이 된다. **의견**이라는 단어를 쓴다는 건 내가 전적으로 엄연한 사실을 바탕으로 작동하는 것은 아닐지 몰라도 내 경험을 통합하고 있다는 것을 나타낸다. 나는 다른 사람의 의견이 내 의견과 달라도 괜찮고, 우리는 그에 대해 논의할 수 있다.

나는 사실도 말할 수 있다. "지난 분기에 사용자 만족도 점수가 10점 떨어졌습니다." 사실을 바탕으로 하는 진술은 데이터로 뒷받침되며, 이는 이론과 의견을 형성하는 가장 강력한 기반이다. 나는 팀과 함께 데이터의 진실성에 대해 토론할 수 있다. (본질적으로 데이터 유효성에 대한 이론을 제시하는 것으로 볼 수 있다.) 그리고 우리는 함께 이를 증명하거나 반증할 수 있다. **사실**이라는 단어를 사용한다는 건 내가 데이터 포인트를 객관적인 진실로 받아들였다는 것을 나타낸다. 그러면 나머지 모든 사람은 그 사실을 받아들일지, 아니면 그 진실성에 의문을 제기할지 선택의 기로에 놓이는데, 둘 중 어느 쪽을 선택하든 팀의 논의는 진전된다.

내가 직장에서 편하게 할 수 있는 진술은 대개 이론, 의견, 사실, 이 세 가지뿐이다. 특히 의사 결정에 관련한 말을 할 때 그렇다. 믿음은 사람마다 다를 수 있어서 이를 멀리하려 노력한다. 믿음은 모두가 공유하는 객관적인 데이터를 기반으로 하지 않을 때도 있으므로 사람들이 믿음에 대해 토론하거나 비즈니스 세계에 적용하는 것은 어려운 일이다.

2
데이터를 기반으로 비판적으로 사고하라

비판적인 사고는 주어진 상황에서 자신의 필터, 편견, 신념을 의식적으로 제거하려는 연습이다. 그 대신 자신이 갖고 있거나 모을 수 있는 데이터와 엄연한 사실의 관점에서만 생각하려고 노력해야 한다.

예를 들어 "왜 여성은 남성과 함께 야구를 할 수 없는가?"라는 질문에 비판적인 사고를 적용해 보자. 이 질문을 던졌을 때 "남성의 힘이 더 세다.", "남성이 훨씬 더 빠르다.", "남성이 더 멀리 던질 수 있다." 같은 본능적인 대답을 하는 사람도 종종 본다. 하지만 그런 진술을 뒷받침할 **사실**이 없다. 실제로는 정반대의 사실이 존재하기도 한다. 일부 여성은 일부 남성보다 더 빠르고, 힘이 더 세고, 더 멀리 던질 수 있다. 그 질문에 대해 **비판적으로** 생각한다면 "우리 사회에 여성의 운동 능력에 대해 오랜 기간 지속된 문화적 편견이 존재하기 때문이다."라는 이론에 도달할 수 있다. 이 이론은 검토할 수 있고, 시간을 들여서 사실을 충분히 모으면 입증하거나 반증할 수 있을 가능성이 높다. 대화에 참여한 모두가 **편하게** 받아들일 수 있는 이론은 아닐지 모르나, 비판적인 사고는 객관적인 답에 도달하려고 하는 것이지, 모두의 마음을 편하게 하기 위해 하는 게 아니다.

비판적인 사고의 열쇠는 **사실**을 근거로 생각하는 것이다. 말하거나 생각하는 모든 진술을 낱낱이 분해해서 이렇게 자문하라. 나에게 이를 뒷받침할 어떤 **사실**이 있는가? 그 사실은 어디에서 오는가? 기원이나 근거를 모른 채 사실로 받아들이고 있는 게 있는가?

비판적인 사고를 하다 보면 필요한 사실이 없을 때가 가끔 있다. 그럴 때는 **이론**이라고 진술해도 좋다. 이론은 '내가 가지고 있는 사실로 볼 때 다음의 사실 또한 존재할 수 있지 않을까 생각한다.'라는 하나의 제안된 사실, 또는 제안된 사실의 집합이다. 하지만 비판적인 사고를 하려면 이론에서 멈출 수 없다! 그 이론을 **입증**하거나 **반증**하려고 노력해야 한다. 이론이 입증되면 새로운 사실이 되므로 다음 단계로 넘어갈 수 있다.

만약 여러분이 시각적으로 사고하는 사람이라면 그림 15-1이 높은 수준의 비판적 사고 절차를 나타내는 예라는 것을 알아차릴 것이다.

그림 15-1 비판적인 사고 절차

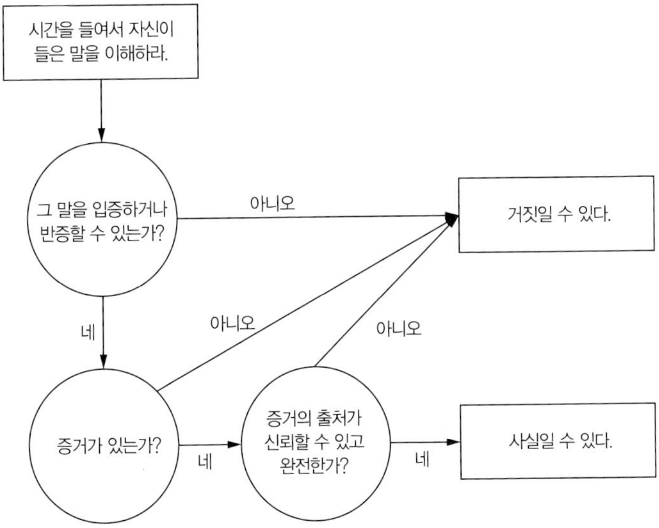

이 그림에서 중요한 부분을 살펴보자.

- **반증 가능성**: 만약 누군가가 여러분에게 입증이나 반증할 수 없는 어떤 이야기를 한다면 상대는 잠재적인 사실이 아니라 의견을 진술하는 것이다. 예를 들어 누군가 "외계인은 미국 51구역에 절대 착륙하지 않았습니다."라고 말한다면 그건 의견이다. 이는 실험이나 증거로 입증하거나 반증할 수 없다.
- **증거**: 누군가 이론을 이야기한다면 그 사람이 증거를 제공하거나, 아니면 여러분 스스로 증거를 입수해야 한다. 뒷받침하는 증거가 없는 사실은 사실이 아니고 의견이다.
- **신뢰성과 완전성**: 이 부분이 매우 중요하다. 여러분에게 제공된 증거를 검토하라. 어느 쪽이든 얻을 게 없는 믿을 수 있는 출처에서 나온 증거인가? 즉, **편파적이지 않은** 출처인가? 증거의 출처를 신뢰할 수 있는가? 전에 그 출처를 들어본 적 있고 그들이 지금까지 정확한 말을 해왔다고 생각하는가? 그리고 가장 중요한 점은 여러분이 받은 증거가 **완전한가**? 어떤 주장이든 원하는 결론을 지지하는 사실만 보여주고 '입증'하는 것은 쉽다. 진짜 비판적으로 사고하는 사람은 반대되는 증거를 찾고 **모든 것**을 따져 본다.

자, 이제 몇 가지 예를 살펴보자. 첫 번째 예는 이러하다. 지금 정치인이 TV에서 어떤 진술을 하고 있다고 해보자. 마침 여러분이 좋아하는 정치인이다. 선거에서 뽑은 인물일 수도 있고, 특정 이슈에 대해 표명한 입장이 마음에 들 수도 있다. 그 정치인이 이렇게 말한다. "저는 우리가 논의 중인 임명 후보 목록을 기꺼이 제공하고 싶지만, 행정부에서 그런 목록을 요청한 적이 없습니다."

많은 사람이 그 정치인에게 긍정적인 감정을 느낀다는 이유만으로 그의 말을 듣는 즉시 **믿는다**. 때론 그 정치인에게 영향을 받은 사람들이 행정부에 화를 낼 수도 있다. 반대로 그 정치인을 자동으로 **불신하는** 사람들도 있다. 아마 호감을 느끼지 못해서일 것이다. 이들 모두 **비판적으로** 사고하지 못했다. 세상의 정치 문제 대부분이 여기에서 온다는 것이 내가 세운 이론이다. 비판적으로 사고하는 사람이라면 그 정치인의 두 가지 진술을 분석할 것이다.

- 기꺼이 후보 목록을 제공하고 싶습니다.
- 행정부가 그런 목록을 요청한 적이 없습니다.

첫 번째 진술은 의견이어서 분석하기 어렵다. 누군가가 무슨 일을 기꺼워 했는지, 꺼렸는지 어떻게 알 수 있겠는가? 그래도 여전히 분석할 거리는 약간 남아 있다. 가령 그 정치인이 목록을 제공하길 원하지 **않는다**는 것을 암시하는 말을 과거에 한 적 있는가? 그들이 지금 모순된 말을 하고 있는 건 아닌가? 만약 그 정치인을 지지한다면 스스로 그 질문으로 던지고 그의 진술을 냉정하게 분석하는 게 어렵고 불편할 수 있다. 어쨌거나 자신이 지지하는 누군가가 모순된 진술을 한다거나 심지어 거짓말을 하고 있다는 것을 발견하고 싶어 하는 사람은 없다. 하지만 비판적으로 사고하려면 의식적으로 자신의 편견과 불편을 제쳐 두고 객관적인 **진실**에 집중하는 것이 가장 중요하다.

두 번째 진술은 입증하거나 반증하기 더 쉬운 편이다. 다른 매체 보도나 기록에서 정부가 그 정치인에게 후보 목록을 요청했는지 확인할 수 있다. 그런 요청이 있었다면 그 정치인이 거짓말을 하고 있다는 뜻이다. 자신이 지지하는 누군가가 거짓말한다는 사실을 직면하는 건 매우 불편할 수 있지만 비판적으로 사고하려면 그런 과정이 **필요하다**.

비판적으로 사고하지 않는 그 정치인의 많은 지지자는 그릇된 진술을 정당화하려고 새로운 '사실'을 만들려 노력하기 시작한다. "오, 행정부가 **서면으로** 요청하지 않았네요.", "행정부가 정중하게 요청하지 않았더군요." 그런 행동은 그저 그 정치인 지지자들이 체면을 지키기 위해 **사실이 아닌 것**을 사실로 지키려는 시도다. 비판적으로 사고하는 사람이라면 그렇게 행동하지 않는다. 이들은 **틀렸을 때**, 그리고 틀렸다는 것을 **사실로 입증**할 수 있을 때 그저 이를 받아들이고 넘어간다.

내가 정치적인 예를 든 이유는 대부분의 사람들이 정치에 대해 꽤 열정적이기 때문이다. 정치는 (나를 포함한) 많은 사람이 감정으로 비판적인 사고가 흐려져도 내버려 두는 영역이다. 하지만 직장에서도 감정적으로 행동할 때가 간혹 있다. 특정 애플리케이션에 맞는 '최고'의 운영 체제가 무엇인지, 새로운 애플리케이션을 만들 '최고'의 프로그래밍 언어가 무엇인지, 네트워크를 제작하는 '최고'의 방법이 무엇인지, 어떤 논의든 간에 우리는 누구나 자기 편견이 자기 진술과 의사 결정을 흐리도록 내버려 둘 수 있다. 비판적으로 사고하려면 논의에 걸려 있는 우리의 모든 이해관계, 우리가 두려워하는 결과를 포기해야 한다. 그 대신 오로지 **사실**에 집중해야 한다.

자, 이제 두 번째 예를 살펴보자. 지금 여러분이 다니는 회사가 만든 애플리케이션의 새로운 UI 설계를 요청받았다고 상상해 보자. UI에 '어두운 테마'와 '밝은 테마' 중에서 무엇을 적용할지 여러분이 선택해야 한다. 한 팀원이 이렇게 말한다. "어두운 테마를 사용해야 해요. 요즘 사람들은 어두운 테마를 좋아하니까요."

그 진술을 뒷받침하는 **사실**이 있는가? 아니면 그 진술이 입증 또는 반증해야 할 **이론**인가? 그 진술을 이론으로 받아들인다면 그 이론을 입증하거나 반증할 인터뷰, 설문 조사 등의 연구를 수행한 후 알아낸 새로운 사실을 기반으로 선택할 수 있다.

비판적인 사고를 타인의 입장을 생각하지 못하는 부적절한 방식으로 하면 평판이 나빠질 수 있다. 사실을 직설적인 무기로 사용해서 다른 사람의 기분을 망치거나 이미지를 망가뜨리는 사람과 일하고 싶어 하는 사람은 없다. 동료들을 불쾌하게 만드는 일 없이 **성공적으로** 비판적인 사고를 수행하는 몇 가지 팁을 다음과 같이 소개한다.

- 비판적인 사고를 자신이 토론에서 '이기기' 위해 사용하는 것은 절대 금물이다. 비판적인 사고는 **팀**이 이기는 방편이어야 한다.
- **일관되게** 비판적으로 사고해야 한다. 비판적 사고를 자신에게 유리할 때만 '켜고', 불리할 때 '끄는' 건 곤란하다.
- 논의에 참여하는 다른 사람의 감정과 경험을 고려하라. 다른 사람에게 다짜고짜 "그래서 근거가 되는 사실은 어딨는데요?"라고 따져 묻지 마라. 다른 사람의 인격을 존중하면서 대화를 이끌도록 노력하라. "그 이론을 논의의 출발점으로 삼을 수 있겠네요. 그 이론을 뒷받침하거나 허점을 짚어낼 만한 사실이 있을까요?"
- 간혹 **객관적인 정답이 없을 때도 있다**. 비판적인 사고를 훌륭하게 하는 사람이라면 이를 잘 인식한다. "자, 두 프로그래밍 언어 다 이 일을 완수하는 데 문제가 없을 겁니다. 무슨 언어를 쓸지 의견이 반반으로 갈린 상황이고, 어느 쪽을 선택하든 팀의 절반은 배워야 할 게 생긴다는 걸 우리 모두가 압니다. 지금으로서는 사실과 데이터의 문제가 아닌 것 같네요. 그냥 의견일 뿐이죠. 그냥 하나를 골라서 진행해 보는 건 어떨까요?"
- 사실이 아니라 확고한 의견이 대화를 주도하기 시작하는 시점을 인식하라. 믿음의 세계에서 비판적 사고의 세계로 이동하기 위해 체면치레할 방법이 필요한 팀원이 있을 수 있다는 사실 또한 인식하라. 그럴 때는 비난하기보다, 도울 수 있는 한 그들이 체면을 세울 수 있게 도와주는 사람이 되어라. 이를테면 그들의 믿음을 이론으로 표현하는 것도 좋다. "흥미로운 아이디어네요. 조사하여 그 이론을 입증하거나 반증해 볼 만하겠는데요."
- 자신이 읽고 들은 것에서 편견을 찾아라. 누구에게나 편견이 있으며, 이는 인간이 보이는 자연스러운 특성이다. 하지만 누군가 **본인**의 편견을 이용해서 주장을 밀어붙일 때 이를 알아채도록 노력하라. 그리고 편견이 데이터의 뒷받침 없이 대화나 결정을 특정 방향으로 몰아가는지 분별하라. 때로 그룹 수준의 편견이 존재할 수 있다는 걸 인식하는 것도 도움이 된다. "그냥 우리 경험에 불과할 가능성이 있어요. 우리 경험이 보편적이라고 추정하는 것을 주의하는 것이 좋겠죠." 그렇게 하면 편견을 가장 잘 보이는 위치에 두어서 모두가 이를 인식하고 피하는 데 도움이 될 수 있다.

소고기에 대한 가짜 뉴스 기사를 예로 들어 보겠다.

소고기의 생태학적 영향

아마 누군가에게는 속이 꽉 찬 구운 감자와 채소를 곁들인, 육즙이 풍부한 커다란 스테이크가 완벽한 식사일 것이다. 스테이크, 햄버거를 비롯해 다른 붉은 고기 제품의 형태를 띤 소고기는 미국 식단을 구성하는 주된 음식이다. 하지만 관련 산업을 다루는 잡지에 따르면 소고기의 생태학적 영향을 생각할 때 1950년대에서 1970년대 사이에 20% 이상 성장한 이 산업을 주의 깊게 들여다볼 필요가 있다.

전문가들은 소 사육에서 발생하는 온실가스가 전 세계 온실가스 생산량의 5%를 차지한다고 한다. 소의 가스 배출은 단지 시골 지역에 악취를 유발하는 것이 아니다. 이는 대기에 상당히 위험한 가스를 방출하는 것이다. 미국 식단에서 소고기를 없앤다면 이러한 가스가 뚜렷이 감소하여 기후 변화가 지구에 미치는 영향을 줄이는 데 도움이 될 것이다.

미국과, 다른 선진국의 만성적인 콜레스테롤 문제도 이러한 사실을 뒷받침한다. 미국 질병통제 예방센터는 미국 성인 9,300만 명의 총콜레스테롤 수치가 200mg/dL 이상인 반면, 미국 내 성인 약 2,900만 명의 총콜레스테롤 수치가 240mg/dL 이상이라고 한다(https://www.cdc.gov/cholesterol/facts.htm). 소비하는 붉은 고기의 양을 줄인다면 이 수치를 상당히 낮출 수 있다.

해법은 명확하다. 인류와 지구를 살리려면 미국인은 완전히 식물을 기반으로 하는 생활 양식으로 전환해야 한다. 비식물성 음식을 제거하는 것이 인류가 더 건강해지고 기후 변화를 멈출 유일한 방법이다.

이 기사가 흥미로울 수는 있다. 하지만 이 기사는 몇 가지 편견을 드러내고 있으며, 온전히 데이터를 기반으로 한다고 보기는 어렵다. 다음과 같은 부분을 생각해 보라.

- 잡지에서 나온 20%라는 수치는 정확하지만(https://www.beefmagazine.com/mag/beef_evolving_industry), 앞에서 언급한 가짜 기사는 사실을 임의적으로 다룬다. 실제 잡지 기사는 1970년대 초에 소 개체 수가 줄어들었다는 사실도 언급한다.
- 5%라는 수치가 잡지에 언급되지 않은 것이 의심스럽다. 확고한 데이터를 제시한다고 주장하면서 데이터의 출처를 언급하지 않은 것은 편견이 개입되었을 수 있다는 증거다.
- 콜레스테롤 수치가 잡지에 언급되긴 하지만, 붉은 고기 소비가 콜레스테롤 증가의 유일한 원인은 아니다. 다른 음식, 움직임이 적은 생활 양식, 유전적 요인 등 다른 원인도 있다.

- 기사의 결론이 편견을 드러낸다. 식물성 식단으로 완전히 전환하려면 이 기사에 언급되지 않은 돼지고기, 해산물, 가금류 같은 다른 동물성 제품도 없애야 한다. 잡지에 언급되지 않은 5% 수치를 받아들인다고 해도 고기를 제거하는 것이 기후 변화를 역전시킬 가능성은 적다. 이 기사는 기껏해야 소고기를 적게 소비하자는 모호한 주장을 펼친다고 볼 수 있다.

우리는 매일 우리의 행동과 마음을 변화시키려 고안된 메시지를 마주한다. 그런 메시지 중 다수는 데이터가 아니라 편견을 기반으로 한다. 물론 개인 생활에서는 자기 의견과 신념을 따를 자유가 있다. 하지만 직장 생활에서는 모두가 의견과 신념을 제쳐 두고 객관적인 데이터 집합을 기반으로 작동하려고 노력해야 한다. 비판적으로 사고하는 사람이 된다는 건 편견이 데이터보다 우선시될 때 이를 알아차리고 데이터를 기반으로 하는 대화로 되돌아올 수 있게 도와야 한다는 의미다.

3

데이터를 기반으로 하라

회사의 모든 의사 결정은 데이터를 기반으로 내리는 것이 이상적이다. 하지만 항상 그렇게 할 수 있는 건 아니다. 필요한 데이터가 아직 없거나 그런 데이터를 만들 시간이나 자원이 없을 때가 있기 때문이다. 좋은 회사라면 그럴 때 리더의 경험에 의존하여 과거를 바탕으로 미래를 탐색하려고 하는 경향이 있다. 그렇게 해도 괜찮지만 가능하면 **데이터**를 기반으로 의사를 결정하는 게 좋다. 주관적이지 않고 객관적인 데이터, 검증되고 정확하며 의미가 있는 데이터 말이다.

"윈도가 리눅스보다 나아요.", "자바가 C#보다 낫죠.", "시스코가 주니퍼보다 나아요." 이는 모두 내가 회사의 중대하고 장기적인 기술 의사 결정이 이루어지는 회의에서 들은 진술이고, 그 어떤 것도 사실을 기반으로 하지 않는다. 이 회의의 자문위원 역할을 맡은 나는 사실을 파악하려 애쓴다.

예를 들어 **"우리에게는** 윈도가 리눅스보다 나아요. 여기에는 이미 윈도를 익숙하게 사용하는 사람이 많으니까요. 윈도에서는 우리 애플리케이션에 필요한 아파치Apache 웹 서버가 문제없이 실행돼요. 윈도 지원 기업용 계약은 이미 맺은 반면, 우리 리눅스 머신 4대에 대해서는 정식 지원 계약도 맺지 않았어요." 좋다. 이는 몇 가지 **사실**이고 "윈도가 리눅스보다 낫다."라는 원래 진술에 맥락과 의미를 부여한다. 검토하고 확인하고 결정의 근거로 삼을 몇 가지 데이터 포인트가 생겼다.

"이 새로운 소스 제어 시스템을 채택하면 시간이 절약될 겁니다." 이 진술은 이론 또는 의견, 심지어 믿음으로도 들린다. **사실**처럼 들리진 않는다.

"현재 우리가 사용하는 소스 제어 시스템은 코드 병합 충돌을 처리하는 과정에서 개발자당 매주 4시간 정도가 추가로 소모됩니다." 각 개발자에게 드는 인건비는 시간당 84달러니까, 추가 비용은 주당 약 336달러, 연간 17,472달러에 이릅니다. 전체 개발자가 10명인 걸 감안하면 연간 174,720달러가 낭비되는 셈입니다. 제안된 시스템을 이용하면 병합 절차가 자동화되는데, 그 시스템을 써본 사람들의 말에 따르면 간접비가 50% 줄었다고 합니다. 그러므로 1년에 87,360달러를 절약하리라 기대할 수 있고, 이는 그 시스템을 마이그레이션하고 운용하는 비용을 크게 웃도는 수준입니다. 우리 환경에서도 50%가 절약되는지 검증하기 위한 시험을 진행해 보는 게 좋겠다는 게 제 의견입니다."

이 진술은 데이터를 기반으로 한다. 검증되지 않은 외부 데이터가 하나 있긴 하지만, 50%라는 수치를 직접 시험하고 검증하는, 데이터를 기반으로 하는 진행 방식을 제안했다. 급여 수치는 사실이고, 이는 급여를 담당하는 부서를 통해 회사의 누구나 확인할 수 있다. 근무 시간을 평소보다 더 엄격하게 측정하는 시험 프로젝트를 수행한다면 '매주 4시간'이라는 추정치도 검증할 수 있을 것이다. 이 진술은 믿음의 영역을 넘어선다. 이 진술을 한 사람은 몇 가지 사실을 말했고 암시적인 이론으로 결론을 내렸고 시험 프로젝트를 통해 이론을 시험하자고 제안했다. 바로 이렇게 하는 거다!

4

데이터를 주의하라

마크 트웨인Mark Twain*이 널리 알린 경고 문구가 하나 있다. "세상에는 세 가지 종류의 거짓말이 있다. 거짓말, 괘씸한 거짓말, 그리고 통계다." 다시 말해 데이터는 우리에게 도움이 될 수도, 해를 끼칠 수도 있다. 회사들이 의존하는 흔한 데이터 형태 중 하나인 통계는 누군가 자기 의견을 뒷받침할 요량으로 활용할 수 있다.

가령 제품 개발 회의에 참석했다고 가정해 보자. 누군가 이런 말을 한다. "홈 화면을 재배치해야 해요. 사용자가 혼란스러워한다는 걸 보여주는 데이터가 있거든요." 그리고 그 사람이 최근 고객 조사 프로젝트에서 나온 간단한 그래프를 공유하여 고객 대부분이 홈 화면이 혼란스럽다고 생각한다는 것을 보여줄지도 모른다. 꽤 설득력 있는 데이터라고 해도 살펴볼 필요가 있다.

그 조사가 설문을 기반으로 하며, 설문에서 "홈 화면이 매우 혼란스럽고 사용하기 어렵다고 생각하시나요?"라고 질문했다고 가정해 보자. 그리고

---

* 역주 미국의 소설가로, 『톰 소여의 모험』을 비롯한 다수의 걸작을 남겼다.

설문 응답자가 단 10명이었다고 가정해 보자. 그렇다면 그다지 확실한 데이터라고 보기 어렵다. 질문이 쓰인 방식이 응답자가 별생각 없이 "네"라고 답하도록 유도하고 있고, 설문 응답자의 수가 통계적으로 유의미하지 않다. 비판적으로 사고하기 위해 '고객 조사'의 내용을 확인한 사람이라면 그런 문제를 지적하고, 더 강력한 데이터 집합을 도출할 수 있도록 한 번 더 철저히 조사해 보자고 제안할 것이다.

데이터는 제 발로 모이지 않는다. 데이터는 사람, 아니면 사람이 프로그래밍한 컴퓨터가 모은다. 모든 사람에게는 편견이 있으므로 모든 데이터는 편향될 수 있다. 예를 들어 사용자 행동을 보고하는 장치가 내장된 소프트웨어 애플리케이션을 만드는 중이라고 가정해 보자. 수집된 데이터는 전체 기능 중 어떤 기능이 가장 많이 쓰였는지 분석하는 데 도움이 된다. 하지만 어느 지역에서 쓰이는 애플리케이션 사본에 데이터 수집 코드를 쓸 수 없다는 것을 깨닫는다. (아마도 법적인 이유 때문일 것이다.) 그렇게 수집된 데이터는 전 세계의 현실을 온전히 반영하지 못하므로 신뢰하기 어렵다. 그 데이터의 '편향'은 의도한 바가 아니고 피할 수 없지만, 그래도 편향이다.

비판적으로 사고하고 데이터를 기반으로 생각하는 것이 중요하지만, 데이터를 비판적으로 보는 것도 중요하다. 그러한 데이터를 기반으로 생각하기 전에, 데이터가 어디에서 오는지, 그 안에 어떤 편견이 존재하는지, 그런 편견을 통제할 방법은 무엇인지 확실히 이해하라.

5

실천 과제

이 장에서는 비판적인 사고에 집중하는 데 도움이 되는 몇 가지 실천 과제를 제안하겠다.

- 서트코Thoughtco의 비판적인 사고 연습Critical Thinking Exercises(http://mng.bz/y9AG)에 방문하여 훌륭하고 기본적인 비판적인 사고를 연습하라. 이 연습은 재미있는 예를 통해 비판적인 사고의 중요한 측면을 탐색하여 객관적인 사실에서 믿음과 편견을 쉽게 분리할 수 있게 도와준다.
- 라우리 로자키스Laurie Rozakis의 『81 Fresh & Fun Critical-Thinking Activities(신선하고 재미있는 비판적인 사고 활동 81가지)』(http://mng.bz/Mg77)는 몇 가지 사고 활동을 소개하는 책이며 무료로 내려받을 수 있다. 아이들을 위해 고안된 책이어서 몇 가지 연습 문제는 자녀와 함께해 보길 추천한다. (자녀가 아니라도 가족 중에 함께 할 아이가 있을지 생각해 보라.) 아이가 연습하는 과정을 지켜보면 성인인 우리가 빠지는 사고 패턴에 대해 많은 것을 배울 수 있고, 자신의 생각을 새로운 시각으로 보는 데도 도움이 된다.

더 읽을거리

- Critical Thinking Exercises `URL` http://mng.bz/y9AG

- Jonathan Haber, 『Critical Thinking』(MIT Press Essential Knowledge Series, 2020)

- Marcel Danesi, 『Master Your Mind: Critical-Thinking Exercises and Activities to Boost Brain Power and Think Smarter』(Rockridge Press, 2020)

16장

기업의 운영 방식을
이해하라

우리 대부분은 기업이나, 기업과 비슷한 환경에서 일한다. 심지어 비영리 단체나 정부 기관의 운영 방식도 대개 기업과 비슷하다. 그러므로 기업이 일반적으로 따르는 '게임의 규칙'을 이해하는 건 기업에 더 효과적으로 기여하고 여러분의 경력이라는 여정을 더 효율적으로 탐색하는 데 도움이 된다.

1

기업도 사람이다

대부분의 나라에서 기업은 법적으로 사람과 똑같이 **독립체**entity로 여겨진다. 회사는 개별적인 권리와 의무를 지며, 세금을 내고, 재산을 소유하고 팔 수 있다. 500년대, 즉 서기 500년대 중반의 로마인은 법인 실체corporate entity의 범위를 인식했다. **법인**corporation이라는 단어는 **몸**을 뜻하는 라틴어 corpus에서 왔다. 더 정확히는 인체라는 뜻이다.

기업과 **사람**을 조금 더 깊이 있게 비교해 보자. 회사도 사람처럼 욕구가 있다. 회사에는 동기가 있고, 동기는 욕구와 관련이 있다. 다른 사람의 욕구를 비판하기는 쉽다. 예를 들어 우리 아랫집 사람들은 지난 겨울부터 사납게 짖어 대는 작은 개를 키우기 시작했는데, 나는 그 이유를 헤아리지 못했다. 그러거나 말거나 그들은 자신의 욕구를 충족시켰고, 지금도 나는 이해하지 못한다. 이렇듯 자신과 다른 욕구와 동기를 가진 대상은 이해하기 어렵다. 심지어 얕잡아 볼 수도 있다. 하지만 우리가 모두 다르다는 걸 인정하는 게 중요하다. 다른 사람의 욕구는 여러분의 욕구와 다를 수 있고, 정반대일 수도 있다. 그것이 그저 인생이 돌아가는 방식이다.

기업도 마찬가지다. 어떤 사람들은 기업이 "그저 돈을 벌고 싶어 한다."라며 깔본다. 맞다. 하지만 여러분이 기업을 시작하는 정확한 이유가 바로 그것이므로, 알고 보니 그게 기업의 주된 동기였다며 새삼스럽게 놀랄 건 없다. 물론 많은 기업이 **단순히** 돈을 버는 것 이상으로 훨씬 더 많은 일을 한다는 것은 알아둘 만하다. 예를 들자면 커뮤니티를 상당한 규모로 지원하는 기업이 많다. 모든 사람의 동기가 다르듯 모든 기업의 동기도 다르다.

기업도 사람처럼 관계를 맺는다. 모든 관계가 그러하듯이 관계에 속하는 모든 사람은 관계에서 무언가를 얻으리라 기대하고, 모두가 자신이 원하는 걸 적어도 **대부분** 얻어야 관계가 유지된다. 일방적인 관계는 건강하지 않고, 때로 답답하며, 싸움으로 끝날 가능성이 매우 크다. 그렇다면 과연 기업은 어떤 대상과 어떠한 관계를 맺고 있을까?

기업, 그리고 기업이 맺는 관계

기업이 맺는 관계 중 가장 먼저 떠오르는 것은 아마도 고객과 맺는 관계일 것이다. 이 관계는 쉽다. 그렇지 않은가? 고객은 회사가 파는 제품을 사고, 기업은 돈을 받고, 양측 모두 이 관계에 대해 기본적으로 만족한다. 그렇지만 '만족'에는 정도라는 게 있다. 나는 어느 날인가 주유소에서 기름을 가득 채웠다. 주유 펌프가 작동했고 가격은… 뭐, 원래 그런 거니까. 우리 동네에는 가격 변동이 별로 없어서 내야 하는 금액을 냈다. 나와 주유소, 양쪽 모두 만족했다고 생각한다. 비록 할 일을 했다 수준의 모호한 만족감이긴 하지만 말이다. 내 말은, 그 주유소에 재방문하겠다는 명시적인 계획을 세우지도 않았고, 주유 펌프 앞에서 보낸 시간이 못내 그립지도 않다는 뜻이다. 우리가 맺은 관계는 **좋은** 관계지만, 훌륭한 관계는 아니다. 이는 우리 집 근처 세븐스 & 카슨7th & Carson이라는 작은 레스토랑과 맺은 관계에 비할 바가 아니다.

우리 동네에서는 이 레스토랑을 '세븐스'라고 부르는데, 나는 여기에 가는 걸 **정말 좋아한다**. 음식이 무척 맛있고 가격 대비 아주 알차기 때문이다. 닭 날개 요리도 꽤 근사한데, 내가 특별히 좋아하는 건 구운 문어 요리다. 직원들도 마음에 든다. 바에 있는 바텐더는 항상 훌륭한 음료를 만들어 주고, 요리사는 요리 실력만 뛰어난 게 아니라 즐겁게 대화를 나누기에도 적격이며, 유쾌한 레스토랑 주인은 언제나 환영받는다고 느끼게 해준다. 나는 고객으로서 세븐스와 훌륭한 관계를 맺고 있다고 생각한다. 보다시피 이 관계에 대해 사람들에게 즐겨 이야기하곤 한다.

기업도 사람보다 더하지는 않더라도, 사람만큼 관계가 필요하다. 아무 관계도 맺지 않는 회사는 치료받으러 가거나, 집에 있거나, 비디오 게임을 하지 않는다. 그런 기업은 **사라진다**. 기업은 그냥 관계가 필요한 게 아니라 **좋은** 관계가 필요하다. 많은 회사가 좋은 관계를 조성하려고 비상한 노력을 한다. ('고객은 항상 옳다'는 말처럼) 고객에게 일방적으로 유리한 관계가 될 때도 있을 정도다. 기업은 진작에 끊었어야 할 해로운 관계를 유지하기도 한다. 기업과 고객을 위한 상담은 없는지 궁금할 정도다. 예를 들어 계속 같은 가게에 와서 물건을 사고 반품하기를 끊임없이 반복하는 고객을 본 적도 있다. 나는 그 회사가 그 관계를 그냥 끊지 않는 이유가 궁금하다.

하지만 기업에 고객과의 관계만 있는 건 아니다. 기업은 자사 제품을 판매하는 회사와도 관계를 맺는다. 그리고 뉴스 매체, 지방 자치 단체(인허가 및 점검 목적) 등과 관계를 맺기도 한다. 하지만 기업이 맺는 가장 중요한 관계는 직원과 맺는 관계다.

고객과 직원

기업에 있어 고객이 왕이라는 주장도 세간에 존재하는 건 알지만, 나는 약간 다른 표현을 쓰고 싶다. 기업은 그 기업의 직원들이다. 애당초 기업이 직원들과 맺는 관계는 기업이 존재하기 위해 절대적으로 필요하다. 아무도 일하지 않는 기업은 아이디어에 불과할 뿐, 기능하는 독립체가 아니다. 기업이 직원과 맺은 관계보다 고객과 맺은 유해한 관계에 더 관대한 건 사실이다. 하지만 그렇다고 해서 직원과의 관계가 그보다 덜 중요한 건 아니다.

나는 고객과의 관계가 배우자 친척 모임과 약간 비슷하다고 본다. 여러분은 그 모임에 이상한 사람이 한두 명쯤 섞여 있으리란 걸 **알고** 그들을 견딜 준비가 되어 있다. 나머지 대부분은 괜찮고, 운이 좋다면 진짜 멋진 분도 몇 명 있을 수 있다.

직원과의 관계는 함께 자라고 평생 연락을 주고받은 친구들과 **훨씬** 더 비슷하다. 서로의 부끄러운 과거를 너무 많이 알고, 술 취한 모습을 너무 많이 보았고, 상대 때문에 너무 속상할 때도 있다. 하지만 서로를 편하게 느낀다. 즉, 서로를 화나게 했을 때도 대체로 더 관대하며, 결국 서로에게 돌아온다는 걸 안다는 뜻이다. 그렇다고 해서 '영원히 가장 친한 친구'라는 뜻은 아니다. 가장 친한 친구조차도 관계가 해로워질 때가 있고, 그렇게 되면 언제나 괴롭고 극적이지만, 때로 그 관계를 끝내야 한다. 기업과 직원의 관계도 마찬가지다.

여느 관계와 마찬가지로 기업-직원 관계에도 온갖 유형이 있을 수 있다. 최고의 관계에서는 양측 모두 원하는 것을 얻고, 그 관계에 만족하며, 만사가 순조롭다. 최악의 관계에서는 어느 쪽도 만족하지 못하고, 어느 쪽의 욕구도 충족되지 않으며, 그들이 왜 그 관계를 그냥 끝내지 못하는지 다른 모두가 의문스러워한다.

요새 '자격'이라는 말을 많이 한다. 막연히 일이 어떻게 되겠지 기대하고 있는 사람을 가리켜 '자격 있다'고 표현하기 정말 쉽다. 나에게는 감상이 지나치게 담긴 표현으로 느껴져서 그 단어는 사용하지 않겠다. 그 대신 관계 비유로 되돌아가 보자.

일방적인 관계

나는 고등학교를 막 졸업할 무렵 친구 몇 명과 자주 모여서 놀았고 저녁이면 함께 식당에 가곤 했다. 그중 기억에 선명하게 남은 친구가 두 명 있다. 첫 번째 친구 존은 함께 저녁을 먹을 여유가 없을 때 항상 정말 솔직했다. "얘들아, 나는 못 가. 돈이 없어."라고 말했다. 우린 모두 고개를 끄덕였고, 여유가 있을 때는 그 친구 몫까지 내주고, 없을 때는 그 친구가 집에 먼저 가겠다고 했다. 그러면 어떨 때는 우리 중 한 명이 그 친구와 다른 걸 하러 가기도 하고, 어떨 때는 아예 함께 먹는 저녁을 취소했다. 두 번째 친구 셸리는 언제나 다 함께 음식을 주문해서 먹고 계산서가 올 때까지 기다렸다가 돈이 없다고 했다. 우린 셸리를 **좋아했지만** 이런 행동은 매우 짜증 났다. 또 다른 예를 들자면 이랬다. 그 친구와 함께 영화관에 가서 팝콘을 사서 나눠 먹었다. 그런데 영화표를 사려고 하니 그 친구는 자기는 영화를 보지 못한다고 했다. 물론 돈 한 푼 내지 않고 팝콘을 다 먹은 후였다.

셸리는 나쁜 관계의 예다. 그 친구는 분명 그 관계에서 무언가 가져갔지만, 나머지 친구들은 **자신**이 원하는 걸 얻지 못했다. 우리가 원한 건 약간의 상호 존중과 이용당하지 않는 관계였다. 이 친구들 모임을 '기업'이라 한다면 셸리는 형편없는 직원이다.

나는 셸리 같은 직원을 많이 본다. 그런 사람들은 직업이란 누구나 갖는 것이고, 대체로 빠지지 않고 출근해서 최소한의 수고만 하면 급여를 받을 자격이 있다고 생각하는 것 같다. 나는 이걸 '자격'이라고 생각하지 않는다. 그런데 다시 말하지만 요새 자주 듣는 말이다. 나는 이걸 슬프고 일방적인 관계라고 생각한다.

나는 존 같은 직원도 많이 본다. 그런 직원들은 자신이 하던 일에 흥미를 잃으면 다른 일을 하러 떠나야 한다고 느끼는 것 같다. 일방적으로 자기 이익만 추구하는 사람과 상대와 주고받는 관계를 추구하는 사람, 내가 둘 중 어떤 직원을 더 존중하는지 아마 예상할 수 있을 것이다. 하지만 다시 말하는데 이는 다양한 관계 중 하나일 뿐이다. 대부분의 사람들이 이 정도면 건강하고 바람직한 관계라고 여길 것이다.

당연히 존과 셸리는 극단적인 예다. 대부분은 존도, 셸리도 아닌 중간 어디쯤 있다. 하지만 여러분은 본인과 고용주의 관계를 어떻게 특징짓겠는가? **여러분**이 **기업**을 어떻게 느끼는지 말고, 기업이 **여러분**을 어떻게 생각할지 솔직하게 평가하라. 만약 여러분이 고용주와 자신의 관계에 관한 '커플 상담'을 맡는다면 어떤 모습이 관찰되겠는가? 그리고 어떤 조언을 해주겠는가?

관계 비유를 여러분과 고용주 간 계약 관계에 대입하는 게 더 쉽다면 그렇게 해도 좋다. 여러분이 실제 고용 계약을 맺었을 수도 있다. 맺지 않았더라도 맺었다고 생각해 보라. 계약서는 고용주에게 무엇을 요구하는가? 무엇을 **진짜로** 요구하는가? 가령 계약서에 주당 근무 시간이 적혀 있지 않다면 주당 30시간 근무인지, 60시간 근무인지 추정할 이유는 없다. 계약서에 '적힌 그대로'라고 생각하면 된다. 계약서는 **여러분**에게 무엇을 요구하는가? 아마 직무 기술서에 여러분의 직무가 간략히 적혀 있을 것이다. 명시적으로든 암묵적으로든 그 계약을 받아들였다면 맡은 바 책임을 다해야 한다.

기업도 맡은 바 책임을 다해야 한다. 정말이다. 나는 관계를 해롭게 만드는 기업도 수없이 보았고, 직원을 보편적인 적으로 만들 생각은 없다. 다만 손뼉도 마주쳐야 소리가 난다고 이야기하는 것이다. 나쁜 계약을 맺었다고 느끼거나, 상대가 책임을 다하지 않는다고 느낀다면 지적하라. 말을 꺼내라! 논의하고 변화를 요청하라. 여러분에게 중요한 부분이었는데 그래도 변화가 없다면 여러분이 그 관계를 끝낼 수 있다.

내 친구 밥은 약 6년 동안 한 회사에 다녔다. 그가 담당한 업무는 소프트웨어 품질 분석이었다. 소프트웨어 품질 분석이란 한 그룹의 머신이, 다른 그룹의 머신이 주어진 일을 제대로 하는지를 자동으로 테스트하고 관찰하는 것이다. 테스트 대상 그룹의 머신이 해야 할 일을 하지 않으면 밥은 해당 머신 담당 프로그래머에게 테스트 보고서를 보냈다. 담당 프로그래머는 밥이 다음 날 전부 다시 테스트할 수 있게 프로그램을 수정해 주었다. 약 6개월이 지나자 밥은 이 일이 지루하게 느껴졌다. 어찌 보면 당연한 일이었다. (똑똑한 회사들은 이 과정을 전부 자동화했기 때문에 더 이상 밥이 맡은 직군이 필요하지 않았다.) 하지만 밥은 이 일을 고수했다. 처음에는 망가진 코드를 보고 수정 사항을 제안하기 시작했다. 밥은 순수하게 지루해서 한 일이지만, 담당 프로그래머들은 자신들이 할 일을 해줘서 매우 기뻐했다. 밥은 연봉 인상을 요구했다가 거절당했다. 회사로서 훌륭한 결정은 아니었을 수 있다. 밥은 맡은 직무 이상의 일을 하고 있었으니까. 하지만 좋은 결정이었을 수 있다. 회사가 밥에게 요구한 건 처음에 하기로 한 직무뿐이었으니까. 그가 '직무 이상'의 일을 하는 것은 괜찮지만, 아무도 그에게 그렇게 하라고 요청하지는 않았다. 관계가 약간 어긋나기 시작한 건 그때였고, 솔직히 밥이 다른 일자리를 찾기 시작했어야 하는 것도 그때였다. 하지만 그는 5년 이상 그 자리에 더 머물렀다.

그럼 그동안 그는 뭘 했을까? 그는 문제를 일으켰다. 그는 코드 승인을 거부하기 시작했다. 테스트에 실패해서가 아니라 코딩 스타일 문제를 발견했다는 게 이유였다. 다시 말해 제대로 작동하는 코드를, 입고 있는 티셔츠 색깔이 마음에 안 든다고 승인하지 않은 것이나 다름없었다. 그런 기준을 적용하겠다고 미리 알린 것도 아니었다. 그 때문에 호된 질책을 받자 그는 자기 눈에 띈 코딩 스타일 문제를 그냥 **수정하기** 시작했다. 물론 이런 수정은 때로 **기능**에 문제를 일으켰다. 밥이 승인했기 때문에 코드가 잘 작동할 거라 생각했지만 실제로는 돌아가지 않았다. 그러면 **프로그래머**들이 혼났다. 그러는 내내 밥은 무급으로 추가 업무를 하는 자기 같은 직원이 있어서 회사로서 얼마나 행운이냐고 말하고 다녔다.

하지만 회사는 **밥이 그런 일을 하길 원한 적이 없다.** 그들은 밥의 직무와 급여에 대해 암묵적인 계약을 맺었고 그 계약은 변한 적이 없다. **밥**이 그걸 바꿨다. 그는 일방적으로 계약을 재협상하고, 직무를 재설정하고, 상대가 한배에 오르지 않은 것에 씁쓸해했다. 관계의 관점에서 볼 때 회사 입장에서는 밥이 일으킨 야단법석이 필요 없었고, 결국 밥을 해고할 정도로 해로운 관계가 되었다. 밥은 주말을 보내러 왔다가 한 달을 머문 친구였다. "친구야. 내가 널 **좋아하긴** 하지만 이건 내가 원한 관계가 **아니야.**"

재미있는 점은 어떤 이들은 **밥이나 회사 둘 중 하나**가 문제의 근본 원인이라고 주장할 수 있다는 거다. 회사로서는 밥이 맡은 업무 이상의 일을 한다는 이유로 밥에게 돈을 더 주고 싶지 않은 것이 당연한데, 회사가 원인일 수 있다고 생각하는 건 좀 이상하지 않은가? 밥은 애초에 설정된 관계로 그냥 돌아올 수도 있었는데 그렇게 하지 않았다. 나는 밥과 논쟁 중에 이렇게 말했다. "마치 너는 룸메이트와 함께 이사를 가면서 각자 방에서 따로 자기로 합의해 놓고는 매일 룸메이트 방 침대에서 자는 사람 같아. 그럼 룸메이트는 화가 나는 게 당연하지. 넌 상대의 승인도 얻지 않고 규칙을 바꾼 거라고." 밥은 관계가 망가진 것이 기업의 잘못이라고 **굳게** 믿었다. 관계의 작동 방식이 원래 그렇다. 한 번 망가지면 아무도 책임지고 싶어 하지 않는다. 그래서 책임은 거의 상관이 없다. 나쁘면 나쁜 거고, 관계가 더 나빠지기 전에 끝내는 것이 때로 여러분이 할 수 있는 최선일 때도 있다.

관계 변화에 대처하기

일을 그만두라는 말이 아니다. 내가 **말하려는** 것은 여러분에게 직장이 있는 건 여러분이 가진 기술이나 서비스가 그 직장에 필요하기 때문이라는 것이다. 아마도 그들에게 프로그래밍 작업, 네트워크 문제 해결, 서버 유지보수 등이 필요했을 것이다. 하지만 그 기업에 그런 **필요**가 존재했고, 여러분이 나타나서 그 일을 하겠다고 제안했다. 짐작건대 **여러분**에게는 급여와 복리후생을 비롯한 혜택이 필요했고, 양측 모두 공정한 교환이라는 데 동의했다. **상황이 변하는 순간**은 둘 중 한쪽이 이런 말을 할 때다. "프로그래밍이 지루해졌는데 다른 건 필요 없나요?"라고 여러분이 말할 수 있다. 기업은 아마 이렇게 답할 것이다. "아니요. 프로그래밍하기 싫으면 떠나세요." 이 경우에는 **관계의 변화를 요청한 건 여러분**이므로 현 상황을 그대로 유지할지, 변화를 꾀할지 여러분이 결정해야 한다. 반대의 경우도 있을 수 있다. 회사 측에서 이렇게 말하는 것이다. "우리 회사는 이제 프로그래밍 작업이 필요 없어졌고, 앞으로도 필요하지 않습니다. 회사의 상황이 변했으니 이제 서버 유지보수를 해주었으면 합니다." 그러면 여러분은 이렇게 답할 수 있다. "글쎄요, 저는 프로그래밍을 좋아하고 제가 하기로 한 일, 제가 하고 싶은 일도 프로그래밍입니다." 관계가 변했다. 그런 이유로 회사를 떠나야 한다면 슬픈 일이지만, 더 이상 **서로의 필요를 충족**시키지 않는다면 해로운 관계로 변질되지 않고 관계를 유지하는 건 불가능하다.

이해가 되는가? 기업은 사람과 같고, 사람은 변한다. 오늘날 기업에 필요하던 것이 십 년 후에는 사라질 수 있다. 여러분이 기업에 제공하려는 것이 오 년 후에 그대로 남아 있지 않을 수도 있다. 어느 시점이 되면 둘 중 한쪽에 **다른 필요**가 생긴다. 누구의 잘못도 아니다. 더 이상 관계를 유지할 수 없다는 걸 누군가 당당히 밝히고 인정하고 새로운 관계를 찾을 수 있는 한 말이다. 해로운 관계로 변질되는 시점은 관계가 더 이상 유효하지 않는다는 걸 **아는데도** 플러그를 뽑지 않고 그대로 둘 때다. 개인적인 관계에서도 그렇듯이, 그건 결코 좋은 생각이 아니고 결국 모든 것이 나쁘게 끝난다.

기업과 관계를 맺을 때는 그 회사가 자신과 맺는 관계만 보지 말고 다른 사람과 맺는 관계도 살펴보라. 누구와도 건강한 관계를 유지하지 못하는 회사가 분명 있을 것이다. 그런 회사가 있다는 것만으로도 안타까운 일인데, 이보다 더 안타까운 일은 그 관계에 속한 사람이 자신이 처한 상황을 인지하지 못하거나, 어떤 방식으로든 그 관계에 갇혀서 빠져나오지 못하는 것이다. 어떤 이유에서든 좋지 않은 개인적인 관계에 매여 빠져나오지 못할 거라고 느끼는 사람에 대한 이야기를 누구나 들어본 적 있을 것이다.

기업을 운영하는 사람이라면 그런 관계를 맺지 않도록 주의하라. 직원들은 잠재력을 최대로 활용한 후에 폐기하는 '자원'이 아니다. 여러분이 운영하는 기업은 직원들과 **관계**를 맺고 있다. 물론 여러분이 그 관계에서 원하는 게 있겠지만, 그건 상대방도 마찬가지다.

기업을 운영하는 사람들이 기업을 사람으로 생각하지 않고, 기업과 고객, 판매회사, 직원 사이에 진정한 **관계**가 있다는 걸 잊을 때 기업에 문제가 생긴다. 직원이 그런 사실을 잊을 때도 문제를 겪기 쉽다. 관계 문제는 항상

'양측 모두에게 더 좋은 관계가 되려면 무엇을 해야 할까'라는 시각으로 접근해야 한다. 그리고 그렇게 하면 더 나은 상황이 만들어질지, 아니면 적어도 관계가 좋은지 나쁜지 명확히 보는 데 도움이 될지 확인하라.

2
기업은 실제로 어떻게 돈을 버는가

회사에서 일하는 사람이라면 회사가 **실제로** 무슨 일을 해서 돈을 버는지, 회사 자체적으로, 또는 회사의 재무팀이 회사의 매출을 어떻게 측정하는지 알아 두는 게 정말로 중요하다. 요즘은 기업을 평가하는 가장 설득력 있는 지표로 총수익을 꼽는 일은 드물고, 총이익을 가장 중요한 지표로 꼽는 기업도 거의 없다. 참고로 **총이익**gross profit과 **총수익**gross revenue에 대해서는 19장에서 설명하겠다.

자, 이제 내가 지어낸 회사, 메드비드코MedVidCo의 이야기를 함께 살펴보자. 메드비드코는 의료 시술에 관한 동영상을 만드는 사업을 하고 있으며, 의사를 대상으로 구독 기반 서비스를 운영한다. 메드비드코는 세계적으로 유명한 의사들을 고용해서 동영상을 제작하고, 의사들은 매해 10,000달러 이상을 내야 메드비드코 동영상을 볼 수 있다. 메드비드코의 라이브러리는 동영상을 통해 새로운 시술 기법을 배우고, 한동안 쓰지 않은 시술 기법을 복습하려는 의사들에게 매우 가치 있는 참고 자료를 제공한다. 메드비드코는 성장의 연료가 될 민간 투자를 여러 차례에 걸쳐 유치할 정도로 성공을 거두었고, 최근에 기업 공개Initial Public Offering, IPO를 마치고 공개 상장 회사가 되었다. 메드비드코를 '의료 동영상 계의 넷플릭스'라고 생각하면 이해하기 쉬울 것이다. 메드비드코에 정액 요금을 내면 무제한 온라인 이용 권한을 얻어서 메드비드코 전체 라이브러리에서 무엇이든 스트리밍할 수 있다.

조이는 메드비드코의 영업 사원이다. 그는 최근에 의학 콘퍼런스에 참석하여 회사를 위해 동영상을 제작하는 한 전문가를 만났다. 그날 오후 두 사람은 회사가 얼마나 잘 성장하고 있는지 즐겁게 대화를 나눴는데, 그 전문가는 조이가 한 번도 생각해 본 적 없는 부분을 지적했다. "왜 일반인을 위한 동영상을 만들지 않나요? 어차피 전문가를 초빙할 테니까 일반적인 건강을 주제로 일반인이 겪는 다양한 상황에 대한 동영상도 만들 수 있을 텐데요."

조이는 흥미를 느꼈다. 하지만 일반인이 그런 동영상을 보려고 일 년에 10,000달러를 내지 않는다는 점을 지적했다.

"그렇겠죠? 하지만 일 년에 100달러 정도라면 팔 수 있을 거예요. 고객당 수입은 줄겠지만, 고객이 훨씬 더 많아지잖아요. 수익이 얼마나 늘어날지 생각해 봐요!"

조이는 콘퍼런스가 끝난 후 사무실로 돌아와서 영업팀 내에서 그 아이디어에 대해 꽤 진지하게 대화를 나누고 임원진에게 전달했다. 하지만 임원진은 논의조차 하지 않고 아이디어를 폐기했다. 조이는 기분이 좋지 않았다. 그는 합리적인 회사가 수백만 달러의 잠재 수익에 등을 돌리는지 이해하기 어려웠고, 자신이 제대로 된 회사에 다니고 있는 건지 의구심이 들었다. 그렇게 딱 잘라 묵살당한 탓에 상심이 컸고 임원진이 그의 의견을 이해하지 못한 것 같다고 생각했다.

여기서 문제는 조이가 자기 회사가 어떻게 돈을 버는지 제대로 모른다는 점이다. 특히 그가 모르는 사실은 세 가지다.

첫째, 공짜로 얻는 수익은 없다. 돈을 벌려면 반드시 돈을 써야 한다. 이 예에서는 새로운 사업 분야를 위해 새로운 마케팅이 필요하고 여기에는 비용이 든다. 일반인의 구독 유지 기간도 신경 써야 한다. 마케팅 비용으로 구독자당 80달러를 쓰고 첫해 100달러를 벌었는데 그 사람이 구독을 갱신하지 않는다면 벌어들인 수익은 20달러에 그친다. 그리 훌륭한 수익은 아니다.

둘째, 무한한 자원은 없다. 동영상 제작 전문가가 일반인이 궁금해하는 콘텐츠를 제작할 수는 있다. 하지만 그러려면 높은 구독 요금을 내는 의사용 콘텐츠 제작을 일시적으로 **중단**해야 한다. 일 년에 20달러의 이윤을 내는 일반인으로 의사 한 명의 구독을 벌충하려면 500명이 필요하다. 전문가가 일반인을 위한 동영상을 찍어내는 동안 의사 구독자를 **놓칠** 수 있다. 의사를 대상으로 하는 콘텐츠의 양이 이전에 미치지 못할 것이기 때문이다. 이는 여러분이 B 대신에 A를 할 때 발생하는 비용 즉, **기회비용**이라고 부르며 이에 대하여 17장에서 이야기하겠다.

셋째, 주식 시장이 메드비드코를 어떻게 평가하는지 조이는 전혀 모른다. 어쩌면 이 항목이 가장 중요할지 모른다. 구독 서비스를 기반으로 하는 회사가 얼마나 잘 운영되고 있는지 시장에 보여주는 두 가지 핵심 지표는 구독자당 평균 수익Average Subscriber Revenue과 구독자 유지율Subscriber Retention Rate이다. 10,000달러의 요금을 내고 정기적으로 갱신하는 구독자를 보유하고 있는 회사는 환상적으로 좋은 평가를 받는다. 하지만 여기에 100달러 구독 옵션이 추가되면 구독자당 평균 수익이 **뚝** 떨어진다. 게다가 일반인 구독자가 의사 구독자처럼 꾸준히 구독을 갱신하지 않으면 구독자 유지율이 떨어진다. 그러면 갑자기 메드비드코가 더 이상 건강한 회사로 보이지 않고, 무너지는 회사를 떠받치기 위해 갑자기 염가 판매를 시작한 것으로 보인다. 사람들이 주식을 팔기 시작해서 주식 가격이 떨어지고, 메드비드코가 장래의 성장을 위한 추가 자금을 빌리기 어려워진다.

물론 메드비드코의 임원진이 그런 사실을 전부 설명해 줄 수 있었고, 좋은 회사라면 그렇게 했을 것이다. 하지만 조이가 진정한 **비즈니스맨**이라면 사전에 그런 질문을 던졌을 것이고, 모두가 가장 신경 쓰는 부분이 순수익이나 구독자 수일 거라고 가정하지 않았을 것이다. 그리고 회사의 핵심 지표가 무엇인지 물었을 것이다.

내가 경험한 임원진 대부분은 (분명히 전부는 아니다) 회사가 어떻게 운영되고, 회사의 가치는 어떻게 평가되며, 어떤 지표에 의존하여 회사를 운영하는지 물으면 잘 대답해 주었다. 그런 정보를 공유할 기회가 생기면 대부분은 **열심히** 알려주었다. 하지만 그런 질문을 사전에 던질 생각을 하지 못하고 '미래를 위한 훌륭한 아이디어'만 제시했다가는 의도치 않게 이들을 화나게 할 수 있다. 회사의 운영 방식에 근본적으로 맞지 않는 '훌륭한 아이디어'가 하루도 빠짐없이 종일 밀려든다고 상상해 보라. 심지어 자기 아이디어가 실제 '훌륭'한지 아닌지 검토조차 해보지 않고 가져온다면 말이다. 누구라도 짜증이 날 것이다. 심지어 간혹 등장하는 진짜 좋은 아이디어에도 주의를 기울이지 않을 수 있다. 안타까운 일이지만 어느 정도는 인간의 본성이다.

'훌륭한 아이디어'를 낼 생각이 있든 없든, 회사가 왜 존재하는지, 무엇이 회사에 동기를 부여하는지, 회사가 무엇을 '성공'으로 보는지 알아내는 데 관심을 갖는 게 좋다.

- 회사가 시장에서 해결하려고 하는 문제는 무엇인가?
- 회사의 전반적인 상태를 확인하기 위해 사용하는 핵심 지표는 무엇인가?
- 기업 운영에 쓰이는 자원은 무엇이며, 그 자원의 한계는 무엇인가?
- 우리의 고객은 누구인가? **그들**은 우리 회사가 그들을 위해 무슨 일을 한다고 보는가?

사실 이 목록에 '경쟁사는 누구이고, 그들이 우리와 다른 부분은 무엇인가?'라는 다섯 번째 항목을 추가하려고 했었다. 여러분이 자문**해 봐야 하는** 질문이지만, 그 대신 주의할 점이 있다. 답을 찾았다고 해서 여러분의 회사가 경쟁사와 똑같이 해야 한다는 뜻은 아니다. 상관관계를 따질 때는 '우리 경쟁사가 우리와 달리 **이것**을 하고 있어서 그들이 우리보다 훨씬 더 많은 수익을 올리고 있다'고 함부로 결론을 내리지 않게 매우 주의해야 한다.

조이는 똑같은 상황을 마주했다. 메드비드코의 가장 큰 경쟁자는 휴먼비디오ʰᵘᵐᵃⁿⱽⁱᵈᵉᵒˢ다. 휴먼비디오에는 유사한 사업 분야가 있었지만, 이들은 동영상을 스트리밍하지 않고 블루레이 디스크를 배송했다. 휴먼비디오의 고객들은 구독 요금을 내지 않고 일회성으로 디스크 패키지 구매 요금을 냈다. 휴먼비디오도 공개 상장 기업이었기 때문에 휴먼비디오가 메드비드코보다 훨씬 더 큰 수익을 올린다는 것은 누구나 아는 사실이었다. 그래서 메드비드코도 고객에게 스트리밍 동영상 라이브러리 대신에 블루레이 디스크를 팔아야 한다고 제안하는 게 조이로서는 합리적인 처사였다.

하지만 더 깊이 알아보니 휴먼비디오의 **시장 가치(주식 시장에서 보는 회사의 가치)**는 휴먼비디오의 현재 수익 정도였다. 주식 시장 용어로 이야기하자면 휴먼비디오는 이익의 '1배'로 평가되었다. 그리 높지 않은 이 수치는 시장에서 이 회사의 성장 잠재력을 높다고 평가하지 않는다는 뜻이다. 다시 말해 휴먼비디오에 많이 투자하지 않는 것이 좋다. 현재 이 회사의 가치보다 많은 돈을 벌 일은 없을 것이기 때문이다.

하지만 메드비드코의 시장 가치는 회사의 현재 수익의 3배로 평가되며, 이는 시장이 메드비드코에 성장할 여지가 더 많다고 본다는 뜻이다. 휴먼비디오는 언제든 사업을 접어도 이상할 게 없다. 이들은 꾸준히 블루레이 디스크를 판매할 새로운 의사 고객을 찾고, 그들에게 계속해서 더 많은 블루레이 디스크를 판매해야 하기 때문이다. 휴먼비디오에는 보장된 반복 수익이 없다. 휴먼비디오의 새로운 판매는 모두 일회성이다. 반면 메드비드코에는 반복적으로 발생하는 수익이 있다. 의사 구독자가 한 달간 휴가를 떠나서 동영상을 보지 않더라도 메드비드코는 여전히 구독 요금을 받는다. 메드비드코는 갱신을 걱정해야 한다. 하지만 완전히 새로운 판매 예약을 받는 것보다는 갱신을 유지하는 게 수월한 편이다. 메드비드코의 구독 모델은 그들의 가치를 그토록 높게 만든 장점인데, 블루레이 디스크 판매 옵션을 추가하면 이런 장점이 사라진다.

기업은 **복잡**할 수 있다. 기업에는 고객 심리와 시장 원리가 작용하며, 진짜 미묘하고 복잡하게 측정하고 고려해야 할 사항이 많을 수 있다. 이런 부분을 최대한 폭넓게 이해하려고 노력해야 한다. 그러면 회사와 건강한 '개인적 관계'를 맺기 쉬워지고, 더 좋은 결정을 내릴 능력이 생기고 나중에는 리더십을 비롯해 더 많은 책임을 맡을 수 있게 된다(여러분이 리더십에 관심이 있다면 말이다). 기업의 숨겨진 사정을 이해하지 **못하면** 기업이 하는 많은 일이 이해하기 어려울 수 있고, 여러분을 고용하는 회사와 맺은 관계처럼 중요한 개인적 관계에 대해 그렇게 느끼는 건 매우 안타까운 일이다.

3
우리 회사는 무엇을 판매하는가

여러분은 자기가 다니는 회사에서 무엇을 파는지 아는가? 다음 세 가지 이야기를 함께 살펴보면서 각 회사가 돈을 벌기 위해 무슨 일을 하는지, 각 비즈니스 모델에서 개선할 여지는 없을지 생각해 보라.

알다시피 이 회사들은 가상이고, 당연히 내가 여러분에게 던지는 질문도 가짜다. 하지만 가짜 질문이라는 것을 잠시 잊고 이어질 세 가지 시나리오에서 만날 '테리, 마틴, 팻'의 일상에 자신을 대입해 보라. 그들의 관점에서 상황을 바라보라. 여러분이 그들이 되어서 그들의 회사를 관리하게 된다면 여러분은 변할 것인가?

세 가지 시나리오 모두, 각 회사가 어떤 회사인지 전체적으로 볼 수 없다는 것이 문제다. 여러분이 볼 수 있는 것은 한 직원의 편향된 관점뿐이다. 하지만 직원들은 **대부분** 그렇게 근무하며 이를 **전적으로** 직원들의 잘못이라 보긴 어렵다. 모든 직원이 자신이 다니는 회사가 어떤 회사인지 제대로 이해할 수 있게 잘 도와주지 못하는 회사가 많다. 그저 회사 리더가 그런 생각을 하지 못해서 일어나는 일이고, 누군가 물어본다면 보통 기꺼이 알려준다는 걸 알아 두기를 바란다. 자, 그럼 이제 세 회사를 만나보자.

예시 1: 테리의 인터내셔널 벌브

테리는 인터내셔널 벌브International Bulbs에서 일한다. 이 회사는 구식 형광등부터 색상이 바뀌는 최첨단 LED 전구까지 다양한 전구 제품을 취급한다. 그녀는 프로그래머로 고용되어서 회사의 창고와 물류 센터 관리를 제어하는 컴퓨터 시스템과 관련해 주로 작업한다. 그런 시스템 작업을 하는 도중에 회사가 대부분의 전구를 최소 수량만 보유하고 있다는 것을 알게 되었다. 그녀는 회사가 많은 전구를 판매하며, 주문이 들어왔을 때 즉시 처리할 수 없는 경우가 많다는 것을 데이터를 통해 알았다. 창고로 제품을 받아 고객에게 배송하기까지 며칠씩 지연된다.

테리가 알지 못한 부분은 인터내셔널 벌브가 **구독 서비스**로 돈을 번다는 점이다. 구독으로 버는 수익은 예측이 매우 수월하기 때문에 주식 시장에서 사랑받는 요인이다. 그리고 회사의 영업과 마케팅을 위한 노력 대부분을 기존 고객과의 거래 '유지' 말고 새로운 거래 성사에 쏟을 수 있다.

회사 창고는 정확히 설계된 대로 작동하기 때문에 회사가 보유하고 있는 예비 재고의 양을 최소로 유지한다. 예비 재고를 보유하려면 비용이 많이 든다. 대부분의 나라에서 '매출 원가' 규칙을 따르기 때문에 상품이 판매되기 전에는 판매 제품의 비용을 손실로 처리할 수 없다. 만약 여러분이 100,000달러의 전구를 구매했다면 처음에 **그 비용에 대해 소득세를 내고** 그 전구를 판매했을 때만 세금을 환급 받을 수 있다. 그러므로 여러분은 최대한 예비 재고를 보유하지 않으려 노력할 것이다.

테리의 회사는 적시Just In Time, JIT 재고 시스템을 쓴다. 적시 재고 시스템이란 어떤 고객이 전구를 분기 단위로 구독하고 있고 그 전구의 재고를 준비하는 데 일주일이 걸린다면 날짜를 거꾸로 계산하는 것이다. 이들은 이 시스템을 이용해 적절한 시기에 전구를 주문한 다음 최종 고객에게 '적시에' 배송한다. 고객은 백엔드에서 일어나는 일을 하나도 보지 못한다. 테리가 창고에서 본 건 '품절'이 아니었다. 정확히 필요한 시점에 재고를 받아서 최종 고객에게 적시에 배송하는 것이었다.

그보다 테리는 왜 **도매매**drop-shipping를 왜 도입하지 않는지 물어야 했다. 도매매란 인터내셔널 벌브가 공급 회사에 전구 주문을 넣고 공급 회사가 최종 사용자에게 전구를 직접 배송하는 방식을 가리킨다. 인터내셔널 벌브가 대량 구매한 전구를 나눠서 여러 고객에게 배송해야 할 때처럼 이 방식을 쓸 수 없는 경우도 있겠지만, 그렇지 않은 경우라면 도매매는 인터내셔널 벌브의 '중간' 창고를 없애서 비용을 절감하는 하나의 방법이다.

예시 2: 마틴의 테마파크

마틴은 전 세계에 테마 놀이공원을 소유하고 있는 GTAGlobal Themed Amusements라는 회사에서 일한다. 그는 구매부 소속이며, 구매부는 회사의 소유물 전반에 활용되는 유지보수 장비 거래를 협상하는 데 주로 집중한다. 그는 최근 GTA 경쟁업체들이 하는 일을 우려하고 있다. 경쟁업체들이 수백만 달러짜리 롤러코스터처럼 아주 신나는 놀이 기구를 제작하는 동안, GTA 파크는 확장 속도를 늦추고 비용이 덜 드는 '다크 라이드'*를 설치하는 데 집중한다. 또한, GTA는 경쟁업체들보다 상품에 훨씬 더 많은 비용을 들이고, 그 상품을 판매하는 상점들이 놀이 기구 같은 시설에 쓸 수 있는 소중한 공간을 차지한다.

---

* **역주** 애니메이션, 음악, 특수 효과가 포함된 놀이 기구다.

이는 **여러분의 회사가 무엇을 판매하는지** 이해하도록 돕기 위해 만든 예다. 어떤 회사가 실제로 판매하는 건 모든 사람이 그 회사가 판매한다고 '일반적으로' 생각하는 것과 다를 수 있다. 마틴은 경쟁업체가 놀이 기구 부분에서 GTA를 앞지르고 있다는 점을 걱정한다. 하지만 GTA는 스스로를 놀이 기구 사업을 하는 회사로 보지 않고 **가족 경험**을 파는 회사로 본다. 이들은 가족이 함께 경험하고 강렬하고 긍정적인 추억을 만들 수 있는 놀이 기구에 집중한다. 그런 추억에서 이윤을 얻는 한 가지 방법은 놀이 기구의 테마와 이미지를 보강하는 상품을 판매하는 것이다. 테마파크의 상품은 이익률이 70%로 크기 때문에 테마파크 입장료가 벌어들이는 수익보다 새로운 놀이 기구를 건설하는 데 훨씬 더 큰 폭으로 기여한다.

다른 회사가 자기 회사와 **비슷한** 일을 하는 것처럼 보인다고 해서 그들이 경쟁업체라는 뜻은 아니다. (본 예에서는 마틴의 회사, 마틴이 경쟁업체라고 생각한 회사 모두 테마파크를 건설했다.) 좋은 회사는 소비자가 단순히 A 아니면 B라는 결정을 내리지 않아도 되도록 스스로를 경쟁업체와 **차별화**하려고 노력한다. 여러분이 휘발유 같은 물품을 판다면 소비자는 거의 가격이나 편의성 같은 요인을 기반으로 결정을 내린다. 이것이 대부분의 지역에 주유소가 그렇게 많은 이유다. 그들은 지역 인구 일부에게 더 높은 편의성을 제공하려고 다투는 것이다. 이것은 정유회사들이 정유의 품질, 보상 프로그램 등을 **차별화**하는 데 큰 노력을 기울이는 이유이기도 하다. 여러분의 회사가 스스로를 어떻게 차별화한다고 생각하는지 **제대로** 이해해 두면 여러분에게 도움이 될 것이다.

예시 3: 팻의 프루티 클로딩

팻은 주로 십 대를 대상으로 마케팅하는 고급 의류 브랜드인 프루티Fruity의 영업 사원으로 일한다. 프루티는 소비자에게 직접 판매하지 않고 주요 온라인, 오프라인 소매업체에 제품을 판매한다. 프루티 의류는 꽤 비싸다. 대부분의 품목은 저렴한 경쟁업체의 비슷한 품목보다 3~4배 비싸다. 팻은 많은 저가 소매업체들이 프루티 제품을 입고할 생각조차 하지 않는다는 사실에 좌절감을 느끼고 회사의 소매 가격이 시장 진입의 걸림돌이라고 느낀다. 팻은 그 때문에 자신이 벌 수 있는 수수료를 최대치까지 벌지 못한다고 생각하며, 바로 그 점이 좌절감의 근원이다.

많은 기업이 스스로를 **인식**을 통해 차별화한다. 휴대전화, 컴퓨터 등의 전자 제품을 판매하는 애플을 예로 들어 보자. 이들은 어떻게 이런 일을 '해냈는가'? 특정 소비자가 원하는 **브랜드**를 만든 덕택이었다. 어떤 시장에나 가격에 민감해서 가장 저렴한 제품을 선택하는 소비자가 있다. 브랜드에 민감하고 가장 가치 있다고 **인식**하는 브랜드를 선택하는 소비자도 있다. 둘 중 어느 쪽도 틀린 게 아니며, 서로 다른 회사의 제품을 사용할 뿐이다.

이런 생각이 도요타Toyota, 혼다Honda, 닛산Nissan 같은 자동차 회사가 렉서스Lexus, 어큐라Acura, 인피니티Infinity 같은 브랜드를 별도로 만드는 이유다. 이것이 어떤 이들은 롤렉스Rolex를 사고 어떤 이들은 타이맥스Timex를 사는 이유다. 팻의 회사가 '저가' 소매업체에 물건을 팔기 시작하면 팻이 더 많은 수수료를 벌 길이 열릴 수 있긴 하지만, 회사가 열심히 쌓아온 '고가' 브랜드의 이미지는 약해질 수 있다.

나는 이런 '브랜딩' 게임에 참여하는 회사에서 일해본 적 있는데, 이런 경쟁은 어려울 수 있다. 의류 같은 상품의 가격에 민감한 소비자인 나로서는 다른 브랜드에서 20달러에 파는 청바지를 110달러에 판매하는 걸 이해하기 어렵다. 하지만 그런 게임에 참여하는 회사들은 여러분의 생각보다 훨씬 더 복잡한 문제를 다룬다. 두 청바지 모두 제작에 드는 비용은 아마 비슷할 것이므로 110달러짜리 제품의 이익률이 훨씬 더 클 것이며, 이는 그렇게 많은 수량을 판매할 필요가 없다는 뜻이다. 게다가 브랜드에 민감한 소비자는 청바지 외에 다른 제품도 사는 경향을 보인다. 이들은 셔츠, 신발, 액세서리 같은 제품도 구매할 것이고 그러기 위해 일 년에 여러 차례 재방문할 것이다. 여기에는 브랜드 충성도 시스템이 작용하며, 이는 일반적으로 가격에 민감한 소비자를 많이 끌어들이지 않는다. 다시 말하지만 **틀린** 회사는 없다. 이들은 여러 이유로 서로 다른 위험/보상을 안고 다른 영역에서 운영되고 있는 것뿐이다.

물론 프루티가 가격을 더 저렴하게 책정하고 더 많은 소매업체와 거래할 수도 있지만, 그렇게 한다면 이 회사는 **다른 회사**가 되는 것이다. 회사더러 변하라고 요청하는 건 부당하다. 회사는 **여러분**이 입사했던 때와 그대로인데, 갑자기 다른 회사가 되기를 바라는 거라면 **여러분**이 다른 일을 찾아야 하지 않겠는가?

여담이지만, 모든 시장을 겨냥하는 의류 회사도 있긴 하다. 하지만 그런 회사들은 여러 브랜드를 통해 그런 목표를 달성하려 한다. 바나나 리퍼블릭Banana Republic, 갭Gap, 올드 네이비Old Navy를 생각해 보라. 이 세 브랜드는 스타일과 소매 가격이 모두 다르지만, 한 회사가 소유하고 있다.

기업의 상세한 사정을 알라

이 모든 내용의 핵심은 **회사가 돈을 버는 이유와 방법**을 아는 것이다. 당연히 회사를 운영할 다른 방법도 존재할 것이다. 다른 방법도 틀린 건 아니고, 여러분의 회사가 현재 사용하는 방법도 틀린 건 아니다. 자신의 회사가 **왜** 현재의 방식으로 운영되는지 이해하는 데 도움이 될 만한 질문을 하라.

내가 그런 질문을 던지기 시작할 무렵에 들은 이야기를 해주겠다. 난 이런 질문을 했다. "왜 우리 회계 연도가 1월이 아니라 2월에 시작하나요?" 백화점 시절부터 오랜 기간 회사를 운영해 온 우리 CEO는 달력을 펼치며 이렇게 말했다.

"일 년은 사계절로 나뉘고 각 계절은 3개월로 이루어지죠. 각 계절의 첫 달은 새 시즌 제품을 소개하면서 신상품을 정가로 판매해서 가장 큰 이윤을 올리는 달이에요. 중간 달은 그 시즌의 주요 판매가 이루어지고 약간 할인을 하기는 하지만 제품 대부분이 판매되는 편입니다. 마지막 달은 재고 할인을 합니다."

"첫 시즌은 봄옷이고, 2, 3, 4월에 해당하고 중간에 부활절이 있어요. 다음 시즌은 여름옷이고, 5, 6, 7월이고, 중간쯤에 학교가 방학을 합니다. 그다음 시즌은 8, 9, 10월이고, 중간에 개학이 있습니다. 마지막 시즌은 크리스마스가 끼어 있는 11, 12, 1월입니다."

"1월을 크리스마스가 있는 회계 연도 마지막 시즌에 넣는 이유는 반품을 판매가 이루어지는 같은 회계 연도에 넣기 위해서입니다. 크리스마스에 반품이 아주 많거든요. 회계 연도를 마이너스로 시작하면 보기 좋지 않잖아요."

전혀 생각지 못했던 이야기였고 그 이야기는 소매업계에 수년간 종사하면서도 깨닫지 못했던 소매업계 주기에 대한 많은 것을 단번에 설명해 주었다.

4

위험과 보상 이해하기

위험은 충분히 언급되지 않는 사업의 기본 개념이다. 어떤 모험이나 실패할 위험이 있다. 차를 몰고 가게에 가는 간단한 일에도 위험이 따른다. 누군가 여러분의 차를 칠 수도 있고, 필요한 물건이 가게에 없을 수도 있고, 신용카드 결제가 막힐 수도 있다. 이렇듯 위험은 주변 어디에나 있다. 우리 대부분은 소소한 일상적 위험을 줄이기 위해 조심스럽게 운전하고, 집을 나서기 전 가게 재고 상황을 온라인으로 확인하고, 신용카드 대금을 제때 납부한다. 하지만 우리가 일상적으로 다루는 대부분의 위험은 **우리가 통제할 수 있다**. 조심스럽게 운전하기로 결정하고, 집을 나서기 전에 가게 재고 상황을 온라인으로 확인할 것을 선택하고, 신용카드 대금을 제때 납부하기로 하기로 결정하는 건 **우리**다. 물론 우리가 위험을 제거할 수는 없지만, 개인적인 조치를 통해 그러한 위험을 꽤 큰 폭으로 줄일 수 있다.

잠시 샛길로 빠지자면, 사람들은 상황을 통제하려는 의지의 정도에 따라 위험 완화를 외부에 맡길지, 아니면 자신이 맡을지 **선택**할 수 있다. 하지만 기업은 그런 선택을 할 수 없다. 기업은 모든 위험을 다루는 데 **항상** 다른 사람, 즉 직원에 의존한다.

여기서 우리가 말하는 위험은 어떤 위험일까? 대부분은 재정적 위험이다. 모든 기업은 잘못된 선택 몇 번이면 모든 것을 잃고 파산하여 모든 직원을 해고하고 존재가 완전히 사라질 위험에 항상 노출된다. 특히 위험에 노출되는 건 기업 **소유주**다. 이들이 처음에 모든 자금을 댔기 때문이다. 이것이 기업의 성공이 회사 소유주들에게 공유되는 이유다. 물론 **훌륭한** 기업이라면 상여금 등으로 이런 성공을 거둘 수 있게 도운 직원들에게도 성공을 공유할 것이다.

사실 상여금은 위험과 보상에 대해 생각해 볼 수 있는 좋은 예다. 여러분이 직원에게 이익을 배분하는 회사에서 일한다고 가정해 보자. 회사가 이윤을 냈을 때 회사 소유주들이 예컨대 25%의 이윤을 확보해서 직원에게 배분하자고 동의한다. 멋지지 않은가? 모든 직원이 기업의 성공을 도운 것에 대한 감사의 인사로 연말이나 분기 말에 상당한 금액을 추가로 받는다. 하지만 만약 회사가 이윤을 내지 **못한다면**? 만약 돈을 **잃는다면**? 직원으로서 여러분은 자기 급여가 줄어들 것이라 예상하겠는가? 그럴 사람은 거의 없을 것이다. 하지만 그렇게 하는 게 공평하지 않을까? 기업이 성공하면 이윤을 배분받고 기업이 실패하면 손실을 분담해야 하지 않을까? 회사가 100,000달러 손해를 보았다면 소유주가 그 25%인 25,000달러를 맡고 나머지를 모두의 급여에서 나누어 공제해야 하지 않을까? 결국 기업을 성공시키거나 망가뜨리는 것이 직원이고, 성공을 공유한다면 손실에 대한 책임과 지분도 있지 않을까?

나는 그런 방식으로 이윤을 배분하는 회사를 본 적이 없는데, 그 이유는 그런 방식으로 기업의 위험을 근본적으로 공유할 수 없기 때문이다. 여러분에게 위험에 대한 지분이 어느 정도 있어야만 회사가 성공할 때 여러분도 성공하고 회사가 실패할 때 여러분도 실패한다. 위험은 무언가를 잃을 수 있다는 뜻이다. 주식 시장에서는 위험을 무릅쓸 수밖에 없다. 투자한 회사가 실패하면 주식 가치가 떨어지고 돈을 잃는다. 이것이 주주들이 말 그대로 회사의 공동 소유주로 여겨지는 이유이고, 이들이 하루하루 회사를 운영할 임원진을 채용하는 이사회의 이사를 임명하는 방식으로 회사 운영 방식에 대해 그들이 발언권을 얻는 이유다.

위험과 **발언권**은 함께 온다. 위험이 없다면, 즉 돈을 잃을 가능성이 없다면 운영 방식에 대한 발언권도 없다. 이것은 알게 모르게 모든 부모가 아이들에게 가르치는 기본 규칙이다. '내 집에 살려면 내 규칙을 따라라.' 모든 위험은 부모가 진다. 여러분은 직장 생활을 유지하고, 고지받은 요금을 제때 납부하고, 아이들의 건강을 챙긴다. 여러분이 모든 위험을 관리하므로 규칙을 정할 권한을 얻는다. 직장에서는 모든 직원이 고용주의 '집'에서 '살기' 때문에 기업을 운영하는 모든 위험에 대한 책임을 떠맡은 고용주에게 규칙을 정할 권한이 있다.

직원들과 대화를 나눠 보면 본인 생각에는 기업이 해야 마땅한 일을 하지 않는다며 그 이유를 이해하지 못하는 이들이 **많다**. "이렇게 하는 게 훨씬 더 좋을 텐데요!"라고 이들은 말한다. 이들 대부분은 기업이 돈을 버는 방법에 대한 맥락을 잘 알지 못하고, 기업의 위험을 실제로 공유하지 않았다. 자기 말을 '들어주지 않는' 환경에서 일할 때 느끼는 좌절감은 이해한다. 하지만 부모님이 모든 금전적 부담을 감당해 주던 어린 시절, TV를 보게 해달라는 여러분의 요청을 부모님은 얼마나 들어주었는가? 그러나 마침내 독립해서 자기 집이 생긴 후에는 밤늦도록 원하는 만큼 TV를 볼 수 있었을 것이다. 기업에서도 마찬가지다. 발언권을 원한다면 **위험**을 부담하라. 자기 기업을 시작하라. 꼬박꼬박 들어오는 급여, 복지, 401(k)*, 공짜 커피를 멀리하고,

---

* **역주** 미국의 퇴직 연금이다.

그 대신 다음 수입은 어디에서 올릴지 걱정하라. 회사 운영에 지장이 없도록 오늘 하루 직원들이 올바른 결정을 내릴지 걱정하라. 돈을 투자하고 위험을 감당하라. 그러면 여러분이 모든 결정을 내릴 수 있다.

내가 보기에 어떤 부분을 어떻게 고치고 개선하자는 직원의 이야기를 회사가 들어주기 어려운 또 다른 이유는 직원이 아는 맥락이 부족해서다. 직원들은 회사를 구성하는 모든 부품을 볼 수 없다. 회사가 무엇을 숨겨서가 아니다. 이것은 그저 기업이 클수록 지독하게 복잡하기 때문이다. 내가 현재 재직 중인 회사를 예로 들겠다. 우리 회사는 미국의 약 24개 주, 6개의 다른 국가에 소득세 신고서를 낸다. 이 간단한 사실 때문에 내가 간신히 이해할 정도의 사업적 복잡성이 발생한다. 말 그대로 회사의 모든 일상적인 결정이 그런 사실의 영향을 받는다. "너무 붐비지 않게 새 사무실 공간을 임대해야 할까요?"라는 질문은 많은 난관을 극복해야 풀 수 있는 질문이 된다. 주마다 각기 다른 세금 혜택, 사무실 확장에 대한 감가상각 규칙뿐 아니라 특정한 혜택을 얻기 위해 일정 인원을 채용하기로 합의한 도시에 사무실을 위치시킬 것인지, 임대차 계약을 단순한 경비로 볼 것인지 등을 생각해야 하기 때문이다. 정신이 아득해진다. "임대료가 한 달에 3,000달러인데 현재 우리 이윤은 그보다 많으니 그렇게 하죠!"처럼 간단히 답할 수 있다고 생각할지 모르지만, 어림없는 소리다. 직원들이 (우리 회사 직원 이야기는 아니다) 탕비실에 자기가 좋아하는 커피 캡슐이 없다는 등의 하찮은 일로 불평하는 것을 들으면 내가 너무 심하게 웃다 못해 눈물이 나는 이유가 이것이다. 보기엔 매우 간단해 보이는 회사 결정에 매일 너무 많은 시간을 들여야 해서 '커피 종류'는 누구의 의제에도 포함되지 못했을 가능성이 크다. 오히려 커피 종류 같은 작은 불평은 회사의 어떤 위험도 감당하지 않는 직책에 있을 때만 할 수 있는 것이다. 회사의 실제 위험을 관리하는 사람들, 즉 회사가 문을 닫지 않게 유지하고 우리 급여를 제때 삭감할 책임이 있는 사람들은 아마 회사 건물의 수도 공급에 문제가 없다는 사실에 기뻐할 것이고 그 물로 사람들이 어떤 커피를 만드는지는 별 관심이 없을 것이다.

그래서 회사 운영에 대해 더 큰 목소리를 내고 싶다면? 담당자들이 자기 말을 **들어주길** 바란다면?

자기 목소리를 단순한 소음 이상으로 만드는 것부터 시작하라. 회사가 무엇을 **위해** 존재하는지 파악하라. 그 기업이 왜 존재하고 어떻게 돈을 버는지 배워라. 그리고 회사들이 어떻게 운영되는지 배워라. 경영학 석사 학위를 취득하라는 말이 아니라 (물론 취득해서 나쁠 건 없다) 기업의 재무, 관리 등 다양한 주제를 배워야 한다는 말이다. 여러분도 할 수 있다. 여러분이 다니는 회사를 운영하는 사람들도 태어날 때부터 그런 지식을 갖추고 있었던 게 아니다. 그들도 어디에선가 그런 지식을 배웠다. 그리고 지분을 얻을 방법을 찾아라. 여러분이 위험 부담을 질 때 여러분이 하는 말을 조금 더 진지하게 들어줄 것이다. 현재 회사에서 그렇게 할 수 없다면 이직하거나 창업할 준비가 되었는지 자문하라.

맥락. 사업적 통찰력. 위험. 이런 요소를 갖춰야 기업에서 목소리를 낼 수 있다.

5

실천 과제

이 장에서는 자기 회사든 자신이 직원으로 일하는 회사든 상관없이 여러분이 속한 기업의 상세한 사정을 들여다보길 권한다. 답을 알지 못할 때는 찾아라! 우선 관리자에게 물어보고, 가능하다면 조직 내에 다른 사람들에게 질문해도 괜찮을지 물어보라.

- 여러분의 회사는 실제 무엇을 **파는가**? 비즈니스 모델은 무엇이고, 회사에 재정적인 이해관계가 있는 이들이 회사의 성공을 측정하는 방법은 무엇인가?
- 여러분의 회사는 평소 어떤 위험을 다루는가? 그런 위험에 대해 여러분은 어떤 역할을 하는가? 회사에 여러분을 더 이상 데리고 있을 여유가 없어질 때 실직 외에 다른 위험이 있는가?
- 무엇이 여러분 회사의 동기를 유발하는가? 회사가 성과를 추적하기 위해 측정하는 항목은 무엇인가? 높은 수준에서 볼 때 회사가 현재 행동하는 방식으로 행동하는 이유는 무엇인가? 여러분은 그 논리에 동의하는가?

더 읽을거리

- 윌리엄 니켈스, 제임스 맥휴, 수전 맥휴, 『The Core 경영학의 이해』(생능, 2022)
- 조시 카우프만, 『퍼스널 MBA』(진성북스, 2014)

17장

의사 결정을 더
훌륭하게 내려라

우리는 항상 의사 결정을 한다. 의사 결정을 더 훌륭하게 내릴 능력을 키우면 거의 모든 상황에서 경력을 발전시키는 데 도움이 된다. 더 나은 의사 결정을 내리는 열쇠는 상황을 평가하는 방법, 의사 결정이 이루어지는 방법을 이해하는 것이다(특히 업무 환경에서 이루어지는 방법을 아는 게 중요하다). 이 장의 또 다른 핵심은 회사가 내리는 결정을 이해하고 싶을 때 맥락의 모든 다양한 측면을 파악하는 것이 중요하다는 것이다.

1

의사 결정 역할 정하기: 의사 결정 프레임워크

    최악의 회사는 개성이 강한 소수의 리더가 제멋대로 결정을 내리고 이를 나머지에 떠안기는 곳이다. 이런 회사에서 일하는 직원들은 의사 결정 배후에 있는 생각을 이해하지 못하고, 결정에 전혀 관여하지 못하며, 자신이 기계의 톱니바퀴 같다고 느끼는 경우가 많다. 그런 상황에서는 보람을 느끼기 어렵다.

    또 다른 최악의 회사는 모두를 의사 결정 절차에 참여시키는데, 상반되는 의견과 우선순위 등 갈등을 해결할 어떤 도구도 제공하지 않는 곳이다. 그런 회사들은 종종 분석 마비*에 빠져서 무엇을 할 수 있을지 빙빙 돌며 고를 수 있는 선택지의 장단점을 논의하다가 결국 아무 결정도 내리지 못한다. 최고의 회사에서는 의사 결정 프레임워크를 마련해 두고 의사 결정할 때 지침으로 활용한다.

    극단적인 예를 들자면 대부분의 군사 조직에는 이러한 의사 결정 프레임워크가 있다. 장군이 이런 말을 한다고 생각해 보자. "전술적 우위를 점하

---

*   <u>역주</u> 과도한 분석이나 지나친 사고로 의사 결정이 마비되는 것을 가리킨다.

17장 의사 결정을 더 훌륭하게 내려라   **365**

려면 우리는 저 언덕을 점령해야 하네." 하지만 언덕을 점령할 방법을 아는 것은 하사다. 하사의 전문성이 의사 결정에 있어서 중요한 의견이라는 것을 장군은 잘 안다.

하사가 이렇게 제안할 수도 있다. "알다시피 이쪽에 있는 다른 언덕은 조금 더 높고 전술적으로도 중요한 위치에 있습니다. 우리 전선에서 조금 더 가까워서 점령하기 조금 더 쉬울 수 있습니다."

장군이 고개를 끄덕이며 이렇게 답할 수 있다. "맞네. 하지만 우리 동맹군이 그 언덕을 점령할 거야. 나도 거기가 더 쉽다는 건 알지만, 지난 몇 주간 그들과 힘든 시간을 보냈고 그들과 좋은 관계를 유지하려면 그들에게 승리할 기회를 줄 필요가 있어." 그러면 하사는 고개를 끄덕이고 부대로 돌아가서 계획을 세우기 시작할 것이다.

군대는 계급이 낮은 전문가가 계급이 높은 의사 결정권자에게 의견을 제공하고 결정을 받아들이는 구조로 작동한다. 오늘 이 장을 작성하다가 알게 된 사실인데 아마존에 이와 비슷한 리더십 원칙이 있다는 것을 알게 되었다. "소신 있게 반대하되, 결정되면 헌신하라(Have Backbone; Disagree and Commit)."라고 부르는 원칙인데, 의견을 제안할 수 있고 제안해야 하지만, 최종 의사 결정권자가 다른 방향으로 가면 그 결정을 지지하고 그 결정이 성공할 수 있게 최선을 다한다는 뜻이다.

현재 나의 고용주는 경영 컨설팅 회사인 '베인'에서 개발한 RAPID라는 의사 결정 프레임워크를 사용한다. RAPID는 추천Recommend, 동의Agree, 실행Perform, 의견Input, 결정Decide의 약자이며, 중요한 의사 결정을 해야 할 때 사내에서 RAPID의 각 부분을 담당할 직무 역할을 알아내서 각 다섯 단계에 누가 관여하는지 모두가 명확히 알 수 있게 한다.

- **추천**: 결정을 위해 추천한다. 명확히 '우세'한 방법이 없다면 여러 안을 작성하고 각 안의 장단점을 설명한다. 예를 들자면 시니어 개발자가 프로젝트에 특정한 소프트웨어 라이브러리를 사용하자고 **추천**할 수 있다.

- **동의**: 추천을 지지한다. 추천 역할을 맡은 사람과 협력하여 모두가 동의하는 안을 제시할 수 있게 한다는 뜻이다. 예를 들어 추천받은 소프트웨어 라이브러리가 있다면 그 라이브러리가 해당 프로젝트의 다양한 요구 사항과 우려 사항에 적합하다고 데브옵스, 보안, 전체 개발팀이 **동의**해야 할 수 있다.

- **실행**: 결정을 실행한다. 일반적으로 추천 역할에게 무엇이 효과가 있고, 무엇이 효과가 없는지 귀중한 의견을 제공하는 역할을 맡는다. 예를 들자면 새로운 소프트웨어 라이브러리를 사용하는 실제 소프트웨어 개발자는 그 라이브러리의 구현을 **실행**한다.

- **의견**: 추천 역할에게 정보를 주기 위해 의견과 데이터를 추가로 제공한다. 여기에는 사업 분석을 비롯해 기타 의사 결정을 지원하는 역할이 포함된다. 예를 들어 새로운 소프트웨어 라이브러리 채택 시 잠재적으로 영향을 받는 다양한 사람들이 어떤 라이브러리를 선택할지에 대해 **의견**을 낼 수 있다.

- **결정**: 어떤 일을 할지 최종적으로 결정하고 그에 대해 책임을 지는 **한 사람**을 가리킨다. 예를 들어 소프트웨어 개발 관리자는 자신에게 전달된 **추천**을 바탕으로 어떤 라이브러리를 채택할지 최종적으로 결정할 수 있다.

> **Note ☰   RAPID 시간순으로 정렬하기**
>
> RAPID는 훌륭하고 발음하기 쉬운 약어이지만, 처음 배울 때는 그 절차가 약어의 순서대로 진행되지 않아서 헷갈렸다. 시간순으로는 의견에서 시작해서, 사람들이 추천에 동의하게 하고, 무엇을 할지 결정한 후에, 실행한다. 그렇다고 약어를 IARDP라고 만들었다면 기억하기 어려웠을 테니 RAPID라는 이름에 딱히 불만은 없다!

그림 17-1은 RAPID 의사 결정이 보통 어떻게 내려지는지 시간순으로 보여준다.

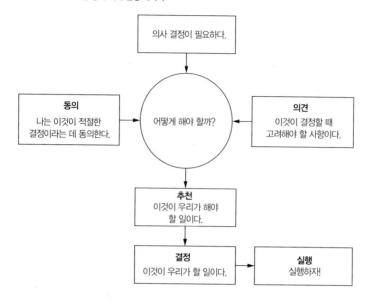

그림 17-1 RAPID를 통해 의사 결정 내리기

'D'를 제외한 RAPID의 모든 부분은 한 사람 또는 여러 사람이 맡을 수 있다. 오로지 한 사람이 'D를 소유한다'는 것은 하나의 목소리가 있다는 뜻이고, 일반적으로 그 목소리는 어떤 결과가 예상되든 기업을 책임지는 사람의 것이다. 바로 이 사람이 토론을 끝내고 모두가 나아갈 방향을 채택한다. 'D의 주인'이 결정을 내리면 나머지 모두의 할 일은 이를 실행하는 것이다. 그 결정을 나머지 사람이 좋아하거나 모두가 동의할 필요는 없지만, 그것이 결정이므로 그 결정을 실행하기 위해 모두가 반드시 노력해야 한다.

Note ≡   한 사람만 'D를 소유'할 수 있나요?

소수의 사람이 'D를 공동 소유'할 수도 있지만 그 그룹이 만장일치로 똑같은 결정을 내릴 수 없다면 문제가 생길 수 있다. 여러 명이 'D를 소유'하면 누가 심판 역할을 하겠는가? 심판 역할을 한다는 것은 때로 소유권을 재고한다는 뜻이다. 예컨대 내가 일한 한 조직에서는 높은 수준의 결정에 대한 'D의 소유권'이 엄밀히 말해 팀의 한 임원에게 있었다. 하지만 편의를 위해 평상시에는 그녀가 이끄는 팀의 리더 네 명에게 소유권을 **위임**했다. 모두의 생각이 같다면 그녀가 개입하지 않고 그 네 명이 'D를 공동 소유'했다. 의견이 일치하지 않을 때는 그녀가 개입해서 실제 소유권을 행사했다.

일반 직원으로서 여러분이 해야 할 일은 **데이터를 기반으로** 의견을 제시하여 의사 결정권자가 최대한 정보에 근거한 결정을 내릴 수 있게 최선을 다해 돕는 것이다. 일단 결정한 후에는 논쟁이나 토론을 이어가지 말고 그 결정에 동참하는 것이 여러분이 할 일이다. 이 프레임워크가 작동하려면 모두가 자기 역할에 헌신하고 내려진 최종 결정을 존중할 수 있어야 한다. 세상에는 이외에도 수많은 의사 결정 프레임워크가 존재한다. 핵심은 좋은 회사라면 의사 결정 프레임워크를 마련해서 의사 결정이 어떻게 이루어지는지 회사의 모든 사람이 알게 한다는 것이다.

2

할 일 결정하기:
OKR, 큰 바위, 작은 조약돌

실제 가지고 있는 자원에 비해서 해야 할 일이 더 많은 회사가 대부분이다. 그렇다면 당연히 어떤 일에 집중할지 정해야 한다. 우리가 할 수 있는 많은 일 중에서 어떤 일을 해야 가장 긍정적인 효과를 낼까? 할 일과 하지 않을 일을 정하는 것은 매우 중요한 일이다.

RAPID 같은 프레임워크는 할 일과 하지 않을 일을 결정하는 데 기여할 사람, 그런 결정을 내릴 사람을 구별하는 데 도움이 될 수 있다. 하지만 기업이 의사 결정 절차의 일환으로 장단점을 저울질하는 데 활용할 수 있는 추가적인 모델도 있다. 그런 모델은 회사 전체가 특정 우선순위 결정을 내린 이유를 이해하고, 회사가 추구하기로 한 우선순위에 집중하는 데 도움이 된다.

이러한 모델은 소규모 팀부터 기업 전체에 이르기까지 모든 일에 도움이 되며, 우선순위가 무엇인지 알려주고, 모두가 정해진 기간(한 분기, 반년, 일 년 등) 동안 우선순위에 맞춰 일하게 할 좋은 방법이다.

바위와 조약돌

첫 번째는 베스트셀러『성공하는 사람들의 7가지 습관』을 쓴 스티븐 코비의 비유에서 온 바위와 조약돌 모델이다. 그릇이 하나 있다고 상상해 보라. 이 그릇은 여러분이 하루, 한 달, 한 분기 등 시간에 쓸 수 있는 시간을 나타낸다. 즉 그릇은 고정된 크기를 나타낸다. 시간을 무에서 갑자기 만들어 낼 수 없듯이 그릇을 더 크게 만드는 것은 불가능하다.

그릇 옆에 다양한 크기의 돌이 있다. 주먹만 한 크기의 바위와 핀셋으로 집을 수 있을 정도로 작은 조약돌이 있다. 돌은 회사가 선택할 수 있는 모든 일을 의미한다. 큰 바위는 많은 시간과 자원이 필요하며, 작은 조약돌은 아주 적은 시간이 든다. 그래서 큰 바위는 회사에 가장 큰 영향을 미치고 작은 조약돌은 가장 작은 영향을 미치는 편이다. 고객들이 제품에 대한 질문을 찾아볼 수 있는 새로운 고객 셀프서비스 포털을 만드는 일이 큰 바위라면 전화 문의한 한 고객의 질문에 답해 주는 건 작은 조약돌일 것이다.

RAPID 같은 의사 결정 프레임워크를 활용하여 무엇이 큰 바위이고, 작은 조약돌인지 정할 수 있다. 그러면 각자 역할을 맡은 모두에게 적당량의 의견을 제공하고, 결정이 의도하는 결과를 최종 책임질 사람이 의사 결정을 내릴 수 있을 것이다.

우선순위 정하기는 그릇에 무엇을 넣을지 결정하는 절차다. 그릇을 그냥 작은 조약돌로 채울 **수** 있다. 조약돌은 다루기 쉬워서 '즉각적인 성공'을 가져다준다. 사람들이 흔히 이야기하는 '쉽게 달성할 수 있는 목표'다. 하지만 그렇게 해서는 장기적으로 확실한 영향을 내기가 어렵다. 심지어 자잘한 성과 여러 개를 하나로 합쳐도 마찬가지다. 장기적으로 커다란 영향을 낼 수 있는 큰 바위에 집중할 **수**도 있다. 하지만 그러면 일상적이고 사소한 업무를 간과할 수 있다. 그릇의 크기가 고정되어 있어서 **전부** 넣는 것은 당연히 불가능하다. 그릇에 어떻게 섞어서 넣을지 정하는 게 중요하다. 그보다 **더 중요한 건 객관적인 정답이 없음**을 깨닫는 것이다. 그리고 **가장 중요한 건 그릇을 가득 채울 때까지 올바른 답을 냈는지 알 수 없다**는 걸 깨닫는 것이다.

이렇게 우선순위를 정하는 건 사람이나 기업이나 항상 어려워하는 일이다. 하고 싶은 일은 늘 많은데, 모든 일을 하기에는 시간과 돈을 비롯해 필요한 자원이 충분하지 않다. 결정을 사후에 비판하는 건 쉽지만, 그 결정이 실제 더 좋은 결과로 이어질지 사전에는 알 수 없다. 기업을 운영하는 건 **타협**이다. 단기적, 중기적, 장기적으로 많은 내기를 해야 하며, 그 내기가 수익을 낼지, 파산으로 이어질지 확인하기까지 오래 기다려야 할 때가 많다. 여러분이 "우리 회사가 X 프로젝트를 왜 안 하는지 모르겠어."라는 생각이 들 때마다 그릇에 무언가 넣으려면 무언가 빼야 한다는 것을 기억하라. X 프로젝트가 시간이 거의 들지 않는 아주 작은 프로젝트일 수 있지만, 그와 동시에 회사가 원하는 장기적인 영향을 내지 못하는 작은 조약돌일 수 있다. 물론 알고 보면 여러분이 옳을 수도 있다. X 프로젝트를 하는 게 다른 프로젝트를 하는 것보다 더 현명한 결정일 수 있다. 하지만 지분이 없는 사람(16장에서 위험에 대한 부분을 참고하라)에게는 회사 그릇에 무엇을 넣을지 내기할 권한이 없다.

OKR

이와 관련해 가끔 보완적으로 사용할 수 있는 모델로 OKR_{Objectives and Key Result}(목표와 핵심 결과)이 있다. 목표_{Objective}는 일련의 행동을 수행하여 얻으려는 대상을 가리킨다. 다시 바위와 조약돌 비유를 활용하자면 목표는 그릇에 돌을 넣는 이유다. 목표는 관찰할 수 있어야 한다. 즉 객관적인 사람이 상황을 살펴보고 목표를 달성했는지 알 수 있어야 한다는 뜻이다. '판매 증가'는 측정할 수 있고 합의할 수 있는 대상이므로 확실히 목표로 삼을 수 있다. '고객 충성도 증가'는 고객 충성도를 정확하게 측정할 계획이 있을 때만 목표로 삼을 수 있다.

핵심 결과Key Result, KR는 목표를 달성했는지 확인하는 수단이다. '고객 만족도 설문조사에서 완료율 80%를 초과하고 만족도 75% 이상을 달성한다.'는 좋은 핵심 결과다.

'고객 만족도 설문조사를 수행한다.'는 핵심 결과가 **아니다**. 이는 핵심 결과를 달성하는 도중에 수행할 수 있는 업무다. '고객이 우리 회사를 어떻게 생각하는지 알아보기'처럼 목표를 '유연하게' 정해둔 것이 아닌 한 '설문조사를 100회 수행한다.' 또한 핵심 결과가 아니며, 핵심 결과가 되어서도 안된다.

나는 유연한 목표를 좋아하지 않는다. 그런 목표는 회사를 어떤 방향으로도 이끌지 못하고 의미 있는 사업 결과로도 이어지지 않기 때문이다. 나는 회사의 고객이 신경 쓸 만한 것을 구체적으로 명시하는 목표를 선호한다.

자, 그러면 '고객이 우리 회사를 어떻게 생각하는지 알아보기'라는 목표를 검토해 보자. 우리 회사가 이런 부분에 대해 더 알아본다고 해서 고객들이 신경 쓸까? 아마 신경 쓰지 않을 것이다. 그리고 더 알아본다고 해서 새롭게 얻은 지식이 반드시 어떤 **행동**으로 이어지는 건 아니다. 업무를 수행한다고 해서 회사에 긍정적인 영향을 미치는 어떤 결과를 꼭 **달성**하는 건 아니다. 그렇다면 이를 어떻게 개선할 수 있을까? **왜**라는 질문을 던지면 된다. 고객이 우리 회사를 어떻게 생각하는지 왜 알아보려고 하는가? 아마도 고객 보유율을 높이기 위해서일 것이다. 그렇다면 더 나은 목표는 '(유용한 측정을 통해) 고객 보유율 높이기'일 것이다. 그 목표를 달성할 수 있는 한 가지 수단은 고객이 우리 회사를 어떻게 생각하는지 더 잘 이해하고 '고객이 우리와 다시 거래하거나 하지 않는 이유를 알 수 있게 (유의미한 인원수의) 고객을 대상으로 설문조사 수행하기' 같은 핵심 결과를 설정하는 것이다.

이런 목표는 명확히 기업에 긍정적인 영향을 미칠 것이다. 이런 핵심 결과는 그런 영향을 만들어 내는 측정 가능한 단계다.

목표는 기업을 측정할 수 있는 방식으로 개선하는 사항을 가리킨다. 핵심 결과는 목표로 향하는 도중에 올바른 방향으로 향하고 있는지 알려주는 측정할 수 있는 마일스톤이다.

OKR은 회사가 설정할 수 있으며, 설정하는 게 좋다. 하지만 부서나 작은 팀 수준에서도 OKR을 설정할 수 있다. 팀의 OKR이 그 팀이 지원하는 부서의 OKR과 연결되고, 부서의 OKR이 그 부서가 지원하는 회사의 OKR과 연결된다면 이상적이다. 모든 직원이 회사 전체 목표를 달성하는 데 도움이 되는 업무를 하게 한다는 생각이 그 바탕에 있다. 팀이나 부서의 OKR이 회사의 OKR과 직접 연관이 없더라도 여전히 의미 있고 수행할 가치가 있는 경우도 종종 있다.

우선순위가 중요하다

나는 회사(와 부서와 팀)에서 최상위 우선순위를 회사 전체에 전달하기 위해 이런 메커니즘을 사용하는 걸 좋아한다. 하지만 모든 회사가 이렇지 않는다는 걸 안다. 그래도 여러분이 묻지 못할 이유는 없다. 여러분의 직위가 무엇이든 평소 회사, 부서, 팀의 우선순위가 무엇인지, 어떻게 알 수 있는지를 물어라. 우선순위를 어떻게 측정하는지도 물어라. 직속 상관에서 시작하여 필요에 따라 조직도를 올라가며 질문하기 적합한 사람에게 물어라. 그리고 평소에 그런 우선순위에 가장 큰 영향을 미칠 만한 모든 것에 부합하게 행동하고 싶다는 의사를 명확히 밝혀라. 제안할 의견이 있을 때 회사 측에서 자신의 제안을 받아들이게 할 가장 좋은 방법은 자기 의견을 그런 우선순위에 부합하게 하는 것이다. "회사의 우선순위가 신규 고객들이 더 빨리 가입하게 하는 거잖아요. 회원 가입 화면을 수정해서 고객 한 명당 10초를 단축할 수 있는 아이디어가 떠올랐는데, 그 의견을 어디에 전달하면 좋을까요?"

3

포기할 일 결정하기: 기회비용

물리학을 기반으로 하는 우리의 우주에 무한한 것은 거의 없다. 우리가 가진 모든 자원은 유한하며, 이는 유한한 자원을 어떻게 사용할지 선택해야 한다는 뜻이다. 직장에서 2주 휴가를 받았다면 휴가에 무엇을 할지 정해야 한다. 80일간 세계 일주를 떠나고 싶더라도 실직할 의향이 없다면 그렇게 할 수 없다. 기업도 똑같은 제약 하에 작동한다. 무언가를 하려면 다른 무언가를 **하지 못한다**. 이것은 **언제나** 진실이다. "뭐, 저는 제가 해야 한다고 생각하는 이 일을 우리가 할 수 있다고 봐요. 비용이나 시간이 추가로 들 것 같지 않거든요."라고 말하는 직원을 보며 재미있다고 생각할 때가 종종 있다. 자신이 얼마나 과로하고 있는지, 다른 일을 추가로 할 시간이 얼마나 부족한지 토로하는 것도 바로 그렇게 말한 직원일 때가 많기 때문이다. 모든 시도에는 자원이 들고, 거기에 쓴 자원은 다른 프로젝트에 쓸 수 없다.

대체로 기업은 이러한 의사 결정 절차를 **기회비용**의 측면에서 논한다. 내가 A를 할 때 놓치는 건 무엇일까? 내가 소유하거나 운영한 여러 기업에서 여러 해에 걸쳐 이 질문을 두고 수없이 고심했다. 기업의 규모가 작으면 그

답을 헤아리기가 훨씬 더 쉽다. 고려해야 할 숫자가 더 적고, 더 쉽게 확인할 수 있기 때문이다. 예를 들어 내가 다니던 회사가 마이크로소프트의 어떤 부서를 위해 매우 수익성 좋은 컨설팅 업무를 독점으로 맡을 기회가 있었다. 하지만 우리 회사의 자원은 극히 제한적이어서 회사 전체가 1년간 다른 아무 일도 하지 못하고 그 일에만 매달려야 했다. 그렇게 전념한다는 건 기존 일을 빨리 마무리해야 한다는 뜻이자 마이크로소프트와 계약한 기간 동안 새로운 일을 맡지 못한다는 뜻이었다. 더 심각한 건 우리가 앞으로 맡을 업무를 공급하는 파이프라인이 잠재적으로 손상된다는 부분이었다. 그렇게 되면 고객들이 우리 회사를 떠나 다른 회사를 찾을 위험을 감수해야 했다. 즉 이 일 년짜리 프로젝트를 마친 후 새로운 일을 찾느라 고생해야 할 거라는 뜻이었다. 마이크로소프트가 준 **기회**는 기꺼이 지불해야 할 **비용**과 함께 왔다.

그래서 계산을 시작했다. 어림잡아 우리 회사가 기존 일로 500,000달러를 벌고 있었다고 가정해 보자. 그 컨설팅 프로젝트를 마무리한 후에 업무를 다시 정상화하기까지 6개월이 걸리고 정상화되는 동안 수입이 천천히 되돌아온다고 해보자. 그러면 우리의 '기회비용'은 약 675,000달러이고, 이는 마이크로소프트 프로젝트가 그 정도의 비용을 지불해야 한다는 뜻이자 그만큼 받지 못하면 우리는 손해를 본다는 뜻이다.

사업할 때는 언제 어디서나 기회비용이 발생한다. 무언가를 한다는 건 언제나 다른 무언가를 하지 못한다는 뜻이기 때문이다. 이 말은 바위와 조약돌 비유를 숫자로 나타낸 것뿐이다. 그릇의 크기가 정해져 있는 상황에서 어떤 돌을 넣을지 정해야 한다면 돌의 가치를 주의 깊게 살펴봐야 한다. 그릇의 용량은 정해져 있으므로 장기적으로 가장 큰 가치를 생산하는 돌을 선택해야 한다. 여러분이 하는 모든 일에 대해서도 이렇게 자문하는 방법을 배워야 한다. "이 일을 해서 내가 창출하는 가치는 무엇이고, 다른 일이 아니라 이 일을 하기 때문에 포기할 수밖에 없는 잠재적인 가치는 무엇일까?" 모든 프로젝트, 회의, 계획뿐 아니라 자신이 맡은 모든 업무와 하루하루 모든 순간에 이 질문을 던져라.

회사에서 리더 역할을 맡지 않았다면 어떤 일을 포기하는 대신 어떤 일을 할지 정할 권한이 본인에게 없을 수 있다. 그럴 때는 결정의 바탕이 된 의사 결정 절차를 이해하도록 질문하고 노력해야 한다. 기회비용 같은 맥락을 최대한 많이 알아내서 회사의 결정을 이해하도록 해야 한다.

잠시 **이해하다**라는 단어에 대해 이야기해 보자. 나는 다양한 회사를 거치며 기업이 어떻게 운영되는지 배우는 동안 어떤 사안에 대한 내 의견을 형성하기 전에 회사의 사업적 결정을 이해하려고 노력해야 한다는 걸 배웠다. 오만과 자신감은 종이 한 장 차이다. 자신감은 자신이 무엇을 아는지 아는 것이고, 오만은 자신이 무엇을 모르는지 모르는데 마치 아는 것처럼 행동하는 것이다. 어떤 사업적 결정과 그 결정이 어디에서 왔는지 완전히 이해했다고 확신하기 전에는 그 결정에 동의할 필요가 없다. 사실 나는 회사가 내린 결정에 동의하기 어려울 때 아마도 내가 잘못 생각하는 부분이 있을 것이라 가정하고, 회사가 그런 결정을 내린 이유를 이해하려 최선을 다했다. 하지만 이해한 후에도 내가 동의하지 못하는 결정은 여전히 꽤 있었다. 한 회사에서 그렇게 쌓인 결정이 많아질 때 이력서를 다듬기 시작했다. 하지만 조금 더 알아보면 동의하지 못했던 결정을 이해하고 받아들일 수 있는 때가 더 많았다. 여기서 받아들인다는 말은 '아, 알겠네. 다른 방법이 있었다면 더 좋았겠지만, 어느 정도는 이해했어.'라는 생각에 반대 의견이 누그러졌다는 뜻이다. 하지만 적어도 그런 결정을 내린 이유는 이해할 수 있었다.

회사는 때로 장기적인 관점에서 회사에 가장 적은 손해를 입히는 옵션을 선택하는 사업적 결정을 내리기도 한다. 그런 결정을 항상 환영할 필요는 없겠지만, 적어도 그 결정을 내린 회사의 의도는 존중할 수 있는 경우가 많다.

기회비용은 사업적 결정에 있어 매우 중요한 맥락이다. 물론 유일한 맥락은 아니며, 사업 유형에 따라 고려해야 할 부분도 달라진다. 내가 말하려는 핵심은 다양한 맥락이 존재한다는 것, 그리고 회사가 내리는 결정을 이해하고 싶다면 그런 맥락을 최대한 많이 이해할 필요가 있다는 것이다. 리더를 통해 맥락을 파악하는 데 그치지 말고 자신이 습득한 맥락을 정확히 이해했는지까지 검증하는 게 좋다.

4

충분한지 결정하기:
좋은, 더 좋은, 가장 좋은

예전에 회사의 사내 전화 시스템 관련 업무를 한 적 있다. 비교적 괜찮은 최신식 장비를 갖춘 시스템이었는데 유독 보이스 메일 시스템에만 문제가 있었다. 우리 회사에는 장시간 외근하는 영업 사원이 많았고 이들은 **모든** 보이스 메일을 저장했다. 시스템은 계속해서 채워졌고, 결국 회사 전체 저장 공간이 꽉 차서 전화한 사람이 보이스 메일을 남길 수 없을 지경에 이르렀다. 당시는 인터넷 이메일이 널리 사용되기 전이어서 보이스 메일이 매우 중요했다. 상사는 나에게 예산을 확인할 수 있도록 판매 회사에 연락해서 확장 방안을 세우라고 지시했다. 나는 곧바로 계산에 돌입했다. 시스템이 가득 찰 때마다 오래된 보이스 메일을 수동으로 삭제하는 것이 내 업무였기 때문에 우리의 저장 공간이 얼마나 빨리 차는지, 회사 전체 보이스 메일을 약 30일 정도 보관하려면 얼마가 필요한지 잘 알고 있었다. 대략 현재 저장 공간의 두 배가 필요했다.

이 시스템의 저장 공간 확장은 '블록' 단위로 이루어졌고 20%를 추가하는 '소형 블록'이나 400%를 추가하는 '대형 블록'을 추가할 수 있었다. 중간은 없었다. 나는 급하게 대형 블록 견적을 내서 상사에게 가져갔다. 내 판단으로는 이 방법이 우리에게 필요한 것 이상을 채워 주는 해결책이었다. '엔지니어다운 태도'로 무장한 젊은 시절의 나는 차라리 필요 이상으로 크게 만들어서 문제의 재발을 막는 게 낫다고 보았다. 그러려면 돈이 많이 들었다. 내 기억이 정확하다면 25만 달러*에 육박했다. 전화 시스템은 비싸다. 상사는 막대한 비용을 지적하며 다른 방법은 없는지 물었고 나는 "없다."라고 답했다. 내 관점에서는 그게 정직한 답이었다. 소형 블록 하나로는 뚜렷한 변화를 낼 수 없을 테니 말이다.

몇 주 후 나는 회의에서 상사에게 꾸지람을 들었다. 그녀는 전화 시스템 판매 회사에 전화해서 자세한 내용을 확인했고, 이들은 '소형 블록' 여러 개를 설치해서 확장하는 방식을 써도 무방하다고 답했다. 그렇게 하면 용량을 약 80% 늘릴 수 있는데, 그 정도면 내가 애초에 달성하려고 했던 용량인 '현재 저장 공간의 두 배'에 근접하는 용량이었다. 이때 드는 금액은 내가 낸 견적의 절반을 약간 넘는 17만 달러 정도였다. 알고 보니 '대형 블록'에는 우리에게 필요 없는 추가 기능이 많았고, 우리에게 없는 몇 가지 전제 조건도 갖춰야 쓸 수 있었다. 그 두 가지 모두 과도한 비용이 들게 하는 원인이었다. 이 일로 나는 두 가지 교훈을 얻었다.

첫 번째 교훈: **더 많이 질문하라.** 당시 내가 세웠던 몇 가지 가정은 나중에 올바르지 않은 것으로 드러났다. 이를테면 나는 우리 회사처럼 큰 회사라면 25만 달러를 내는 게 그리 어렵지 않을 거라고 가정했다. 그 금액이 회사에 어떤 의미인지 전혀 몰랐기 때문에 그 돈은 나에게 아무 의미가 없었다. 그래서 가능한 해결책이 더 있는지 깊이 파고들지 않았다. 시간을 들여 '대형 블록' 옵션에 대해 제대로 이해할 생각을 못 했다. 그럴 필요를 느끼지 못했

---

* 역주 2023년 2월 기준으로 한화 약 3억 원이다.

다. 돈은 그냥 돈일 뿐이고, 우리 회사는 돈이 많으니까. 나는 남의 돈을 써서 문제를 해결하는 데 거리낌이 없었다. 그 정도 돈에 대한 맥락, 그 돈이 회사에 지니는 의미를 몰랐다. 더 많이 질문하면 자신의 가정을 정정하거나 검증하고, 회사에 대해 더 배우고, 더 나은 의견과 결정을 제시하는 데 도움이 된다. 물론 직속 상관에게 먼저 물어보는 것이 좋다. 하지만 회사의 다른 리더들과 관계를 맺어서 다양한 상황에 대해 더 많은 맥락을 알 수 있도록 노력하라.

두 번째 교훈: **옵션을 제안하라.** 대형 리조트 호텔 구매부에서 일하는 한 친구에게 배운 교훈이다. 구매부에서는 구매하는 물건의 종류를 줄이려 노력한다. 더 적은 종류의 물건을 더 많은 양으로 구매해서 더 좋은 조건으로 거래하기 위해서다. 그 호텔에는 여러 레스토랑이 있고 셰프들은 각자가 쓸 도구와 물품을 매우 까다롭게 고른다. 모든 셰프가 모든 용품을 구체적으로 요청하는데… 뭐, 주걱까지도 자기가 원하는 걸 써야 한다. 레스토랑이 열 개면 각기 다른 열 가지 종류의 주걱을 사야 한다. 그래서 그는 관리 권한이 넘겨받은 후 이런 상황에 마침표를 찍었다. 그는 이렇게 말했다. "저한테는 가격과 품질 면에서 좋은 제품, 더 좋은 제품, 가장 좋은 제품, 이렇게 세 가지 옵션이 있습니다. 뷔페처럼 저가 레스토랑에는 좋은 제품을 드리겠습니다. 좋은 제품은 덜 비싸고, 저가 레스토랑의 필요에 적합하기 때문입니다. 고급 레스토랑은 세 가지 옵션 중에서 고를 수 있습니다. 고급 레스토랑은 비용 면에서 조금 더 자유로운 편이니까요."

나도 보이스 메일 시스템을 확장할 때 좋은 시나리오, 더 좋은 시나리오, 가장 좋은 시나리오를 제공할 정도로 조사했어야 했다. 그랬다면 상사와 회의할 때 이렇게 말할 수 있었다. "이 정도 비용으로 이 옵션을 실행할 수 있지만, 우리의 필요를 오랫동안 충족시키지는 못할 겁니다. 우리에게는 더 좋은 옵션도 있고, 그 옵션을 고르면 필요가 조금 더 제대로 충족되는 대신 비용이 조금 더 듭니다. 가장 좋은 옵션을 선택하면 앞으로도 계속 문제가 없겠지만, 비용은 훨씬 더 들 겁니다." 그러면 상사가 세 가지 옵션을 평가해서 하나를 선택하거나, 나에게 더 조사해 보라고 요청하거나, 기준을 조금 변경해서 새로운 기준에 맞는 옵션에 대한 비용을 다시 산출하라고 했을수 있다.

회사의 맥락을 전혀 모르는 상태에서 한 가지 옵션을 제공하고 그 옵션을 선택한 내 행동은 상사에게 도움이 되기는커녕 문제를 더 복잡하게 만들었다. 내 '해결책'은 그녀가 저글링하고 있는 회사의 온갖 기준에 맞지 않았으나 나는 그런 사실을 알지 못했다. 좋은 옵션, 더 좋은 옵션, 가장 좋은 옵션을 준비했다면 해결책의 **형태**에 대한 느낌과 약간의 맥락을 제공할 수 있었을 것이다. "이 문제를 해결할 세 가지 방법과 각각의 트레이드오프는 이러합니다."라고 말할 수 있었을 것이다. 이는 드릴 다운을 통해 실제 해결책에 도달하기까지 사용할 수 있을, 더 정교한 다음 단계 질문을 알아내는데 필요했다.

공정을 기하기 위해 말하자면, 당시 내가 이 모든 것을 깨우칠 수 있게 상사가 도와줄 수도 있었다. 그래서 어떻게 보면 우리 둘 다 방식만 달랐을 뿐 틀린 것은 마찬가지였다.

나는 그 이후로 좋은 옵션, 더 좋은 옵션, 가장 좋은 옵션을 트레이드오프에 대한 간략한 요약, 추천하는 진행 방향, 추천의 근거가 되는 가정과 함께 제시하는 방법을 배웠다. 가정은 꼭 필요하다. 그래야 상사가 가정을 빠르게 훑어보고 내가 생각하지 **못한** 사항이 있는지, 공식에 변화를 가져올 매개 변수를 놓치지 않았는지 확인할 수 있다. 상사가 묵시적으로 내가 놓친 정보를 알게 함으로써 빠진 조각을 채워 줄 더 좋은 기회를 만든다. 나는 그 과정을 통해 회사의 요구사항과 우선순위에 대해 더 배울 수 있고 다음에 더 좋은 추천을 제안할 수 있게 된다.

　기업의 리더가 항상 해결책을 찾는 건 아니다. 때로 이들은 옵션을 찾는다. 문제의 형태를 파악하기 위해서다. 이들은 특정 관점에서 질문을 던지거나, 직접 관련 있어 보이지 않는 질문을 던지기도 한다. 하지만 그들은 스스로 정보를 처리하고 배울 줄 알기 때문에 그렇게 하는 것이다. 상사와 나는 의사 결정 절차의 파트너가 되어야 한다. 상사는 특정 임무와 결과에 대해 책임을 지는데, 나는 그러한 임무와 결과에 대해 온전히 알 수 없다. 항상 그 모든 걸 아는 건 **내** 임무가 아니기 때문이다. 그러므로 나는 다양한 옵션을 제공해서, 상사가 전체 상황과 좋은 옵션, 더 좋은 옵션, 가장 좋은 옵션에 대한 트레이드오프에 대해 감을 잡을 수 있게 해야 한다. 반대로 상사는 내가 상사의 관심사, 원하는 결과, 책임 범위를 더 잘 이해하고 더 적절한 옵션을 추천할 수 있게 도와줄 수 있다.

　특히 나는 상사를 특정 방향으로 '이끌지' **않으려고** 노력한다. 어떤 옵션이 그 상황에 가장 적합하다고 본다면 그러한 의견을 내가 그렇게 보는 이유와 함께 설명하려고 한다. 하지만 내가 모든 정보를 가지고 있지 않을 수 있다는 걸 **항상** 인식하고 있다. 내가 놓친 맥락이 있을 수도 있고, 상사가 알고 있는 어떤 기준을 내가 모르고 있을 수도 있다. 나는 상사가 추가적인 맥락을 알려주면 그에 맞게 내 추천을 수정한다.

5

무엇을 믿을지 결정하기: 데이터 기반

인간은 지구상에서 **믿을** 능력이 있는 유일한 존재다. 즉 우리는 아무 증거가 없거나, 심지어 우리가 사실로 받아들인 것과 모순되는 증거가 존재하더라도, 무언가를 받아들이고 사실로 여길 수 있다. 이것은 단순히 의견을 갖고 있거나 이론을 진술하는 것과 다르다. 우리는 우리가 믿는 것이 절대적으로 반박할 수 없는 사실인 것처럼 행동하고, 우리의 믿음이 실존하는 어떠한 물리적 증거와 어떤 관련이 있는지에 대한 논의에 저항하기도 한다.

여러분이 키우는 개가 저녁 시간에 흥분하는 건 여러분이 먹이를 줄 거라 믿어서가 아니다. 개는 실제 먹이를 주었던 과거 행동 패턴 때문에 흥분하는 것이다. 과거에 주었다고 해서 또 그렇게 할 거라는 보장은 없지만, 개의 세계는 확실히 일어났던 과거의 경험을 기반으로 작동한다.

하지만 인간은 어떤 정치인이 어떤 범죄나 위법 행위를 저질렀다는 걸 뒷받침하는 경험이나 객관적인 증거가 없어도 믿을 수 있고, 심지어 압도적으로 많은 증거가 자신의 믿음을 반박해도 그런 믿음을 유지할 수 있다. 우리는 무언가가 사실이길 바라면 자신이 믿는 바가 사실이라고 말하는 이야기를 창작하고 마치 그 이야기가 객관적이고 물리적인 증거에 의해 확인된 것처럼 행동한다.

이런 믿음은 특히 기업에서 다루기 까다로운 문제다. 좋은 기업은 믿음을 근거로 작동하지 않는다. 기업은 이론을 바탕으로 운영되며, 사실을 근거로 이론을 확인하거나 반박한다. 즉, 좋은 기업은 데이터를 기반으로 움직인다. 그런 기업이 진지하게 받아들이길 원한다면 데이터를 기반으로 움직이는 사람이 되어야 한다.

한때 나는 현재 버라이즌Verizon의 일부가 된 벨 애틀랜틱Bell Atlantic 통신 회사의 한 부서에서 근무하며, 과부하 상태의 노후한 로터스Lotus cc:Mail 메시징 시스템을 새로운 시스템으로 이전하는 업무를 맡았었다. 우리를 제외한 벨 애틀랜틱의 부서 대부분은 또 다른 IBM 제품이자 cc:Mail의 '실질적인' 후속 제품인 로터스 노츠Lotus Notes를 사용하기로 했었지만, 우리는 독립된 부서여서 자유롭게 선택할 수 있었다. 그래서 나는 팀과 함께 데이터를 모으기 시작했다. 우리에게는 특정한 기준이 있었다. 예를 들어 각 사용자의 메일박스에 정해진 최대 크기를 설정하는 기능이 필요했다. 조사해 보니 노츠에는 그런 기능이 없었다. 전체 메일 데이터베이스에 최대 크기를 일괄적으로 설정하는 것은 가능했지만, 보통 한 데이터베이스에 아주 많은 메일박스가 포함되었다. 한 업계 지인은 자기 회사에서는 사용자별로 하나의 데이터베이스를 배정해서 실질적으로 메일박스당 크기를 제한하는 꼼수를 썼다고 했다. 하지만 이 방법은 시스템 관리, 백업, 성능 문제가 훨씬 더 복잡해진다는 게 단점이었다. 우리는 이런 내용을 사업적 요구사항, 노츠의 기능, 당시 노츠의 주요 경쟁 서비스였던 마이크로소프트 익스체인지 서버Microsoft Exchange Server의 기능에 대한 다양한 사실과 함께 기록했다. 결론적으로 우리는 데이터를 기반으로 부서의 사업적 요구사항에 익스체인지가 더 좋은 선택이라는 의견을 냈다. 이런 선택은 우리의 **믿음**이 아니었다. 우리는 객관적인 사실을 수집하여 추천의 근거로 삼았다. 우리 팀에는 완고한 노트 팬도 몇 명 있었다. 나머지 사람들은 익스체인지를 좋아했다. 하지만 우리는 결정의 주요 동인은 사실이어야 한다는 데에 합의했다.

노츠가 더 좋은 제품이라고 **믿는** 몇몇 상사는 우리의 추천을 좋아하지 않았다. 하지만 우리 부서의 리더는 데이터를 기반으로 결정하는 데 익숙했다. 우리는 사실이 담긴 도표를 꺼냈다. 우리는 각 사업 기준을 검토했고, 상사들에게 우리가 모든 기준을 정확히 알고 있는지, 여전히 논의와 관련 있는 기준인지 확인해 달라고 요청했다. 각 제품이 각 기준을 충족시키는지 아닌지도 표시했다. 그들은 고개를 끄덕였고 몇 가지 적절한 질문을 던진 후 우리의 추천을 받아들였다. 데이터를 기반으로 한 추천이었고 우리 추천의 바탕이 된 사실이 유효하고 의미 있고 적절했기 때문이다.

우리가 선별한 사실에 더 많은 사실로 뒷받침할 수 없는 어떠한 편향도 개입되지 않게 하려고 공을 들였다는 점을 강조하고 싶다. 사실 그 자체는 진실이라고 하더라도, 사실을 보여주는 방식에 편향이 개입할 수 있다. 그러면 거짓된 인상까지는 아니더라도 최소한 몰아간다는 인상을 줄 수 있다. 우리는 이를 피하려 노력했다. 누군가가 여러분이 사실을 '왜곡'하려 하는 걸 알아챈다면 여러분이 제시하는 나머지 모든 사실에도 의문을 제기할 수 있고 그 과정에서 여러분의 신뢰도가 떨어지기 때문이다. 분석해 본 결과 노츠나 익스체인지, 둘 다 완벽해 보이지 않았다. 둘 다 해결해야 할 문제가 있었다. 우리는 그런 해결책에 대한 맥락을 제공하고 각 해결책의 난관과 장기적인 영향, 비용 등을 분류하려 노력했다. 그리고 객관적인 사실에서 벗어나 추정과 추측의 세계로 들어간 지점을 아주 명확하게 보여주려고 노력했다. 전체 과정과 태도를 한마디로 요약하자면 **과학적이었다.**

진실이라고 믿고 싶은 것에서 멀어져서 순수하게 데이터를 근거로 의사 결정하는 데 어려움을 겪는 이들이 많다.

예를 들어 나에게는 안드로이드 스마트폰이 iOS 스마트폰보다 모든 면에서 우월하다고 믿는 친구가 있다. 그건 의견이고 의견을 내는 건 괜찮지만, **둘 중 하나**가 다른 플랫폼보다 객관적으로 낫다는 것을 뒷받침하는 사실은 존재하지 않는다. 대신 그는 (근거가 되는 데이터 없이) 정보를 '왜곡'하여 그의 의견을 뒷받침하게 만든다. 그는 안드로이드가 조금 더 개방적이어서 본질적으로 더 안전하다고 할 것이다. 안드로이드는 더 저렴해서 더 많은 사람이 사기 때문에 더 크고 튼튼한 생태계가 구축될 것이라고 할 것이다. 그런 말을 시작하면 그 친구 옆에 있기가 상당히 불편해진다. 여러분은 그가 누구에게서 어떤 금전적인 인센티브를 받는지, 어쩌다 그렇게 완고한 지지자가 되었는지 궁금할 것이다. **믿음**은 그의 문제다. 대부분의 인간은 본인이 무엇을 믿는 것으로는 충분하지 않다. 자기 믿음으로 다른 사람들을 끌어들여야 한다. 마치 믿음이 일종의 민주주의여서, 믿는 사람이 가장 많으면 '이기고' 자신의 믿음이 마법처럼 증명된 사실이 되기라도 하는 것처럼 말이다.

직장에서 그런 사람이 되지 않도록 노력하라.

사람들은 사실과 **상관관계**를 혼동한다. 예전 직장의 한 동료는 나에게 이렇게 말했다. "IBM 서버의 안정성이 훨씬 더 떨어져요. 델Dell 서버보다 서너 배나 자주 재부팅해야 하는 걸 보면 증명할 수 있어요." 나는 엉망이라고 평가받는 특정 애플리케이션을 작동할 때만 IBM 서버가 쓰이고, 자주 재부팅해야 하는 원인이 서버 하드웨어가 아니라 애플리케이션에 있을 수 있다고 지적했다. IBM 하드웨어에서 고장이 **발생**한 사실은 **인과 관계**가 아니라 **상관관계**였다. 상관관계는 두 가지 별개의 일이 동시에 일어나는 것이고, 인과 관계는 한 가지 일(IBM 서버라는 사실)이 자동으로 다른 일(잦은 재부팅)로 이어지는 것이다. 그의 논리에 따르면 토마토가 인간에게 해롭다고 진술할 수 있다. 토마토를 한 번이라도 먹은 모든 인간이 죽었거나 언젠가 죽을 것이기 때문이다. 사람들이 토마토를 먹은 것과 사람들이 죽는 것 사이에는 상관관계가 있다. 하지만 그 둘이 인과로 연결된 건 아니다. 이 논쟁이 너무 제자리걸음이어서 나는 엉망으로 작성된 애플리케이션을 델 서버에 설치했다. 그러자 델 서버도 IBM 서버만큼이나 자주 재부팅해야 했다. IBM 서버는 그 애플리케이션을 제거하자 갑자기 전처럼 재부팅할 필요가 없어졌다. 하지만 믿음이 너무 확고했던 그 동료는 내가 서버를 어떻게든 망가뜨렸다고 보았다. 증거는 그의 믿음을 흔들지 못했다.

직장에서 그런 사람도 되지 않도록 노력하라.

내가 하려는 말은 이렇다. 수천 년 동안 인간에게는 데이터가 없었다. 물론 우리에게는 경험이 있었다. 하지만 경험은 주관적일 수 있고 항상 보편적으로 공유되지 않는다. 그래서 인간은 대부분 본능과 지각, 그리고 실제 원인-결과 관계를 통해 학습했다. 따라서 오늘날 항상 연결된 요즘 세상에서도 여전히 자신의 관찰과 직감을 따르기 쉽다. 하지만 이는 더 훌륭한 비즈니스맨이 되는 데 하등 도움이 되지 않는다.

반대하는 소리가 벌써 들리는 것 같으니, 자기 관찰과 직감을 따르는 건 이론을 만드는 훌륭한 방법이라는 점을 분명히 하겠다. '아, 이런 일이 일어나는 것을 보았고, 내 생각엔 이렇게 해야 할 것 같아.'라고 생각해도 좋다. 하지만 그 후에 데이터를 수집하라. (개인적으로 흥미를 느끼지 못한다면) 데이터 수집은 대체로 별로 재미가 없고, 어려울 때도 많다. (데이터 엔지니어링이 요즘 그토록 인기 있는 이유다.) 하지만 타당한 결정을 내리려면 해야 할 일이다. 자신의 관찰과 관련한 데이터를 파고들어라. 온전하고 실제적인 무언가가 보이는가? 아니면 무언가의 가장자리나 상상에 불과한 무언가가 보이는가? 직감적인 해결책이 어떤 도움이 될지, 되지 않을지는 데이터를 통해 확인하라. 해결책을 실행하기로 했다면 더 많은 데이터를 측정하라. 과학자가 되었다고 생각하라. "제가 보기에는 이런 일이 일어나고 있고, 이를 입증할 데이터가 있으니 실험해 보겠습니다. 그 실험을 측정해서 긍정적인 변화를 일으킬 수 있을지 확인하겠습니다." 직장에서 **그런** 사람이 되어라.

6

함께 결정하기: 협상 방법

협상은 **어느** 관계에서나 매우 중요한 부분이고, 업무 세계의 많은 관계도 예외가 아니다. 예를 들자면 여러분이 다음과 같은 일을 할 때 협상이 필요하다.

- 팀이 무엇을 할 수 있고, 무엇을 포기해야 할지 알아낼 때
- 입사하거나 승진해서 복리후생을 포함한 연봉을 논의할 때
- 사람 사이의 갈등이나 팀 사이의 갈등을 해결할 때

협상은 여러 사람이 **함께** 결정을 내리는 방법이다. (이 장의 앞부분에서 소개한) RAPID 같은 의사 결정 프레임워크를 사용할 때도 협상으로 시작해야 할 때가 종종 있다. 추천이 제안되면 동의 역할을 맡은 다양한 사람들이 추천에 **전부** 동의해야 한다. 이때 대체로 협상이 필요하다. "네, 저희 팀이 할 수 있는 일입니다. 단, 다른 팀이 현재 우리가 맡고 있는 다른 일을 맡아 주기만 한다면요." 최종 의사 결정권자에게 전달되는 최종 추천에는 이렇게 협상한 온갖 트레이드오프를 포함해서 모든 일을 책임질 리더가 이를 참고하여 결정할 수 있게 한다.

협상은 때로 긴장되고 피곤할 수 있다. 개인적인 감정이 개입될 수 있기 때문이다. 나는 상대가 요청하는 것을 포기하고 싶지 않고 상대는 그것이 나에게 왜 그렇게 중요한지 이해하지 못한다. 나는 협상을 잘 진행하기 위해 일종의 체크 리스트를 만들었다. 그 리스트는 여러분이 '협상'이라는 단어를 보았을 때 일반적으로 떠올리는 영업 사원-고객 사이의 협상에는 적합하지 않을 수 있지만, 모두가 한편인 내부적인 협상에서 활용하기에 유용하다.

- **내 우선순위가 무엇인지, 넘지 말아야 한다고 느끼는 선은 무엇인지, 왜 그렇게 느끼는지 상대에게 명확히 알렸는가?** 다시 말해 협상 상대인 동료에게 맥락을 공유하여 내가 단순히 고집을 피우는 것이 아니라는 것을 알 수 있게 했는가? 협상은 나의 우선순위와 '넘지 말아야 할 선'이 조직 전반에서 추구하는 결과와 일치하는지 검증할 기회이기도 하다.
- **모두가 얻는 것만큼 잃는 것이 있는가?** 건강한 협상이라면 여러분이 하나를 주면 하나를 얻어야 한다. 협상이 제로섬 게임이라거나, 협상에서는 누군가는 이기고 누군가는 져야 한다는 의미로 하는 말은 아니며, 모두가 얻는 것만큼 잃는 것이 있어야 협상이 성립한다는 것에 대한 단순한 인식이다. 나만 '줄' 것으로 예상된다면 그건 강요지 협상이 아니다. 때로 기업을 그렇게 운영해야 할 때도 있고, 그래도 괜찮다. 나는 그저 상황을 정확히 인식할 수 있게 그 사실을 솔직하게 언급하고 싶었다.
- **시간을 써서, 협상하는 동료의 맥락을 이해하려 했는가?** 그들이 왜 어떤 것을 요구하는지, 그런 요구가 조직의 최고 수준의 결과와 어떤 연관이 있는지 이해하고 있는가? 그들이 우리 팀에 무언가를 요구하고, 우리가 그 일을 하는 것이 옳은 상황일 수 있다. 그 경우 '협상'은 이를 실현하기 위해 우리가 무엇을 포기해야 할지 알아내는 과정일 수 있다.

내 경험을 들려주겠다. 나는 다음 라운드 투자 확보가 어려워서 보유한 현금을 너무 빠르게 소진하고 있는 스타트업에서 일한 적이 있다. 나는 시니어 리더였고 급여를 많이 받았다. 그들은 나에게 급여를 삭감해도 되겠냐고 물었다. 신나는 제안이라고 하긴 어렵더라도, 그렇게 요청하는 이유는 이해했다. 부분적으로는 다른 사람들에게도 계속 급여를 지급할 여건을 마련하기 위해서였고, 나만 그런 요청을 받은 게 아니었다. 나는 협상하기로 했다. 급여를 일부 포기하는 대신에 다달이 지급되던 회사 주식을 추가로 받을 수 있는지 물었다. 즉, 일부는 현금으로, 일부는 회사 주식으로 받을 수 있는지 물었다. (회사가 성공하지 못한다면 주식은 가치가 없으므로) 이런 제안은 회사가 결국 성공할 것이라는 나의 믿음, 공익에 기여하려는 의지, 상황에 대한 이해를 보여주었다. 다른 요청도 덧붙였다. 내가 포기하는 급여의 두 배 가치를 지니는 주식을 달라고 했다. 이는 이 상황에서 나만 희생하지 않는다는 예고였다. 내가 무엇을 포기한다면 그들도 똑같이 해야 했다. 약간의 논의를 거친 후 우리는 합의에 이르렀다.

협상은 어느 기업에서나 건강하게 이루어질 수 있다. 대부분의 기업이 조직도 내 재무팀과 법무팀처럼 다른 관점을 대표하는 이해관계자 간에 의도적으로 '긴장 상태'를 조성하려 한다. 이는 고의적인 '긴장'이다. 예를 들어 재무팀은 최대한 돈을 쓰지 않는 걸 선호하는 반면 마케팅팀은 돈을 최대한 쓰려고 할 수 있다. 그들은 함께 모여 협상한다. 그리고 어떤 기업에나 있을 수밖에 없는 경쟁적인 관심사를 가장 잘 나타내는 해결책을 찾아낸다. 전체 조직이 공유하는 결과를 염두에 두고 전문가답게 정중하게 이루어지는 협상은 모두가 함께 올바른 결정을 내리는 훌륭한 방법이다.

7

실천 과제

이 장에서는 조직 내에서 일어나는 의사 결정에 대해 살펴보았다. 다음 질문에 대한 답을 모른다면 알아내라! 직속 상관과 협력하여 함께 그 답을 찾아보길 바란다.

- 여러분의 회사가 RAPID 같은 의사 결정 프레임워크를 사용하는가? 사용하지 않는다면 팀에서 평소 내리는 결정에 그런 프레임워크를 사용할 가치가 있겠는가?
- 여러분의 회사에서는 우선순위를 어떻게 전달하는가? 직급이 높은 관리자가 우선순위를 알려주면 직급이 낮은 관리자가 그런 우선순위를 팀을 위해 더 구체적인 행동으로 '변환'하는가?
- 여러분의 팀이나 회사가 기회비용을 어떻게 다루는가? 즉, 어떤 기회를 잡기 위해 다른 것을 포기해야 할 때 트레이드오프는 어떻게 평가하며 최종 결정은 어떻게 내리는가?
- 여러분의 팀이나 회사가 결정을 내리는 데 활용하는 근거 데이터는 무엇인가? 그 데이터는 어디에서 오며, 의사 결정권자에게 그 데이터를 어떻게 제공하는가?

더 읽을거리

- 존 도어, 『OKR』(세종서적, 2019)
- Carl Spetzler 외 2명, 『Decision Quality: Value Creation from Better Business Decisions』(Wiley, 2016)
- Dan Montgomery, 『Start Less, Finish More: Building Strategic Agility with Objectives and Key Results』(Agile Strategies Press, 2018)
- U Dinesh Kumar, 『Business Analytics: The Science of Data-Driven Decision Making』(Wiley, 2017)

18장

다른 사람을 도우라

얼마나 많은 사람의 성공을 도왔는지는 그 사람의 인생과 성공을 측정하는 매우 가치 있는 방법이다. **전문가로서 구축한 브랜드**를 생각할 때 '다른 사람을 돕는다'보다 더 긍정적이고 영향력 있는 속성은 떠올리기 어렵다. 다른 사람을 도울 능력을 갖추고 이를 실행하는 것은 개인적으로도 업무적으로도 우리가 인간으로서 서로를 위해 할 수 있는 매우 의미 있는 행동이다.

1

왜 돕는가

내가 보기에 가르치는 것은 궁극의 경력 레벨 업이다. 주변을 둘러보면 경력 관리를 가장 잘하는 기술 전문가는 아마도 자기가 아는 것을 동료나 친구, 그리고 기술 커뮤니티에 공유하는 사람일 것이다. 솔직히 다른 사람을 도울, 즉 다른 이를 가르칠 의지와 능력을 갖추는 것은 그야말로 바람직한 행동이다. 여러분도 지금까지 주변 사람들에게 도움을 받았으며 앞으로도 받을 것이다. 그래서 여러분에게는 '선행을 베풀고' 다른 사람을 도울 의무가 있다.

공식 수업에서 가르치든, 직장에서 점심 시간에 간단한 수업을 진행하든, 아니면 문제 해결 중인 동료를 어깨너머로 도와주든, 여러분은 다른 사람을 돕는 능력을 꾸준히 발전시킬 수 있다. 이를 염두에 두고 이 장은 여러분이 가르치는 사람으로, 주변에 있는 기술 전문가의 능력을 배가시키는 사람으로 능력을 발전시키는 데 도움을 주기 위해 썼다.

혹시 '근데 난 가르칠 게 없는데…'라는 생각이 든다면 잠시 멈추길 바란다. 여러분은 가르칠 것이 **있다**. '가르치기'가 교실이나 교육용 비디오 같은 공식적인 환경에서만 일어난다는 안 좋은 생각에 갇혀 있는 사람도 있을 수 있다. 하지만 그렇지 않다. 가르치기와 배우기는 항상 일어난다. 직장에서 어깨너머로 누군가의 문제 해결을 돕는 것은 **가르치는 것**이다.

그리고 여러분은 줄 것이 많다. 어쩌면 자신이 존경하고 존중하는 사람들을 '우러러보며' 이렇게 생각할지 모른다. '내가 저분들한테 뭘 가르칠 수 있겠어.' 그렇다면 '우러러보는' 것을 잠시 멈추고 시선을 '아래로' 그리고 '주변으로' 돌려라. 세상에는 여러분보다 아는 게 적은 사람이 많다. 그들을 찾아서 도우라.

2

가르칠 수 있다

본론에 들어가기 전에 가르칠 자격이 없다는 느낌에 대해 조금 더 깊이 다뤄 보자. "저도 다른 사람을 가르치고 싶지만 정말 가르칠 게 없어요.", "전 다른 사람을 가르칠 정도로 뛰어나지 못해서요."라는 말을 너무 자주 듣기 때문이다. 여러분의 능력을 제한하는 이 거짓된 믿음을 없애 보자.

가르치지 못하게 하는 유해한 관계

우리에게는 두 가지 유해한 관계가 존재한다. 이런 관계는 대부분 우리 문화와 사회에서 오며, 다른 사람을 제대로 돕지 못하게 방해한다. 그 첫 번째는 교육이다. 우리 대부분은 어린 시절 학교에 다닌다. 많은 사람이 초중등 교육을 마친 후에도 대학 교육의 형태로 계속 학교에 다닌다. 그 기간 동안 교육은 특별히 확보한 시간에, 학교나 교실처럼 특별히 확보한 장소에서 이루어진다. 대부분 교사는 권위자로 학생 위에 군림한다. 교사는 학생이 일어서서 무언가 가르치기를 바라지 않았고, 학생들은 교사가 요청할 때만 수업에 참여할 수 있었다.

그래서 대부분은 "이제 여러분은 준비가 되었습니다! 다른 사람을 가르치기 시작할 수 있습니다! 축하해요!"라고 적힌 증명서를 받은 적이 없다. 그래서 우리는 다음과 같이 몇 가지 심각한 오해를 품은 채 성인기에, 직장 생활에 접어든다.

- 학습은 교실이라는 특별히 확보한 장소에서 일어난다.
- 학습은 특별히 확보한 시간에만 이루어진다.
- 특별 훈련을 받아야 가르칠 수 있다.

엎친 데 덮친 격으로 여기에 겹쳐지는 유해한 관계가 있다. 바로 우리와 우리 롤모델 사이의 관계다. 그들은 우리 분야에서 우리가 우러러보는 사람들이고, 우리는 스스로를 그들과 자주 비교하며 이렇게 추론한다. '이들만큼 알지 못한다면 난 다른 사람을 가르칠 정도로 훌륭하지 않아. 결국 나는 내 롤모델에게 배운 거니까!' 이 모든 오해가 우리가 살면서 할 수 있는 가장 좋은 일, 즉 다른 사람을 돕는 일을 하지 못하게 방해한다.

여러분에게는 가르칠 자격이 있다

우리는 롤모델 '우러러보기', 그들과 비교하기, 다른 사람을 도울 수 있는 자기 능력을 롤모델의 능력에 빗대어 판단하기를 멈춰야 한다. 대신 우리보다 경험이 적은 사람들을 '돌아볼' 필요가 있다. 이런 이들은 주니어 개발자, 막 업무를 시작한 시스템 관리자, 초보 네트워크 엔지니어처럼 우리 직장에 있는 이들일 수 있다. 하지만 이런 사람들은 직장 밖에도 있을 수 있다. 우리는 우리보다 아는 것이 적고, 우리 도움을 받아서 발전하여 더 많은 일을 할 수 있는 사람들에게 둘러싸여 산다. 이들은 우리가 속한 커뮤니티나 우리 이웃 커뮤니티에 산다.

가르치기와 배우기는 교실에서만 일어나는 활동이 아니고, 특별히 지정된 교사와 학생에 의해서만 이루어지는 활동이 아니다. 우리는 모두 항상 배운다. 구글에서 검색하여 문제를 해결하는 것도 **배우기**다. 새로 산 로봇 청소기의 모바일 앱 설정 방법을 가족에게 알려주었다고? 그것도 **가르치기**다. 배우기와 가르치기가 **항상** 일어난다는 것을 인식하고, 의도적으로 시간을 내어 이런 활동을 해야 한다.

여러분은 가르칠 **자격**이 있다. 자격이 없다고 생각했다면 당신의 생각은 틀렸다.

3

인간의 학습 방법

학습은 주로 기억의 기능이다. 즉, 무언가를 경험하거나 실수를 저질렀을 때 우리는 그 사건과 우리가 한 일에 대한 기억을 형성한다. 인간의 뇌는 실패를 싫어하도록 설계되어 있어서(http://mng.bz/gxzl) 문제를 해결했을 때 해결책의 기억을 문제의 기억에 연결해 두는 경향이 있다. 그래서 시간이 지나서 그 문제를 다시 만나면 해결책은 문제와 함께 바로 우리 마음속에 있다.

여러분도 경험한 적이 있을 것이다. 처음으로 자신의 코드에서 오류를 발견했을 때, 네트워크 장애를 처음 겪을 때, 웬일인지 서버 데몬이 시작하지 않는 걸 처음 볼 때, 고생이 이만저만 아니었을 것이다. 아마 검색 엔진에 가서 다른 사람이 똑같은 문제를 겪은 적 있는지 찾아보았을 것이다. 하지만 일단 문제를 해결하면 문제와 해결책이 여러분의 뇌에 부호화되어 저장된다. 나중에 같은 문제가 발생하면 '아, 이 문제 본 적 있어.'라는 생각이 들면서 여러분의 뇌는 해결책을 내놓는다. 여러분은 **학습**한 것이다. 그런데 그런 현상이 일어날 때 여러분 뇌의 회백질 내부에서는 물리적으로 어떤 일이 일어날까?

우리의 뇌는 **뉴런**neuron이라는 특수한 세포로 구성된다. 뉴런은 뇌의 여러 부위에 걸쳐 분포되어 있고 각 부위는 특수한 역할을 담당한다. 예컨대 시각 피질은 우리가 보는 데 필요한 대부분의 프로세싱을 맡는다. (학습이 이루어지는지는 방법에 대해 본 절에서 다루는 내용은 과학 저널리스트인 베네딕트 캐리Benedict Carey의 『공부의 비밀』에 자세히 묘사된다. 여기에서는 전체적인 그림만 소개하겠다.)

뉴런은 **시냅스**synapse로 서로 연결되어서 **시냅스 네트워크**synaptic network를 형성한다. 그것이 기억의 기반이 된다. 우리가 무언가를 경험하면 관련 있는 뉴런들이 '빛을 내며' 경험의 시각적, 청각적, 촉각적, 후각적, 미각적 측면을 나타낸다. 비감각적인 지식도 학습한 사실을 저장하는 부분 같은 뇌 영역의 뉴런에 빛이 나게 한다. 시냅스 네트워크 전체 집합은 본질적으로 **기억**이다. 기억은 약할 수도, 강할 수도 있다. 다양한 감각을 자극하여 큰 감정적 영향을 미치는 경험이 대개 더 강할 것이고, 큰 영향을 미치지 못하는 단일 감각 경험은 더 약할 것이다. 따뜻한 가을날 사랑하는 사람과 함께 향기로운 숲에서 바스락거리는 낙엽을 밟으며 한 하이킹처럼 특별한 시간에 대한 기억을 방금 거리에서 지나친 사람에 대한 기억과 대조하면 감각과 감정이 기억에 어떻게 작용하는지 이해할 수 있을 것이다.

기억을 상기하는 행위도 기억을 강하게 만든다. 뇌가 이렇게 생각하는 것이다. '보아하니 이 기억은 유용하군. 쓰기 편한 데 두는 게 좋겠어.' 그래서 단 한 번 들은 노래보다 많이 듣고 부른 노래가 기억에 더 잘 남는다.

뇌의 이 모든 기본 기능은 생존 메커니즘으로 시작했다. 기억은 일종의 '적자생존' 방식으로 작동한다. 여러분이 많이 활용하여 계속 생존한 기억은 필요할 때 가장 쉽게 떠올릴 수 있다. 그래서 초기 인류가 가장 중요하게 간직한 건 어떤 식물이 독초인지, 물은 어디에 있는지 등의 기억이다.

사실 **생존**이라는 단어를 기억해 두면 좋다. 우리의 뇌, 그리고 뇌의 작동 방식은 과거 원시인 시절에 야생에서 우리가 생존할 수 있게 진화했다. 우리 뇌의 작동 방식은 **생존**을 지원한다. 오늘날에는 야생에서 생존하기 위해 뇌가 필요한 일이 많지 않지만, 우리의 인지 메커니즘은 여전히 똑같은 방식으로 작동한다.

그것이 우리가 자주 상기하고 사용하는 기억이 더 강해지고 떠올리기 쉬워지는 이유다. 여러분의 뇌가 그렇게 만들어졌기 때문에 매일 사용하는 정보는 바로 기억할 수 있다. 사용하지 않는 정보는 한데 모아두었다가 결국 잊힐 수 있다. 일상적인 생존 투쟁에 필요하지 않은 게 분명하기 때문이다. 포식자에게 쫓길 때, 또는 자기가 관리하는 서버에 심각한 장애가 발생할 때처럼 다양한 감각이 관여하는 강렬한 경험에서 온 기억은 즉시 강하게 남는다. 그 경험은 생존과 관련한 사건이기 때문이다. 일주일 전에 날씨가 화창했는지 아닌지처럼 별로 중요하지 않은 기억은 생존에 큰 영향이 없으므로 그렇게 강하게 남지 않는다.

뇌의 작동 방법을 이해하면 그러한 기본 메커니즘을 활용해서 조금 더 효과적으로 학습할 수 있다. 논리나 추론을 아무리 많이 해도 뇌의 학습 방법을 변화시킬 수 없다. 최고의 학습 경험을 만들려면 뇌와 **협력**해야 한다.

4

반복의 가치

학교 '시간표'를 외우는 아이들을 보면 알겠지만, 경험이 유일한 학습 방법은 아니다. 무엇이든 충분히 반복하는 것만으로도 뇌의 생존 메커니즘이 개입하여 접근할 수 있는 기억으로 남을 것이다. 난 아직도 9 곱하기 4가 36이라는 것을 안다. 끝없는 반복으로 뇌의 생존 메커니즘을 속여서 그 기억이 중요하다고 믿게 했기 때문이다.

하지만 반복은 경험적 기억을 강화하는 데도 쓰일 수 있다. 음악가들은 '근육 기억muscle memory'이라는 메커니즘에 의존하여 악기를 연주한다. 물론 실제로 기억이 근육에 존재하는 건 아니다. 연습하는 동안 이루어진 꾸준한 반복이 기억을 즉시 떠오르게 하는 것이다. 그들의 뇌는 '이 페이지의 이 기호를 보면 손가락을 이렇게 움직인다'는 걸 익힌다.

반복을 통해 누군가의 머리에 여러 차례 사실을 주입하는 것은 끔찍한 학습 방법일 수 있다. 특히 성인에게는 더 그러하다. 내가 피아노로 단순한 선율만 뚱땅거릴 수밖에 없는 이유도 이것이다. 나에게는 피아노 연주를 배우는 데 필요한 끝없는 반복을 견딜 만한 인내심이 없다. 그렇지만 반복을 견디는 사람도 분명 존재한다. 많은 사람이 인내심을 가지고 음계 연습을 해낸다. 그 덕분에 세상에 전문 음악가가 존재하는 것이다. 아무리 반복을 좋아하지 않는 사람이라고 하더라도 무언가 반복해 보려는 시점이 온다. (피아노로 하는 음계 연습을 견디던 사람도 언젠가는 진짜 곡을 연주하고 싶어 할 것이다.) 시간이 지나 다시 해보라. 시간이 더 지나 또다시 하라. 매일 할 필요는 없지만, 가끔 뇌가 기억하도록 강요하고 놓친 부분이 생길 때마다 채워 나가면 기억이 강화되고 선명해질 것이다. 시간이 지나면 그 기억을 흐리게 만들 방법이 없어진다. It's a Small World* 노래를 들어본 사람이라면 누구나 이 말이 사실이라고 증언해 줄 것이다!

---

* 역주 동명의 디즈니랜드 놀이 기구의 테마곡으로 우리나라에서도 '작은 세상'이라는 동요로 번역되어서 널리 알려졌으며 한 번 들으면 잊기 어려운 중독적인 멜로디로 유명하다.

5

직접 해보기

우리의 기억은 추상적인 지식과 사실에 감각적 인상을 아우를 수 있기 때문에 기억할 '요인'이 많은 기억이 더 강한 경향이 있다. 자동차 엔진오일 교체 방법을 배울 때 누군가의 설명을 듣는 것과 그 과정을 동영상으로 보는 것은 완전히 다르며, 후자가 훨씬 더 효과가 좋다. 동영상을 볼 때는 뇌의 시각 피질이 관여할 것이고, 청각이 개입할 가능성도 높기 때문이다. 하지만 차에서 직접 해볼 때는 촉각, 시각, 청각, 후각이 관여한다. 운이 나쁘면 미각도 포함될 수 있다. 이는 뇌가 쉽게 잊지 못할 감각의 조합이다.

그래서 대부분의 고등 교육 프로그램이 집중하는 '책으로 배우기'보다 '실습하기'가 더 강력한 학습 방법이다. 실습을 통해 배우는 사람은 스승이나 숙련된 장인과 함께 현장 한가운데 있다. 이들은 추상적인 사실뿐 아니라 자신의 모든 오감을 사용해서 강력한 기억을 형성한다. 대장장이가 되는 방법을 글로 읽는 경험은 실제 백열 상태에 있는 금속을 망치로 두드리는 경험과 매우 큰 차이가 난다.

내가 항공 정비사 실습생일 때도 수업 시간이 있었다. 대략 분기당 1주에서 길면 2주 정도 항공기 설계와 작동 이론을 배웠다. 수업이 끝나면 다시 작업 현장으로 돌아와서 수업에서 배운 구성 부품을 가지고 작업했다. 거의 30년이 지났지만 나는 내가 배웠던 추상적인 조작 이론에 대한 사실 일부를 여전히 읊을 수 있다. 감각을 기반으로 직접 해보며 익힌 생생한 기억과 뗄 수 없게 연결된 지식이기 때문이다. 장담컨대 아주 복잡한 기계를 한번 분해해 보면 누구나 아주 생생하게 기억할 수 있을 것이다.

그러므로 누군가를 가르칠 때 최대한 빨리, 그리고 자주 그들이 참여하게 하라. 무엇을 할지 간략하게 설명해 주고 직접 해보게 하라. (필요할 때는 감독하라.) 그렇게 하는 것이 배경 이론, 작업을 비롯한 모든 것을 사전에 설명하려 하는 것보다 낫다. 그냥 해보라. 문제 해결 중인 동료를 도울 때 동료의 키보드를 자신이 차지해서 여러분이 직접 문제를 고치지 말고 그들이 직접 하게 하라. 시간이 더 들긴 하겠지만, 동료가 해결책을 배울 것이다. 여러분이 해결하는 것을 지켜볼 때는 한 가지 감각만 관여한다. 그들이 직접 하면 다양한 감각이 관여해서 더 오래가는 기억이 형성될 것이다.

6

비유가 통하는 이유와 통하지 않는 이유

비유는 우리가 활용해야 할 가장 강력한 교육 방법 중 하나다. 우리는 가르칠 때 비유를 사용하여 학습자가 이미 익숙하게 아는 것을 가져다가 그들이 아직 모르는 무언가를 설명한다.

예를 들어 **객체 지향 프로그래밍**Object-Oriented Programming, OOP이라는 개념은 익숙하지 않지만, 자동차라는 개념은 익숙한 사람에게 객체 지향 프로그램을 설명한다고 가정해 보자. 기본적으로 객체 지향 프로그래밍은 컴퓨터에 있는 모든 것을 객체로 취급하며, 객체는 차와 매우 비슷하다. 자동차에는 속성이 있다. 제조사, 모델, 색상, 엔진 크기 등은 모두 차의 **속성**이다. 소프트웨어 객체에도 버전 번호, 제작사 이름 등의 속성이 있다. 프로그래머는 객체의 속성을 조사하여 객체를 속속들이 알 수 있으며, 심지어 속성 일부를 수정하여 객체의 동작을 변경할 수도 있다. '색상' 속성을 변경하는 것만으로 차의 색상을 변경할 수 있다고 상상해 보라. 소프트웨어에서는 그렇게 할 수 있다!

방금 흔한 물건에 비유해서 컴퓨터 관련 개념을 간단하게 설명했다. 이처럼 상대에게 통하는 비유를 들어 설명하는 건 여러분이 그들에게 제공할 수 있는 큰 가치 중 하나다. 단, 우리가 각자 고유한 배경에서, 심지어 다른 문화에서 왔다는 것을 기억하라. 우리는 모두 과거에 다른 경험을 했다. 어떤 학생이 알아들을 수 있는 비유를 만들려면 그 학생과 같은 배경, 문화, 경험을 공유하거나 아니면 적어도 그에 대해 인지하고 있어야 한다. 이것이 내가 모두에게 훌륭한 교사가 될 수 없는 이유다. 나에게는 모두를 위한 비유를 만드는 데 필요한 다양성이 부족하다. 만약 여러분이 자동차가 흔하지 않은 문화에서 왔다면? 내가 하는 대부분의 비유는 통하지 않을 것이다. 가르치는 행위는 많은 측면에서 다른 누군가가 만든 지식을 여러분이 익힌 후에 여러분이 가르칠 청중이 이해할 수 있는 비유로 '재포장'하는 것에 지나지 않는다.

그리고 통하던 비유도 결국 허물어지는 지점이 있다는 걸 알아 둬라. (심지어 잘 통했던 비유일수록 그렇게 되기 쉬울 수 있다.) 소프트웨어가 자동차와 비슷하다는 비유가 여러분을 이해시키는 지점까지 갔지만, 어느 지점을 지나면 그 비유는 작동을 멈춘다. 우리는 비유를 만들기 위해 비유하려는 대상의 특정한 측면을 지나치게 단순화하거나, 일부 세부 사항을 일시적으로 무시하기도 한다. 그래도 괜찮다. 사람은 모든 것을 한 번에 배울 수 없다. 그래서 우리는 어떤 비유를 써서 학생들을 어떤 지점까지 데려간 후 다른 비유로 바꾸거나, 아예 비유를 멈추고 설명을 이어갈 수 있다. 되돌아가서 다시 사용할 수도 있다. 소프트웨어 객체의 속성은 자동차의 속성과 완전히 똑같지 않다. 소프트웨어에서는 어떤 속성이 컬렉션일 수도 있다. 다른 객체를 포함할 수 있다는 뜻이다. 자동차에 tires라는 속성이 있고, 그 속성이 단일 타이어를 나타내는 타이어 객체의 컬렉션일 수 있다는 것과 약간 비슷하다. 그렇게 접근해도 괜찮다. 비유는 부합하는 목적이 있을 때 쓰고, 그 후에는 사용을 중지해야 한다는 걸 기억하는 게 중요하다.

7

소크라테스처럼 가르쳐라

1960년대 중반에 교수 시스템 설계자인 제롬 브루너Jerome Bruner는 간혹 constructionism이라고도 부르기도 하는 constructivism*이라는 교수 설계 기법을 만들었다. 이 기법에서는 교사가 진행자 역할을 맡는다. 교사는 사실이나 정보를 전달하기보다 학생에게 질문을 던지고 검증된 자료를 안내하는 역할을 한다. 이는 가르치고 배우는 매우 효과적인 방법이다. 미국의 공립학교는 소프트웨어 개발 교육에 어려움을 겪고 있다. 그런 교육을 해줄 자격을 갖춘 교사를 구하기가 매우 어렵기 때문이다. (자격을 갖춘 전문가는 실제 소프트웨어를 개발하거나 기술 교육 산업계에서 가르칠 때 훨씬 더 많은 돈을 벌 수 있다.) 그래서 나는 2000년에 고등학교 소프트웨어 개발 교과서를 개발했다. 일방적으로 가르치는 게 아니라 준비된 커리큘럼을 따라 진행하도록 설계한 책이었다. 담임 교사는 학생들에게 문서를 비롯한 기타 자료를 소개하고 책에 제공된 예를 보여준 뒤 과제를 수행하도록 요청한다. 학생들은 예외 없이 막히는 부분을 마주할 것이고 (학생들이 막히는 구

---

* 역주 우리말로는 둘 다 '구성주의'라 옮긴다.

간을 경험하도록 설계한 책이다) 이때 교사는 학생에게 문서 등 자료를 알려주고 제공된 일련의 질문을 던진다.

확실히 느린 학습 방법이다. 상대의 질문에 답하기보다 상대에게 질문을 던지는 소크라테스식 방법은 어쩔 수 없이 시간이 더 든다. 하지만 학생들은 자신들이 건네받은 사실을 단순히 삼키는 것이 아니라, 배우고 있는 내용에 대한 자신의 멘탈 모델을 직접 조립해야 한다. 학생들의 뇌가 스스로 내용을 이해하고 해석하므로 시냅스 네트워크가 훨씬 더 강해진다. 더 중요한 것은 학생들이 스스로 배우는 사람이 된다는 점이다. 스스로 배우는 능력은 기술 산업에서 아마 가장 중요한 업무 기술일 것이다.

가르치는 대상이 성인이라면 소크라테스식 방법이 답답하다고 느낄 수 있다. 이들에게는 해결해야 하는 문제가 자주 발생하고, 빨리 해결하라는 시간 압박도 종종 받는다. 얼른 답을 알려주지 않고 돌아다니며 질문을 던진다면 그들은 처벌이나 조롱을 당한다고 느낄 수 있다. 하지만 여건이 허락할 때는 이 교수법을 사용하는 것이 좋다. 자신이 어떤 방법으로 가르칠 생각인지 솔직히 알려라. "여러분이 바쁘다는 것은 알고 있지만 이건 중요해요. 해결책을 직접 구성하는 게 더 효과적일 거예요. 여러분이 올바른 방향으로 생각할 수 있게 몇 가지 질문을 던질 게요. 그리고 제가 바로 옆에서 여러분을 도울 겁니다. 분명 시간을 더 들일 가치가 있을 거예요."

그리고 질문을 던지기 시작하라. 그렇게 하려면 다음 예시처럼 자신이 답을 알고 있는 질문을 떠올린 후 여러분의 '학생'이 거기에 도달할 수 있게 질문을 던져라.

상대: 서버가 응답하지 않아요.

여러분: 서버에 어떻게 접근하는 중인가요?

상대: 웹 브라우저로요. 하지만 서버에 연결할 수 없다고만 나와요.

여러분: 서버에 접근할 다른 방법은 없을까요?

상대: 핑(ping)도 해봤는데 도메인 이름을 확인할 수 없다고 했어요.

여러분: 도메인 이름은 무엇으로 확인하나요?

상대: DNS를 이용하죠.

여러분: DNS가 작동하는 게 확실한가요?

그렇게 가르치면 그들에게 그냥 "DNS 서버가 다운되어서 아무것도 작동하지 않는 거예요."라고 말하는 것보다 확실히 시간은 더 걸린다. 하지만 질문과 대답을 거치는 동안 그들 스스로 움직이는 네트워크 조각 전부를 어떻게 맞추는지 멘탈 모델을 구성할 수 있다. 여러분은 단순히 해결책을 제시한 게 아니라 그들이 스스로 해결책을 구성하도록 가르친 것이고 그 방법이 장기적으로 훨씬 더 가치 있는 결과를 낸다.

8

순서의 중요성

가르칠 때 가르치는 내용의 순서를 적절히 배열하는 것이 정말 중요하다. **배열**한다는 것은 정보를 제시하는 방법을 체계화하고 정리한다는 뜻이다.

자, 이제 식사를 요리할게요. 스테이크와 감자가 들어가는 기본 메뉴를 만들 생각이라서 주요 재료 서너 개만 있으면 됩니다. 일단 요리를 시작하면 우리가 쓸 가스레인지와 팬이 뜨거워지니까 조심해야 해요. 마지막에는 요리를 내기 전에 스테이크를 몇 분 정도 상온에 그대로 둬야 해요. 사실 불에서 내린 후에도 스테이크는 약간 익을 거예요. 하지만 먼저 재료를 모아야 해요. 그러려면 채소 채썰기를 배워야 해요! 하지만 미국 소 사육의 역사부터 좀 설명할게요.

소위 요리 강습이라 할 수 있는 이 수업은 내용 배열에 심각한 문제가 있어서 어떤 수강생이든 수강을 포기하고 간다고 해도 조금도 이상할 게 없다. 여러분은 자신의 내용을 정리할 때 다음 세 가지 지침을 고려하라.

- **이제 곧 가르칠, 또는 방금 막 가르친 실용적인 주제와 직접 연관이 없는 한 추상적인 개념을 다루지 마라.** 미국 소 사육의 역사는 스테이크 요리와 직접 연관이 없으므로 이 수업에서는 이야기하지 마라.

- **학생이 접하게 될 순서대로 자료를 배열하라.** 앞의 예라면 재료 준비부터 시작하라. 준비 과정으로 채소 채썰기를 가르쳐라. 그리고 조리하고 스테이크를 상온에 잠시 두는 순서로 수업을 이어가라.
- **주의나 경고는 관련된 부분이 나오기 직전에 하라.** 그렇게 하지 않으면 수강생은 실용적인 용도가 없는 추상적인 사실을 기억하고 있어야 한다. 인간의 뇌는 그런 작업에 익숙하지 않다. 그러므로 뜨거울 수 있으니 조심하라는 말은 재료를 준비할 때가 아니라 가스레인지 불을 켤 때 하라.

그리고 실패를 막을 수 없다는 것을 절대로 잊지 마라. "내가 첫 번째 스테이크를 만들기 전에 알았으면 좋았을 모든 것을 알려주는 것으로 시작하겠습니다."라는 방식으로 접근할 수 없다. 그렇게 하면 실제 해볼 기회를 주지 않고 추상적인 사실만 늘어놓는 것이다. 실패는 기억을 생성하는 유용한 학습 경험일 수 있다.

여러분, 저기 팬에서 연기가 나는 거 보이나요? 잘못된 기름을 써서 그래요. 기름마다 발연점과 발화점이 달라서 여러분이 하는 요리 온도에 적합한 기름을 써야 해요. 연기 나는 팬은 잠시 빼서 식히고 다시 시작하죠.

통제된 실패의 완벽한 예다. 시작부터 기름의 발연점, 발화점에 대해 호들갑을 떨기보다 자연스러운 흐름에 따라 안전하게 수업을 진행하라. 문제가 발생하면 해결책을 제시하라. 인간의 뇌는 '문제-해결'을 사랑한다. '해결책-아무 문제 없음'은 그다지 좋아하지 않는다. 우리는 실수하면서 배우므로 학습자가 모든 정보를 더 쉽게 습득할 수 있게 적절한 실수를 올바른 순서로 배열할 필요가 있다.

9

휴식은 대단히 중요하다

마지막으로 인간의 뇌는 물리적으로 일정 시간 내에 일정량의 새로운 정보만 소화할 수 있다는 것을 기억하라. 그 정보를 즉시 사용해 보는 것처럼 배운 정보를 **행동**으로 옮긴다면 하루 사이에 더 훌륭하게, 더 많이 배울 수 있다. 활동이나 감각적 경험과 연결되지 않은 추상적인 사실을 읽거나 들을 때 정보를 섭취하는 우리의 능력은 정말 제한적이다. 그래서 휴식 시간이 대단히 중요하다.

궁극의 휴식인 수면 또한 학습에 필수적이다. 뇌는 잘 때 기억을 정리한다. 뇌는 기억을 어떻게 사용했느냐에 따라 강화할 시냅스와 무시할 시냅스를 결정한다. 새로운 기억은 관련 있는 예전 기억에 연결된다. 이런 작업이 이루어지려면 시간이 **필요하다**.

이것은 내가 일주일 내내 교실에서 종일 학습하는 것보다 실습하며 학습하는 것을 선호하는 또 다른 이유다. 실습하면서 배우면 더 강한 기억이 생성된다. 그리고 더 긴 시간에 걸쳐 학습이 이루어지므로 뇌가 입력에 대응하는 시간 또한 더 길어진다. 교실은 실제 세계와 연결이 거의 없는 정보의 파이어호스firehose *가 될 수 있어서 이렇게 배운 내용은 상당 부분 잊기 쉽다.

휴식 시간을 꼭 챙겨라

나는 매닝 출판사에서 『Month of Lunches(한 달 동안의 점심)』 책 시리즈를 기획할 때 내가 알고 있는 인지과학을 최대한 활용했다. 『Month of Lunches』의 각 장은 평균적인 성인이 약 45분 이내에 읽을 수 있게 기획했다. 45분은 내가 평균적인 성인의 읽는 속도를 분당 단어 수로 조사해서 도출한 시간이다. 1장이 짧은 대신, 1장을 하루에 읽어야 했다. 각 장이 주제 하나에 초점을 맞추고 있기 때문이다. 그러면 뇌의 '휴식 시간'에 그날 읽은 주제를 전에 읽었던 주제들과 종합하고 다음 주제를 읽을 준비를 할 수 있었다. 책 전체를 사흘 만에 급하게 읽은 독자들은 책 내용이 기억에 그렇게 많이 남지 않았다고 말했는데, 예상했던 바였다. (독자들이 배운 새로운 개념을 직접 써볼 수 있도록 각 장에는 연습과 실습도 자주 등장했다. 이 또한 배운 내용을 기억에 남길 또 다른 방법이었다.)

---

* **역주** 많은 양의 물이 한꺼번에 방출되는 소방용 호스를 뜻한다. 네트워크에서는 수신자가 처리할 수 있는 양보다 많은 데이터를 빠르게 보내는 것을 파이어호스 효과라고 비유적으로 사용한다.

10

실천 과제

이 장에서는 누구나 다른 사람을 가르칠 자격이 있으며, 어떻게 가르치면 효과적인지 살펴보았다. 그럼, 이제 실제 가르치는 경험을 해볼 차례다.

- 다른 사람을 가르칠 수 있을 만한 모든 것을 목록으로 작성하라. 목록을 자신의 기술 분야로만 한정하지 마라! 요리, 자동차 타이어 교체 방법을 비롯한 온갖 주제를 가르칠 수 있다. 모르는 사람에게는 이 모든 것이 소중한 정보다. 여기서 핵심은 여러분이 아는 정보가 필요한 사람들을 찾는다면 여러분이 가르칠 수 있는 것이 많다는 것을 스스로 납득하는 것이다.
- 가르칠 계획을 세워라. 주제를 고르고, 그 주제를 배워야 하는 청중을 정의하고, 그 청중의 주의를 어떻게 끌지 정하라. 예컨대 파워셸 사용자를 청중 삼아 파이썬 작동 방법을 설명하는 블로그 글 시리즈를 연재할 수 있다. 또는 자신이 다니는 회사의 운영 방식에 대해 배운 바를 동료들에게 가르칠 수도 있다. 아니면 지역 청소년 클럽 아이들에게 기본적인 식사를 요리하는 방법을 가르칠 수도 있다. 어떤 주제든, 어떤 청중을 대상으로 하든, 가르치기 시작하라.

더 읽을거리

- 베네딕트 캐리, 『공부의 비밀』(문학동네, 2016)
- Don Jones, 『Instructional Design for Mortals』(Independently published, 2018)

19장

모든 일을 대비하라

코로나바이러스감염증-19가 우리에게 무언가 가르쳐 준 것이 있다면 여러분의 일자리에 **무슨 일이든** 일어날 수 있으며, 어떤 상황에서는 아무리 잘 관리된 경력이라 해도 자신을 온전히 지키기에 충분하지 않을 수 있다는 점이다. 그래서 그런 상황에 대한 계획을 세우고 그런 일이 일어났을 때 무엇을 해야 할지 생각해 두는 것이 중요하다.

1

무슨 일이 일어날 수 있을까

갑작스러운 실직 사태를 비롯하여 '무슨 일에든' 대비하려면 무슨 문제가 일어날 수 있는지부터 생각해 봐야 한다. 그러면 자신이 어떤 상황에 대처하는지 알 수 있다. 문제 목록은 사람에 따라, 특히 지역에 따라 크게 다르겠지만, 일반적으로 다음 상황을 고려하면 좋다.

- 경제 위기로 인해 어쩔 수 없이 회사가 인원을 감축할 때처럼 자기 통제 밖에 있는 수많은 이유로 해고되는 경우
- 사고를 당하거나, 부상을 입거나, 중병에 걸려서 직장을 그만두거나 상당 기간 무급 휴가를 내야 하는 경우
- 프리랜서인데 일이 떨어지는 경우

시간을 내서, 잘못될 만한 일을 생각해 보라. 그런 일이 대비책이 필요한 일이기 때문이다. 하지만 '무슨 일이든 대비한다'는 것이 갑자기 훌륭한 일자리를 제안받는 것처럼 **좋은** 일에 대비한다는 뜻일 때도 있다! 이런 사건은 보통 공포, 소득 상실 등 부정적인 요소를 초래하지 않으므로 대비하기 더 쉽다. 그래도 여전히 대비할 가치가 있다.

2

기본적인 대비 목표

대비한다는 것은 **합리적으로** 일어날 법한 상황을 상상하고, 거기에서 발생할 부정적인 결과를 누그러뜨릴 계획을 세우는 것이다. 이 책의 목적에 맞게 일자리를 잃거나, 다치거나, 프리랜서인데 일이 없는 세 가지 경우로 논의를 제한하겠다. 그런 상황에는 공통 요소가 있는데, 그 주된 요소는 **소득의 상실**이다.

합리적으로 일어날 법한 상황을 상정하고 주된 부정적인 영향을 이해하면 대비 목표를 개발할 수 있다. 예를 들어 일자리나 소득의 상실로 이어질 상황이라면 다음과 같은 계획이 필요할 것이다.

- 비용을 절감하고 보유 중인 현금을 보호한다.
- 새로운 직장이나 일을 빨리 구한다.

여러분 스스로 다양한 상황을 상상할 수 있다. 예를 들어 최근 경험을 바탕으로 세계적으로 유행하는 감염병이 발생하여 신선 식품 같은 기본 물품을 구하기가 어려워지고, 재택근무를 해야 한다고 상상해 볼 수 있다. 그런 상황에서는 다음과 같이 다양한 대비 목표를 세울 수 있다.

- 가족이 최대한 안전하게 집에 머물 수 있게 하기
- 공급 부족에 버틸 수 있게 잘 상하지 않는 음식 충분히 보유하기
- 재택근무 사무실로 전환할 공간 확보하기

본인의 경험과 걱정되는 부분을 고려하여 자신에게 무엇이 중요한지, 무엇을 준비할지, 어떤 대비 목표를 세울지 정해야 한다. 이 장의 나머지 부분에서는 직장이나 일을 잃는 상황에 대비할 몇 가지 방법을 제안하는 데 집중하겠다.

3

현금 보유와 신용 거래

내 대비 계획의 첫 번째 요소는 **현금 보유**다. 우리 가족은 내가 일할 수 없거나 실직할 경우에 대비해 명확한 예산을 세워 두었다. 그 예산에서는 모든 선택 비용(넷플릭스 구독 비용 등)이 빠지고 필수 비용도 최소로 줄인다. 예컨대 인터넷 요금을 줄이기 위해 인터넷 속도를 늦추거나 식비를 줄이기 위해 외식을 포기할 수 있다. 필요할 때 언제든 즉시 쓸 수 있게 그런 예산의 6개월 치를 보유하도록 노력한다. '즉시 쓸 수 있게'라는 말에는 다양한 의미가 있을 수 있으며, 다른 항목에 비해 더 즉시 쓸 수 있는 항목도 있다.

- 보통 예금 계좌에 예치된 현금
- 주택 담보 대출 한도 같은 담보 대출 이용 권한
- 연금 계좌 자금을 위약금 없이 이용할 권한

나는 주식 투자 금액을 '즉시 사용할 수 있다'고 보지 않는다. (연금 계좌를 통해 이루어진 투자는 더욱 그러하다.) 주식을 팔아서 현금을 만들 수 있긴 하지만, 나에게 재난을 초래한 경제 위기가 주식에도 부정적인 영향을 미쳤을 수 있다. 이 목록의 핵심은 어떤 일이 발생하든지 충분한 현금을 **확실히** 그리고 **즉시** 얻을 수 있게 대비하는 데 있다.

그리고 비상 상황을 대비한 현금을 모두가 마련할 수 있는 건 아니라는 걸 인정한다. 나도 업계에 입문한 초기에는 확실히 그럴 수 없었다. 하지만 나는 이를 인생의 최우선 과제 중 하나로 두고, 가구나 비디오 게임보다도 우선시했다. 점진적으로 그런 공급망을 갖추자(몇 년이 걸렸다) 내가 직장에서 필요했던 유연성, 원하던 마음의 평화를 얻을 수 있었다.

그리고 **여러분**이 심각한 부상을 입어서 이 현금에 접근할 수 없을 때 여러분의 가족이 접근할 방법도 마련해야 한다. 예를 들어 여러분이 연금 계좌 자금에 의존하고 있다면 여러분의 가족이 그 자금에 접근할 수 있게 하라. (변호사나 은행과 상의하여 가족이 접근할 수 있는 방법을 알아 둬라.)

'6개월 치 현금 보유'는 **나**와 우리 가족의 마음을 편하게 해줄 만한 수치이자, 재정 고문이 우리에게 일반적인 목표라고 알려준 수치다. 프리랜서들에게 9~12개월 치 현금 보유를 추천하는 재정 고문도 있다. 하지만 우리는 6개월 정도의 기간이면 다른 일자리를 찾을 수 있을 거라고 자신하는 편이고, 이를 보완하기 위해 이 장의 뒷부분에서 다룰 다른 대비 계획도 활용할 것이다. 표준 가이드라인은 3~6개월 정도 생활할 수 있는 현금을 이용할 수 있게 준비하라고 제안하지만, 본인과 본인의 가족, 그리고 본인이 새로운 일을 찾을 수 있다고 어느 정도 자신하느냐에 따라 타당한 수치를 스스로 찾을 필요가 있다.

이용할 수 있는 신용 거래에 대해서도 생각해 둬라. 재난 상황에서는 보유한 현금에 가능한 한 손대지 않는 것이 좋다. 그래야 최대한 더 오래 버틸 수 있기 때문이다. 신용 거래는 현금을 더 오래 쓰는 하나의 방법일 수 있다. 대부분의 사람에게 신용 거래란 신용카드 사용을 의미할 것이다. 하지만 신용카드를 쓰려면 **이용 한도가 남아 있는지** 반드시 확인해야 한다. 우리 가족은 재정 고문의 권고에 따라 이용 한도를 항상 최소 30% 남겨두는 것을 방침으로 삼았다. 우리는 아주 심각한 비상 상황이 아닌 이상 신용카드를 한도까지 사용하지 않고, 한도의 60% 이하가 유지되도록 상환하는 것을 우선시한다. 우리가 정한 30%라는 수치는 일반적인 경험에서 나왔고 우리가 편안하게 느끼며 관리할 수 있는 수치다. 사람마다 상황이나 편안한 정도가 다르며, 재정 고문 상담은 각자에게 맞는 수치를 찾는 데 도움이 된다. 진짜 재난 상황에서는 보유한 현금을 더 잘 지키기 위해 신용 한도까지 쓸 **뿐 아니라** 최소의 금액만 상환해도 괜찮을 수 있다. 단, 이는 일반적인 접근 방식이 아니고, 많은 이가 그렇게 하지 말라고 조언한다는 걸 강조하고 싶다. 이용 중인 신용카드의 약관과 이자율에 따라 시간이 지나 매우 비싼 대가를 치러야 할 수 있다. 자신이 이용 중인 신용카드의 약관을 검토하여 감당할 만한 방법인지 확인해야 한다. 내가 말하려는 핵심은 **어쩔 수 없이** 선택해야 하는 상황이 닥치면 어떻게 할 것인지 사전에 확고한 계획을 세우라는 것이다.

4

사회 안전망

사회 안전망은 필요할 때 시민을 보호하도록 설계된 정부 프로그램을 가리킨다. 사회 안전망은 자연재해, 경기 침체, 실직 등의 비상 상황에 영향을 받은 사람들에게 금전 지원이나 의료 지원을 포함한 여러 자원을 제공하는 다양한 방법을 포함한다.

대비책의 일환으로 자신이 이용할 수 있는 사회 안전망이 무엇인지 알아두는 게 좋다. 예를 들어 미국에서는 귀책 사유 없이 해고된(즉, 정리 해고나 일시 해고를 당한) 정직원은 일반적으로 주에서 운영하는 실업 기금을 받을 수 있다. 신청 장소, 혜택 범위, 대기 기간 등을 포함해 기금의 운영 방식을 알아 둬라. 청구서를 제출하기 위해 사용해야 하는 웹 사이트와 양식을 포함하는 '비상 계획'을 세워야 한다. 미국에서는 주마다 '운영 방식'이 다르고, 당연히 다른 나라에서는 완전히 다른 시스템이 있을 것이다. 계획을 세울 때 정부 웹 사이트부터 확인하라.

잊지 마라. 구명조끼에 대해 안내해야 하는 시점은 구명조끼가 필요하기 **전**이다. 비행기가 추락할 때는 이미 늦었다. 사회 안전망과 **그 이용 방법**을 확인해야 하는 시점도 해고된 다음 날이 아니라 사회 안전망이 필요하기 **전**이다.

현금 보유 계획과 마찬가지로, 필요할 때 가족들이 여러분을 대신하여 사회 복지 혜택을 신청하고 이용할 방법을 알려줘라. 관련 계획을 문서로 정리해서 가족 모두가 접근할 수 있는 장소에 보관해 두는 것은 스트레스가 밀려오는 상황을 견디는 데 어느 정도 도움이 될 수 있다.

5

보험

성인이라면 대부분 잘 알고 있는 생명 보험은 보유해 둘 만한 도구일 수 있다. 재정 고문은 나에게 은퇴 연령이 될 때까지 유지되는 정기 생명 보험에 들라고 권했다. 은퇴할 나이가 되면 실제 퇴직 연금이 준비되므로 보험은 더 이상 필요하지 않다는 게 그의 이론이다. 정기 생명 보험에 젊을 때 가입해 두면 매우 저렴하다. (건강한 25세라면 미국 대부분의 지역에서 1년에 200달러 정도로 200만 달러 보험 상품에 가입할 수 있다.) 정기 생명 보험은 매달 고정 금액을 내고 보험이 만료될 때까지 고정된 혜택을 지급한다. 보험이 만료되면 보험료 납입이 중단되고 더 이상 혜택을 받지 못한다.

> **Note ≡ 좋은 전문가의 조언을 구하라!**
>
> 나는 재정 고문이 아니며, 그런 역할로 TV에 출연하는 전문가도 아니다. 내가 하는 제안은 자격을 갖춘 전문가와 대화하기 위한 **출발점**으로 생각하라. 자격을 갖춘 전문가여야만 여러분의 상황을 살펴보고 실행에 옮길 만한 일을 구체적으로 제안할 수 있다. 내 사례를 대화의 출발점으로 활용하여 여러분이 해결하려는 문제를 그들이 이해할 수 있게 하라.

단, 우리에게 닥칠 수 있는 재난은 사망 외에도 많고, 세상에는 대비 계획을 위해 고려해야 할 다양한 보험이 존재한다. 하지만 그 이야기에 앞서 고용주가 제공하는 보험에**만** 의존하지 말라고 당부하고 싶다. 이는 생명 보험, 장애 보험을 포함한 모든 보험에 적용되는 원칙이다. 고용주가 제공하는 보험은 훌륭한 **보완책**일 수 있고, 미국에서는 보험료가 저렴한 경우도 많다. 하지만 이런 보험은 실직과 함께 사라지는데, 실직은 여러분이 대비하려는 재난 중 하나다. 자신의 계획을 고용주가 제공하는 보험을 중심으로 세우지 마라.

내가 대변할 수 있는 건 미국 내 상황뿐이지만, 기본 개념은 세계적으로 통용된다는 걸 다시 한 번 언급하면서, 여러분과 여러분의 재정 고문이 보험 세계에서 고려해야 할 몇 가지 사항을 소개하겠다.

- **생명 보험**은 크게 종신 보험과 정기 보험, 두 가지로 나뉜다. 종신 보험은 대체로 보험료가 더 비싼 대신 그 보험을 사용하거나 취소할 때까지 효력이 유지된다. 취소 시 돌려받을 수 있는 해약 반환금이 있는 경우가 종종 있다. 정기 생명 보험은 특정 기간 동안만 유효하고 대체로 보험료가 훨씬 더 저렴하다.
- **주택 담보 대출 보험**은 주택 담보 대출 기간 동안 유효한 정기 생명 보험과 약간 비슷하다. 여러분이 주택 담보 대출의 월별 비율(보통 X~Y%)을 내면 보험회사가 여러분을 위해 담보 대출을 갚아 주기로 동의한다. 그러면 여러분에게 무슨 일이 생겼을 때 주택 구입 비용이 모두 지불되므로 여러분의 가족이 한 가지 큰 걱정을 덜 수 있다.
- **장애 보험**은 여러분에게 부분적으로나 전체적으로 장애가 생기거나, 자신의 전문 분야에서 일할 수 없는 상황이 되었을 때 수입의 일부나 전부를 대신하도록 설계되었다. 단기적인 장애에 대해서만큼은 고용주의 보험을 이용하는 것도 꺼리지 않는다. 이런 보험은 애초에 몇 개월 정도의 장애를 보장하도록 설계되었고, 그 정도의 장애는 내가 곧 업무에 복귀한다는 걸 암시하기 때문이다. 장기적인 장애에 대한 보험의 효력은 보통 몇 개월이 **지난 후** 발효되며, 영구적인 장애를 입은 경우 대개 평생 보상하도록 구성되어 있다.

- **의료 보험**은 엄청나게 높은 의료 비용을 벌충하는 데 도움이 된다. 현재 미국에서는 개인이나 고용주가 민간 의료 보험회사를 통해 자유롭게 의료 보험을 구매할 수 있다. 보통 이런 보험은 고용주가 정직원에게 제공하는데, 실직한 경우에 이를 대체하여 보장받을 수 있는 계획을 세워야 한다. 보장 내용은 어느 주에 거주하느냐에 따라 큰 차이가 있을 것이다. 이에 대한 조사는 대비 계획을 세우고 있는 **지금 당장** 시작하라. (일부 국가에서는 정부가 의료 보험 비용을 일부 또는 전부 지원한다.)

수많은 연구에 따르면 미국에서 파산을 일으키는 가장 큰 원인이 의료비라고 한다. 여러분에게 의료 보험이 있든 없든 의료 비상 상황 때문에 빚 문제에 빠지기 쉽다. 의료 비상 상황에는 막대한 의료비가 발생할 뿐 아니라 근무 능력도 사라진다. 내 재정 고문은 의료 비상 상황으로 인해 발생하는 빚을 피할 수 있는 장치로 장기 장애 보험을 추천했다. 나는 오늘날까지 이 보험을 유지하고 있고, 단기 장애 기간은 보유하고 있는 현금에 의존하여 충당한다. 다시 말해 장기 장애 보험의 보상이 시작되기까지는 현금을 사용한다. 나는 만약을 대비해 개인 의료 보험에 가입할 방법도 알아 두었다. 내 고향 네바다주에서는 보험을 제공하는 웹 사이트를 주에서 운영한다. 그리고 나에게는 내 은퇴 연령까지 우리 가족을 보호해 줄 정기 생명 보험이 있다. 정기 생명 보험은 내 주택 담보 대출을 감당하기에 충분하므로 별도의 주택 담보 보험은 들지 않았다.

6

구직에 대비하라

재난 계획과 마찬가지로 구직을 준비해야 하는 시점은 구직이 필요할 때
가 아니라 필요하기 **전**이다. 구직 활동을 대비하여 해야 할 중요한 작업 몇
가지를 다음과 같이 소개한다.

- 이력서를 언제든 작성할 수 있게 링크드인 프로필을 최신 상태로 유지하라.
- 개인 브랜드와 SNS에 남긴 흔적을 관리하라. 여러분의 인생에서 공개적으로 드러나는 부분
  이 전문가다워야 하고, '구직할 준비'를 마친 것처럼 보여야 한다.
- 자신이 거주하는 지역이나 자기 분야의 일자리를 정기적으로 훑어보며 요즘 어떤 고용주가
  채용 중인지 확인하라. (재택근무가 일반적으로 이루어지는 업계에서 일한다면 지역을 넓혀
  서 나라 전체를 둘러봐도 좋다.) 이렇게 하면 자신의 기술을 의미 있게 유지할 수 있다. 그러
  면 구직**해야 할 때** 요즘 시장에서 각광받는 기술 중 적어도 일부는 갖추고 있을 것이다.
- 필요할 때 도움받을 수 있도록 직업적인 네트워크를 꾸준히 성장시키고 유지하라.
- 면접에 적절한 복장을 준비하라. 내가 보기에는 정장 셔츠, 정장 바지, 정장 재킷, 타이 정도
  가 적당하다.

방금 언급한 활동은 이 장의 다른 부분에서 논한 대비 활동과 다르다. 보험 가입, 실업 수당 신청은 한 번 해두면 필요할 때까지 신경 쓸 필요가 없는 일회성 작업이다. 하지만 구직에 대한 대비는 **꾸준히 해야 하는** 활동이다. 이는 단순한 재난 대비가 아니라, 건강한 경력의 일상적인 부분으로 봐야 한다. 그리고 이렇게 구직 도구를 잘 준비해 두었을 때 따라오는 보너스도 있다. 바로 (비상 상황이 아니라) 기회를 만났을 때 기회를 잡을 준비가 된다는 점이다!

7

실천 과제

이 장에서는 여러분에게 **문제가 생길 수 있는 부분**을 생각하고 이를 완화할 대비책을 세우길 바란다.

- 재정 고문 상담을 예약하라. 이들은 어려운 시간을 겪은 다른 사람들을 만난 경험이 있고, 여러분이나 여러분의 거주 지역, 인생 상황에 맞는 좋은 조언을 해줄 수 있다. 이들에게 대비책을 세웠으면 하는 비상 상황의 종류를 설명하고 이들의 대답을 경청하라.
- 미국의 경우 시간당 고정 요금만 받는 고문이 있고 나는 그런 고문을 선호한다. 아니면 기본 요금 외에 추가 요금을 받거나 수수료를 받는 고문도 있다. 이들은 여러분에게 제품을 판매하여 돈을 번다.
- 많은 국가에 재정 고문 자격증이 존재하고, 여러분이 어느 나라에 살든지 인터넷 검색으로 적절한 지역 에이전시를 찾을 수 있을 것이다.
- 월 지출을 꼼꼼히 살펴보고 비상 상황을 위한 예산을 개발하라. 실제 비상 상황이 발생했을 때 빠르게 대처할 수 있게 삭감할 항목과 삭감하지 않을 항목이 예산에 명확히 드러나야 한다. 내 계획에는 빠르게 취소하거나 축소할 서비스와 구독의 웹 사이트와 전화번호까지 포함되어 있다.

- 재정 고문과 이야기한 후에 비상 상황 해결에 도움이 될 만한 보험을 찾아보라. 사망은 가족에게 재정적으로 영향을 미칠 최악의 일이 아닐뿐더러 심지어 가장 흔한 일도 아니라는 걸 기억하라.
- 여러분이 이용할 수 있는 사회 안전망을 조사하고, 그것이 무엇이고, 어떤 혜택을 제공하며, 어떻게 지원받는지, 지원이 시작되는 데 보통 얼마나 걸리는지 문서로 정리하라. 그 모든 문서를 유사시 여러분의 가족이 빨리 접근할 수 있는 곳에 보관하라.
- 매월 또는 매 분기 '구직 정보 업데이트' 프로그램을 실행하여 바로 구직할 수 있는 상태로 유지하라. 이렇게 구직 정보를 업데이트해 두면 예상치 못한 기회를 잡는 등 좋은 이유로 쓰이기도 한다는 것을 기억하라!

20장

기술 전문가를 위한
비즈니스 수학과 용어

자, 이제 지금껏 탐험해 온 소프트 스킬의 세계를 떠나 비즈니스 세계에서 통용되는 기술과 지식의 영역으로 나아갈 차례다. 이런 기술과 지식은 더 성공적인 경력을 쌓으려는 모든 기술 전문가에게 도움이 될 것이다. 비즈니스 세계에는 고유한 언어와 수학이 있다(비영리 조직과 많은 정부 조직도 여기에 포함된다). 기업이 자신에 대해 말하고, 평가하고, 내부 수학을 처리하는 방식을 이해하는 건 생계를 위해 비즈니스 게임에 참여하는 모두에게 엄청나게 큰 도움이 된다.

이런 용어와 개념에 대하여 높은 수준의 중요한 내용을 잘 전달하기 위해 이 장에서 다룰 주제의 세부 사항을 상세히 다루지 않고 넘어가겠다는 걸 미리 분명히 밝혀 둔다. 이 장은 그저 출발점이라고 생각하고, 여러분이 경력을 성공적으로 발전시키는 데 필요한 기술을 구체화하면서 이런 주제를 더 자세히 탐구해 볼 것을 권한다.

1

여러분에게 얼마의 비용이 드는가

나는 몇 년간 직장 생활을 한 후, 내가 직원으로서 파악해 두면 가장 가치 있는 정보는 '회사 입장에서 나에게 얼마의 비용이 드는가'라는 결론에 도달했다. (그래서 가능하다면 다른 사람에게도 얼마나 드는지 알고 싶어 한다. 단순히 연봉을 질투해서는 아니다. 물론 농담이다!)

그 이유는 이렇다. 내가 중요한 업무 절차를 자동화하는 프로젝트에 두어 달 동안 100시간 정도를 소비한다고 가정해 보자. 그 시간을 쓰는 게 적절할까? 너무 많은 시간을 썼나? 시간을 더 쓸 수 있었을까? 회사가 나에게 감사해야 할까? **얼마나** 감사해야 할까? 회사가 나에게 얼마를 쓰는지 알면 이런 질문에 답하는 데 도움이 된다.

내가 월급으로 100,000달러를 받는다고 가정해 보자. (설명하기 쉬운 숫자를 골랐다.) 회사가 나에게 들이는 실제 비용은 100,000달러보다 훨씬 더 많다. 미국에서는 회사가 직원에게 지불한 급여에 대해 세금(내 급여에서 원천징수되는 소득세 외에 추가로 내는 세금)을 내야 한다. 회사는 내 의료 보험과 내 401(k) 퇴직 연금도 내야 하고 스톡옵션 등의 기타 복지 혜택에 대한 비용도 감당해야 한다. 나와 내 동료들이 직원으로 근무하는 한, 회사는 인사부 직원을 고용하고 기타 간접 비용을 내야 한다. 이 모든 것을 설명하기 위해 미국 회사들은 대부분 내 기본 급여에 약 40%를 더한다. 즉 실제 '인건비' 명목으로 나에게 1년에 140,000달러가 든다는 뜻이다. 나에게 드는 **인건비**란 내가 나의 급여 명세서에서 보는 기본 급여에, 고용주가 내는 모든 세금, 복지 관련 비용이 더해진 금액을 가리킨다.

1년간 근무 시간은 약 2,000시간이다. 다시 말하지만, 이는 미국에 국한되는 수치다. 계산 방법은 다음과 같다.

- 1년에 52주가 있다.
- 대부분의 직원에게 유급 휴가 2주가 주어지므로 50주가 남는다.
- 대부분의 미국 회사에는 크리스마스 같은 유급 휴일이 약 5일 있으므로 49주가 남는다.
- 공식적으로 주당 40시간 근무하므로 40시간 x 49주 = 1,960시간이고, 이를 반올림하면 2,000시간이다.

그래서 나에게 드는 인건비 140,000달러를 2,000시간으로 나누면 시간당 인건비는 70달러다. 이것이 회사가 나에게 쓰는 비용이다.

자, 이제 내 자동화 프로젝트로 돌아가 보자. 내 시급이 70달러이므로 내가 100시간 투자하면 회사에는 7,000달러 더하기 그 시간 동안 내가 마신 커피, 사용한 전기세를 비롯하여 너무 복잡해서 일일이 따질 수 없는 기타 간접 비용이 든다. 그래서 내가 쓴 시간이 투자할 가치가 있었을까?

이 모든 것은 투자가 창출한 **수익**에 달려 있다. 내가 자동화한 업무 절차가 이전에는 업무 지원실 신입 직원이 하던 업무이고, 그 업무를 위해 매주 10시간을 썼다고 가정해 보자. 이 직원의 기본 급여는 50,000달러이고, 시간당 인건비는 35달러다. 그 작업을 수동으로 하면 매주 350달러가 든다. 즉 나의 7,000달러 투자가 약 5개월에 해당하는 20주면 회수된다는 뜻이다. 그 정도면 꽤 괜찮은 투자 수익으로 보인다. 12개월 후면 회사는 11,200달러를 절약하는 셈이다.

> **Note ≡ 이런 내용을 이력서에 넣어라**
>
> 이렇게 절약된 금액이 생겼을 때는 추적하라. 이력서에 쓰기 좋은 내용이다. "자동화를 위한 7,000달러의 일회성 투자로 이전 고용주가 연간 20,200달러를 절약했습니다."

나는 이런 계산이 큰 도움이 된다고 본다. 첫째, 내 시간을 어디에 써야할지, 회사 재정 면에서 어떤 프로젝트가 적합한지 등 업무상 결정을 더 똑똑하게 내릴 수 있다. 내가 회사에 제공하는 가치를 회사가 이해하고 공감할 수 있는 방식으로 잘 전달할 수 있다.

> **Note ≡ 다른 사람의 비용은요?**
>
> 직원들의 급여를 공개적으로 공유하지 않는 회사가 많으므로 팀의 비용을 계산하는 것은 어려울 수 있다. 그럴 때는 인사부나 재무부에 요청하여 '급여 모델'을 받아볼 수 있다. 특정 직원이 받는 급여가 아니라 계산에 사용할 수 있는 평균 급여 등의 기타 '일반적인' 급여를 나타낸다.

2

손익계산서 읽기

손익계산서는 기업의 재정 상태를 파악하는 데 쓸 수 있는 이해하기 쉬운 도구다. 때로 이를 통해 기업의 가장 기본적인 동기도 파악할 수 있다. 이를 설명하면서 세부 사항을 상세히 다루지 않고 넘어가겠다는 걸 다시 한번 짚고 넘어가고 싶다. 이 글은 회계사 수준의 설명이 아니라 오리엔테이션을 제공하려는 의도로 작성되었다.

손익계산서는 기업에 대한 **많은** 것을 알려준다. 대부분의 기업은 손익계산서가 공개적으로 돌아다니는 것을 원치 않는다(공개 상장 기업에서는 손익계산서를 법적으로 명시한 특정 관계 외부로 널리 공유하는 것이 허용되지 않는다). 간략한 손익계산서라고 할지라도 회사 수익 대부분이 어디서 오는지, 대부분의 지출이 어디에서 일어나는지 알 수 있다(대체로 급여가 전체 비용의 막대한 부분을 차지한다). 상세한 손익계산서는 훨씬 더 많은 부분을 드러내고 한 회사가 어떻게 운영되는지 제대로 이해하는 데 도움이 된다.

본인의 회사가 간략한 손익계산서를 직원들에게 공유하는지 물어볼 가치가 있다. 만약 공유한다면 확인해 보는 걸 추천한다. 종종 이해할 수 없는 부분도 눈에 띌 텐데 바로 그런 부분이 회사가 다루는 세부 사항을 제대로 파고들어 볼 수 있는 지점이다. 그림 20-1에서 가상의 회사에 대한 손익계산서 예를 볼 수 있다.

그림 20-1 수익, 비용, 경비를 보여주는 손익계산서 예시

록 캐슬 건설
손익계산서
2015년 12월 1일~15일

	15년 12월 1~15일	소득의 %
경상 소득/비용		
소득		
40100 · 건설 소득	57,238.91	99.5%
40500 · 환급 소득 ▶	285.00 ◀	0.5%
총소득	57,523.91	100.0%
매출 원가		
매출 원가	4,563.81	7.9%
고용 비용	21,477.46	37.3%
총매출 원가	26,041.27	45.3%
총이익	31,482.64	54.7%
비용		
60100 · 자동차	81.62	0.1%
62100 · 보험	1,214.31	2.1%
62400 · 이자 비용	32.58	0.1%
62700 · 급여 비용	15,117.86	26.3%
63100 · 배송 비용	69.20	0.1%
63600 · 전문가 수수료	250.00	0.4%
64200 · 수리	175.00	0.3%
64800 · 도구와 기계	810.00	1.4%
65100 · 공과금	122.68	0.2%
총비용	17,873.25	31.1%
순 경상 소득	13,609.39	23.7%

기업마다 조금씩 다르게 작성하지만, 일반적으로 윗부분에는 호재_{Good}

News로 분류되는 항목이 있다. 여기서 말하는 호재란 **수익**이다.

수익

모든 손익계산서의 상단에는 회사의 **소득**_{income}이 있고, 여기에는 **수익**_{revenue}이 포함된다. 다른 유형의 소득에 은행 저축 계좌에서 번 이자가 포함될 수 있지만, 실제 기업을 운영해서 번 돈을 가리키는 수익이 중요하다.

우선 회사가 **현금주의**_{cash basis}*로 운영되는지, **발생주의**_{accrual basis}†로 운영되는지 알아 두는 게 좋다. 이를 명시하는 손익계산서도 있긴 하지만 (내가 든 예에는 명시되어 있지 않다) 그렇지 않은 경우에는 상사에게 물어봐야 한다. 규모가 작은 회사는 대부분 현금주의를 사용하는데, 이는 이들이 보유하고 있는 현금은 진짜 현금으로 수익에 가산되며, 이들이 지불한 비용은 실제 정산한 지불금이고 비용으로 계산된다는 뜻이다. 모든 개인 가정이 이런 방식으로 운영되며 이 방식이 이해하기 가장 쉽다.

발생주의는 조금 더 복잡하고 대부분의 대기업이 사용한다. 회사의 재정 건전성에 대해 더 균형 잡힌 그림을 보여주기 때문이다. 발생주의에서는 여러분이 **인보이스**나 **청구서**를 발행했다면 아직 현금을 받지 않았더라도 수익으로 계산된다. 여러분이 인보이스나 청구서를 받았다면 아직 그에 대해 지불하지 않았더라도 비용으로 계산된다. 기본적으로 현금주의는 주어진 기간 동안 발생한 실제 현금과 비용을 계산하고, 발생주의는 실제 소득과 비용에 예상 소득과 비용을 더하여 계산한다.

---

* 역주 실제 현금을 주고받은 시점을 기준으로 회계에 반영하는 처리 원칙이다.

† 역주 현금주의의 반대되는 개념으로 실제 현금이 오간 시점이 아니라 발생된 시점을 기준으로 회계에 반영하는 처리 원칙이다.

그런데 현금주의인지 발생주의인지 신경 쓰는 이유는 무엇일까? 이 둘은 세금 같은 부분에서 큰 차이가 난다. 현금주의 회사는 판매회사에서 인보이스를 받으면 그 인보이스가 실제 지불될 때까지 '계산'에 넣지 않는다. 만약 여러분이 인보이스를 과세 연도 말에 받았는데, 다음 과세 연도가 될 때까지 지불하지 않는다면 그 비용을 이전 연도에서 공제할 수 없다. 그 비용은 실제 지불된 연도에 공제된다. 많은 현금주의 회사가 연말에 인보이스를 급하게 지불하는 이유가 여기에 있다. 발생주의 회사는 그 반대다. 이들은 그 비용을 공제하고 싶어서 연말에 인보이스를 서둘러 **받고** 다음 연도까지 종종 **지불**하지 않아서 인보이스를 보낸 사람들을 답답하게 만든다.

수익도 여러 유형이 있다. 가장 흔한 수익은 **경상 소득**ordinary income이다. 이는 아주 간단히 말해서 제품을 팔거나 서비스를 수행하고 대가를 받는 대부분 형태의 기업에서 버는 수익이다.

> ### Note ≡ 백분율 vs. 실제 금액
> 그림 20-1의 커다란 화살표가 '소득의 %'를 가리키고 있는 것이 보일 것이다. 많은 기업이 이런 비율을 실제 금전적 가치보다 더 중요시한다. 이 예시에서는 급여가 소득의 26.3%로 비용 단일 항목 중에 가장 큰 비율을 차지한다. 경비를 줄여야 한다면 가장 큰 이 항목부터 봐야 할 것이다.

구독 소득은 약간 다르다. 여러분이 매달 10달러를 부과하는 서비스를 운영한다고 가정해 보자. 하지만 실제 청구는 일 년에 한 번 이루어진다. 그래서 여러분은 고객에게 청구서를 보냈고 고객은 그 요금을 지불했다. 사실 120달러를 받자 마자 전부 수익으로 '인정'할 수 없다. 매달 10달러로 인정해야 한다. 그게 실제 여러분이 번 돈이기 때문이다. 이는 모두 일반적으로 인정된 회계 관행Generally Acceptable Accounting Practices, GAAP이라는 일련의 규칙 때문이다.

매출 원가 Cost of Goods Sold, COGS는 또 다른 형태의 수익이고 손익계산서의 호재나 수익 섹션에 표시한다. 매출 원가는 설명하기 좀 복잡하다. 여러분이 비어 있는 소형 캔 몇천 개, 견과류 몇 톤을 구매했다고 가정해 보자. 여러분의 회사는 견과류를 캔에 채워서 완제품으로 판매한다. 견과류와 캔을 구매한 비용이 매출 원가, 즉 '제품을 판매하기 위해 내야 하는 비용'이다.

세금 관점에서는 판매가 이루어지기 전까지 구매 비용을 손실로 처리할 수 없다. 그래서 구매한 연도에 견과 절반을 팔았다면 견과 비용의 절반을 같은 연도에 손실로 처리하고 나머지 부분에 대해 세금을 낸다. 만약 나머지 절반을 다음 연도에 팔았다면 판매한 연도가 될 때까지 그 비용을 손실로 처리할 수 없다. 이것이 일부 회사가 재고를 그토록 싫어하는 이유다. 재고 구매에 쓴 돈에 대한 소득세를 실제 그 재고를 판매할 때까지 낸다. 이것이 자동차 판매업자가 연말에 파격 세일을 진행하는 이유다. 그래야 재고를 팔고 그 비용을 손실로 처리할 수 있다.

많은 회사에 은행 이자, 투자, 부채 회수 같은 다른 종류의 소득이 있다. 이 또한 손익계산서 수익 섹션에 전부 적어야 한다.

회사의 총수익에서 판매한 제품의 비용을 빼면 총이익이 되며, 그 총액 또한 손익계산서에 기재된다. 어떤 기업이 견과류와 캔에 100만 달러를 썼고 1년 이내에 전부 팔아서 200만 달러의 수익을 올렸다면 총이익은 100만 달러이고 **총이익률**gross profit margin은 50%가 된다. 대부분의 산업에 대략적인 표준 총이익률 목표가 있으며, 이는 업계의 다른 회사들과 기본 수익성을 비교하는 하나의 방법이다.

비용

다음은 악재Bad News 섹션, 다시 말해 비용이다. 이는 회사가 판매한 제품에 든 비용 외에 쓴 돈을 가리킨다. 여기에는 광고, 급여, 세금, 사무용품 구매에 든 비용을 비롯해 회사가 쓴 모든 자잘한 비용이 포함된다. 고객에게 제공한 할인도 여기에 포함된다. 많은 CEO가 할인을 싫어하는 이유도 여기에 있다. 할인해 준 금액은 기업의 파산 여부를 확인하기 직전에 손익계산서 '하단'에서 볼 수 있는 거대한 마이너스 숫자이기 때문이다.

총이익에서 총비용을 뺀 금액이 여러분의 순이익net profit 또는 순손실net loss이고, 손익계산서profit and loss statement의 이름은 여기에서 왔다. 대부분의 산업에는 순이익 기준이 있으며(비율로 표현됨), 많은 회사가 이러한 업계 표준을 충족하거나 능가하려 노력한다.

애플을 예로 들어 보자. 2007년 이들은 최초의 아이폰과 아이팟 터치를 선보였다. 두 기기 모두 iOS v1.0이 설치되어 있었다. 하지만 애플이 첫 번째 iOS 업데이트를 출시했을 때 아이폰 사용자는 이를 무료로 받았는데, 아이팟 터치 사용자는 20달러 정도 내야 했다. 어떻게 된 일일까?

당시 애플은 AT&T를 통해 월 납입금을 받고 있어서 아이폰에서 기인하는 약간의 월 수익이 발생하고 있었다. 애플은 아이폰이 최초 출시된 대로 완성된 상태였고, 매월 점진적으로 들어오는 수익은 iOS 업데이트를 통해 이루어지는 후속 '개선'에 대해 받는 금액이라고 말할 수 있었다.

하지만 아이팟 터치에 대해서는 그렇게 말할 수 없었다. 이 제품에 대해서는 고객에게 선불로 전액을 청구했기 때문이다. '개선 사항'을 출시한다는 건 애플이 **제품의 가치를 향상**시키고 있다는 뜻이자, 모든 수익을 재작성해야 한다는 뜻이었다. 최초 출시 당시 아이팟은 '미완'의 상태였으므로, 애플은 애초에 받은 250달러 정도의 금액이 아이팟 1대가 올린 총수익이라고 주장할 수 없었다. 마치 구독 서비스와 비슷했다. iOS 업데이트에서 오는 '새로운 가치'도 수익에 반영되어야 했다. 애플은 부기*를 단순화하기 위해 업데이트 비용을 청구하여 업데이트가 자체 수익을 '올리게' 했다.

　이는 그렇게 하지 않아도 되도록 애플이 부기를 처리하는 방식과 수익이 어디에서 기인하는지 보는 방식을 개정하기 몇 년 전의 일이다. 애플의 초기 손익계산서를 보는 것만으로도 특이한 점이 눈에 띄고 그런 온갖 흥미로운 뒷이야기를 드러내는 질문이 샘솟을 것이다.

---

* **역주** 경제 주체가 자산, 자본의 변동 내역을 장부에 기록하는 것을 가리킨다.

3

평균

많은 활동에서 유용한 평균이라는 개념은 기업 활동에서도 확실히 유용하다. 하지만 사람들은 종종 평균을 오해한다. 언젠가 남성 면도날에 대한 기사를 읽은 적 있다. 기자는 질레트 대표에게 면도날이 평균적으로 얼마나 오래 유지되는지 물었다. 대답은 대략 '사람마다 너무 달라서 평균은 의미가 없다'는 것이었다. 통계학자가 들으면 감탄할 이야기다. 사실 그것이 평균의 핵심이기 때문이다.

실제로 세 가지 유형의 평균이 있다. 각각은 일련의 숫자를 가지고 전체 그룹을 대표하는 '중간 지점'을 제시한다. **평균**mean은 모든 숫자를 더해서 전체 숫자의 개수로 나눈 값이다. 이는 **산술 평균**arithmetic mean이라고 부르기도 하며, 대부분의 사람이 '평균'이라고 말할 때 생각하는 것이 이 값이다. 이 값은 특잇값 때문에 어느 한쪽으로 인위적으로 치우칠 수 있다는 게 단점이다. 가령 99개의 '50'에 1개의 '7,000,000'이 포함된 숫자 그룹이 있다고 해보자. 그러면 평균이 '70,000'이 넘지만, '70,000'은 대부분이 '50'으로 구성된 그 숫자 그룹을 전혀 대표하지 못한다. 그러므로 평균을 볼 때 평균 주변에 실제 얼마나 많은 값이 모여 있는지 알기 위해서는 기저에 있는 데이터를 살펴볼 필요가 있다.

중앙값median은 표본의 중간 지점으로, 전체 값의 절반은 위에, 나머지 절반은 아래에 있다. 이 값은 문자 그대로 '중간 지점'을 찾는 데 유용하다. 실제 많은 업무 상황에서 평균보다 중앙값이 약간 더 유용하다. 특잇값을 자동으로 고려하기 때문이다. 멀리 떨어진 특잇값이나 가까이 있는 특잇값이나 중앙값을 '이동시키지' 못하는 건 마찬가지이므로 중앙값에서는 특잇값의 영향이 줄어든다.

최빈값mode은 표본 세트에서 가장 흔한 숫자를 가리킨다. 1, 2, 2, 3, 4, 5, 6, 7로 이루어진 세트의 최빈값은 2다. 표본 값 중 가장 흔하기 때문이다. 그렇다면 기업의 관점에서 평균을 신경 쓰는 건 언제일까?

- 개발자 생산성을 확인하는 중이라면 단위 테스트를 전부 통과한 코드 커밋의 수 같은 지표를 볼 수 있다. 부분적으로 각자가 어떤 프로젝트를 진행 중인지에 따라서 개발자마다 생산성 수준이 분명히 다를 것이다. **중앙값**은 조직이 전체적으로 어디에 있는지 파악할 때 유용할 수 있다. '표준 이상과 이하', 즉 중앙값의 위와 아래를 살펴보면서 각 수치가 어떤 의미를 나타내는지 파악해 갈 수 있다.
- 서버 가동 시간을 확인하는 중이라면 해당 서버가 1개월처럼 정해진 기간 동안 가동되거나 중단된 일수의 **최빈값**을 볼 수 있다. 한 달 내에 '가동된 일수'의 숫자 중 가장 흔한 값이 28이라면 가동 시간이 그보다 **낮은** 서버에 집중해서 차이가 나는 이유가 무엇인지 파악할 수 있다.
- 조직 전반에 걸쳐 사람들이 내는 유급 휴가 일수의 평균을 측정하고 싶다면 **산술 평균**을 볼 수 있다. 대부분의 조직에서 유급 휴가 일수에는 특잇값이 많지 않으므로 평균과 중앙값이 비슷할 것이다. 물론 평균과 중앙값 둘 다 볼 수 있고, 두 값에 큰 차이가 있다면 고려해 볼 특잇값이 있다는 것을 알 수 있다.

대럴 허프Darrell Huff의 『새빨간 거짓말, 통계』라는 재미있는 책을 추천한다. 사람들이 숫자와 심리학을 어떻게 왜곡하는지 보여주고, 여러분을 비즈니스 수학에 훨씬 더 능통하게 만들어 줄 훌륭한 책이다.

4

운영 비용과 자본 비용

기업에서는 크게 **운영 비용**Operational Expenses, OpEx [*], **자본 비용**Capital Expenses, CapEx [†]이라고 하는 두 가지 유형의 비용이 발생한다. 이 두 비용이 어떻게 작동하는지, 그리고 여러분의 회사가 각각에 어떻게 접근하는지 이해하면 회사가 내리는 일부 업무상 결정에 대한 통찰을 얻을 수 있다.

두 가지 유형의 비용 이해하기

운영 비용이란 임대료, 급여, 공과금, 판매업체에서 구매하는 반복 서비스 등 기업 운영을 위해 반복해서 발생하는 비용을 가리킨다. 운영 비용은 회사의 가치를 높이지 않는다. 직원의 급여를 두 배로 늘려 준다고 해서 회사의 가치가 두 배로 올라가는 건 아니다. 급여를 두 배로 늘려 준다면 회사가 하는 일의 결과를 두 배(또는 그 이상) 늘려서 회사 전체 가치를 높이길 희망하는 상황이라고 추정할 수 있다.

[*] **역주** Operational Expenditure라고도 하며 영업 비용, 운영 지출, 업무 지출 등으로 옮기기도 한다.
[†] **역주** Capital Expenditure라고도 하며 투자 비용, 자본적 비용, 자본적 지출 등으로 옮기기도 한다.

자본 비용은 일회성 비용일 수도, 일정 횟수 이상 지불하는 비용일 수도 있다. 새 기계(컴퓨터 등) 구입하기, 건물 짓기, 다른 회사 인수하기 등은 모두 자본 비용이다. 이런 비용은 일반적으로 투자한 자본의 가치만큼 회사의 가치를 높인다. 즉, 새 창고를 건설하는 데 100만 달러를 쓴다면 아마 회사의 가치가 100만 달러만큼 높아질 것이다. 이론상으로는 그 건물을 언제든지 팔아서 자산을 현금으로 전환할 수 있기 때문이다.

회사들은 종종 대출을 받아서 큰 자본 지출을 감당한다. 그런 경우 대출의 원금은 자본 투자이고, 대출 이자 상환은 운영 비용이다.

회사마다 운영 비용과 자본 비용을 보는 관점이 다른데, 그런 관점은 해당 회사가 속한 산업의 영향을 받는 경우가 많다. 예를 들어 소규모 기술 스타트업은 운영 비용을 최대한 많이 쓰는 걸 선호할 수 있다. 사무실 건설보다는 임대를 선호하고, 데이터 센터를 짓고 직접 서버를 구매하기보다는 클라우드 서비스 제공업체를 통해 서비스를 배포하려고 할 수 있다. 초장기적으로 본다면 더 많은 돈이 들 수 있는 방법이지만, 단기적으로는 **현금 소진**cash burn을 막고, 투자자의 돈을 소비하는 속도를 제어하는 데 도움이 된다. 사무실 임대에 매월 10,000달러를 쓰는 건 새 건물을 짓느라 한 번에 100만 달러를 쓰는 것에 비해 비용이 분산된다.

세법도 회사의 운영 비용, 자본 비용에 대한 접근법에 영향을 미칠 수 있다. 예컨대 미국의 국세청(연방 세무 기관)은 기업에 내구재의 감가상각을 요구한다. 예를 들어 컴퓨터 장비는 일반적으로 5년간, 사무용 가구는 10년간 감가상각된다. 컴퓨터 장비에 10만 달러를 썼다면(자본 비용) 그 해의 회사 세금에서 전액을 공제받을 수 없다. 대신 그 금액의 1/5인 2만 달러씩 5년간 공제받을 수 있다.

문제는 모든 컴퓨터를 5년간 쓸 수 있는 것이 아니어서 노후한 장비를 붙들고 감가상각해야 한다는 점이다. 내가 일했던 한 회사는 노트북과 데스크톱 컴퓨터를 3년간 **임대**하는 방법으로 이 문제를 회피했다. 3년은 장비가 쓸 만한 상태로 유지되는, 훨씬 더 현실적인 기간이다. 임대 비용은 운영 비용이므로 이 경우 자본 비용이 운영 비용으로 전환된다. 임대가 끝나면 제조업체는 우리가 사용한 기기를 개조해서 다른 사람에게 판매하고, 새로 3년 임대 계약을 맺은 새 컴퓨터를 채운 작은 트럭을 우리 회사로 보냈다.

사업적 결정에 미치는 영향

운영 비용과 자본 비용의 작동 방식과 회사가 이 두 가지 유형의 비용을 보는 관점을 이해하면 재정과 관련한 회사의 많은 의사 결정을 이해할 수 있다. 가령 현금을 보존하려고 채용 속도를 늦추겠다던 CEO가 갑자기 다른 회사를 8,000만 달러에 인수한다고 하면 이상한 일처럼 보일 것이다. 도대체 어떻게 된 일일까?

급여는 운영 비용이다. 일반적으로 회사는 운영 비용을 내기 위해 대출을 받지 않는다. 운영 비용은 회사의 가치를 높이지 않기 때문이다. 급여를 주려고 연간 100만 달러를 대출받는다면 대출 이자까지 고려할 때 급여로 125만 달러를 지불하는 것이다. 그러면 실제 급여보다 25%를 더 내는 셈이고 이는 회사의 가치를 높이는 데도 전혀 도움이 되지 않는다. 투자자들이 그다지 좋아하지 않을 것이다.

기업 인수 합병은 대개 자본 비용이다. 보유한 현금을 소비하는 대신 여러분은 8,000만 달러 대출을 받아서 수십 년에 걸쳐 갚을 수 있다. 이렇게 하면 회사의 가치가 8,000만 달러 또는 그 이상으로 높아지므로 투자자들도 개의치 않는다. 실제 그 8,000만 달러는 '세탁'이다. 다시 말해 현금을 새로운 비현금성 자산으로 바꾸는 것이다. 운영 비용은 회사 가치를 높이기 위해 '거래하는 금액'이고, 보통 새로운 기업 인수를 통해 회사의 전체 수익을 증가시켜서 인수에 든 운영 비용이 상쇄되리라 기대한다.

오늘날 대부분의 회사는 특히 기술 비용과 관련하여 운영 비용으로 최대한 늘리는 추세다. 자체 데이터 센터를 세우기보다 소프트웨어를 클라우드에 호스팅한다는 뜻이다. 이는 다른 운영 비용(자체 데이터 센터를 유지하기 위해 고용해야 하는 사람들의 급여 등)을 낮추고 잠재적으로 자본 비용을 현금으로 전환(데이터 센터가 있던 건물 매각 등)할 수 있기 때문이다.

운영 비용은 회사가 더 빠르고 세밀하게 확장하는 데 도움이 되기도 한다. 예를 들어 내가 일했던 한 닷컴 회사는 웹 사이트 전체를 회사 소유의 서버 3대에서 실행했다. CEO는 주간 TV 프로그램을 통해 대대적인 푸시 마케팅push marketing*을 진행하려고 할 때 서버 팜server farm이 부하를 감당할 수 있을지 물었다. 우리는 '절대 안 된다'고 답했다. 그러자 CEO는 사이트 용량을 늘릴 수 있는지 물었다. 우리는 이렇게 답했다. "물론 할 수 있죠. 그런데 하드웨어 비용이 4만 달러 정도 들 거고, 설치하는 데 한 달 정도 걸릴 거예요." 우리 회사에는 안타깝게도 4만 달러가 없었다. 작은 스타트업이 감당하기에 큰 자본 비용이었다. 요즘은 부하를 늘리는 기간에 대해 약간의 추가 운영 비용을 내고 버튼 하나만 누르면 애저Azure나 아마존 웹 서비스Amazon Web Services, AWS의 자원을 확장할 수 있다. 그리고 부하가 줄어들 때 다시 축소하여 운영 비용을 줄일 수 있다.

---

* 역주 기업이 브랜드나 제품을 홍보하기 위해 공격적인 공급을 통해 시장의 수요를 끌어내는 마케팅 방식이다.

5

비즈니스 아키텍처

    비즈니스 아키텍처는 기업이 임무를 수행하기 위해 조직되는 방식을 지칭한다. 다소 어렵게 느껴질지 모르나, 비즈니스 아키텍처는 아주 흥미로울 뿐 아니라 회사 내부 프레임워크와 그 프레임워크가 회사를 운영하는 방식을 이해하는 데 도움이 된다. 비즈니스 아키텍처를 표현하는 여러 방식이 존재하지만, 내가 개인적으로 가장 좋아하는 방식은 **기능**function, **서비스** service, **능력**capability의 개념을 사용하는 방식이다. 많은 이가 마치 이런 용어를 서로 바꾸어 써도 되는 것처럼 섞어서 사용하지만, 비즈니스 설계를 제대로 깊이 들여다보면 각각 뚜렷이 구분되는 중요한 의미를 지닌다.

    아마도 가장 세분화된 수준은 **능력**일 것이다. 능력은 회사 내 어떤 사람이나 그룹이 할 수 있는 작업 세트를 가리킨다. 능력에는 트럭에 상자 싣기, 대출받는 데 필요한 데이터 처리하기, 호텔 예약하기 등이 포함될 수 있다. 하나만 떼어 놓고 본다면 능력은 판매할 수 있는 대상이 되지 못하는 경우가 많다. 예를 들어 햄버거를 잘 만드는 것은 훌륭한 능력이지만, 하나의 능력만으로 레스토랑을 운영하는 건 불가능하다. 레스토랑을 운영하려면 주문받고, 결제받고, 고객이 떠난 테이블을 깨끗이 치우는 등의 일을 할 수 있어야 하고, 그 각각이 개별 능력이다.

그림 20-2 비즈니스 능력이란 어떤 기업이 할 수 있는 세분화된 일을 가리킨다

비즈니스 기능은 고객이 원할 만한 제품 요소나 서비스 요소 같은 결과로 정의될 수 있다. 패스트푸드 메뉴를 생각해 보자. 여기에는 고객이 원하는 버거 같은 항목이 포함될 수 있다. 하지만 버거는 고기의 온도, 토핑, 빵 종류 등 고객이 신경 쓰는 옵션에 따라 나눌 수 있다. 그런 옵션이 기능이다. 조금 더 비즈니스다운 예를 들어 소포를 배송하고 싶어 하는 고객이 있다고 하자. 고객은 소포를 배송업체에 가져가고, '소포 배송'은 그 배송업체의 능력이다. 그러한 능력을 갖추고 있는 경우 배송 속도, 특정 목적지에 갈 수 있는 역량, 특정한 크기의 소포를 처리할 수 있는 역량 등이 기능이다. '토핑으로 케첩'을 제공하는 기업은 있을 수 없다. 토핑은 기업이 가진 능력의 한 가지 기능에 불과하다.

그림 20-3 비즈니스 기능이란 고객이 원할 만한 결과다

내부적으로 **서비스**는 **프로세스**process가 정의한 순서대로 능력을 결합하여 기능이 고객에게 한 약속을 지키도록 돕는다. 국내 소포 배송은 서비스다. 이 서비스에는 비용 계산하기, 운송 형태 고르기, 물류 계획하기, 소포 이동하기 같은 특정 능력이 필요하며, 그런 능력을 특정 순서로 수행해야 한다.

그림 20-4 비즈니스 서비스는 능력의 집합이다

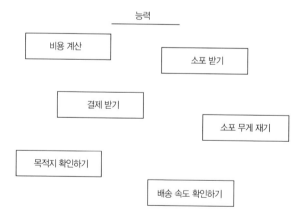

그림 20-5 비즈니스 프로세스는 능력을 순서대로 조립하여 하나의 결과를 낸다

프로세스

소포 무게 재기

목적지 확인하기

배송 속도 확인하기

비용 계산하기

결제 받기

소포 받기

비즈니스 **프로세스**는 그런 능력이 실행되는 순서를 정의한다. 그래서 능력이 특정 프로세스에 따라 실행되면 서비스가 만들어진다. 서비스는 보통 기능에 대응하므로 고객이 기능을 주문하면 서비스가 실행되어 고객에게 제공된다.

특정 순서로 실행되는 여러 개별 서비스로 구성된 더 높은 수준의 프로세스가 존재할 수 있으며, 그런 일은 꽤 흔하게 일어난다. 이런 경우 한 서비스는 여러 프로세스의 요청을 받는 일종의 독립적이고 자족적인 능력의 집합일 수 있다. 예를 들어 '4번 통로에 엎질러진 음료 치우기'나 '고객의 토사물 수습하기' 같은 여러 프로세스가 '청소' 서비스를 요청할 수 있다. 이런 프로세스에는 '구급차 호출하기' 같은 다른 서비스도 포함될 수 있다.

그래서 한 프로세스는 **하나 이상의 서비스**로 구성될 수 있고, 각 서비스에는 서비스 이행을 위한 **고유한** 프로세스가 있을 수 있다. 기능을 보면 그 기업의 조직도가 어떤 모습일지 알아내는 데 힌트를 얻을 수 있다. (기능은

그 기업이 무엇을 제공하는지 보여주는 추상적이고 고객 지향적인 정의이기 때문이다.) 나는 평소 고객은 기업이 무엇을 판매하는지만 보고도 기업 조직도의 상위 계층 정도는 추론할 수 있어야 한다고 말한다. 예를 들어 나는 라스베이거스 카지노 호텔에 호텔 운영, 게임, 엔터테인먼트, 식음료 등의 부서가 조직도 상위 계층에 있을 것이라고 예상한다. 이런 예상을 벗어나는 조직도가 있는 리조트라면 비효율적으로 운영되거나, 고객에게 훌륭한 경험을 제공하는 데 어려움을 겪고 있으리라 예상할 것이다. 기업의 비즈니스 기능, 즉 여러분이 제공하는 메뉴가 여러분이 판매하는 것이므로 조직도는 당연히 그러한 서비스 제공이 용이하도록 설계되어 있을 것이다. 이를 다음과 같이 간략히 정의할 수 있다.

- 기능은 추상적이고 고객 지향적인 정의다. 기능이 요청하는 유일한 대상은 프로세스다.
- 프로세스는 기능을 제공하기 위해 특정 순서로 서비스를 결합한다.
- 서비스는 능력을 결합한다. 능력은 대개 고유한 내부 프로세스에 따라 실행된다.
- 능력은 세분화된 개별 작업이며, 합쳐져서 결과를 만들어 낸다.

이 모든 것은 어느 정도 모듈처럼 작동한다. 잘 설계된 서비스는 높은 수준의 비즈니스 프로세스 전반에서 쓰일 수 있다. 예를 들어 여러분의 회사에 고객에게 물건을 배송하는 부서 네 개가 존재한다면 네 부서 모두 배송 시 동일한 내부 서비스를 이용하는 것이 이상적이다. 그렇지 않다면 최대의 효율을 내지 못해서 시간, 돈, 수고가 낭비되고 고객에게 일관성 없는 결과가 전달될 가능성이 높다. **그것**이 '비즈니스 아키텍처'가 중요한 이유다. 기업을 분석해서 불필요한 서비스가 중복되는지 알아내고(유기적으로 성장한 어느 회사에서나 있을 수 있는 일이다) 더 효율적이고 일관성 있는 모델로 신중하게 설계하는 것이다.

이런 용어에 대한 다른 정의도 존재한다는 걸 잘 알지만, 대체로 가장 일반적인 정의는 내가 이 책에서 설명한 것과 거의 일치한다. 여러분의 기업에서 이런 용어를 조금 다르게 사용한다고 하더라도 이런 개념들이 구조를 이루고 있다는 것을 이해하는 것만으로도 **여러분**이 속한 기업의 구조를 더 쉽게 배울 수 있다. 내가 이런 용어를 사용한 방식의 '옳고 그름'보다는 이런 용어가 기업의 본질적인 개념과 관련한 필수 용어라는 **사실**을 아는 것이 여러분에게 개인적으로 더 중요할 것이다.

그래서 이 모든 게 여러분에게 어떤 의미일까? 만약 내가 피자 가게를 운영하며 피자를 만든다면 내 **능력**이 내 가게가 제공하는 **서비스**에 실제 어떻게 기여하는지, 내 능력이 수행되는 **프로세스**는 무엇인지 이해해야 한다. 해당 **기능**이 고객에게 어떻게 표현되는지 이해해야 한다. 다시 말해 고객이 보는 메뉴를 읽는 것으로 시작해야 한다. 주방이 작동하는 프로세스도 이해해야 한다. 그 모든 정보는 내가 내 일의 전체 맥락을 이해하고 매끄럽게 일을 수행하는 데 도움이 된다. 내가 내 능력을 수행하는 방법을 바꾸면 같은 프로세스에서 다른 일을 수행하고 있는 다른 사람에게도 영향을 준다는 것 또한 이해해야 한다. 피자를 잘못된 타이밍에 오븐에 넣으면 이어지는 전체 프로세스에 지장을 주어서 고객에게 피자가 제대로 배달되지 못할 것이다. 내 피자 조리 서비스는 도우 만들기, 토핑 올리기, 조리하기 같은 능력이 결합하여 '조각 판매용 피자 만들기', '방문 고객용 피자 만들기', '배달용 피자 만들기' 같은 여러 프로세스에 일관되게 쓰여야 하는 서비스다. 고객들이 보는 '피자 주문'이라는 기능은 결과가 일관되리라는 예상 하에 이런 프로세스 중 적절한 것을 요청할 수 있다.

6

실천 과제

- 자신의 시간당 인건비를 계산해 보라. 인건비 계산에 일반적으로 사용하는 승수가 얼마인지 상사나 회사 재무팀에 물어보라.
- 여러분이나 여러분의 팀이 정기적으로 수행하는 활동 중에 지나치게 큰 비용이 드는 활동을 떠올려 보라. 아마 어려운 소스 제어 시스템으로 작업하기, 불필요하게 서버 재구성하기, DNS 문제 해결하기 등 다른 기술적 활동 때문일 것이다. 그런 활동에 쓰는 시간을 절약할 수 있다면 각 직원의 인건비를 고려하여 계산할 때 연간 얼마의 비용이 절약되겠는가?
- 기능, 프로세스, 서비스, 능력 중에서 자신의 팀이 무엇을 담당하고 있는가? 팀이 속한 부서는 무엇을 담당하는가? 회사는 전체적으로 무엇을 담당하는가? 예컨대 회사 서비스의 본질이 어떻게 특정 팀의 기능으로 요약되는지 이해하는 건 때로 도움이 된다. 그런 부분을 이해하면 회사 수준의 결과에 자신이 구체적으로 어떤 영향을 미치는지 더 쉽게 이해할 수 있다.
- 여러분의 회사가 정기적으로 경험하는 운영 비용과 자본 비용은 무엇인가? (힌트: 급여는 운영 비용이다.) 회사가 원하는 경우 운영 비용으로 전환할 수 있는 자본 비용은 무엇일까?

더 읽을거리

- 대럴 허프, 『새빨간 거짓말, 통계』(청년정신, 2022)

- Gary Clendenen, Stanley A. Salzman, Charles D. Miller, 『Business Mathematics, 12th ed.』(Pearson, 2018)

26장

구직을 준비하라

요즘 구직 활동은 과거에 학교에서 배운 방식보다 훨씬 더 복잡하고 미묘해졌다. 이제 우리는 AI 심사 시스템, 키워드 기반의 지원자 추적 시스템, 더 복잡한 보상 패키지compensation package 등 때로 구직자에게 드러나지 않는 다양한 요소를 다뤄야 한다. 이제 구직을 위한 도구 상자를 현대화할 때다. 성공적인 구직은 실제 일자리에 지원하기 몇 달, 심지어 몇 년 전에 시작되기 때문이다.

1

지금 해야 할 구직 활동

실제 구직 활동을 **시작**할 때가 되어서야 구직 활동에 관심을 갖는 건 곤란하다. 실제 구직에 착수하기 훨씬 전에 시작하여 **항상** 정진해야 할 두 가지 활동이 있다.

- 자신의 브랜드를 관리하기 시작하여 지속적으로 관리한다. 그 방법은 2장에서 소개했다.
- 직업적인 네트워크를 만들고 보살피고 성장시키고 관심을 기울인다.

솔직히 말하겠다. 이 장의 상당한 분량을 이력서 정리 방법을 소개하는 데 할애하고 있지만, 그 이력서를 채용 담당자 앞에 가져다주는 것은 여러분의 인적 네트워크일 것이다. 여러 온라인 채용 공고 웹 사이트에 단순히 이력서를 제출하는 것만으로는 부족하다. 그런 사이트에 올라온 어떤 채용 공고든 지원하는 사람이 수천 명일 것이다. 여러분의 이력서를 높이 쌓인 이력서 더미에서 꺼내 사람의 눈앞에 놓아 주는 건 여러분의 네트워크다. 하지만 실질적으로 힘이 되는 직업적인 네트워크를 만드는 데는 몇 년이 걸린다. 이 네트워크에는 업계 지인, 리크루터, 동료를 비롯하여 여러분이 미칠 수 있는 '범위'를 더 널리 확장시키는 사람들이 포함될 수 있다. 아직 네트워크 관리를 시작하지 않았고 앞으로도 할 생각이 없다면 여러분의 경력을 여러분이 원하는 방향으로 이끌기 힘들 것이다.

2

자신의 브랜드를 검토하라

2장에서 다른 이들이 여러분을 만나기도 전에 여러분에게 무엇을 기대할지 알려주는 공개적인 버전의 여러분을 가리키는 '개인 브랜드'의 개념을 설명했다. '개인 브랜드'가 그 어느 때보다 중요한 시점은 구직 활동을 준비할 때다.

자신의 '개인 브랜드'를 관리하는 시점은 여러분이 일자리를 찾을 준비가 되었을 때가 아니다. 여러분의 브랜드는 항상 인식하고 보살펴야 한다. 하지만 구직 활동 시기는 시간을 들여서 자기 브랜드의 상태를 진지하게 검토하고, 구직에 성공할 수 있게 수정할 부분을 손보기가 매우 좋은 시점이다.

전문가 브랜드와 구직 활동

구직 활동 절차를 채용 담당자의 관점에서 생각해 보라. 채용 담당자는 완벽히 낯선 사람을 만나서 그 사람에 대한 글(이력서)과 말(면접)에만 거의 의존하여 그 사람이 그 자리를 차지할 자격을 갖췄는지, 팀에 잘 어울릴지,

그 사람을 채용하는 게 현명한 선택일지 결정해야 하는, 불가능해 보이는 임무를 수행한다.

나는 채용 업무를 담당해 본 경험이 많다. 무시무시했다. 채용은 자신과 자신이 책임지고 있는 일에 영향을 미치는 엄청난 결정이다. 그 결정은 이미 자리 잡고 있는 팀에 영향을 미칠 것이고, 회사 전체에도 영향을 미칠 것이다. 잘못 선택한다면 누군가를 해고해야 하는 더 끔찍한 입장에 처한다. 이 모든 생각을 하는 것만으로도 위경련이 오는 것 같다.

그래서 요즘처럼 항상 온라인에 연결되어 살아가는 시대의 채용 담당자는 인터넷으로 눈을 돌려 **진정한** 여러분에 대해 더 알아본다. 진짜 여러분. 여러분이 면접에 데리고 오는 '사람'이나 이력서를 위해 만든 '사람' 말고. 이들은 **진짜** 여러분에 대해 알고 싶어 한다. 대부분의 사람들이 경계를 늦추고 진짜 자아처럼 행동하는 곳이라면 이런 정보를 쉽게 찾을 수 있을 것이다. 그런 곳이 어디냐고? 바로 인터넷이다. 더 구체적으로 말하자면 SNS다. 기술 전문가에게 'SNS'의 범위는 페이스북, 트위터, 링크드인, 인스타그램으로 국한되지 않는다. **훨씬** 더 넓은 영역에 걸쳐 있다. 깃허브, 스택오버플로, 질의응답 웹 사이트 같은 사이트를 비롯해 여러분을 볼 수 있고 여러분의 기여를 리뷰할 수 있는 기술 전문 사이트 모두 여러분의 'SNS 발자취'에 포함될 수 있다. 여러분이 공개적으로 한 모든 것이 **개인 브랜드**의 일부가 된다. 그런 곳에서 여러분이 어떤 사람인지 드러나므로 가장 이상적인 모습을 보여주는 게 좋다.

하지만 여기에서 강조하고 싶은 단어가 있다. 바로 **공개적**이라는 단어다. 직장에서의 모습과 혼자 있을 때의 모습이 완전히 똑같은 사람은 극소수다. 혼자 있을 때 나는 욕을 많이 한다. 하지만 직장에서 욕하는 건 적절하지 않다. 그래서 여러분의 전문가 브랜드를 이야기할 때는 여러분의 공개적인 발자취에 집중하겠다.

공개적인 발자취 검토하기

솔직히 이야기하자면 내 모든 온라인 활동이 공개적으로 이루어지는 건 아니다. 예를 들어 내 페이스북 활동은 순수하게 비공개로 이루어지고, 가까운 친구와 가족에게만 공개한다. 따라서 내 프로필도 잠겨 있다. 내 친구, 가족 목록에 없는 사람은 아무것도 볼 수 없다. 나는 다른 컴퓨터에서 다른 웹 브라우저를 사용해 공개할 내용과 그렇지 않은 내용을 확실히 구분한다.

그리고 그것이 공개적인 발자취를 검토하는 첫 번째 단계다. 무엇을 공개할지 정하고, 나머지를 전부 잠그고, 잠그려고 한 것이 제대로 잠겼는지 확인한다. 전문가라면 회사 행사에서 만취해서 데스크톱 위에서 춤추는 일은 절대 없을 게 분명하다. 여러분의 공개적인 브랜드도 전혀 다르지 않다. 그런 파티 사진은 **비공개**로 유지하라.

여러분이 공개한 부분을 검토할 때 '친구'에 대해 진지하게 생각해 보라. 여러분의 개인 생활을 볼 수 있는 사람 말이다. 나는 많은 동료와 친하게 지낸다. 그중에 '페이스북 친구'는 두 명밖에 없다. 페이스북은 내 개인 생활이다. 일하며 알게 된 누군가를 나의 개인 생활로 들인다면 이는 더 이상 개인적이지 않으며 불가피하게 내 업무 생활의 일부가 된다. 그래서 난 꽤 분명하게 선을 그었다.

Note ≣ **발자취 목록을 작성하라**

여러분을 온라인에서 '볼' 수 있는 모든 장소의 목록을 작성하라. 그중 어떤 부분을 '개인 생활' 로 정하고, 어떤 부분을 여러분이 전문가로서 구축한 브랜드의 일부로 허용할 것인가? 온라인 에 드러나는 자신의 정체성에 집중하라. 예컨대 토론 포럼이나 스택 오버플로 같은 온라인 질 의응답 웹 사이트를 간과하기 쉽다. 여러분은 질문을 많이 남기면서 답변을 절대 남기지 않는 사람인가? 이는 여러분이 어떤 태도로 업무에 일할지 예상하는 근거가 되며, 나는 여러분이 직장에서도 그렇게 팀의 균형을 깨뜨릴까 걱정할 것이다. 여러분은 잘 작성한 질문과 답변을 올리는가? 그렇지 않다면 나는 여러분의 소통 기술을 걱정할 것이다. 장담컨대 소통 기술은 모든 채용 담당자가 중요하게 생각하는 기준이다. 여러분이 게시한 답변이 정중하고 간결하고 도움이 되는가? 아니면 퉁명스럽고 빈정대는가? 나라면 우리 팀에서 함께 일하고 싶은 사람 을 쉽게 고를 수 있다!

내 온라인 생활은 내가 전문가로서 구축한 브랜드의 일부이며, 나는 여기 에 포함되는 내용을 신경 써서 관리한다. 예를 들면 내 깃허브 계정에는 오 픈 소스 기술 전자책, 오픈 소스 소프트웨어 프로젝트 등 잠재적인 고용주 가 보았으면 하는 **자랑스러운** 항목이 포함된다.

내 트위터 계정 활동은 주로 내 직업적 가치를 반영한다. 모두가 그렇듯 이 당연히 나에게도 정치적인 의견이 있다. 하지만 그런 의견을 나의 전문 가 브랜드의 일부로 표현하지 않는다. 정치적인 의견은 내 업무 생활에 속 하지 않기 때문이다. 사무실에서 일할 때는 정치적인 의견을 마음에만 담아 둔다. 나는 그런 의견이 내가 하는 업무에 기여하는 바가 없다고 느끼기 때 문이다.

그리고 이런 사고방식을 본인의 공개적인 발자취에 대해 생각할 때도 적 용하면 좋다. 여러분이 온라인에 공개적으로 올리는 모든 것은 여러분이 직 장에도 편하게 드러낼 수 있는 것이어야 한다. 어디서나 편하게 말할 수 있 는 내용이어야 하고, 자기 이름과 함께 게시판에 붙여도 괜찮을 만한 내용 이어야 한다.

한번은 한 동료가 구직 중이라기에 공개적인 인터넷 발자취에 관한 이런 조언을 해주었다. 그 동료는 내 조언을 따랐다고 주장했으나, 그가 정말 가고 싶어 했던 회사는 결국 그를 채용하지 않았다. 나는 그 회사에 아는 사람이 많았다. 그래서 그에게 말할 수 없었던 비공식적인 뒷이야기가 있었는지 물어보았다. 비공식적으로 그들은 그의 트위터 계정을 보았으며, 그가 리트윗한 일부 내용에 불안해했다. 그들은 그의 리트윗이 그의 의견을 대변하는지, 그리고 **그들**은 편하게 느끼지 못하는 그런 의견을 그가 직장에서도 편하게 밝히는 건 아닐지 걱정했다.

나는 내 워크숍에 참석한 사람들에게 개인 브랜드와 공개적인 발자취에 대한 이야기를 시작할 때 "잠그고, 지우고, 종료하고, 자랑하라."라는 주문을 알려준다.

- **잠그라.** 개인 생활에 속하는 모든 것은 비공개여야 한다. 잠그고, 제대로 잠겼는지 확인하라. 자기 개인 생활의 영역으로 들일 대상을 신중하게 선택하라. 자기 집에 반복해서 초대하지 않을 동료에게 자신의 비공개 온라인 정체성을 드러내지 마라.
- **지우라.** 공개적으로 남는 모든 것에 여러분이 직장에서, 동료들과 있는 사무실에서 보여주리라 예상되는 이미지가 반영되게 하라. 사무실에서 Lolcat 밈*을 계속 보는 것이 적절하지 않다면 공개적 발자취에서도 깨끗이 지우라.
- **종료하라.** 여러분의 온라인 정체성 중 한 부분이 여러분의 전문가 브랜드에 도움이 되지 않는데 잠글 수도 없다면 종료하라. 모든 내용을 지우고 계정을 삭제하고 나와라.
- **자랑하라.** 자신의 온라인 정체성 중 일부가 자신의 전문가 브랜드에 긍정적으로 **기여한다면 자랑하라!** 커뮤니티 기여, 블로그 글, 오픈 소스 프로젝트는 모두 장래 고용주의 관심을 받아 마땅하며, 이력서를 비롯한 기타 소통에 그런 내용을 확실히 넣어야 한다.

---

* 역주 고양이 사진에 문법상 틀린 문장을 적어 넣은 밈 시리즈다.

여러분이 온라인에서 하는 모든 것은 여러분이 전문가로서 구축한 브랜드에 기여한다. 완전히 비공개가 되도록 잠그지 않는 한 말이다. 여러분이 **원하는** 모습이 여러분의 전문가 브랜드에 반영되게 하라.

다른 사람은 여러분의 브랜드를 어떻게 묘사할까

여러분의 온라인 정체성과 여러분이 투영하려는 여러분의 브랜드가 온전히 일치한다고 느낀다면 이제 다른 사람에게 여러분의 브랜드를 묘사해 달라고 부탁할 차례다. 나라면 현재 함께 일하는 사람이나 과거에 함께 일했던 사람에게 부탁할 것이다. 그들은 나를 직접 경험했고 다른 사람들에 비해 '나라는 브랜드'를 일상적으로 훨씬 더 많이 보았다. 하지만 온라인에서 알고 지내는 업계 지인들에게도 부탁할 것이다. 트위터, 질의응답 포럼, 깃허브 저장소 등의 장소에서 소통하는 사람들 말이다. 그들에게도 기술 전문가로서 나를 어떻게 보는지 말해 달라고 부탁하겠다.

무료 온라인 설문조사 웹 사이트를 써서 익명 설문조사 방식으로 이런 피드백을 요청할 수도 있다. 다음과 같은 몇 가지 기본 질문을 던질 것이다.

- 내가 고용하거나 함께 일하고 싶은 사람으로 보이는가?
- 나와 한 팀에서 일하게 된다면 걱정할 만한 부분이 있겠는가?
- 팀이 긍정적인 결과를 내는 데 기여하는 가치 있는 기술 전문가라는 인상을 주는가?
- 팀을 더 효과적으로 또는 효율적으로 만들 사람으로 보이는가?

응답자가 의견을 남길 공간도 남겨 둘 것이고 그런 의견을 그들이 제안한 의도대로 받아들이려 노력할 것이다. 좋지 않은 의견이 포함된다면 상처받거나 불쾌감을 느낄 수는 있겠으나, 그래도 반성할 기회로 삼을 것이다. 나는 다른 사람들이 나를 어떻게 인식하는지 잘 모를 때가 종종 있다. 그래서 내가 언제 내 의도와 상관없이 부정적 인상을 풍기는지 알아 둔다면 그런 부분에 대해 생각할 기회가 생기고 약간이라도 변하는 계기로 삼을 수 있을 것이다.

3

이력서를 업데이트하라

미국에서는 이력서를 résumé(또는 resume)라고 부른다. 내 유럽 친구들은 curriculum vitae를 줄여서 CV라고 부른다. 뭐라고 부르든지 여러분이 구직 중이라면 가장 중요한 문서다.

이력서를 작성하려면 미술, 과학, 그리고 약간의 마법이 필요하다. 이 책 정도 분량으로 이력서 작성이라는 주제만 다루는 책들이 있을 정도이니, 이 짧은 장에서 이 주제에 대한 인간의 지식을 전부 압축할 여유는 확실히 없다. 그 대신 나는 이력서에서 매우 중요한데, 종종 간과되는 몇 가지 측면을 알려주고 싶다.

Note ☰   이력서는 필요하기 전에 작성해야 한다

지금 구직 중이 아니라고 해도 이 장을 꼭 읽기를 바란다. 훌륭한 이력서를 준비하는 건 어렵고 시간이 오래 걸린다. 필요하기 **전**에 작성하는 것이 필요할 때를 대비하는 가장 좋은 방법이다.

이력서 규칙

이력서에 넣어야 할 항목에 대한 규칙은 내가 우리 주의 미국 직업 산업 클럽Vocational Industrial Club of America 입사 면접 대회(실제로 있는 대회다.)에서 우승한 이후에 **대폭** 바뀌었다. 그리고 한동안 이력서를 쓴 적이 없는 사람이라면 일부 최신 '모범 사례'를 보고 크게 놀랄 수도 있다. 더 이상 적용되지 않는 오래된 규칙 중 몇 가지를 다음과 같이 소개한다.

- **양면으로 최대 한 페이지 이내로 작성하라.** 지원자 추적 시스템Applicant Tracking Systems, ATS이라는 AI가 존재하는 요즘 같은 시대에는 이력서의 내용이 길이보다 더 중요할 때가 많다. 분량을 과하게 늘려야 한다는 건 아니지만, 가치 있는 내용은 자유롭게 전부 포함하라. 어떤 시점에는 사람이 여러분의 이력서를 볼 수 있고, 그들이 여러분의 이력서를 보다가 중간에 잠드는 일은 없어야 한다는 점만 명심하라.
- **여러분의 경력 목표를 맨 앞에 적어라.** 이렇게 하면 이력서가 확실히 시대에 뒤처져 보인다. 생각해 보라. 일자리에 지원한다는 건 고용주가 가진 문제를 해결하려 지원한다는 뜻이다. 그런데 자신에 대한 영업을 자신에 대한 말로 시작하겠다고? 그 부분은 건너뛰고 장래 고용주가 신경 쓸 부분, 여러분이 그들을 위해 무엇을 할 수 있는지 이야기하라.
- **글머리 기호만 사용하라.** 글머리 기호 목록을 멋지고 간결하게 사용할 방법에 대해 할 말이 많지만, 수박씨를 뿌려 놓은 것처럼 보이는 이력서라면 읽는 사람의 눈이 집중력을 잃고 급격히 게슴츠레해질 것이다. 이 장의 뒷부분에서 대안을 알려주겠다.
- **인간미를 드러내지 마라.** 면접 과정의 절반은 장래 고용주가 여러분을 알아가는 과정이다. 이력서에 여러분의 매력적인 성격의 일부를 살짝 드러냄으로써 그 과정을 미리 시작할 수 있다. 로봇이 작성한 것 같은 이력서는 지루할 수 있다. 그렇다고 자제력을 잃는 것도 좋지 않다. 진지하지 않은 태도로 임한다는 인상을 주고 싶지는 않을 것이다. 하지만 사람이 작성한 이력서처럼 보이게 하라. 나는 내 이력서를 혼자 소리 내 읽어 보는 것을 좋아한다. 내가 직접 말하는 것처럼 들리는 정도면 적절한 균형을 찾았다고 본다.
- **레퍼런스를 제공하라.** 장래 고용주가 레퍼런스를 요청할 것이다. **만약** 그들이 원한다면 말이다. 원하지 않는 경우도 많으므로 사전에 제공할 필요는 없다. 제공한 레퍼런스는 대부분 여러분에게 편향된 것으로 보이므로 대체로 그렇게 높은 비중을 두지 않는다.

- **우편 주소를 포함하라.** 우편 주소? 요즘에도? 아니다. 개인 전화번호와 이메일 주소를 넣으면 된다.
- **모든 것을 나열하라.** 이 장의 뒷부분에서 이에 대해 더 자세히 이야기할 것이지만, 지원하는 자리의 아주 기초적인 기술이나 역량까지 나열할 필요는 없다고 본다. 예를 들어 시니어 소프트웨어 엔지니어 자리에 지원한다면 마이크로소프트 워드를 다룰 줄 안다는 부분은 건너뛰고 중요한 부분만 언급해도 괜찮다.

> **Note ☰   일자리를 얻는 게 핵심이다**
>
> 이력서는 원하는 일자리를 위한 면접 기회를 확보하려고 쓰는 것이다. 이력서를 꼼꼼히 검토하고 그 목표를 성취하는 데 도움이 되지 않는 모든 단어와 문장부호를 삭제하라.

이력서 작성 시작하기

나는 이력서 작성을 시작할 때 링크드인을 활용한다. 나는 내 구직 롤모델인 https://www.jibberjobber.com의 제이슨 알바Jason Alba가 알려준 이 방법을 좋아한다. 링크드인은 업무 경력과 학력을 입력하고, 핵심 기술을 강조하고(강조할 수 있는 기술 개수에 제한이 있어서 불가피하게 가장 적절한 것을 고를 수밖에 없다), 수상 경력, 자격증 등 업적을 기록할 공간을 제공한다. 게다가 링크드인 프로필은 리크루터나 잠재적 고용주가 나를 찾아오는 통로이기도 하므로 일거양득인 셈이다.

더군다나 링크드인에서는 자신의 프로필을 이력서 형식으로 내보낼 수도 있다. 뒤에서 이야기하겠지만, 그게 가장 좋은 방법인지는 고민해 보는 게 좋다. 적어도 나에게 링크드인 프로필은 필요할 때 빠르게 찾아볼 수 있게 내 모든 정보를 보관해 두는 장소다. https://www.linkedin.com/in/concentrateddon에서 내 프로필을 확인해도 좋다. 내 프로필에서 좋은 이력서를 만드는 데 도움이 되지 않는 부분을 지적하고, 내가 왜 그렇게 했는지 알려주겠다.

- 나의 많은 업무 경험은 이력서에 상세히 적기에 너무 길다. 이력서가 6페이지라면 너무 길지 않겠는가! 하지만 링크드인 프로필에는 최대한 많은 정보를 넣고 싶어서 길게 적는다. 입사 지원할 때는 지원하는 자리에 맞게 이력서를 다듬는다.
- 나에게는 비영리 단체 경력, 프리랜서 작가 경력처럼 전통적인 일자리를 벗어나는 경험이 많다. 그런 경험은 실제 이력서에 넣지 못할 것이다. 지원하는 일자리와 항상 관련이 있는 건 아니어서 그렇다. 하지만 내 프로필에 내가 어떤 사람인지 더 선명하게 드러날 수 있게 링크드인에는 포함할 것이다.
- 내 프로필의 '보유 기술' 섹션은 약간 뒤죽박죽이다. 링크드인이 어떻게 반응하는지 가끔 실험해 보느라 그렇다. 나는 이력서 작성 시 이 부분을 그대로 베끼기보다 영감을 얻는 데 활용한다.

링크드인이 마음에 들지 않으면 다른 도구를 써도 괜찮다. 비슷한 작업을 워드 프로세서, 데이터베이스, 아니면 자신이 가장 편하게 느끼는 도구로 해도 좋다. 핵심은 필요할 때 이력서에 채울 내용을 최대한 바로 이용할 수 있게 준비해 두는 것이다.

이력서를 꾸준히 업데이트하라는 건 지금껏 내가 들은 조언 중 최고의 조언이다. 나는 그 조언을 내 이력서 데이터베이스를 꾸준히 업데이트하라는 의미로 받아들였고, 내 링크드인 프로필이 내 데이터베이스다. 신제품을 출시했거나 비용을 크게 절감했거나 새로운 책임을 맡았을 때처럼 직장에서 중요한 일이 있을 때마다 링크드인 프로필을 업데이트한다. 그렇게 하면 이력서 쓸 일이 생겼을 때 필요한 모든 사실이 바로 내 앞에 있다. 평소 업데이트해 두지 않으면 이력서를 써야 할 때 중요한 항목을 깜빡하기 쉽다.

모든 이력서는 고유하다

링크드인을 이력서의 자료로 쓰긴 하지만, 링크드인 프로필을 그대로 이력서로 내보내지는 않는다. 나는 입사 지원할 때마다 지원하는 자리에 맞춰서 작성한 맞춤형 이력서를 내기 때문이다. 가끔 내가 지원하는 자리마다 그 자리에 맞는 이력서가 필요하다고 말하면 상대는 못마땅하다는 듯 얕은 한숨을 내쉬며 의혹의 눈길을 보낸다. 이해는 한다. 손이 많이 가긴 하니까. 하지만 진짜 그 자리를 원하는가?

다르게 표현해 보겠다. 포드가 왜 그토록 다양한 종류의 차를 만드는지 아는가? 모든 상황에 완벽하게 맞는 차는 없기 때문이다. 어떤 차는 경기를 마친 축구팀 애들을 피자 집에 데려다 주기에 좋다. 어떤 차는 연비가 훌륭하고, 어떤 차는 트렁크 용량이 좋고, 어떤 차는 더 고급스럽다. 포드는 다양한 시장 부문에 대응하려 노력하며, '어디에나 맞는' 차로는 그렇게 할 수 없다.

그런데 왜 이력서 하나가 여러분이 지원할 모든 자리에 다 맞아야 하는가? 지원하는 자리에 맞추어 이력서를 만든다는 건 잠재적 고용주가 고유하다는 것을 인정하는 것이다. 그들에게는 구체적인 요구사항이 있고, 여러분은 그런 요구사항을 충족할 준비를 마쳤다. 그들이 여러분의 이력서를 그들에게 유용한 무언가로 '번역'하라고 강요하기보다 여러분이 그들의 관심을 끌어야 한다. 다시 말해 여러분이 그들을 위해 그들의 일을 해주는 것이고, 이것이 바로 채용의 핵심이다. 이력서를 맞춤으로 작성하는 수고조차 꺼린다는 사실은 여러분이 어떤 직원이 될 거라는 뜻이겠는가?

채용 공고

이어지는 몇 절을 통해 실제 직무 기술서를 예로 들어서 내가 채용 공고를 어떻게 분석하고 해석하는지 보여주겠다. 하지만 채용 공고란 원래 올라왔다가 사라지기 마련이므로 내가 가끔 이런 예를 업데이트해 두는 내 웹 사이트(https://donjones.com/example-job-description)로 여러분을 안내하겠다. 여러분이 그 페이지를 확인한다면 나와 함께 같은 예를 살펴볼 수 있을 것이다. 직무 기술서를 텍스트 편집기에 복사해서 붙여 넣어서 핵심 부분을 강조하는 방법을 제안한다. 그리고 여기에는 편의상 직무 기술서에서 관련 있는 부분을 옮겨 놓겠다.

저희는 회사의 지속적인 성장으로 재능 있고 매우 의욕적이며 서비스 딜리버리를 지향하는 데브옵스 엔지니어를 모집하고 있습니다. 안정성과 보안을 최우선 순위로 두는 종단 간 제품 솔루션을 전달하는 데 집중하는 꼭 필요한 역할입니다.

해당 데브옵스 엔지니어는 저희 인프라와 보안 팀에 필수적입니다. 또한, 팀의 핵심으로 AWS에 대한 전문 지식을 바탕으로 코드형 인프라Infrastructure as Code, IaC를 배포하는 일을 담당합니다. 따라서 이 자리에는 쿠버네티스Kubernetes 경험이 필요합니다. 저희 업무 환경은 개방적이고 투명하며 이 자리는 의사 결정권자와 매일 소통하는 자리입니다. 저희는 협업을 좋아하고, 의사 결정을 빠르게 내리고, 최대한 역동적이고 민첩하게 움직이며 기술 기업과 협력합니다. 저희 회사에서 하는 일은 도전적이고 보람 있습니다. 기술의 최전선에서 끊임없이 배우며 빠르게 진행되는 환경을 좋아하는 분이라면 이 자리에 잘 맞을 것입니다.

저희가 바라는 인재상

- 데브옵스 경력 4년 이상—프로덕션 클라우드 인프라 지원(AWS 포함해야 함), 최신 웹 애플리케이션(도커Docker, 쿠버네티스) 컨테이너화, 클라우드 네이티브 생태계
- 리눅스 기반의 서버 운영 체제에 대한 경험 4년 이상
- 코드형 인프라, 코드형 설정Configuration as Code (테라폼Terraform) 경험 4년 이상
- HTTP/HTTPS, SSL/TLS, TCP/UDP, 성능 모니터링performance monitoring, 캐싱caching, 로드 밸런싱load balancing, 로깅logging 같은 웹 서비스 기본에 대한 확실한 이해
- MySQL 같은 RDBMSRelational DataBase Management System (관계형 데이터베이스 관리 시스템)에 대한 실무 지식

- Go, 파이썬, 러스트_{Rust} 같은 최신 프로그래밍 언어에 능통
- 서비스 메시_{service mesh} 기술(이스티오_{Istio}, 콘술_{Consul})에 대한 경험
- 평가판, 신규 개발, 갱신, 폐기 과정을 거치며 소프트웨어 및 SaaS 업체와 일한 경험
- 고도로 빠르게 진행되는 기술적 환경에 강하고, 보안을 중시하고 매우 의욕적이고 자발적인 자세로 일하는 인재
- 공유된 임무를 달성하기 위해 여러 팀 사이에서 기술적인 파트너십을 끌어낸 경험이 있는 협업에 강한 분
- 애자일 방법론을 활용하여 프로젝트 업무를 계획하고 추적한 경험
- 글이나 말로 하는 소통에 뛰어나고, 비즈니스 전반에 걸쳐 이해 당사자들에게 프로젝트 계획과 진행 상황을 전달해 줄 능력을 갖춘, 기술 문서 작성 유경험자
- 새로운 기술적 도전을 즐기고 의욕적으로 이런 문제를 해결하는 분
- 플로리다 탬파 사무실을 기반으로 하는 분산된 팀에 속하는 자리이므로 원격으로 동료들과 효과적으로 협업하는 능력 필요
- 반드시 영어를 유창하게 구사하는 미국 거주자여야 함

기타 우대 사항
- CKA_{Certified Kubernetes Administrator} (공인 쿠버네티스 관리자)이거나 지망생
- AWS 공인 아키텍트이거나 지망생

나는 이런 채용 공고를 보면 다음 항목에 대한 목록부터 만든다.

- 자격 요건
- 우대 사항
- 키워드

확고한 자격 요건 식별하기

내가 말하는 **자격 요건**이란 객관적이고 협상할 수 없는 항목을 가리킨다. 이 공고는 '데브옵스 경력 4년 이상'을 갖춰야 '적합한 지원자'라고 했는데, 이는 **자격 요건**이 아니다. '적합하다'는 말은 협상의 여지가 있다는 뜻이다. 예를 들어 데브옵스 경력이 3년밖에 없더라도 그 경력을 이 회사와 똑같이

압박이 심하고 빠르게 움직이는 환경에서 쌓았다면 이 회사가 만족할 수 있다.

내가 말하는 '확고한 자격 요건'은 협상할 수 없는 객관적인 자격 요건을 의미하며, 앞서 예로 든 공고에서는 다음과 같은 항목을 말한다.

- 쿠버네티스 경험
- 반드시 영어를 유창하게 구사하는 미국 거주자여야 함

맞다. 이 공고에서 '반드시'와 '필요합니다'라는 표현을 유일하게 사용한 항목들이다. 나머지는 전부 아마 어느 정도 협상할 수 있을 것이다. 이렇게 '확고한 자격 요건'을 찾는 것이 중요하다. 채용 공고에 대한 두려움을 극복하는 데 도움이 될 수 있기 때문이다. 이 공고는 많은 기준을 나열하고 있지만, 어떤 고용주도 한 지원자가 모든 기준을 충족시킬 것을 기대하지 않는다. 아마 '확고한' 자격 요건만 협상할 수 없을 것이다. 그 요건을 충족한다면 공고의 나머지 부분은 더 파고들어 볼 가치가 있다.

채용 공고에 있는 말은 주의해서 해석해야 한다. 예를 들어 그 유명한 '4년제 학위나 그에 상응하는 업무 경력이 반드시 있어야 한다'는 '확고한' 자격 요건이 아니다. '상응하는 업무 경력'이 무엇인가? 채용 공고에 명시되지 않는 한 그 부분을 협상할 수 있다. 업무 경력도, 학위도 전혀 없는 사람이라면 그들이 찾는 인물이 아닐 것이다. 학위는 없지만, 업무 경력이 어느 정도 있다면 그 항목을 '우대 사항'으로 생각하라.

우대 사항 식별하기

내가 예로 든 직무 기술서에는 많은 우대 사항이 포함된다. 나는 이 목록을 다시 체크 리스트로 작성하는 편이다. 체크 리스트는 두 부분으로 나눈다. 첫 번째 부분에는 더 객관적이고 쉽게 증명할 수 있는 항목, 두 번째 부

분에는 더 모호하고 주관적인 항목을 정리한다. **특별히** 모호하거나 주관적으로 보이는 항목을 발견했을 때는 세 번째 부분을 추가하여 넣는다.

객관적인 우대 사항

- 데브옵스 경력 4년 이상
- AWS 경험
- 도커, 쿠버네티스 경험
- 리눅스 경험 4년 이상
- 테라폼(또는 대안 솔루션) 경험 4년 이상
- 평가판, 새로운 구현을 작업해 본 경험

주관적인 우대 사항

- HTTPS, 성능 모니터링, 캐싱, 로드 밸런싱, 로깅에 대한 확실한 이해
- CI/CD에 대한 확실한 이해
- MySQL 또는 대안 RDBMS에 대한 실무 지식
- Go, 파이썬, 러스트 같은 언어에 능통
- 이스티오, 콘술에 대한 경험
- 애자일 방법론을 써본 경험

매우 주관적인 우대 사항

- 소프트웨어 및 SaaS 업체와 일한 경험
- 보안을 중시한다.
- 매우 의욕적이다.
- 효과적으로 협업한다.
- 여러 팀 사이에서 일해 본 경험
- 글이나 말로 하는 소통 능력
- 새로운 기술적 도전을 즐긴다.

내가 채용 담당자로서 경험한 것을 바탕으로 이야기하자면 이 세 번째 부분이 내가 가장 신경 쓰는 부분이다. 이 부분이 이력서를 바탕으로 분석하거나 면접에서 알아내기 가장 어렵고, 때로 채용 과정에서 나를 가장 불안하게 만드는 부분이기도 하다. 즉, 이력서 **작성자** 입장에서는 상당한 노력을 집중하여 그런 부분을 잘 소통할 필요가 있다.

첫 번째 부분은 이력서에서 다루기 쉽다. 그런 우대 사항을 갖추었는지 갖추지 않았는지가 명확히 구분된다. 자신이 그런 사항을 갖추었다면 적어라. 두 번째 부분은 회사가 원하는 경험이나 숙련도가 어느 정도인지 정확히 드러나지 않기 때문에 조금 더 주관적이다. 두 번째 부분에 해당하는 항목도 아마 중요하긴 하겠지만, 가장 중요하게 보는 항목은 아닐 것이다. 회사가 그런 항목을 찾는 건 사실일지언정 그 자리에 필요한 '기초' 기술 정도를 기대할 수도 있다. 나라면 이력서에 내가 그런 기술을 갖추었다는 점을 강조하되 내 경험의 본질을 잘 전달하도록 노력할 것이다.

키워드 식별하기

머신러닝이 주도하는 세상에서 키워드는 여러분의 친구이자, 지원하는 자리마다 고유한 이력서를 만들어야 하는 중요한 이유다. **여러분이 머신러닝 필터를 통과할 때까지 채용 담당자는 여러분의 이력서를 보지 않으며** 그런 필터는 키워드에 크게 의존한다는 것을 기억하라.

그렇다고 해서 이력서에 키워드만 글머리 기호 목록으로 작성해서 넣는 건 곤란하다. 그러기엔 여러분의 이력서를 맨 처음 읽을 로봇이 너무 똑똑하다. 이력서 업무 경력 전반에 걸쳐 키워드가 유기적으로 나타나게 해야 한다. 이 채용 공고를 바탕으로 내가 만든 키워드 체크 리스트는 다음과 같다.

- 도커, 쿠버네티스
- 리눅스
- 코드형 인프라
- 코드형 설정
- 테라폼
- HTTP/S
- SSL/TLS
- TCP/UDP
- 성능 모니터링
- 캐싱
- 로드 밸런싱
- 로깅
- CI/CD 파이프라인
- RDBMS
- MySQL
- Go, 파이썬, 러스트
- 이스티오, 콘술
- SaaS 업체
- 보안
- 협업
- 팀 간 파트너십
- 애자일
- 글로 하는 소통 기술
- 말로 하는 소통 기술
- 기술 문서

왜 이런 용어가 키워드일까? 이런 용어는 모두 채용 공고에 언급된 제품, 도구, 기술, 프레임워크이거나, '소통'처럼 특정 '소프트 스킬'을 언급할 때 자주 쓰이는 문구다. 이런 용어들은 이 일을 할 자격을 **갖춘** 사람에게 정말 의미 있는 단어들이다.

이 모든 용어를 적절히 **포함해야만** 내 이력서가 완성된다는 걸 이제는 안다. 그리고 바로 이 시점에 내 링크드인 프로필을 살펴본다. (링크드인이 아니더라도 여러분이 '이력서 자료'를 추적하기 위해 사용하는 도구를 살펴보라.) 사실 나는 CI/CD 파이프라인 구축을 도운 경험이 있는데도 프로필에 그 용어를 구체적으로 언급하지 않았다. 그래서 그 용어가 포함되도록 링크드인 프로필과 새 이력서를 업데이트할 것이다. 이렇게 과거 입사 지원서에 넣은 키워드를 많이 포함한 것이 내 링크드인 프로필이 조금 길어진 이유 중 하나다.

이력서 작성하기

이력서는 언제나 이름, 개인 전화번호, 입사 면접용으로 설정한 이메일 주소로 시작하라. (예전에는 그냥 개인 이메일을 사용했는데 결국 너무 많은 메일링 리스트에 추가되는 바람에 지금은 별도의 주소를 사용한다.)

> **돈 존스**
> 데브옵스 엔지니어 • donj12345@emailprovider.net • 010-1234-5678

자격 요약

요즘 이력서에는 **자격 요약**이 포함되어야 한다. 예를 들자면 다음과 같다.

자격 요약

저는 5년 이상 경력을 지닌 데브옵스 엔지니어입니다. 리눅스, 테라폼, 도커, 쿠버네티스, 파이썬 등 대부분의 주요 데브옵스 지원 기술에 능통합니다. AWS, 애저 클라우드 환경을 경험해 보았습니다. CI/CD 파이프라인에 의존하여 애자일로 개발된 애플리케이션을 전 세계 최종 사용자에게 빠르게 배포하는, 압박이 심한 프로덕션 환경에 전문입니다.

채용 공고에 나온 가장 중요한 키워드 일부를 확실히 넣고, 약간의 관련 맥락도 함께 제공했다. 채용 담당자(그리고 머신러닝 알고리즘)가 계속 읽도록 유인하기 위해 쓴 '티저 문구'라고 생각하라.

핵심 역량

자격 요약 뒤에는 '핵심 기술', '핵심 역량' 같은 제목을 단 부분이 뒤따른다. 제목은 자신의 취향에 가장 맞는 것으로 골라도 좋다. 이 부분에는 채용 공고가 언급했고, 자신이 능통하다고 느끼는 기술을 십여 개 이하로 나열하는 것이 좋다. 세계적인 수준의 전문가가 아니라 **능통**한 수준이면 된다. 즉, 이런 기술을 사용하며 배워 나가야 하는 일을 여러분이 맡을 수 있다는 뜻이다.

핵심 역량
- 쿠버네티스와 도커
- 파이썬
- 리눅스
- 테라폼
- 애자일 방법론
- MariaDB(MySQL)
- HTTP/S와 SSL/TLS
- TCP/UDP

목록에 MariaDB(MySQL)를 포함한 점을 주목하라. 이 채용 공고는 MySQL을 요구했지만, 내가 실제로 사용한 경험이 있는 것은 MariaDB다. MySQL과 MariaDB가 기능적으로는 동일하지만, 이렇게 작성하면 내가 어떤 경험을 했는지는 진실되게 진술하는 동시에 AI가 찾을 키워드를 놓치지 않고 포함할 수 있다.

업무 경력

다음은 시간 역순으로 나열한 여러분의 업무 경력이다. 업계에서 일한 지 어느 정도 되었다면 고등학교 시절 햄버거 가게에 했던 첫 알바까지 거슬러 올라가지 않아도 된다. 이력서에 있는 다른 모든 것과 마찬가지로 **채용 공고와 연관 있는 내용에 집중하라.** 채용 공고가 찾는 내용과 아무 연관이 없는 업무 경력이라면 경력에 빈틈이 없게 할 목적으로 언급하되 그에 대해 자세히 설명하느라 공간을 낭비하지 마라.

글머리 기호 목록이 여러분의 친구라는 것, 그리고 여러분의 경험에서 채용 공고의 키워드를 끌어내야 하는 지점이 바로 여기라는 것을 잊지 마라. 자신의 업적을 자랑해도 좋은 지점도 바로 여기다. 채용 공고의 요건과 연관 있는 성취라면 특히 그러하다.

데브옵스 엔지니어 · Startup.com · 2018년 1월~2020년 7월
- 쿠버네티스 배포 월간 3,000회 이상을 관리한 팀의 기술 책임자
- 팀 시티Team City와 테라폼을 사용한 CI/CD 파이프라인 구축 및 유지보수
- 파이썬 자동화를 사용하여 수동 배포에 드는 수고 92% 감소시킴
- AWS 기반의 파이프라인을 재구축하여 18개월간 35%의 비용 절감 실현
- 파이프라인 아키텍처와 사용에 대한 기술 문서 작성 및 배포를 돕기 위해 팀 간 파트너십 구축

일부 항목에서 키워드와 맥락을 결합한 방식을 주목하라. 나는 매월 3,000회 쿠버네티스 배포를 했다. '팀 간 파트너십', '기술 문서'라는 키워드를 넣되, 사람이 읽을 때 그런 키워드가 내 경험에 어떻게 적용되는지 정확히 알 수 있도록 맥락 속에 배치했다. 그리고 내가 어떤 부분을 개선했는지 보여주기 위해 수치를 기반으로 하는 몇 가지 지표를 추가했다. 내가 그 일을 하던 시절에 대해 할 수 있는 말은 많지만, 직무 기술서를 볼 때 내가 지원하는 회사가 신경 쓸 만한 부분은 바로 이런 부분이다.

커뮤니티 활동과 업적

마지막으로 이력서는 관련 있는 자원봉사나 커뮤니티 활동, 수상 경력, 업적, 표창으로 끝나야 한다. 다시 말하지만 관련성이 핵심이다. 채용 공고와 관련이 없는 한, 지역 학부모-학생 협회에서 일한 시간은 적지 마라.

커뮤니티 활동과 업적
- 월간 시카고 테라폼 사용자 그룹 회의 리더
- 2020 AWS 커뮤니티 기여자 상 수상

이력서의 이 마지막 부분은 대학 지원서와 비슷하다. 고등학교 시절 우리는 대학 지원서의 **모든** 부분에 어떤 내용이든 넣어야 한다고 배웠다. 그래서 컴퓨터만 좋아하던 친구들 중 몇 명은 '스포츠' 부분에 적을 거리를 만들겠다는 일념으로 하키 경기에 참가했다. 또 다른 친구들은 '과외 활동' 부분을 채우기 위해 토론 모임 등에 가입했다.

이력서에 커뮤니티 활동을 넣을 수 있게 노력해야 한다. 이력서를 위해 필요해지기 전에 커뮤니티 활동을 시작해야 한다는 뜻이다. 커뮤니티 활동이 현재 하는 일에 비록 필요하지 않더라도 경력에 보탬이 되고, 경력은 다음 직장을 구하게 해준다.

커뮤니티 활동에는 사용자 그룹 운영 돕기, 오픈 소스 소프트웨어 프로젝트에 기여하기, 온라인 질의응답 포럼에서 정기적으로 답변 달기, 콘퍼런스에서 발표하기, 기술 블로그 글쓰기를 비롯해 다양한 활동을 포함할 수 있다. 이런 활동이 개인적인 취미에는 맞지 않을지 모르지만, 야구부에 도전하는 컴퓨터 너드들처럼 이런 활동이 여러분의 경력에 중요하고 두드러지는 부분이라는 것을 기억하라.

사건 말고 결과에 집중하라

나는 이력서에 다음과 같은 항목을 종종 본다.

- 모든 프로젝트 유형에서 품질 일관성을 높이기 위해 교차 기능 표준 그룹cross-functional standards group을 조직함

그런 항목은 이력서의 공간을 다소 낭비하는 것이다. 난 그런 항목을 읽으면 이런 생각이 든다. "좋아. 시작했다는 건 알겠는데 그래서 어떤 일이 벌어졌다는 거지?" 이력서의 모든 항목이 **결과**를 이야기하게 하라. 각 항목은 **가치**나 **혜택**을 전달한다. 결과를 알려주도록 수정할 수 없는 항목이라면 삭제하라. 그런 항목은 이력서를 읽는 사람에게 여러분에 대해 어떤 유용한 정보도 전달하지 못한다. 다음 예와 같이 작성하자.

- 모든 프로젝트 유형에서 품질 일관성을 높이기 위해 교차 기능 표준 그룹을 조직함. 6개월 후 이런 노력 덕분에 프로젝트 유지보수에 드는 시간이 26% 감소함

지표, 즉 비즈니스 가치를 나타내는 구체적인 숫자가 최고다. 다음과 같이 썩 훌륭하지 못한 항목이 있다고 생각해 보자.

- 조직/회사 규모의 조직 개편 두 번에 걸쳐 팀을 이끌었음
- 문서 편집자와 검토자의 학습 효과와 확장성을 지원하기 위해 품질 표준을 재작성하고 서식을 정돈함
- 정기적인 동료 피드백을 지원할 시스템을 만들고 출시함

자, 이제 이런 항목을 지표를 기반으로 하는 가치를 넣어서 수정해 보자.

- 조직/회사 규모의 조직 개편 두 번에 걸쳐 팀을 이끌며 팀의 이직률을 회사 목표인 5% 이하로 유지함
- 문서 편집자와 검토자의 학습 효과와 확장성을 지원하기 위해 품질 표준을 재작성하고 서식을 정돈하여 팀의 규모를 18% 높이고 효과성을 8% 상승시킴
- 정기적인 동료 피드백을 지원할 시스템을 만들고 출시하여 팀 NPS*를 5% 높임

혹시 여러분이 "잠깐, 저한테는 지표로 쓸 수 있는 '팀 NPS' 같은 게 없는데요?"라고 묻는다면 "바로 그것이 이력서가 **필요**해지기 **전에** 이력서에 대해 고민해야 하는 이유입니다."라고 답해주고 싶다. 자신이 조직에서 잘하는 부분을 찾고 그런 장점을 측정할 방법을 알아내라.

이력서 양식 만들기

요즘은 이력서 양식 만들기가 다루기 까다로운 주제이기 때문에 이 부분은 쓰기 어려웠다. 여러분은 디자인을 신경 쓰는 유행에 밝은 기술 전문가라는 것을 보여주는 멋지고 현대적인 이력서를 작성하고 싶겠지만, 여러분의 이력서를 읽는 건 이력서 디자인을 신경 쓰지 않는 인공지능 알고리즘일 것이다. 그림 21-1의 예를 살펴보자. 온라인 서비스 https://cvonline.me가 만든 아름다운 이력서 샘플이다.

---

* Net Promoter Score(순고객추천지수)다.

그림 21-1 아름다운 양식의 이력서 샘플

샤론 커크우드(SHARON KIRKWOOD)
고고학자

✉ sharonkirkwood@email.com
📱 +00 000 0000 0000   📖 영국 잉글랜드 버밍엄

업무 경력

큐레이터   2018년 8월~현재
버밍엄 박물관 & 미술관
• 박물관 기준에 따라 주요 전시 설치 관리
• 전시 일정 계획 및 조정(투어 가이드 채용 및 훈련 포함)
• 마케팅/홍보 자료 정리
• 전시 브로슈어 관리 편집장 역임

기록 보관 담당자   2016년 11월~2018년 7월
런던 박물관
• 보유 중인 콘텐츠의 색인 및 아카이브 작업 감독
• 데이터베이스 항목과 큐레이션 관리
• 연구, 목록 작성, 아카이브 이니셔티브를 지원하는 자원봉사자 감독
• 아카이브에 관한 표준 운영 절차 유지 관리 및 업데이트
• 새로운 자산의 수집을 위한 절차/가이드라인 수립

기록 보관 담당자 보조   2015년 11월~2016년 10월
UCL 피트리 이집트 고고학 박물관
• 참고 문헌 안내, 수업 발표, 공공 봉사활동 참여
• 최고 기록 보관 담당자의 컬렉션 관리 보조
• 들어오는 연구 요청 보조
• 실제 공간 및 가상 공간의 컬렉션 자료 전시 준비 보조
• 기록물을 고품질 디지털 이미지로 남기기 위해 디지털 사진 촬영 및 스캔

프로젝트 고고학자/GIS 전문가   2014년 10월~2015년 10월
영국 고고학 연구소
• 현장 프로젝트와 전시를 위해 상세한 지도 준비
• 프로젝트 계획과 실행 보조
• 프로젝트 문서 및 현장 지도 보관용 중앙 파일링 시스템과 데이터베이스 유지보수

학력

석사 학위 | 석사 학위 | 학사 학위
박물관 연구, 2014년 | 이집트학, 2011년 | 고고학, 2009년
영국 고고학 연구소 | 카이로대학교 | 버밍엄대학교
2011년 9월~2014년 5월 | 이집트 카이로 | 영국 버밍엄
                      | 2009년 9월~2011년 5월 | 2006년 9월~2009년 5월

개요

주요 전시를 조직하고 준비한 폭넓은
경험을 지닌 박물관 큐레이터이자,
연구를 수행하고 유적지 현장 연구를
감독하고 진행하는 일에 집중하는 고고학자

하드 스킬

유적 보호   ●●●●●●
발굴   ●●●●○○
연구   ●●●●●○

분석 & 논평 ●●●●●●

보존 & 자문 ●●●●●○
지구물리학 ●●●●●○
역사   ●●●●●○
사진   ●●●○○○

언어
아랍어(제한적으로 쓸 수 있음)

매우 인기 있는 이력서 양식이다. 일반적으로 두 개의 열로 나뉘고, 작은 도표나 (샘플에서 볼 수 있듯이) '기술 숙련도 별점'이 포함되며, 더 상세한 온라인 이력서로 연결되는 QR 코드도 들어 있다. 이 이력서를 사람이 읽는다면 꽤 시선을 끌 것이다!

하지만 AI는 디자인에 관심이 없다. 이런 이력서는 여러분의 링크드인 프로필을 내보낸 것과 별반 다르지 않은데, 사실 이런 이력서는 AI가 읽을 때 꽤 심하게 망가지는 편이다.

여러분은 단계별로 두 개의 이력서를 준비해야 한다. 첫 번째 기본 이력서는 사람이 읽을 **수** 있게 하되, AI가 **확실히** 읽을 수 있게 만들어야 한다. 다시 말해 디자인은 조금 밋밋하더라도 모든 내용이 들어 있어야 한다. 두 번째 이력서는 멋진 양식을 갖추고 시선을 사로잡아도 좋다. 이 이력서는 여러분이 사람을 직접 만날 때 줄 이력서다.

첫 번째 이력서 양식을 만드는 몇 가지 중요한 팁을 소개한다.

- 항상 워드 프로세싱 문서를 사용하고, 웬만하면 마이크로소프트 워드(.DOC, .DOCX 형식) 문서로 작성하라. 가능한 한 AI에 PDF 파일을 제출하지 마라. AI는 PDF 파일의 텍스트를 올바르게 해석하지 못할 확률이 매우 높기 때문이다.
- 글머리 기호를 많이 사용하고, 키워드 체크 리스트가 잘 반영되게 하라. 키워드는 문장 안에서 유기적으로 쓰여야 한다. 이를테면 **데브옵스 환경에서 CI/CD 파이프라인과 함께 쿠버네티스를 사용한 4년 이상의 경력**은 몇 가지 키워드를 넣은 훌륭한 항목이다.
- 채용 공고에 포함된 '매우 주관적인' 항목에 대해 설명하기 위해 **아주** 짧은 단락을 넣기도 한다. 예컨대 내가 과거에 한 일에 대해 쓸 때 다음과 같은 문구를 넣는다. "이 일을 할 때는 매우 의욕적이고 자발적인 자세로 일해야 해서 좋았습니다. 주어진 프로젝트를 최소한의 감독 하에서 완료할 방법을 찾아야 했기 때문에 사전에 정의한 결과를 내기 위해 독립적으로 일하는 데 제 업무 시간의 90%를 할애했습니다." 그러면 **매우 의욕적이다**라는 '매우 주관적인' 키워드를 내 업무 경력의 맥락에 넣어서 보여줄 수 있다.
- 표, 열, 그래픽은 넣지 마라. 그 대신 AI는 이력서가 아무리 길어도 신경 쓰지 않으므로 분량을 한 페이지로 제한하지 않아도 된다.
- 워드 프로세서의 머리글, 바닥글 기능은 사용하지 마라. AI가 그런 정보를 무시할 때도 있기 때문이다. 모든 내용은 이력서 본문에 넣어라.

마침내 이력서 작성을 마쳤다면, 완성된 이력서를 AI에 입력하고 결과를 확인할 차례다. 온라인에 수많은 이력서 검사기가 존재한다. '온라인 이력서 검사기'라고 검색하면 아마 수십 개를 찾을 수 있을 것이다. 이런 검사기는 채용 웹 사이트나 기업 지원자 관리 시스템과 거의 흡사한 방식으로 여러분의 이력서를 '읽고', 테스트를 통해 AI가 어떻게 생각하는지 확인할 수 있게 해준다. 이런 서비스에 대해 요금을 부과하는 검사기도 있는 반면, 메일링 리스트 가입만 요구하는 검사기도 있으므로 신중하게 선택하라. 나는 내 이력서를 여러 무료 검사기에 보내서 AI가 내 이력서를 얼마나 잘 해석하는지 다양한 'AI 의견'을 확인한다.

이력서 작성 전문가를 고용해야 할까

전문적인 이력서 작성이라는 개념은 실존한다. 실존하는 정도가 아니라, 사실 이력서 작성 전문가가 취득할 수 있는 공인 이력서 작성 전문가 Certified Professional Resume Writer, CPRW라는 전문 자격증도 있다. 나는 전문 작가다. 거의 백 권에 가까운 책을 집필했고 내 독자들은 나에게 "작가님 글을 읽을 때는 작가님 목소리가 들리는 것 같아요. 꼭 말하는 것처럼 글을 쓰시네요."라고 말하곤 한다. 나는 그 말을 극찬으로 받아들이며, 그 말인즉 내가 최근 이력서를 업데이트할 때도 글쓰기에 별 부담을 느끼지 않았다는 뜻이다.

그런데도 나는 100달러를 내고 이력서 작성 전문가에게 내 이력서 검토를 부탁했다. 작가인 나에게 가장 소중한 조력자는 편집자이고, 이력서 작성 전문가라면 이력서 작성에 있어 편집자와 비슷한 역할을 해줄 수 있으리라 생각했기 때문이다.

내 글쓰기 솜씨가 훌륭한 이력서 작성에는 별 도움이 되지 않는다는 걸 깨달았다. 더 간결하게 써야 했고, '글머리 기호를 쓰라고, 돈!'이라고 나 자신에게 우격다짐으로 주입해야 했다. '매우 중요한 비즈니스 결과를 내는 데 집중하는 아주 생산적인 팀을 이끌길 열망하는 열정적인 기술 전문가' 같은 표현을 줄여야 했고, 그 대신 내 경험과 능력을 더 구체적으로 서술해야 했다. (혹시 내 링크드인 프로필에서 현란한 수식어가 눈에 띈다면 워크숍에서 부정적인 샘플로 쓰기 위해 넣은 것이다.)

그렇다. 이력서 작성 전문가를 고용하는 것, 특히 얼마 안 되는 비용으로 고용한 것이 나에게 도움이 되었다. 내 주변에는 이력서 작성 전문가의 도움을 받아서 로봇이 쓴 것처럼 지나치게 형식적인 이력서에 약간의 인간미를 부여한 친구들이 있다. 더 많은 돈을 내고 내가 '이력서 코칭'이라고 부르는 과정의 도움을 받아서 길고 복잡한 이력서를 특정 채용 공고에 가장 효과적인 형태로 줄인 친구들도 있다.

이력서 작성 전문가가 반드시 필요하다는 말은 아니다. 많은 기술 전문가가 자신의 인적 네트워크를 통해 다음 직장을 구한다. (구직에 필요하기 훨씬 전에 직업적인 인적 네트워크를 구축하는 게 중요한 큰 이유다.) 하지만 이력서에 의존하여 직장을 구할 생각이라면 때로 전문가를 고용해서 가장 훌륭한 이력서를 작성하는 게 도움이 될 수 있다.

4

면접 합격하기

면접은 많은 이에게 끔찍한 스트레스일 수 있다. 면접에서는 여러분의 경력 일부를 손에 쥐고 있는 면접관이라는 낯선 사람을 상대해야 한다. 여러분은 그들이 무엇을 찾는지 알 수 없으며, 그들은 회사 인사팀이 준비한 면접 질문에 따라 "여러분이 직장에서 한 최악의 실수가 무엇인지 말씀해 주세요." 같은 무서운 질문을 던진다. 기술 면접을 성공적으로 헤쳐 나가는 데 도움이 되는 몇 가지 팁을 다음과 같이 소개하겠다.

- 면접에 나올 만한 질문을 예상해 보라. 특히 채용 공고에서 요구하는 경험과 관련된 질문을 떠올려 보라. 그런 질문에 대해 30초 이내에 할 수 있는 간결한 답변을 확실하게 준비하라. 그리고 답변을 사전에 연습하라. 채용 공고에 나열된 중요한 기술, 또는 채용 공고가 강조한 주요 능력(리더십이나 소통 능력 등)과 관련한 자신의 경험에 대한 대답을 준비해야 한다.
- 그 회사에 대한 간결하고 의미 있는 질문을 항상 준비해 가라. 여러분은 이제 막 그 회사와 파트너가 될 참이니 파트너가 될 회사에 대해 잘 알아 두는 게 좋다. 회사의 비전과 경영 철학은 무엇이며, 내부 승진이나 진급에 대해 어떻게 느끼는지 등에 관한 질문은 여러분이 회사에 가진 관심을 드러내고 장기적인 파트너가 되고자 하는 의도를 전달할 수 있다.

- 몸짓 언어에 세심하게 주의를 기울여라. 누군가 지루해 보이거나 흥미를 잃은 것처럼 몸을 뒤로 기댄다면, 하던 이야기를 마무리하고 그들이 면접을 이어갈 수 있게 하라.
- 가능하다면 자기가 한 작업의 구체적인 예를 가져가라. 여기에는 코드 샘플(물론 이전 회사 관련 정보는 삭제해야 한다), 네트워크 다이어그램, 분석 대시보드 등이 포함될 수 있다.
- 소통, 팀워크, 리더십, 갈등 해결 같은 소프트 스킬에 관한 이야기에 대비하라. 본인의 업무 스타일을 파악하고 그에 대해 논의할 수 있게 준비하라. 여러분이 '회사에 적합한 인물인지' 확인하려는 면접에서는 이런 소프트 스킬이 면접의 핵심일 수 있다. 그들이 "적합하다."라는 결론에 빠르고 간단하게 도달할 수 있게 도우라.
- 자신의 몸짓 언어를 주의하라. 안절부절못하기, 상대의 시선 피하기 등의 '말'은 면접관이 신뢰와 라포rapport를 형성하는 데 방해가 될 수 있다. 사전에 다른 사람과 연습하라. 나는 심지어 시선을 피하지 않고 안절부절못하지 않도록(난 이 두 가지가 어렵다) 연습하려고 동네 바에 가서 낯선 사람이 말 거는 걸 꺼리지 않는 사람과 대화를 나누기까지 했다.
- 자신이 문제를 추론하고 해결하는 방법을 생각해 보고, 그 방법을 간결하게 설명할 수 있게 준비하라. 문제 해결 능력은 면접 중에 알아내기 가장 어려운 부분이어서 여러분이 미리 준비해 가면 면접관에게 도움이 된다.
- "모르는데요."라는 말은 절대 하지 마라. 그 뒤에 "하지만 저라면 이렇게 알아낼 겁니다."라고 덧붙이지 않을 거라면. 기술 전문가라면 자신 있게 자기 주도적으로 학습할 줄 알아야 하므로 면접에서 이런 면모를 드러내면 보너스 점수를 크게 올릴 수 있다.

이 모든 팁은 여러분이 더 준비되고 자신감 있고 능력 있는 사람으로 보일 수 있도록 고안한 것이다. 그러니 연습하라!

5

보상 패키지 이해하기

한때 내가 일했던 회사는 훌륭한 일을 했다. 여기서 말하는 훌륭한 일이란 매해 모든 직원에게 각자의 보상 패키지에 대한 맞춤 명세서를 제공하는 것이었다. 그 명세서에는 급여는 물론이고 다음과 같은 항목의 가치를 포함했다.

- 스톡그랜트stock grant와 스톡옵션stock option*
- 건강 보험을 비롯한 기타 혜택(이 회사에서는 피트니스 센터 회원권 비용 지원, 대학교 학자금 환급 등의 혜택을 제공했다)
- 상여금
- 내 퇴직 연금에 매칭matching†한 금액

나는 그 명세서가 훌륭하다고 생각했다. 많은 직원이 간과하는 전체적인 재정 수치를 보여주었기 때문이다. 미국에서 IT 기업에 근무한다면 의료 혜택을 전액 지원받는 것이 꽤 표준적인 혜택이다. 우리 회사가 내 급여 외에

---

* 역주 다음 절에서 자세히 설명한다.
† 역주 직원이 계좌에 납입한 금액에 맞춰서 회사가 약속한 일정한 비율의 금액을 직원 계좌에 납입해 주는 것을 가리킨다.

복리후생을 위해 10,000달러라는 거금을 들인다는 사실을 알고 깜짝 놀랐다. 그 명세서 덕분에 새로운 직장을 찾을 때 '같은 조건 하에서' 비교하기 쉬워졌다. 새로운 직장에서 내 복리후생도 보장해 줄까? 피트니스 센터 회원권 같은 건강 관리 비용도 환급해 줄까? 스톡그랜트도 이전 회사만큼 넉넉할까? 상여금 제도는 어떻게 작동할까? 보상 패키지의 이 모든 요소를 이해하는 것이 중요하다. 지금까지 한 이야기를 염두에 두고 몇 가지 일반적인 요소를 함께 살펴보자.

보상 패키지 요소

이중에는 전 세계 어디에나 존재하지 않는 요소도 있으며, 지역에 따라 매우 다르게 작동하는 요소도 있다는 것을 명심하라. 이 목록을 예시 정도로 활용하길 권한다. 이 목록을 바탕으로 자신이 거주하는 지역에서는 관련 요소가 어떻게 작동하는지 조사하고 알아보라.

- **기본 급여**: 기본 급여는 쉽다. 누구나 연봉을 생각할 때 가장 먼저 떠올리는 것이 기본 급여다. 여러분의 고용주가 보이는 금액보다 **더** 많은 금액을 지불한다는 것을 알아 둬라. 예를 들어 미국에서는 여러분의 고용주가 여러분에게 기본 급여를 지불한다. 여러분의 급여에서 공제되는 항목은 연방 소득세, 주 소득세(주에서 소득세를 부과하는 경우), 지방 소득세(이 또한 해당하는 지역의 경우), 사회보장제도와 의료보험제도를 위한 추가적인 연방세. 하지만 고용주는 여러분 급여의 10~12%에 해당하는 주 실업 보험 세금과 연방 고용세도 납부한다. 그 금액은 여러분의 급여에서 공제되지 않지만, 기본 급여에 나타난 것보다 여러분에게 '더 큰 비용'이 들게 하는 요인이다.
- **상여금**: 이 또한 일반적인 보상 요소이고, 조직마다 크게 다르다. 상여금은 수익 공유 제도, 재량으로 지급하는 상여금, 직원 개인과 회사의 성과에 따라 지급하는 성과급 등 여러 형태를 띨 수 있다. 자기 회사에 어떤 프로그램이 있든 그 프로그램이 어떻게 작동하고 어떤 요소가 여러분이 받는 상여금에 영향을 미치는지 철저히 이해하라. 20% 상여금 약속은 아주

좋은 것처럼 들린다. 절대 달성할 수 없는 비현실적인 회사 수익 수치를 기반으로 한다는 걸 깨닫기 전까지는 말이다.

- **스톡그랜트**: 대개 스톡그랜트는 **주**share라고 부르는 스톡 단위 일정량의 형태를 띠며, 일정 기간에 걸쳐 권한이 부여된다. 예를 들어 10,000주의 스톡그랜트라면 10,000주에 대한 권한을 6개월마다 12.5%씩 부여할 수 있다. 즉, 모든 권한을 받기까지 4년이 걸린다는 뜻이다. 권한을 받기 전 그 스톡은 사실상 **여러분의 소유**가 아니다. 그래서 여러분이 얼마의 권한을 취득할 때까지 그 회사에 머물 생각인지에 따라 달라지는 요소라고 볼 수 있다. 일단 권한을 취득하면 일반적으로 그 권한을 **행사**할 수 있다. 즉 현재 증권 시세로 현금을 받고 팔 수 있다는 뜻이다.

Note ☰ 세금을 주의하라!

세무사와 상담하여 여러분이 거주 중인 국가에서 스톡을 받고 팔 때 세금이 어떻게 계산되는 지 확인하라. 예를 들어 미국에서는 여러분이 권한을 취득한 스톡에 대해 소득세를 내야 할 수 있다. 스톡을 팔 때 실현한 이익에 대해 추가 소득세를 내야 할 수 있고, 세율은 스톡의 보유 기간에 따라 달라질 수 있다.

- **스톡옵션**: 옵션은 미래에 주식을 사전에 정한 가격으로 구매할 권리를 가리킨다. 예를 들어 **20달러**의 행사 가격으로 1,000주의 옵션을 받았고, 옵션에 대한 권한이 4년에 걸쳐 부여된다고 가정해 보자. 옵션 일정량에 대한 권한이 부여될 때마다 여러분은 아무것도 하지 않을지, 아니면 주당 20달러를 내고 권한을 획득한 스톡을 구매할지 선택해야 한다. 스톡의 가격은 올라갈 것이므로 40달러짜리 주식을 20달러에 사서 주식 시장에 즉시 판다면 순이익 20달러를 얻는다는 아이디어가 스톡옵션의 바탕이 된다.
- **보험**: 많은 회사가 여러 종류의 무료 보험을 제공하며, 할인된 보험을 구매할 수 있게 급여에서 요금을 공제하기도 한다. 내가 본 많은 회사가 생명 보험, 반려동물 보험, 법무 보험, 상해 보험을 비롯해 다양한 보험을 제공했다. 회사를 통해 가입하면 본인이 직접 가입할 때에 비해 할인되는 편이며, 할인 폭이 꽤 클 때도 있다. 단, 이렇게 가입한 보험은 그 회사에 근무하는 동안에만 유효하다.

- **의료**: 미국처럼 광범위한 공공 의료 제도가 없는 국가에서는 대부분의 시민이 고용주로부터 건강 보험을 받는다. 직원의 보험료를 전액 지불하는 고용주도 있고, 심지어 가족 전체의 비용을 부담하는 고용주도 있다. 일부 금액을 지불하고 나머지는 급여에서 공제하는 곳도 있고, 아무 비용도 대주지 않고 직원이 전액을 내야 하는 플랜만 제공하는 곳도 있다. 고용주마다 보장 내용과 가격이 각기 다른 다양한 플랜을 제공한다.
- **퇴직**: 미국에서는 고용주가 401(k) 퇴직 연금 제도를 제공하는 것이 일반적이다. 이는 본질적으로 투자 계좌이며, 세금이 원천징수 되기 전 급여에서 공제하여 매해 정해진 금액까지 납입하는 것이 허용된다. 이 계좌에 납입한 금액은 주식과 채권에 투자하므로 시간이 지남에 따라 불어날 것을 기대할 수 있다. 일부 고용주는 여러분이 납입한 금액의 일부(매칭 비율은 고용주마다 다르다)를 '매칭'하여 계좌 잔고를 늘려준다.
- **기타**: 여기에는 피트니스 센터 회원권이나 대학교 학자금 환급부터 구내식당 식사 할인, 휴게실의 무료 간식까지 다양한 '특전'이 포함될 수 있다.

보상 패키지에는 '정답'이 없다. 각자의 '정답'은 자신과 가족에게 무엇이 중요한지에 따라 정해진다. 하지만 여러분이 급여를 협상할 때 회사는 패키지 전체를 고려한다는 것을 이해하라. 여러분은 그저 10,000달러를 더 원하는 것일 수 있지만, 회사 입장에서는 여러분의 401(k) 계좌에 납입해야 할 20,000달러를 보고 '다른 혜택이 그걸 보상해 주고 있기 때문에 더 높일 수 없다'고 생각할 수 있다.

대부분의 사법 관할 구역에서는 회사가 특정한 복리후생을 반드시 전 직원에게 제공해야 한다는 것도 알아 둬라. 예를 들어 회사가 여러분에게 401(k) 납입금의 50%를 매칭해 준다고 했다면 그 혜택을 전 직원에게 제공해야 한다. 여러분이 매칭을 포기할 테니 기본 급여를 올려 달라고 하더라도 회사는 그렇게 할 수 없다. 그렇게 하는 것이 법적으로 허용되지 않기 때문이다.

보상 패키지 협상하기

기본적인 보상 요소를 모두 정의했으니 이제 입사 지원할 때 보상 패키지를 자신에게 가장 좋은 조건으로 협상하는 방법을 알아보자. 우선 회사가 보상을 어떻게 계산하는지 물어보는 것으로 시작하라. 요즘은 시장에서 일반적으로 동일한 역할에 얼마를 지급하는지에 따라 역할별로 급여 범위를 정해 두는 엄격한 **시장 보상**market compensation 프로세스를 활용하는 회사도 있다. 이 경우 정해진 급여 범위 내에서 경험이 많은 사람은 최고액에 가까운 급여를, 경험이 적은 사람은 최저액에 가까운 급여를 준다. 그런 회사에서는 협상의 폭이 경험에 대한 상호 평가에 의해 제한되므로 협상 노력을 그 방향에 노력을 집중하는 게 좋다. 연봉에 대해 조금 더 주관적인 접근법을 취하는 회사에서는 잠재적으로 협상의 여지가 넓어질 수 있는 대신 어느 정도 액수가 적절한지 추측하기가 정말 어렵다.

전체 보상 패키지와 그 가치를 확실히 이해하는 것에서 시작하라. 어떤 고용주는 매우 후한 보상 패키지를 제안하며, '라이프스타일' 요소(재택근무 허용, 출장 횟수 제한 등)를 추가하여 기본 급여가 덜 중요하다고 느끼게 만들기도 한다.

전체 패키지를 이해했다면 **자기 가치를 과소평가하지 마라.** 거주 지역 내에서 자신의 분야, 자신의 직위에 대한 급여 범위를 확실히 알아 둬라. 이런 정보를 알아내려면 사전에 Glassdoor.com 같은 사이트를 찾아보거나, '오클라호마 털사의 시니어 프런트엔드 웹 개발자 급여' 같은 문구로 인터넷을 검색해 보라. 급여는 지역에 따라 차이가 있으므로 거주 중인 지역에 맞는 데이터를 보고 있는지 확인하라. 그 외에 '급여 정보'를 볼 수 있는 곳을 소개하자면 다음과 같다.

- Payscale.com
- Salary.com
- Indeed.com
- 다양한 IT 인재 채용 기업에서 발행하는 급여 관련 보고서(여러분이 검색해서 찾아야 한다)

대부분의 지원자는 본인이 받을 거라 생각하는 금액보다 약간 더 요구하는 편이고, 이는 고용주에게 협상할 여지를 남겨 주는 좋은 협상 전술이다. 데이터를 기반으로 '합리적인' 수준의 기대치를 설정했다는 전제 하에 5~10% 정도 높은 금액을 요청하고 받아들이는지 지켜봐도 좋다. 구체적인 이유를 이해할 수 없는 한(장래의 고용주에게 편하게 이유를 물어도 된다), '합리적인' 수준 이하의 액수는 받아들이지 마라.

> **Note** ≡ **이전 급여나 현재 급여는 공개하지 마라***
>
> 새로운 급여의 기준으로 삼기 위해 이전 급여나 현재 급여를 묻는 고용주도 있을 수 있다. 나는 개인적으로 꺼리는 전술이고, 일부 사법 관할 구역에서는 이런 행위가 불법이므로 거주 중인 지역에서 그 방법이 합법인지 알아보라. 나는 그런 질문을 받을 때 "제 이전 연봉은 기밀이고 그 부분은 현재 대화와 관련이 있다고 보이지 않습니다."라고 대답하라고 권한다.

협상에 임할 때는 데이터를 기반으로 급여 수준을 정해 두는 게 좋고, 그 액수를 자유롭게 이야기해도 괜찮다. 여러분의 시장 가치에 대해, 그리고 그 가치가 여러분의 급여를 어떻게 정당화하는지에 대해 기꺼이 소통할 의지가 있다는 것을 분명히 밝혀라. (그리고 조사를 바탕으로 그에 대해 소통할 수 있게 준비하라.)

---

* **역주** 본서에서 소개하는 미국의 관행은 입사 지원 시 직전 회사의 연봉을 대부분 필수 항목으로 기입해야 하는 우리나라의 관행과는 차이가 있으므로 참고하라.

6

실천 과제

이 장에서는 "구직 활동은 일찍 시작할수록 좋다."라는 정신을 받아들이고, 구직 활동 도구 상자를 꾸리는 데 필요한 몇 가지 작업을 완료하기를 바란다.

- 링크드인에 들어가서 시간을 들여서 프로필을 철저하게 업데이트하라. 링크드인 사용자가 아니라면 일반적인 링크드인 프로필이 어떤 형태인지 살펴보고(원한다면 https://linkedin.com/in/concentrateddon에서 내 프로필을 참고해도 좋다) 워드 프로세서 문서에서 비슷한 프로필을 작성하라. 분기마다 한 번씩 업데이트하기로 약속하라.

- 연습 삼아서 미리 하는 구직 활동이라고 생각하고 자신의 브랜드를 검토하라. 특히 SNS 발자취를 꼼꼼히 살펴보라. 동료와 함께 봐도 좋고, 여러분이 모르는 누군가가 접근할 수 있는 측면에 집중하여 보라. 잠재적인 고용주가 보지 않았으면 하는 부분이 있는가? 그렇다면 그 문제를 해결하기 위해 무엇을 할 수 있겠는가?

더 읽을거리

- Marc Cenedella, 『Ladders Resume Guide』(Ladders Press, 2019)
- Dan Reed, Brad Reed, 『Mastering a Winning Resume』(independently published, 2019)
- Deborah Tennen, 〈8 Salary Negotiation Tips from Recruiters in Tech〉, URL https://zapier.com/blog/how-to-negotiate-salary

찾아보기